Responsabilidade Contratual do Empreiteiro pelos Defeitos da Obra

Responsabilidade Contratual do Empreiteiro pelos Defeitos da Obra

2020 • 7ª Edição
Revista e Aumentada

João Cura Mariano

ALMEDINA

RESPONSABILIDADE CONTRATUAL DO EMPREITEIRO PELOS DEFEITOS DA OBRA

AUTOR
João Cura Mariano

EDITOR
EDIÇÕES ALMEDINA, S.A.
Rua Fernandes Tomás, nºs 76-80
3000-167 Coimbra
Tel.: 239 851 904 · Fax: 239 851 901
www.almedina.net · editora@almedina.net

Design de colecção: FBA.
Capa: Edições Almedina

PRÉ-IMPRESSÃO
EDIÇÕES ALMEDINA, SA

IMPRESSÃO E ACABAMENTO

Fevereiro, 2020
DEPÓSITO LEGAL

ALMEDINA | GRUPOALMEDINA

BIBLIOTECA NACIONAL DE PORTUGAL – CATALOGAÇÃO NA PUBLICAÇÃO

MARIANO, João Cura, 1957-

Responsabilidade contratual do empreiteiro pelos defeitos da obra. – 7ª ed. rev. e aum. – (Monografias)
ISBN 978-972-40-8267-7

CDU 347

NOTA PRÉVIA

Este livro teve a sua origem distante num trabalho por mim apresentado em Outubro de 2002, na disciplina de Direito Civil, do Curso de Mestrado, da Faculdade de Direito da Universidade Católica Portuguesa, regida pelo Prof. Dr. Mário Júlio de Almeida Costa, a quem agradeço as preciosas sugestões e correcções, assim como o decisivo incentivo à publicação desse trabalho.

Após seis edições e várias reimpressões esgotadas, impunha-se a publicação de uma nova edição que abordasse novas questões entretanto colocadas, aprofundasse alguns pontos da exposição, reforçasse a argumentação noutros e corrigisse mesmo algumas opiniões, em resultado duma melhor reflexão.

Procedi também a uma actualização das referências jurisprudenciais e doutrinais.

Esta sétima edição beneficia mais uma vez das correcções, sugestões e interrogações que o Desembargador Carlos Gil me envia após uma paciente leitura da edição anterior.

A referência a obras doutrinárias ou a decisões jurisprudenciais em nota de rodapé, sem qualquer indicação, significa que a ideia expressa no texto e assinalada com a respectiva nota consta daquelas obras e arestos nos locais mencionados.

Os livros e artigos citados em nota de rodapé são referidos pelo nome do autor, o título, algumas vezes abreviado, e o local de publicação, no caso de artigos de revista. O título integral, a editora do livro, o ano, o número e a localidade da edição são referidos na indicação final da bibliografia consultada.

Não se considerou jurisprudência respeitante a arestos cuja publicação se reduz ao seu sumário.

Apenas se teve em consideração a legislação, obras doutrinárias e jurisprudência publicadas até 1 de setembro de 2019.

ABREVIATURAS

ABGB – Allgemeines Bürgerliches Gesetzbuch.
A.T.C. – Acórdãos do Tribunal Constitucional.
B.F.D.U.C. – Boletim da Faculdade de Direito da Universidade de Coimbra.
BGB – Bürgerliches Gesetzbuch.
B.M.J. – Boletim do Ministério da Justiça.
C.C. – Código Civil.
C.D.A.D.C. – Código do Direito de Autor e dos Direitos Conexos.
C.J. – Colectânea de Jurisprudência.
C.J. (Ac. do S.T.J.) – Colectânea de Jurisprudência – Acórdãos do Supremo Tribunal de Justiça.
C.O. – Código das Obrigações.
C.P.C. – Código de Processo Civil.
D.A.R. – Diário da Assembleia da República.
GewRÄG – Gewährleistungsrecht-Änderungsgesetz.
J.O.C.E. – Jornal Oficial das Comunidades Europeias.
KSchG – Konsumschutzgesets.
L.D.C. – Lei de Defesa do Consumidor.
L.O.E. – Ley de Ordenación de la Edificación.
N.G.C.C. – La Nuova Giurisprudenza Civile Commentata.
R.D.C. – Rivista di Diritto Civile.
R.D.Comm. – Rivista di Diritto Commerciale.
R.D.E. – Revista de Direito e Economia.
R.D.E.S. – Revista de Direito e de Estudos Sociais.

R.D.J. – Revista Direito e Justiça.
R.J.U.P.I.D.H. – Revista Jurídica da Universidade Portucalense Infante D. Henrique.
R.L.J. – Revista de Legislação e de Jurisprudência.
R.O.A. – Revista da Ordem dos Advogados.
SSGCRs – The Sale and Supply of Goods to Consumers Regulations 2002.
S.T.J. – Supremo Tribunal de Justiça.
T.J. – Tribuna da Justiça.

I. Introdução

O cumprimento defeituoso das obrigações em geral não tem logrado obter uma regulamentação específica na maior parte das legislações[1], incluindo a portuguesa, as quais dedicam apenas a sua atenção reguladora às situações de frustração do interesse do credor por omissão – o incumprimento definitivo e o temporário. Dificuldades de previsão e sistematização das variadas formas que pode assumir o cumprimento imperfeito nos diferentes contratos levaram o legislador a deliberadamente abrir um espaço de integração à doutrina e à jurisprudência neste domínio[2]. Mas, em determinados tipos contratuais, em que algumas violações

[1] São exceções conhecidas o C.C. Brasileiro de 2002 (artº 441 a 446, correspondentes aos artº 1101 a 1106 do C.C. de 1916) e o Código Civil Austríaco (§§ 922 a 933, cuja redação sofreu alterações introduzidas pelo GewRÄG, de 5-8-2001).

No Relatório Preliminar sobre a Reforma do Direito Civil, dos Professores da Faculdade de Direito da Universidade Nova de Lisboa, de 5-11-2003, publicado em *Reforma do Direito Civil*, pág. 81-82, admite-se a possibilidade de futura reforma do Código Civil contemplar uma regulamentação do cumprimento defeituoso em geral. No mesmo sentido se pronunciou Nuno Pinto Oliveira, em *Princípios de direito dos contratos*, pág. 507.

[2] Sobre a questão do regime do cumprimento defeituoso na doutrina portuguesa, Vaz Serra, em *Impossibilidade superveniente e cumprimento imperfeito imputáveis ao devedor,* no B.M.J. nº 47, pág. 65-90, Manuel de Andrade, em *Teoria geral das obrigações,* pág. 397-398, Inocêncio Galvão Telles, em *Direito das obrigações,* pág. 336-340, Antunes Varela, em *Das obrigações em geral,* vol. II, pág. 126-131, Almeida Costa, em *Direito das obrigações,* pág. 1058-1063, Pessoa Jorge, em *Direito das obrigações,* pág. 479-483, Baptista Machado, em *Pressupostos da resolução por incumprimento,* em "Obra dispersa", vol. I, pág. 168-183, Mota Pinto, em *Cessão da posição contratual,* pág. 405-406, nota 1, Menezes Cordeiro, em *A violação positiva do con-*

positivas do contrato ocorrem com frequência, sendo fonte constante de conflitos, o legislador não podia permanecer indiferente, pelo que as regulamentou de forma específica para esses contratos, sendo esses preceitos muitas vezes utilizados para preencher o vazio normativo existente nesta matéria para os contratos em geral[3].

Um desses tipos contratuais que acabou por merecer em quase todos os sistemas esta particular atenção do legislador foi o contrato de realização de obra, em Portugal denominado contrato de empreitada, regulando-se aí as consequências da frequentíssima situação de existência de defeitos na obra[4].

Sendo a prestação principal individualizadora deste tipo contratual a realização de uma obra, fica o obrigado a esta prestação vinculado à obtenção de um determinado resultado, o qual muitas vezes não é inteiramente conseguido, apesar de ter desenvolvido uma atividade nesse sentido. A obra realizada não corresponde integralmente à obra prometida, nas suas diferentes perspetivas, pelo que não se respeitou o princípio da pontualidade no cumprimento das obrigações[5].

Apesar de nos encontrarmos perante uma situação de incumprimento, o facto de já ter sido desenvolvida uma atividade e atingido um determinado resultado (não inteiramente coincidente com o resultado exigível, mas que pode ser aproveitado na obtenção final e desejada da

trato, em "Estudos de direito civil", vol. I, pág. 115-142, em *Da boa-fé no direito civil*, vol. I, pág. 594 a 602, e em *Tratado de direito civil*, vol. IX, pág. 409-424, Ribeiro Faria, em *Direito das obrigações*, vol. II, pág. 459-475, Menezes Leitão, em *Direito das obrigações*, vol. II, pág. 269-273, Pedro Romano Martinez, em *Cumprimento defeituoso...*, pág. 129-147, Carneiro da Frada, em *Contrato e deveres de proteção*, pág. 28-36, e Brandão Proença, em *Lições de cumprimento e não cumprimento das obrigações*, pág. 353-361.

[3] Antunes Varela, em *Das obrigações em geral*, vol. II, pág. 131, Almeida Costa, em *Direito das obrigações*, pág. 1060-1061, Pessoa Jorge, em *Ensaio sobre os pressupostos da responsabilidade civil*, pág. 26-27, Baptista Machado, em *Pressupostos da resolução por incumprimento*, em "Obra dispersa", vol. I, pág. 128, Brandão Proença, em *A resolução do contrato no direito civil*, pág. 151, e Menezes Leitão, em *Direito das obrigações*, vol. II, pág. 271.

[4] Pedro Romano Martinez, em *Compra e venda e empreitada*, em "Comemorações dos 35 anos do Código Civil e dos 25 anos da reforma de 1977", vol. III, pág. 236, refere que a regulamentação do regime dos defeitos no contrato de empreitada em Portugal resultou do Anteprojeto de Vaz Serra, o qual sofreu influência do B.G.B. e da doutrina germânica, em especial de Enneccerus/Lehmann.

[5] No âmbito da empreitada de consumo, regulada pelo D.L. nº 67/2003, este princípio tem a denominação de conformidade com o contrato.

obra acordada) limita o eficaz funcionamento das consequências tradicionais legalmente previstas para o incumprimento das obrigações – a resolução do contrato e/ou o pagamento de uma indemnização. Nesta situação, os diferentes interesses de ambas as partes exigem um maior e inovador leque de soluções. Por um lado, deve permitir-se ao interessado na realização da obra a sua plena efetivação, sem custos acrescidos e no prazo mais aproximado possível da data prevista para a sua conclusão; por outro lado, não se pode descurar totalmente o interesse do realizador da obra na valorização da atividade desenvolvida e na definição rápida do conteúdo e limites da sua responsabilidade.

É esta satisfação de interesses peculiares que o legislador procura na consagração de uma regulamentação específica para as situações em que se verifique a existência de defeitos na obra realizada, dependendo a localização desse ponto de satisfação da relação de equilíbrio entre o interesse do desenvolvimento das atividades empresariais e o da proteção à posição dos consumidores em sentido lato.

Neste estudo, tentar-se-á fazer o ponto da situação dessa regulamentação no direito civil português, a qual se encontra contida nos artº 1218º a 1226º do Código Civil[6], para os contratos de empreitada de obras particulares em geral, estando previstas algumas regras especiais para as empreitadas que se integrem numa relação de consumo na Lei nº 24/96, de 31 de julho (L.D.C.), e no Decreto-Lei nº 67/2003, de 8 de abril, e para as empreitadas que respeitem à construção ou reparação de embarcações, no Decreto-Lei nº 201/98, de 10 de julho.

Ao longo da exposição, serão feitas breves e pontuais referências a algumas das soluções quer dos sistemas jurídicos que serviram de fonte à nossa atual legislação, como o alemão, (§§ 631 a 651 do Código Civil

[6] Apesar do contrato de empreitada assumir, na maior parte dos casos, uma natureza comercial, por se tratar de contrato economicamente produtivo, na perspetiva do empreiteiro, por pressupor a existência de uma organização empresarial, razões históricas e de direito comparado pressionaram o legislador do C.C. de 1966 a regulamentá-lo unitariamente apenas no Código Civil, como explica Vaz Serra, autor do Anteprojeto deste capítulo, em *Empreitada*, no B.M.J. 145, pág. 21.
Já o Código Civil Italiano tipificou, por um lado, o contrato de *appalto* (artº 1655 a 1677), em que o empreiteiro é uma empresa individual ou coletiva, dotada de uma organização complexa destinada a essa atividade, e, por outro, o contrato de *opera* (artº 2222 a 2228), em que o empreiteiro se reduz à sua pessoa, que pode ser auxiliada por alguns colaboradores, mas desprovido de qualquer estrutura de atuação organizada (o artesão).

Alemão, cujo texto foi objeto de algumas alterações pela reforma aprovada em 11-11-2001), o suíço (artº 363 a 379 do Código das Obrigações Suíço de 1911) e o italiano (artº 1655 a 1677 e 2222 a 2228 do Código Civil Italiano de 1942), sobretudo este último, por ter sido aquele que mais diretamente influenciou os artº 1218º a 1226º do nosso Código Civil; quer dos sistemas jurídicos que culturalmente nos são próximos, como o brasileiro (artº 610 a 626 do Código Civil de 2002), o francês (artº 1787 a 1799-1 do Código Civil Francês de 1804, alterados pela Lei 78-12 de 4-1-1978), e o espanhol (Lei de Ordenação da Edificação de 5-11-1999), este último apenas no que respeita à construção de imóveis.

Previamente efetuaremos um rápido sobrevoo pela evolução histórica no tratamento legislativo deste tema, o qual nos dará uma perspetiva evolutiva das questões suscitadas e das soluções encontradas no domínio da responsabilidade contratual do realizador de obras privadas.

De fora, ficará a análise das regras especialmente estabelecidas para os contratos de empreitadas de obras públicas, nos quais o dono da obra é um ente público, e que atualmente constam do Código dos Contratos Públicos (artigo 343º e seg.), aprovado pelo Decreto-Lei nº 18/2008, de 29 de janeiro (já alterado pela Lei nº 59/2008, de 11 de setembro, pelo Decreto-Lei nº 223/2009, de 11 de setembro, pelo Decreto-Lei nº 278/2009, de 2 de outubro, pela Lei nº 3/2010, de 27 de abril, pelo Decreto-Lei nº 131/2010, de 14 de dezembro, pela Lei nº 64-B/2011, de 30 de dezembro, pelo Decreto-Lei nº 149/2012, de 12 de julho, pelo Decreto-lei nº 214-G/2015, de 2 de outubro, pelo Decreto-Lei nº 111-B//2017, de 31 de agosto, e pelo Decreto-Lei nº 33/2018, de 15 de maio), que revogou o anterior regime consagrado no Decreto-Lei nº 59/99, de 2 de março.

II. Evolução legislativa

1. O Código de Hammurabi

A mais antiga regulamentação escrita das consequências da execução defeituosa de uma obra contratada é conhecida no direito sumério, no famoso Código de Hammurabi[7]. Aí se estabeleciam um conjunto de regras relativas às consequências para os construtores de casas (§ 229 a 233) e calafetadores de navios (§ 234 e 235), por danos resultantes da ruína ou perigo de ruína daquelas e avaria destes, por má execução dos respetivos trabalhos. A previsão destes dois casos ter-se-á devido à verificação frequente deste tipo de sinistros por deficiente realização das respetivas obras. Quanto aos construtores de casas, além da aplicação do *ius talionis*[8] para os danos em pessoas, previa-se a obrigação do empreiteiro reconstruir a casa que ruíra (§ 232, 2ª parte) ou de proceder às reparações necessárias da casa em perigo de ruir (§ 233), assim como a

[7] O Código de Hammurabi, como o conhecemos, resulta da tradução e divisão em 218 parágrafos por Scheil, de uma estela de diorito negro encontrada em Susa, contendo regras jurídicas, umas de cunho tradicional e outras provavelmente extraídas das sentenças de Hammurabi, fundador da 1ª dinastia babilónica, que reinou, conforme a cronologia média, entre os anos 1792-1750 AC.

[8] Impunha-se a morte do construtor, se morresse o dono da obra em consequência da ruína da casa (§ 229), do filho do construtor, se morresse o filho do dono da obra (§ 230) e a entrega de um escravo do construtor, se morresse um escravo do dono da obra (§ 231). No primeiro dos casos, fica por saber a sua harmonização com o dever de reconstrução da casa. EMANUEL BOUZON, em *O Código de Hammurabi*, pág. 195, refere que o dever de reconstrução vale também para todos os casos tratados nos §§ 229 a 232.

de indemnizar o dono da obra dos danos sofridos noutros bens materiais provocados pela ruína da casa (§ 232, 1ª parte). Quanto aos calafetadores de navios, se estes sofressem uma avaria no ano seguinte à realização da obra, devido a esta não ter sido corretamente efetuada, eram obrigados a repará-los (§ 235).

Destas regras elementares resultam, contudo, de forma clara, em matéria de responsabilidade pela realização de obras defeituosas, um dever de reconstrução da obra (§ 232, 2ª parte), um dever de eliminação dos defeitos (§ 233), um dever de indemnização por danos *extra rem* (§ 232, 1ª parte) e a existência de um prazo de garantia, consagrador de uma responsabilidade objetiva (§ 235), soluções ainda hoje adotadas nesta matéria, pela maior parte dos sistemas jurídicos.

Referimos estas regras com alguma ênfase, não porque elas possam ter influenciado a evolução do nosso direito positivo neste domínio, mas porque, por mais estranho que pareça, o legislador de direito civil só vem novamente a regular especificamente estas questões do contrato de empreitada, com equivalente desenvolvimento, no BGB, em 1896 DC[9].

2. O direito romano

No direito romano[10] surgem referências aos contratos que têm por objeto a realização de obras, a propósito da *stipulatio* [11]e, sobretudo, a partir da fase final da República, como uma das modalidades compreendidas na figura da *locatio conductio* – a *locatio conductio operis*.

[9] Pedro Romano Martinez, em *Direito das obrigações...*, pág. 344.

[10] Referem o tratamento do contrato de empreitada no direito romano, Pedro De Albuquerque/Miguel Assis Raimundo, em *Contrato de empreitada*, pág. 17 e seg., Pedro Romano Martinez, em *Cumprimento defeituoso...*, pág. 71-97, em *Direito das obrigações...*, pág. 345-364, e em *O contrato de empreitada no direito romano e no antigo direito português*, na R.D.J., vol. 7 (1993), pág. 17-33, Eduardo Vera-Cruz Pinto, em *O direito das obrigações em Roma*, pág. 350-351, Santos Justo, em *Direito privado romano*, II, pág. 71-72, e em *Manual de contratos civis*, pág. 461-463, Menezes Cordeiro, em *Tratado de direito civil*, vol. XII, pág. 803-805, Ulrico Lorizio, em *Il contratto di appalto*, pág. 5-11, José Rubio San Roman, em *La responsabilidad civil en la construccion*, pág. 25-29, Max Kaser, em *Direito privado romano*, pág. 254-255, Emilio Betti, em *Istituzioni di diritto romano*, pág. 247-250, e Susan Martin, em *The Roman jurists and the organization of private building in the last Republic and early Empire*, sendo indicada extensa bibliografia sobre este tema na primeira das obras acima referidas, na nota 6.

[11] No Digesto, por exemplo, em D.45.1.124 e D.45.1.72.

O direito romano ao tratar muitas vezes o acordo para construção de coisas móveis com materiais fornecidos pelo artesão como um contrato de compra e venda[12], não só reduziu o âmbito de aplicação do contrato de realização de obra, como figura jurídica autónoma, como introduziu um fator de confusão entre os dois tipos contratuais que ainda hoje perdura.

A *locatio conductio* compreendia a *locatio conductio rei* que, genericamente, corresponde ao atual contrato de locação, a *locatio conductio operarum* que corresponde aos contratos de trabalho e de prestação de serviços, e a *locatio conductio operis* que corresponde ao contrato de empreitada. O *conductor* (empreiteiro) obrigava-se a produzir com a sua atividade um determinado resultado numa coisa que lhe era entregue pelo *locator* (dono da obra), o qual, como contrapartida, devia pagar o preço equivalente ao valor desse resultado.

Foi na parte final da República, com o espetacular incremento da construção de edifícios privados, a qual passou a ser dirigida por homens livres, técnicos na arte de construir, que se multiplicaram os contratos e os inevitáveis conflitos neste domínio, forçando o direito a regulamentá-los e a estabelecer regras específicas para o cumprimento das respetivas obrigações. As referências nas compilações do direito romano à figura da *locatio conductio operis* reportam-se essencialmente à construção de casas (*insula, domus,* ou *villa*)[13], existindo contudo outras referências relativas a outro tipo de obras, como a construção de canais[14] ou navios[15].

Relativamente à responsabilidade do *conductor* pelos defeitos da obra era permitido clausular a figura da *probatio operis,* a efetuar pelo *locator,* que consistia no exame da obra após o seu termo, visando a sua aceitação (*probatio*), ou recusa (*improbatio*). Caso o *locator* a aceitasse, ficava isento de responsabilidade, exceto se houvesse dolo do *conductor* nessa aprovação. Na hipótese de recusa, caso esta fosse justificada, segundo os critérios do homem médio, o *locator* podia intentar uma *actio locati,* de responsabilização do *conductor* pelos prejuízos causados com a sua *imperitia* ou a dos seus colaboradores, a qual poderia passar pela exigência

[12] No Digesto, por exemplo, em D.18.1.65 e D.18.1.20.

[13] No Digesto, por exemplo, em D.19.2.30.3, 19.2.22.2, 19.2.59, 19.2.60.4.

[14] No Digesto, por exemplo, em D.19.2.62.

[15] No Digesto, por exemplo, em D.46.3.31.

duma reconstituição natural, devendo este refazer a obra defeituosa. Admitia-se a existência de prazos de garantia nas grandes obras, em que a *probatio* poderia ter lugar apenas no termo desses prazos.

3. As Ordenações

Se no direito visigótico, cujas regras vigoraram no início da monarquia portuguesa, não é conhecida qualquer referência específica ao contrato de realização de obra, já nas produções legislativas castelhanas, baseadas ou mesmo decalcadas do chamado direito comum e que lograram, pelo seu avanço técnico e pela dificuldade de acesso direto ao extenso e complexo mundo do direito romano, serem aplicadas em Portugal[16], como sucedeu com as *Siete Partidas*, refere-se o contrato de *aloguero de obras* (P.5.8.1.), a par de outros contratos de locação, que abrange a realização de obras que os *homens façam com as suas mãos* (P.5.8.3)[17]. Nas *Partidas* 5.8.10. e 5.8.12. impunha-se aos artífices, tomando como exemplo os ourives ou os artesões de tecidos, a obrigação de repor os materiais recebidos para a realização de uma obra deficientemente executada, por sua culpa, ou de indemnizar o dono desses materiais, segundo o critério do julgador ou dos homens conhecedores da respetiva arte. Residindo a causa do defeito nos materiais fornecidos pelo dono da obra, a culpa do artífice estava excluída. Já na *Partida* 5.8.15. previa-se a construção de imóveis com deficiências, devendo o construtor, nos casos de ruína, refazer a obra ou reduzir o seu preço na medida dos prejuízos causados. E se o dono após a conclusão da obra tinha dúvidas sobre a sua correção e estabilidade podia pedir o seu exame por *homens bons conhecedores*; se estes concluíssem pela existência de deficiências imputáveis ao construtor, deveria este refazer a obra ou reduzir o preço da mesma.

[16] Sobre os testemunhos e forma desta aplicação, GAMA BARROS, em *História da administração pública em Portugal nos séculos XII a XV*, tomo I, pág. 126-127, GUILHERME BRAGA DA CRUZ, em *O direito subsidiário na história do direito português*, em "Obras esparsas", vol. II, 2ª parte, pág. 269-282, MARCELLO CAETANO, em *História do direito português*, pág. 342, ALMEIDA COSTA, em *História do direito português*, pág. 261-262, NUNO GOMES DA SILVA, em *História do direito português*, pág. 227-232, e J. A. NOGUEIRA, em *As instituições e o direito*, em "História de Portugal", dirigida por José Hermano Saraiva, volume 2, pág. 369.

[17] Sobre o contrato de *aloguero de obra* nas *Siete Partidas*, PEDRO DE ALBUQUERQUE/MIGUEL ASSIS RAIMUNDO, em *Contrato de empreitada*, pág. 112-117.

Nas Ordenações Portuguesas (Afonsinas, Manuelinas e Filipinas), o contrato de realização de obra não assume qualquer autonomia jurídica, mantendo-se em muitas situações a conceção herdada do direito romano de que, se o realizador da obra fornece o material, o contrato é de compra e venda, sendo os restantes casos de fornecimento desses elementos pelo dono da obra tratados no âmbito dos contratos de prestação de serviço que, relativamente ao direito romano, se autonomizaram do contrato de locação[18].

A inexistência do contrato de empreitada como figura jurídica autónoma, dotada de regras próprias, deve-se à decadência social dos trabalhadores livres na Idade Média e ao estabelecimento de relações de dependência incompatíveis com uma livre contratação nesta área, cuja relevância justificasse uma intervenção normativa específica. Daí que, até ao século XIX, os contratos de realização de obra fossem regulados pelas regras dos contratos de compra e venda, de prestação de serviço, ou de trabalho, consoante os casos.

Na verdade, quando o construtor fornecia o material para a realização da obra, o contrato celebrado era qualificado como de compra e venda. E, sendo este fornecimento habitual nas obras que exigiam uma elevada especialização técnica na arte de construir, onde já se verifica por parte do construtor uma organização empresarial, fora das regras dos contratos de compra e venda, restavam apenas as situações em que era o próprio dono da obra que dirigia os trabalhos de construção, utilizando os seus criados, ou contratando ele próprio as pessoas para a realização desses trabalhos, sendo esses contratos qualificados como de trabalho ou de prestação de serviço[19].

[18] Nas Ordenações Afonsinas, o contrato de locação é tratado no título LXXIII e seg., do Livro IV e o de prestação de serviço, no título XXV, do mesmo Livro. Nas Ordenações Manuelinas, o contrato de locação é tratado nos títulos LVII e seg., do Livro IV, e o de prestação de serviço, nos títulos XVII e seg., do mesmo livro. Nas Ordenações Filipinas, o contrato de locação é tratado nos títulos XXIII e seg., do Livro IV e o de prestação de serviço, nos títulos XXVIII e seg., do mesmo livro.

[19] Mello Freire, nas suas *Institutiones*, nomeadamente no seu livro IV, publicado em 1793, dedicado às obrigações, também não faz qualquer referência aos contratos de realização de obra. Este livro está transcrito no B.M.J. nº 168, pág. 27 e seg.

4. O movimento codificador

Nos últimos anos do século XVIII e primeiros do século XIX inicia-se na Europa um forte movimento codificador do direito. Após a publicação do Código Prussiano de 1794, em 1804[20], sob o impulso de Napoleão Bonaparte, é aprovado em França o "Código Civil dos Franceses", mais tarde (1807) denominado "Código de Napoleão", onde se concilia o direito romano com o direito costumeiro e os princípios inovadores da Revolução Francesa[21].

Neste Código, manteve-se a construção do direito romano em que o contrato de realização de obra se insere nos contratos de locação (artº 1708 a 1711 e 1779)[22], tendo uma redação contraditória[23] suscitado a interminável polémica[24] da qualificação jurídica dos contratos de obra a realizar com materiais fornecidos pelo empreiteiro.

Relativamente à responsabilidade pelos defeitos na obra, o Código de Napoleão limitou-se a estabelecer a responsabilidade civil do construtor pelo perecimento total ou parcial de edifício, por vícios de construção ou do solo, durante 10 anos (artº 1792), sendo no demais aplicáveis as regras gerais da responsabilidade civil.

[20] O *Allgemeines Landrecht fur die Preussischen Staaten* não é ainda um verdadeiro código, sendo antes uma vasta compilação de todas as regras jurídicas então vigentes na Prússia, com cerca de 19.000 artigos, efetuada por ordem de Frederico, o Grande.

[21] "A minha glória não consiste em ter ganho quarenta batalhas...o que nada apagará, o que viverá eternamente, é o meu Código Civil" – citação atribuída a Napoleão Bonaparte, em *Introdução histórica ao direito,* de JOHN GILISSEN, pág. 456.

[22] O artº 1708 do Código de Napoleão distingue entre contratos de locação de coisas e de trabalho e é nestes últimos que consagra como subespécie os contratos de realização de obra – "Le louage des entrepreneurs d'ouvrages par suite de devis ou marchés" – (artº 1711 e 1779).

[23] Apesar dos artº 1711 e 1779 restringirem estes contratos às situações em que o realizador da obra fornece os materiais, a regulamentação contida nos artº 1787 e seg. contempla ambas as situações.

[24] Podem ler-se aspetos desta polémica, ao longo do tempo, em M. DURANTON, em *Cours de droit français suivant le Code Civil,* Tomo 17, pág. 237-245, V. MARCADÉ, em *Explication théorique et pratique du Code Napoléon,* Tomo 16, pág. 533-534, L. JOSSERAND, em *Cours de droit civil positif français...,* Tomo 2, pág. 630, e J. HUET, em *Les principaux contrats spéciaux,* pág. 68-76 e 1136-1144.

Em Portugal, em 1830, Manuel de Almeida e Sousa (Lobão)[25], publica um manual prático – *"Tratado Practico das Avaliações e dos Damnos"* – dedicado à responsabilidade civil, onde na segunda parte enumera um conjunto de regras para situações geradoras de responsabilidade civil, baseado no uso moderno que os grandes doutrinadores europeus vinham efetuando do Direito Romano, tal como haviam recomendado os Estatutos da Universidade de Coimbra de 1772 (*usus modernus pandectarum*). O § 51, da secção IV, da segunda parte do manual de "Lobão", na esteira romanista do Código de Napoleão, prevê, como modalidade dos contratos de locação-condução, o de realização de obras por artífices, dedicando a secção V *"aos danos que por culpa ou erro causam os artífices e operários nas obras, que se lhe encomendam a jornal, ou empreitada"*. Aí, após referir que o contrato de empreitada é o que tem por objeto a obra efetuada por artífice, mediante ajuste (§ 68º), estabelece nos §§ 70º a 78º uma série de regras específicas sobre as consequências da realização de uma obra *"imperfeita ou viciosa"*[26]. Entre nós, tal "Anteprojeto" sobre a regulamentação desta matéria só viria a repetir-se com Vaz Serra, tendo como objetivo o Código Civil de 1966, sendo curioso que muitas das soluções

[25] Sobre a atividade doutrinária de Manuel Almeida e Sousa (Lobão) ver MENEZES LEITÃO, em *O ensino do direito das obrigações*, pág. 55-60.

[26] Estabelece-se, como direito preferencial do dono da obra com defeitos, a possibilidade de exigir do empreiteiro a sua eliminação, sem prejuízo da indemnização dos danos colaterais e da possibilidade de excecionar o cumprimento defeituoso para não pagar o preço (§ 70), tendo o dono da obra apenas direito a uma indemnização pelos defeitos e a receber o que pagou, se o artífice os não souber eliminar (§ 78º). Exemplifica-se o funcionamento desses direitos, nos casos em que o alfaiate não fez bem um vestido, ou não o talhou sem primeiro advertir que o pano não chegava, e o curtidor de couros não curtiu bem o que lhe foi entregue (§ 72º). Distribui-se o risco pelo alfaiate pelos danos que os ratos causam nos vestidos, que este tem em casa para fazer, ou quando lhe são furtados (§ 72º). Permite-se que os artífices se façam substituir na realização da obra, quando esta não lhes foi encomendada por causa da sua especial perícia (§ 73º), mas responsabilizam-se estes objetivamente pelos defeitos causados por aqueles que os substituíram (§ 73º). Prevê-se a realização de um exame final da obra, no caso de construção de edifícios, podendo ser escolhidos peritos para o efeito, ficando o artífice isento de qualquer responsabilidade futura, se não for detetado qualquer defeito, sendo a obra aceite (§ 74º). Estabelece-se que, no caso de não ter sido realizado exame final, ou da obra não ter sido aprovada, o artífice fique responsável pela sua ruína durante 15 anos, desde que não resulte de caso fortuito (§ 75º). Determina-se o funcionamento da responsabilidade, no caso de serem vários os artífices a intervirem na realização da obra (§ 77º).

hoje consagradas já se encontravam enunciadas de forma simples naquele conjunto de regras, desprezado pelo Código Civil de 1867.

Entretanto em 1807, sempre em França, havia sido aprovado um Código Comercial, sendo este diploma aquele que teve a sua primeira réplica em Portugal, em 1833, pela mão de José Ferreira Borges.

No Código Comercial Português de 1833, seguindo o exemplo do Código de Napoleão, qualifica-se o contrato de empreitada como um contrato de locação-condução mercantil (§ 514), apesar de se remeter a sua regulamentação subsidiária para os contratos relativos aos feitores, caixeiros, recoveiros e mais empregados no comércio (§ 514), isto é, contratos de trabalho e de prestação de serviço, pelo que a sua inclusão nos contratos de locação é meramente sistemática. É aqui que, pela primeira vez no direito positivo português, é regulamentado o contrato de realização de obra, que foi batizado como contrato de empreitada[27]:

"§ 515-Quando qualquer se encarrega de fazer uma obra, pode convencionar e fornecer somente o seu trabalho ou indústria, ou prestar-se igualmente a fornecer a matéria. Neste caso o contrato toma o nome de empreitada".

Na esteira do Código de Napoleão, ele passa a abranger os contratos de realização de obra, em que o empreiteiro fornece também os materiais, contendo na sua regulamentação normas que contemplam ambas as situações (§§ 515 a 525). Relativamente à responsabilidade civil do empreiteiro por defeitos da obra, apenas se consagrava no § 519 que o empreiteiro respondia perante o seu dono, segundo as regras gerais da responsabilidade civil, pelos prejuízos resultantes do perecimento total ou parcial da obra, por vício de construção.

Alguns dos mais reputados juristas, contemporâneos da codificação oitocentista, que se dedicaram à compilação e organização sistemática do direito vigente anterior à aprovação do Código Civil de 1867[28], tam-

[27] O termo empreitada vinha sendo utilizado desde há muito, em textos jurídicos portugueses, para designar os contratos de realização de obras, como sucede, por exemplo, nas Ordenações Afonsinas, a propósito das competências dos vereadores das cidades e vilas: "Os vereadores hão de fazer avenças polos jornaes e empreitadas com os que lhe fezerem as obras..." (Livro I, título 27, § 21), e como já vimos, tinha também sido adotado por Manuel Almeida e Sousa (Lobão) para designar o contrato de realização de obras por ajuste. Aliás o termo "empreitar" deriva de "preito", com o significado de ajuste.

[28] Sobre a atividade doutrinária dos juristas Correia Telles e Coelho da Rocha ver Menezes Leitão, em *O ensino do direito das obrigações*, pág. 71-79.

bém não omitiram um tratamento específico do contrato de empreitada, aderindo à tradição romanista de considerá-lo uma modalidade do contrato de locação e hesitando na sua abertura ao vasto campo das obras realizadas com materiais fornecidos pelo construtor, em detrimento do contrato de compra e venda. A responsabilidade civil do empreiteiro por vícios da construção, apesar de prevista, também não merecia qualquer tratamento especial, a não ser a consagração de um prazo de responsabilização do empreiteiro pelos defeitos na construção dos imóveis.

Correia Telles, em 1836, publica o seu III Tomo do *Digesto Português*[29], o *Tratado dos modos de adquirir a propriedade, de a gozar e administrar, e de a transferir por derradeira vontade, para servir de subsídio ao novo Código Civil*, onde no título IX, sob a epígrafe "Do Arrendamento", inclui um parágrafo (o 10º) denominado "Da empreitada", escrevendo, sob o nº 874:

> *"É também uma espécie de locação o ajuste que alguém faz com um mestre, de este fazer certa obra, por certo preço"*[30].

No nº 876, Correia Telles, ao atribuir o risco ao empreiteiro pelo perecimento da obra, quando é ele a dar os materiais, suscita a dúvida sobre se visou subtrair ao contrato de compra e venda as obras realizadas com materiais fornecidos pelo empreiteiro.

Nos nº 877 a 880 e 889 é consagrada a responsabilidade civil, nos termos gerais, do mestre que realiza a obra com vícios, sendo estabelecido um prazo de 15 anos, para a responsabilização do empreiteiro por defeitos em imóveis (nº 880).

Coelho da Rocha, em 1844, publica as *Instituições de direito civil Português*[31], onde no seu Tomo 2º, sob o capítulo III, da Secção IV, sob a epígrafe "Da locação-condução", inclui a locação de obras, que abrange as prestações dos recoveiros, empreiteiros e criados. Escreve no § 850:

[29] Esta obra é uma compilação sistematizada de Leis do Reino vigentes, opiniões doutrinais, direito romano e códigos estrangeiros, com referência em nota de rodapé às suas origens.

[30] Pág. 141, da 1ª ed.

[31] É uma compilação idêntica à efetuada por Correia Telles, a qual no dizer do seu autor *"não se trata de explicar um código porque o não temos; nem de reduzir a síntese, ou desenvolver os princípios fixos e constantes de um sistema coerente, porque o não há na nossa legislação civil. Pelo contrário, no meio do caos, em que ela se acha, o escritor, até certo ponto, é obrigado a tomar a vez do legislador; tem de formar o plano; tem de fazer a seleção das doutrinas; e tem de redigir até às últimas ilações."* (No prefácio da 2ª edição).

"A locação de obras, segunda espécie de locação-condução, é o contrato pelo qual uma pessoa se obriga a prestar a outra os seus serviços por certa paga, ou os serviços sejam obras determinadas, como os dos recoveiros e empreiteiros; ou por certo tempo, como os dos criados"[32].

E no nº 1, do § 852º, já sob o título "Direitos e obrigações dos empreiteiros":

"A empreitada ou encomenda de obras pertence à locação, quando o dono dá os materiais, e o empreiteiro unicamente a mão de obra: porque se o empreiteiro dá uma e outra coisa, o contrato é uma verdadeira venda"[33].

Nos nº 4º a 7º, do § 852 é também consagrada a responsabilidade civil, nos termos gerais, do mestre que realiza a obra com vícios, sendo estabelecido um prazo de 10 anos, para a responsabilização do empreiteiro por defeitos em imóveis (§ 852, 7º).

5. O Código de Seabra

O Código Civil de 1867 não perfilhou a sistematização romanista do Código Comercial de 1833, tendo prosseguido antes a distinção, constante já das Ordenações, entre o contrato de locação e de prestação de serviços (capítulo IV, do título II, do livro II, da parte II), criando, como subespécie deste, o contrato de empreitada (secção III), ao lado do contrato do serviço doméstico (secção I), do contrato do serviço assalariado (secção II), do contrato de serviço prestado no exercício das artes e profissões liberais (secção IV), do contrato de recovagem, barcagem e alquilaria (secção V), do contrato de albergaria ou pousada (secção VI), do contrato de aprendizagem (secção VII) e do contrato de depósito (secção VIII).

Além de ganhar um espaço próprio, com regulamentação específica, no âmbito dos contratos de prestação de serviços, como contratos independentes dos contratos de locação, esclarece-se que o mesmo abrange qualquer contrato de realização de obra, independentemente de quem fornece os materiais (empreitada de lavor e materiais, quando é o

[32] Pág. 662, da 6ª ed..
[33] Pág. 664, da 6ª ed..

empreiteiro quem os fornece, e empreitada exclusivamente de lavor, quando é o dono da obra que fornece os materiais). Dispôs o artº 1396º deste Código: *"Dá -se o contrato de empreitada quando algum ou alguns indivíduos se encarregam de fazer obra para outrem, com materiais subministrados, quer pelo dono da obra, quer pelo empreiteiro, mediante certa retribuição proporcionada à quantidade de trabalho executada"*.

Relativamente à responsabilidade civil do empreiteiro pelos defeitos da obra, manteve-se, contudo, a simples aplicação das regras gerais daquele instituto, com a única especificidade de se consagrar um período de 5 anos, após a conclusão da obra, para a responsabilização do empreiteiro por defeitos nos "*edifícios ou outras construções consideráveis*" que pusessem em causa a sua "*segurança ou solidez*" (artº 1399º)[34].

Na vigência deste Código entendeu-se que terminada a realização da obra o seu dono deveria verificar a sua exatidão, recusando-a, caso verificasse a existência de defeitos, e rececionando-a perante a inexistência destes.

O ato de receção, em regra, extinguia a eventual responsabilidade do empreiteiro pelos defeitos na obra. Mas quando esta tivesse uma dimensão considerável, a responsabilização do empreiteiro, apenas quanto aos defeitos ocultos, já poderia ser efetuada num prazo de 5 anos após o ato de receção, que era considerado provisório. Essa responsabilização poderia consistir num pedido de reparação ou reconstrução, numa pretensão indemnizatória ou numa redução do preço, devendo a respetiva ação judicial ser proposta no referido prazo, sob pena de caducidade[35].

6. O Código Civil de 1966

Na primeira metade do século XX foram subindo de tom as críticas à desatualização do Código de Seabra, às quais não eram estranhas as progressivas influências, sobretudo no meio académico, da pandetística alemã, o que levou a que o Decreto nº 33908, de 4 de Setembro de 1944, determinasse a elaboração de um projeto de revisão do Código Civil, a

[34] A Comissão Revisora deste Código não adotou o Projeto primitivo na parte em que excluía a responsabilidade do empreiteiro quando estas obras eram recebidas após exame realizado por peritos que nelas não detetavam quaisquer defeitos.

[35] Dias Ferreira, em *Código Civil Portuguez annotado*, vol. III, pág. 54, e Cunha Gonçalves, em *Tratado de direito civil...*, vol. VII, pág. 641.

realizar por uma Comissão presidida por Vaz Serra, o qual se encarregou de elaborar o Anteprojeto relativo ao contrato de empreitada[36].

Conforme resulta da leitura do estudo justificativo desse Anteprojeto[37], este teve sobretudo como fontes as regras do Código Civil Alemão de 1896 (BGB), do Código das Obrigações Suíço de 1911 e do Código Civil Italiano de 1942, estes dois últimos já decisivamente influenciados pelo primeiro.

Este Anteprojeto sofreu uma importante revisão ministerial (a 2ª revisão ministerial) que não só sintetizou o prolixo articulado proposto por Vaz Serra, como efetuou alterações cirúrgicas às opções legislativas ali consignadas. Estas alterações pontuais das soluções perfilhadas no Anteprojeto, se conferiram um cunho próprio ao regime português do contrato de empreitada, afastando-o das soluções dos mencionados Códigos estrangeiros, provocaram em alguns casos desequilíbrios que ainda hoje são fonte de polémica doutrinal e jurisprudencial.

Manteve-se o contrato de empreitada como uma espécie autónoma dos contratos de prestação de serviço, tendo-se, contudo, procedido a uma extensa regulamentação[38] da responsabilidade civil do empreiteiro

[36] Inocêncio Galvão Telles, incumbido de elaborar o Anteprojeto da parte do Código Civil, relativa aos contratos em especial, na exposição de motivos referentes ao respetivo título, defendeu que, sendo a empreitada um contrato de produção económica, deveria ter a sua previsão típica no Código Comercial (nos B.M.J. nº 23, pág. 82 e nº 83, pág. 172), pelo que não o incluiu no seu projeto da parte do Código Civil destinada aos contratos especiais. Mais tarde, já depois de publicados os textos da 1ª revisão ministerial, reconsiderou-se que havia toda a vantagem em manter o regime da empreitada no capítulo dos contratos civis, pelo que, encontrando-se Galvão Telles absorvido por outras tarefas dos trabalhos preparatórios, Vaz Serra assumiu o trabalho de elaborar o respetivo projeto de articulado.
Relatando estas vicissitudes pode ler-se o depoimento de Antunes Varela, na anotação ao Acórdão do S.T.J. de 5-11-1983, na R.L.J., Ano 121, pág. 185-186.

[37] Publicado no B.M.J. nº 145, pág. 19-190 e nº 146, pág. 33-247.

[38] Esta alteração de política legislativa na regulamentação da responsabilidade do empreiteiro pelos defeitos da obra no direito positivo português, a que não foi alheia o BGB, recorda-nos as palavras de Ferrara, citadas por José Tavares, em *Os princípios fundamentais do direito civil*, vol. I, pág. 302, proferidas quando ainda vigorava o Código Civil Italiano de 1865, de inspiração napoleónica:
"O código germânico é propriamente a antítese do francês e do nosso. Enquanto o génio latino se expande ligeiro e elegante, esboçando os institutos numa pincelada, com raios de luz e com sombreados, o génio alemão, pelo contrário, é medido, sistemático, profundo, estuda e descrimina todos os aspetos e lados dos institutos, com um exame completo e rigoroso de análise, mas por isso mesmo o regulamento resulta por vezes complicado, dogmático, duro.".

por defeitos da obra, tal como sucedia nos Códigos estrangeiros acima referidos[39].

Aliás, também o direito francês, em 1978 e posteriormente em 2008, e o direito espanhol, cujo Código Civil é ainda o inspirado no Código de Napoleão[40], em 1999, introduziram também nas suas legislações uma regulamentação específica da responsabilidade civil do empreiteiro pelos defeitos da obra[41], perante as dificuldades crescentes do regime geral da responsabilidade civil dar uma resposta eficaz à conflitualidade nesse domínio.

Para a história legislativa deste instituto em Portugal, retemos que o contrato de empreitada teve a sua primeira regulamentação própria no Código Comercial de 1833, influenciado pelo Código de Napoleão, não merecendo a responsabilidade civil do empreiteiro pelos defeitos da obra tratamento especial, o que só veio a suceder com o Código Civil de 1966, fortemente influenciado nesta matéria pelo Código Civil Italiano.

Sempre que se iniciam movimentações para uma reforma do Código Civil, o contrato de empreitada é apontado como um dos contratos especiais, cuja regulamentação deve sofrer importantes mudanças[42].

7. As leis de defesa do consumidor

A Constituição de 1976 passou a incluir, no capítulo dos direitos económicos, o direito dos consumidores, o qual se encontra atualmente abrigado no artº 60º da C.R.P.:

[39] Nos artº 633 a 640 do Código Civil Alemão de 1896; 1663, 1667 a 1670 e 2226 do Código Civil Italiano de 1942; e 365 a 370 do Código das Obrigações Suíço de 1911.

[40] Nestas codificações o contrato de empreitada, segue ainda a tradição romanística, sendo denominado como *louage d'ouvrage* e de *arrendamiento de obra*, e integrando uma subcategoria do contrato de locação.

[41] A Lei 78-12 de 4-1-1978 (*Loi Spinetta*) que alterou a redação dos artº 1792 e 2270 do Código Civil Francês, e aditou-lhe 6 novos artigos (1792-1 a 1792-6 e 2270-1), e a *Ley de Ordenación de la Edificación*, de 5-11-1999, cujos artigos 17 e 18, fortemente influenciados pela referida lei Spinetta, derrogaram implicitamente o disposto no artº 1591 do Código Civil Espanhol, relativamente à construção de edifícios.

[42] Leia-se neste sentido o Relatório Preliminar sobre a Reforma do Direito Civil, dos Professores da Faculdade de Direito da Universidade de Lisboa, de 30-10-2003, publicado em *Reforma do Direito Civil*, pág. 45, e Nuno Pinto Oliveira, em *Princípios de direito dos contratos*, pág. 506-507.

"Os consumidores têm direito à qualidade de bens e serviços consumidos...bem como à reparação dos danos", abrangendo o termo serviços a realização de obras.

A Lei nº 29/81, de 22-8, dando cumprimento a este preceito constitucional, consagrou pela primeira vez em Portugal as linhas mestras de uma política legislativa de defesa do consumidor.

Este diploma foi revogado pela Lei nº 24/96, de 31-7, atualmente em vigor[43], que, considerando consumidor todo aquele a quem sejam fornecidos bens, prestados serviços ou transmitidos quaisquer direitos, destinados a uso não profissional, por pessoa que exerça, com carácter profissional uma atividade económica que vise a obtenção de benefícios (artº 2º, nº 1), lhe reconheceu o direito à qualidade dos bens e serviços recebidos (artº 3º, a)) e à reparação dos danos patrimoniais e não patrimoniais que resultem da ofensa dos seus direitos individuais (artº 3º f)).

Criou-se um regime especial, tendo por ideia a proteção à parte considerada menos experiente, menos organizada e menos preparada tecnicamente numa relação de consumo, com a imposição de regras mais favoráveis a esse contraente, sobretudo ao nível do direito à informação, da liberdade de opção pelo exercício dos direitos concedidos ao consumidor, da inexigência de um juízo de culpa sobre o fornecedor e do alongamento dos prazos de exercício dos direitos do consumidor.

A referência na L.D.C. à prestação de serviços abrange os contratos de empreitada, uma vez que esta é uma das modalidades dos contratos de prestação de serviço (artº 1154º do C.C.)[44]. Apenas são, porém,

[43] A redação inicial desta lei já foi alterada pelo D.L. nº 67/2003, de 8 de Abril, que modificou o conteúdo dos artº 4º e 12º, transplantando para o seu texto parte da previsão destes normativos.

Foram iniciados (encontrando-se atualmente suspensos) trabalhos destinados à aprovação de um futuro Código do Consumidor, na linha do que ocorreu em França e na Itália e ao contrário do rumo seguido na Alemanha, tendo a Comissão do Código do Consumidor apresentado em 15-3-2006 um Anteprojeto deste diploma, para debate público. Nas palavras de apresentação deste valioso trabalho preparatório consta o seguinte: *"...foi propósito da Comissão ir além de uma mera compilação de leis dispersas e elaborar um Código, no sentido próprio do termo, com tudo o que isso implica, designadamente em termos de racionalização e unidade sistemática. Mas um código, em todo o caso, com muitas particularidades, rompendo, em vários pontos, com o modelo tradicional, um código, pode dizer-se, pós-moderno".*

[44] Carlos Ferreira de Almeida, em *Negócio jurídico de consumo,* no B.M.J. nº 347, pág. 118, Calvão da Silva, em *Compra e venda de coisas defeituosas,* pág. 122, Paulo Duarte, em *O*

abrangidos os contratos de consumo, isto é, aqueles que são realizados entre alguém que destina a obra encomendada a um uso não profissional e outrem que exerce com carácter profissional uma determinada atividade económica, a qual abrange a realização da obra em causa, mediante remuneração.

Com a aprovação deste regime especial contido na L.D.C. (sobretudo nos artº 4º, 7º, 8º e 12º), aplicável apenas às relações de empreitada de consumo, pode dizer-se que surgiu um subtipo contratual - o contrato de empreitada de consumo[45].

A Diretiva 1999/44/CE, de 25-5-1999[46], aprovada pelo Parlamento e Conselho Europeu[47], obrigou à aprovação de uma lei avulsa (o D.L. nº 67/2003, de 8 de Abril), visando a regulamentação da venda e outros contratos de consumo, incluindo a empreitada, a qual seguiu de muito perto o texto daquela Diretiva.

Apesar da data limite para a transposição desta Diretiva ser 1 de Janeiro de 2002, por vicissitudes várias, o Estado Português só efetuou essa operação em Abril de 2003. Existiam dois projetos alternativos para esta intervenção, ambos da autoria de Paulo Mota Pinto[48], que considerava esta Diretiva como "a mais importante incursão imperativa

conceito jurídico de consumidor..., no B.F.D.U.C., Ano LXXV (1999), pág. 650, nota 5, e 673, e Paulo Mota Pinto, em *Conformidade e garantias na venda de bens de consumo*, em "Estudos de direito do consumidor", nº 2 (2000), pág. 221.

[45] Estranhamente, o Anteprojeto do Código do Consumidor, referido na nota 43, não incluiu na sua previsão o contrato de empreitada, o que, aliado à revogação da atual Lei de Defesa do Consumidor e do D.L. nº 67/2003, constitui um retrocesso legislativo na proteção ao dono da obra consumidor nos contratos de empreitada.
Caso não venha a ser objeto de previsão no texto do futuro Código do Consumidor o contrato de empreitada, nomeadamente por extensão da aplicação das regras especiais previstas para o contrato de compra e venda de bens de consumo (artº 254º e seg., do Anteprojeto), o subtipo do contrato de empreitada de consumo desaparecerá da ordem jurídica portuguesa, passando todos os contratos de empreitada, independentemente do dono da obra ser um consumidor, a serem regulados pela disciplina do Código Civil.

[46] Publicada no J.O.C.E., L. 171, de 7-7-1999, p. 12.

[47] Sobre a história da aprovação desta Diretiva e indicação dos estudos que lhe têm sido dedicados, ver Paulo Mota Pinto, em *Conformidade e garantias na venda de bens de consumo*, em "Estudos de direito do consumidor", nº 2 (2000), pág. 198-201 e nota 23, e Menezes Leitão, em *Direito das obrigações*, vol. III, pág. 135, nota 307.

[48] Esses projetos encontram-se publicados, acompanhados de um estudo justificativo, em *Cumprimento defeituoso do contrato de compra e venda*, de Paulo Mota Pinto.

das instâncias comunitárias, no direito contratual interno dos Estados-membros, e representa um importante impulso para a harmonização do direito civil dos países da União"[49].

O projeto de transposição, preferido por Paulo Mota Pinto[50], visava a alteração do regime geral da compra e venda do Código Civil e da Lei de Defesa do Consumidor, adaptando-os às diretrizes comunitárias, com a inclusão da seguinte norma remissiva na secção relativa aos defeitos da coisa vendida no C.C.:

> *"Artº 922º – As normas da presente secção são aplicáveis à venda de coisas móveis que o vendedor se obrigou a fabricar ou produzir, quando o defeito não decorra de materiais fornecidos pelo comprador"*[51].

Com esta solução, da qual discordámos, não só existia o risco de se transportar para todas as relações abrangidas pelo contrato especial de compra e venda do direito civil, regras que apenas deveriam reger as relações de consumo[52], como também se iria contribuir para um agravamento significativo da equivocidade das fronteiras entre o contrato de compra e venda e o contrato de empreitada. Além destas consequências negativas, é nossa opinião que a realização de grandes alterações ao Código Civil necessita de um grau de reflexão e ponderação que não se compadece com a urgência da transposição de uma diretiva comunitária, com prazo marcado[53].

[49] Em *Conformidade e garantias na venda de bens de consumo*, em "Estudos de direito do consumidor", nº 2 (2000), pág. 201.

[50] Era esta também a posição maioritariamente defendida pela doutrina (Calvão da Silva, em *Venda de bens de consumo*, pág. 34-43, que enumera na pág. 39-40, nota 9, uma longa série de prestigiados juristas defensores da apelidada "solução grande").

[51] Em *Cumprimento defeituoso do contrato de compra e venda*, pág. 80.

[52] Aqui se manifesta a gula fatal do direito de consumo, a que alude Calvão da Silva, em *Compra e venda de coisas defeituosas*, pág. 144, com alusão à fábula da rã que quis ser boi.
A extensão ao regime geral dos contratos de compra e venda e empreitada do regime especial de proteção ao consumidor, pode transformar estes tipos contratuais em contratos com proteção a uma das partes, como sucede, por exemplo, com o contrato de trabalho e o contrato de locação.
Curioso é o facto de em algumas decisões recentes os nossos tribunais procurarem soluções dentro do regime geral do contrato de empreitada do C.C., com base nas disposições do regime especial apenas aplicável às relações de consumo.

[53] A integração do regime do Decreto-lei nº 67/2003 no Código Civil, em futura reforma deste, parece, porém, ser um dado seguro, salvo se, entretanto, a opção pela existência de

Felizmente, o legislador adotou o segundo projeto, que se traduzia na transposição da diretiva em diploma avulso[54], aprovando o Decreto-Lei nº 67/2003, de 8 de Abril (posteriormente objeto de alterações pelo D.L. nº 84/2008, de 21 de Maio), o qual incluiu a maior parte das disposições da L.D.C. que regulavam o denominado subtipo contratual da empreitada de consumo, subtraindo-as a este diploma (artº 13º do D.L. nº 67/2003)[55]. Apesar desta solução pecar pela falta de medidas de

um Código do Consumidor subtrair tais matérias àquele diploma, conforme resulta dos Relatórios Preliminares sobre a Reforma do Direito Civil, dos Professores das Faculdades de Direito da Universidade Coimbra, de 28-1-2004, da Universidade de Lisboa de 24-10-2003, da Universidade Católica Portuguesa, e da Universidade Nova de Lisboa, de 5-11-2003, publicados em *Reforma do Direito Civil*, pág. 28, 41-42, 70 e 81-82, respetivamente.

[54] Além destas duas modalidades de transposição da diretiva comunitária, foi também considerada a hipótese de alteração da Lei de Defesa do Consumidor, que passaria a consagrar todas as orientações daquela diretiva. Sobre estas diferentes modalidades, CARLOS FERREIRA DE ALMEIDA, em *Questões a resolver na transposição da diretiva e respostas dadas no colóquio*, em "Themis", Ano II, nº 4, pág. 221-222, e CALVÃO DA SILVA, em *Venda de bens de consumo*, pág. 33-39.

[55] Na Alemanha, a necessidade da transposição da Diretiva impulsionou a concretização da revisão do Direito das Obrigações no BGB, a qual já vinha sendo preparada desde os anos 80, do século XX, tendo o respetivo projeto sido aprovado em 11-10-2001 e entrado em vigor em 1-1-2002. Além do mais, aproveitou-se para efetuar uma revisão do regime geral do contrato da compra e venda do BGB, tendo-se estendido a este a maior parte das soluções contidas na Diretiva. Contudo, não deixou de consagrar-se um conjunto de normas específicas da venda de bens de consumo (§§ 474 a 479, do BGB). Este regime especial é aplicável à empreitada de bens de consumo móveis, por força do disposto no § 651, do BGB. Sobre a inserção da transposição da Diretiva na reforma do Direito das Obrigações alemão, CLAUS-WILHELM CANARIS, em *A transposição da diretiva sobre compra de bens de consumo para o direito alemão*, em "Estudos de direito do consumidor", nº 3 (2001), pág. 49-67, CALVÃO DA SILVA, em *Venda de bens de consumo*, pág. 35-37, MENEZES CORDEIRO, em *Da modernização do direito civil*, I vol., pág. 70-83 e 129-132, e em *Tratado de direito civil*, vol. VI, pág. 113-117, e PETER ROTT, em *La disciplina tedesca della compravendita dopo l'attuazione della diretiva 1999/44/CE*, em *La vendita di beni di consumo*, pág. 218-221.

Em Itália, o Decreto Legislativo nº 24, de 2-2-2002, procedeu à transposição da Diretiva, introduzindo um novo "parágrafo", sob o título "Da venda de bens de consumo", no capítulo do C.C. Italiano dedicado ao contrato de compra e venda, com os artº 1519-bis a 1519-nonies, quase que reproduzindo o texto da Diretiva. Este regime específico é também aplicável ao contrato de empreitada de consumo de coisas móveis, nos termos do artº 1519-bis, do C.C. Italiano. Sobre esta transposição, "Estudos de direito do consumidor", nº 3 (2001), pág. 443 e seg., CALVÃO DA SILVA, em *Venda de bens de consumo*, pág. 38, e ROSALBA ALESSI, em *L'attuazione della diretiva nel dirito italiano: il dibattito e le sue impasse*, em *La vendita di beni di consumo*, pág. 3-37.

harmonização substanciais e formais com o sistema jurídico vigente, o que dá origem a dessincronizações sistemáticas e a uma fragmentação excessiva de regime, revela-se preferível à realização de uma precipitada reforma de capítulos importantes do Código Civil. Necessário é que se encare esta solução como transitória e que tranquilamente se desenvolvam os trabalhos de uma revisão legislativa cuidada sobre o cumprimento defeituoso das obrigações.

O D.L. nº 67/2003, tal como a Diretiva por ele transposta, é direcionado sobretudo ao contrato de compra e venda, sendo as suas regras aplicáveis, com as necessárias adaptações, a outros tipos contratuais que

Em Espanha, tal como sucedeu em Portugal, foi aprovada uma lei específica de transposição da Diretiva – a Lei 23/2003, de 10 de Julho, que entrou em vigor em 11-12-2003 – a qual é aplicável aos contratos de empreitada de bens móveis (artº 2). No entanto, numa disposição final desta lei (a 4ª), declara-se a intenção destas normas, no prazo de 3 anos, se integrarem na "Ley General para la Defensa de los Consumidores e Usuários", o que ocorreu com o Real Decreto Legislativo 1/2007, de 16 de novembro, já alterado pela Lei 29/2009, de 30 de Dezembro. Sobre esta transposição para o direito interno espanhol, IGNACIO QUINTANA, em *L' attuazione della diretiva 1999/44 nell'ordinamento spagnolo*, em *La vendita di beni di consumo*, pág. 287-303.
Na Áustria, tal como na Alemanha, a operação de transposição da diretiva, foi aproveitada para alterar as regras gerais sobre a garantia das coisas vendidas (§§ 922, 924, 932 e 933, do ABGB), aplicáveis ao contrato de empreitada (§ 1167, do ABGB), tendo-se também produzido alterações na lei de proteção ao consumidor austríaca, onde consta um regime especial para a venda e empreitada de consumo (§§ 8 e 9 KSchG). Estas alterações foram efetuadas pela GewRÄG, de 5 de Agosto de 2001, tendo entrado em vigor em 1-1-2002. Sobre esta transposição, "Estudos de direito do consumidor", nº 3 (2001), pág. 435 e seg., e MICHAEL HOFSTÖTTER, em *L'attuazione della diretiva 1994/44/CE com riferimento a determinati aspetti della compravendita al consumatore e garanzie associate in Áustria*, em *La vendita di beni di consumo*, pág. 305-313.
Em França e no Reino Unido a transposição da diretiva foi encarada como um elemento perturbador dos sistemas existentes nesses países, considerados mais garantísticos da posição dos consumidores do que o conjunto de normas que integram a diretiva. Após muitas hesitações, em 11-12-2002, no Reino Unido, aprovou-se um conjunto de regras (SSGCRs), que entraram em vigor em 31-3-2003, que na sua quase totalidade se traduzem em emendas a leis já existentes, e em França, a Ordonnance nº 2005-136, de 17-2-2005, introduziu um conjunto de alterações no Code de la Consommation, e no artº 1648 do Code Civil. Estas alterações abrangem os contratos de empreitada de bens móveis (emendas ao Supply of Goods and Services Act 1982 e Art L. 211-1, do Code de la Consommation). Sobre a transposição da diretiva no Reino Unido, GERAINT HOWELLS e CHRISTIAN TWIGG-FLESNER, em *Molto Rumore per nulla? L'attuazione della direttiva 99/44/CE nell'ordinamento inglese*, em *La vendita di beni di consumo*, pág. 243-270, e em França LUDOVIC BERNARDEAU, em *L'attuazione della diretiva sulla vendita in Francia*, em *La vendita di beni di consumo*, pág. 271-286.

também têm por objeto o fornecimento de um bem de consumo, neles se incluindo o contrato de empreitada. Criam-se, pois, regras comuns a diversos tipos contratuais, mantendo-se a autonomia destes.

O D.L. nº 67/2003, ao efetuar a transposição da referida Diretiva, não se limitou a copiar a sua tradução, tendo adotado algumas soluções originais, no confronto com a transposição efetuada por outros Estados-membros, como sejam a extensão do seu regime aos bens imóveis, o alongamento para todo o prazo de responsabilização do empreiteiro pelas desconformidades da obra da presunção que os mesmos já existiam na data da sua entrega e a omissão de regras de hierarquia no exercício dos direitos conferidos ao dono da obra.

As normas da L.D.C. e do D.L. nº 67/2003, aplicáveis aos contratos de empreitada numa relação de consumo, revelam-se normas especiais relativamente às regras gerais do C.C. previstas para o contrato de empreitada, derrogando aquelas com as quais se revelem incompatíveis, no seu campo de aplicação – o da relação de consumo.

As especialidades previstas situam-se, sobretudo, ao nível da inexigência de culpa no cumprimento defeituoso do empreiteiro, no estabelecimento de prazos de caducidade mais alargados para o exercício dos direitos do dono da obra, face a esse cumprimento defeituoso, na maleabilidade da articulação do exercício desses direitos e na regulamentação exigente das cláusulas de garantia voluntárias.

Apesar de podermos dizer que este subtipo contratual já tem uma existência legal desde Julho de 1996, só com a problemática da transposição daquela diretiva comunitária para o nosso direito interno começou a ter uma abordagem doutrinária, tendo o seu tratamento pela jurisprudência se revelado tímido, numa primeira fase, sendo certo que a maioria dos contratos de empreitada em litígio nos tribunais judiciais portugueses são contratos de empreitada de consumo. Para este alheamento contribuiu o facto da regulamentação deste subtipo não se encontrar no Código Civil e a circunstância da L.D.C. e, sobretudo, do Decreto-Lei nº 67/2003, destinarem esta regulamentação específica em primeiro lugar à venda de bens de consumo, permitindo apenas a sua aplicação secundária e adaptada aos contratos de empreitada de consumo. Além disso, a falta de alegação pelos sujeitos processuais dos elementos fácticos que permitam caracterizar os contratos invocados como contratos de empreitada de consumo e a não utilização, nesses casos, do despacho de correção (artº 590º, nº 2, b) e nº 4, do C.P.C.), também tem impedido uma abordagem jurisprudencial mais frequente deste subtipo contratual.

O regime especial dos contratos de empreitada de consumo será exposto, em capítulo próprio deste estudo[56].

[56] Cfr., *infra*, pág. 253 e seg.

III. A obrigação de realização de obra do empreiteiro

O empreiteiro é aquele que, pela celebração do contrato de empreitada, se obriga à realização de certa obra, mediante o recebimento de um preço (artº 1207º do C.C.). É a sua prestação principal que confere uma individualidade própria a este tipo contratual, pelo que o seu estudo e classificação permitem traçar as fronteiras deste contrato, relativamente aos que lhe são próximos, e definir quem é empreiteiro.

1. Obrigação de prestação dotada de autonomia

Não existe qualquer relação de subordinação entre quem encomenda a obra (o seu dono) e o realizador desta. O empreiteiro não trabalha sob as ordens e direção daquele, comprometendo-se apenas a obter um determinado resultado, o que deverá fazer com total autonomia de coordenação de meios e de opção de técnicas de trabalho. Apesar de poder fiscalizar a execução da obra (artº 1209º do C.C.), o seu dono não pode intervir no processo executivo da mesma. É esta uma das características que distingue o empreiteiro daquele que cede a sua força de trabalho, numa relação laboral – o trabalhador. O direito de fiscalização confere ao dono da obra apenas a oportunidade de este verificar se ela está a ser realizada segundo as regras da arte respetiva, com os materiais apropriados e sem vícios dificilmente detetáveis após a sua conclusão. Não é um direito de intervenção, mas sim um simples direito de observação, e deve ser exercido sem perturbação da atividade do empreiteiro e com respeito por "segredos" técnicos.

Contudo, o grau de autonomia do empreiteiro pode variar conforme o acordado entre as partes, não fugindo as relações estabelecidas ao contrato de empreitada, desde que o empreiteiro mantenha o poder de organizar e programar o trabalho necessário à realização da obra, segundo os seus critérios de eficiência e produtividade empresariais. Já quanto à liberdade técnica do empreiteiro, nada impede que o clausulado contratual a reduza drasticamente, não só pela imposição prévia das opções técnicas a adotar na realização da obra, como também pela possibilidade de consagrar uma direção técnica da obra por parte do dono desta, ou de profissional por si contratado[57]. Nestas hipóteses é óbvio que a possibilidade de o empreiteiro ser responsabilizado pelos defeitos da obra é consideravelmente menor do que naquelas em que ele goza de ampla autonomia técnica na execução da obra.

Esta autonomia da prestação do empreiteiro tem como consequência a assunção de um risco económico na realização da obra – a possibilidade dos custos desta serem superiores à retribuição acordada – sem que isso afaste o contrato de empreitada da espécie dos contratos comutativos[58].

2. Obrigação de prestação fungível

O empreiteiro pode ser uma pessoa coletiva ou singular, dotada ou não de uma organização empresarial destinada à realização de obras.

Na concretização de uma obra, importa, sobretudo, o resultado final da atividade desenvolvida nesse sentido, pelo que a pessoa do seu executante, em regra, é indiferente para o cumprimento da prestação acordada, podendo dizer-se que, em princípio, a prestação do empreiteiro é

[57] O diretor técnico indicado pelo dono da obra para acompanhar a realização desta, se nada for expressamente convencionado, apenas tem um poder de intervenção técnica, não representando o dono da obra em atos jurídicos.
Sobre o papel do diretor técnico da obra, CARMELA MASCARELLO, em *Il contrato di appalto*, pág. 100-102.
No Acórdão do S.T.J. de 3-10-2006, no site www.dgsi.pt, relatado por URBANO DIAS, a intervenção de um diretor técnico nomeado pelo dono da obra não retirou a qualificação ao contrato como de empreitada.

[58] MARIA CRISTINA CERVALE, *La responsabilità dell' appaltatore*, pág. 17-18, Carmela Mascarello, em *Il contrato di appalto*, pág. 12-15, GIUSEPPE MUSOLINO, em *La responsabilità civile nell' appalto*, pág. 22, e GOFFREDO ZUDDAS, em *Codice dell' appalto privato*, pág. 13-14.

fungível[59], seguindo a regra geral do cumprimento das obrigações estabelecida no artº 767º, nº 1, do C.C. Não o será apenas nos casos excecionais em que a especial natureza da obra exija a sua realização pela pessoa contratada ou em que as relações existentes entre as partes imponham igual exigência (por ex. confiança num determinado especialista para a realização da obra acordada) ou ainda quando se convencione expressamente essa pessoalidade no cumprimento.

Esta visão despersonalizada da prestação do empreiteiro determinou que o contrato de empreitada não se extinga por morte ou incapacidade deste, a não ser que, no momento da outorga do contrato, tivessem sido consideradas as qualidades pessoais daquele (artº 1230º do C.C.), e que só seja necessária autorização do dono da obra para o empreiteiro subcontratar a sua prestação, nos casos excecionais acima mencionados, uma vez que, por regra, o tipo de relação em causa possibilitará a realização de subempreitadas sem autorização do dono da obra (artº 1213º, nº 1, e 264º do C.C.).

3. Obrigação de prestação duradoura

Tendo o empreiteiro de desenvolver uma atividade de realização de uma obra, esta prolonga-se no tempo, pelo que integra a classe das prestações duradouras[60].

Estas podem ser fracionadas ou contínuas, se o seu cumprimento se efetua por partes, em momentos diferentes, ou caso se prolongue ininterruptamente.

No contrato de empreitada, a prestação do empreiteiro pode assumir qualquer uma destas duas modalidades, dependendo do clausulado pelas partes quanto ao modo e ao momento de realização da obra, a qual poderá ser faseada no tempo, ou não.

Note-se, contudo, que esta característica e denominação jurídica da prestação do empreiteiro não permite que, em regra[61], se qualifique o

[59] PEDRO ROMANO MARTINEZ, em *O subcontrato*, pág. 51.

[60] Sobre esta classificação das prestações, ALMEIDA COSTA, em *Direito das obrigações*, pág. 699-700.

[61] São exceções a esta regra alguns contratos de empreitada de serviços, como os contratos de manutenção de determinado equipamento, em que se verifica uma reiteração da prestação do empreiteiro, o que permite qualificar esses contratos como de execução continuada.

contrato de empreitada como de execução continuada, uma vez que essa prestação apesar de duradoura não se reitera no tempo[62].

4. Obrigação de prestação de facto positivo

A prestação do empreiteiro é uma prestação de *facere* dado que se caracteriza pelo desenvolvimento de uma atividade.

É esta característica de se tratar de uma prestação de facto positivo[63] que permite distinguir o empreiteiro do vendedor, cuja prestação é de entrega de coisa, no sentido de transmissão da propriedade.

Apesar da facilidade distintiva destes dois tipos de prestação, a classificação de determinados contratos em que a prestação tem por objeto a realização de uma coisa nova, com utilização de materiais do prestador, como de empreitada ou de compra e venda, revela antigas, mas constantes dificuldades[64]. Isto porque o empreiteiro, após a realização da obra, também tem que a entregar ao seu dono, assim como o vendedor de bens futuros, antes de entregar a coisa vendida, também tem que a criar.

[62] Pedro Romano Martinez, em *Contrato de empreitada,* pág. 67, Gravato Morais, em *União de contratos de crédito e de venda para consumo,* pág. 420, nota 2, Menezes Leitão, em *Direito das obrigações,* vol. III, pág. 504, Carmela Mascarello, em *Il contrato di appalto,* pág. 19-21, Giuseppe Musolino, em *La responsabilità civile nell'appalto...,* pág. 9-10, Lucchini Guastalla, em *La risoluzioni di diritto per inadempimento dell'appaltatore,* pág. 34, e Lidia Savanna, em *La responsabilità dell'appaltatore,* pág. 2.

[63] Sobre esta classificação das prestações, Almeida Costa, em *Direito das obrigações,* pág. 693-697.

[64] Sobre o atual estado desta polémica em Portugal, Pires de Lima e Antunes Varela, em *Código Civil anotado,* vol. II, pág. 865-867, Pereira de Almeida, em *Direito privado II (Contrato de empreitada),* pág. 14 a 17, Pedro Romano Martinez, em *Direito das obrigações...,* pág. 333-337, em *Empreitada de consumo,* em "Themis", Ano II, nº 4, pág. 157-162, e em *Compra e venda e empreitada,* em "Comemorações dos 35 anos do Código Civil e dos 25 anos da reforma de 1977", vol. III, pág. 238-243, Rosendo Dias José, em *Responsabilidade civil do construtor e do vendedor pelos defeitos,* pág. 46-47, e José Manuel Vilalonga, em *Compra e venda e empreitada – contributo para a distinção entre os dois contratos,* na R.O.A., Ano 57, vol. I, pág. 183 e seg.

O Relatório Preliminar sobre a Reforma do Direito Civil, dos Professores da Faculdade de Direito da Universidade Católica Portuguesa, publicado em *Reforma do Direito Civil,* pág. 70, propõe, aliás, numa futura revisão do Código Civil, a clarificação da fronteira entre o contrato de compra e venda e o contrato de empreitada.

O Código Civil Alemão prevê no § 651, relativamente aos contratos de empreitada de coisas móveis, a aplicação geral do regime previsto para o contrato de compra e venda, combinado com algumas das regras específicas do contrato de empreitada (§§ 642, 643, 645, 649 e 650).

Note-se que esta qualificação jurídica tem crucial importância, uma vez que dela resultará a aplicação de regimes significativamente diferentes[65]. E, se nesta qualificação assume especial importância a vontade das partes de submeterem determinado contrato a um ou a outro regime dos tipos legalmente pré-estabelecidos, ou até a uma mescla dos dois[66], importa apontar um critério objetivo que supra a habitual inexistência desse acordo de vontades ou a incapacidade de demonstrar o seu conteúdo.

Desde cedo[67], seguindo-se de perto a mesma polémica na doutrina francesa, procurou qualificar-se estes contratos como mistos, encontrando-se o seu regime no resultado da pesagem da importância das prestações de transferência da propriedade da coisa e da atividade da sua criação. Seria a maior ou menor importância destas duas prestações que definiria o regime aplicável (*acessorium sequitur principale*), podendo coexistir os dois regimes na hipótese de equivalência entre ambas. Todavia, registaram-se algumas dificuldades na medição dessa importância, uma vez que o critério do preço nem sempre se revelava adequado.

Cremos que o regime do nosso Código Civil não é completamente neutro nesta questão, resultando uma indicação da posição a tomar,

[65] Verifica-se, contudo, uma tendência para unificar os dois regimes em matéria de responsabilidade pelos defeitos da coisa, o que atualmente já sucede nas relações de consumo com o D.L. nº 67/2003, em que se regula expressamente esta matéria no âmbito do contrato de compra e venda e se determina a sua aplicação aos contratos de fornecimento de bens de consumo a fabricar ou a produzir e de locação dos mesmos bens, o que abrange os contratos de empreitada.

[66] Realçando a importância da vontade das partes nesta querela qualificativa, Pires de Lima e Antunes Varela, em *Código Civil anotado,* vol. II, pág. 866, Moitinho de Almeida, em *A responsabilidade civil do projectista e o seu seguro,* no B.M.J. nº 228, pág. 15, Pedro Romano Martinez, em *Direito das obrigações...,* pág. 337, e em *Compra e venda e empreitada,* em "Comemorações dos 35 anos do Código Civil e dos 25 anos da reforma de 1977", vol. III, pág. 239-240, José Manuel Vilalonga, em *Compra e venda e empreitada – contributo para a distinção entre os dois contratos,* na R.O.A., Ano 57, vol. I, pág. 210-211, Rita Sobrinho, em *Contrato de empreitada,* pág. 72, Nuno Aureliano, em *O risco nos contratos de alienação,* pág. 419-420, e o Acórdão do S.T.J. de 22-9-2005, no site www.dgsi.pt, relatado por Lucas Coelho.

[67] Guilherme Moreira, em *Das obrigações em especial,* transcrito por Vaz Serra, no B.M.J. nº 145, pág. 46, Cunha Gonçalves, em *Da compra e venda no direito comercial portuguêz,* vol. I, pág. 76-82, e mais tarde Vaz Serra, em *Empreitada,* no B.M.J. nº 145, pág. 45-60, e na R.L.J., em anotação ao Acórdão do S.T.J. de 14-6-1972, Ano 106, pág. 190-192 e 197-200, e em anotação ao Acórdão do S.T.J. de 16-3-1973, Ano 107, pág. 107-112.

quando no artº 1210º se estabelece como regra que os materiais necessários à execução da obra devem ser fornecidos pelo empreiteiro e no artº 1212º se determina o momento da transferência da propriedade das coisas construídas naquele esquema regra. O contrato de empreitada, apesar de ser uma subespécie do contrato de prestação de serviço, é um tipo contratual autónomo, com o seu campo de aplicação próprio, não sendo uma figura de transição entre múltiplos tipos contratuais. Ao assumir-se, em regra, como uma relação na qual o realizador da obra fornece os materiais necessários para a sua conclusão, não se afigura acertado considerá-lo, nestes casos, um contrato em que se misturam prestações de diferentes tipos contratuais, uma vez que essa relação é exatamente a relação típica do contrato de empreitada, tal como este foi delineado na legislação portuguesa. Esse modelo pode ter sido historicamente subtraído à área de aplicação do contrato de compra e venda, mas não passou, por isso, a situar-se numa posição intermédia entre dois tipos contratuais diferentes, assumindo-se antes como um novo tipo completamente independente.

Assim, o contrato pelo qual se acorda na realização de uma obra, fornecendo o realizador desta os materiais necessários para a sua efetivação, é um contrato de empreitada, regulando o artº 1212º do C.C. o modo como se opera, nestes casos, a transferência de propriedade sobre a obra. Mas é evidente que já estaremos perante a venda de bens futuros e não perante um contrato de empreitada, nos casos em que quem encomenda a coisa ainda por fabricar não determina em nada a sua composição, não interferindo minimamente a sua vontade negocial no seu processo criativo, como sucede quando se encomendam bens fabricados em série ou com base em amostra ou catálogo[68].

A escassez de jurisprudência publicada sobre a qualificação deste tipo de contratos revela que a prática não suscita tantas dificuldades

[68] Pedro Romano Martinez, em *Direito das obrigações...*, pág. 337, e em *Compra e venda e empreitada*, em "Comemorações dos 35 anos do Código Civil e dos 25 anos da reforma de 1977", vol. III, pág. 243, Maria Cristina Cervale, em *La responsabilità dell' appaltatore*, pág. 30-32, Francesco Galgano, em *Diritto civile e commerciale*, vol. II, tomo 2, pág. 31, e Franco Ballati, em *La responsabilità dell'appaltatore e del directore del lavori per vizi e difformità delle opere*, pág. 26 e 41-46.

como a doutrina pressupôs, sendo adotado na maioria dos casos o critério acima apontado[69].

[69] Qualificaram como **contrato de empreitada**:

✓ a construção de casa pré-fabricada com materiais do empreiteiro – o Ac. do S.T.J. de 16-3--1973, no B.M.J. nº 225, pág. 210, relatado por José António Fernandes;

✓ a impressão de estampagem em telecambraia, com tintas fornecidas pelo empreiteiro – o Ac. da Relação do Porto de 4-12-1980, na C.J., Ano V, tomo 5, pág. 143, relatado por Mário Afonso.

✓ o fabrico de basculante para viatura, com materiais do empreiteiro – o Ac. da Relação de Lisboa de 27-10-1988, na C.J., Ano XIII, tomo 4, pág. 137, relatado por José de Magalhães, que também admitiu a sua qualificação como contrato misto.

✓ a construção de casa pré-fabricada com materiais do empreiteiro – o Ac. do S.T.J. de 23-1--2007, no site www.dgsi.pt, relatado por Sebastião Póvoas.

✓ a confeção de peças de vestuário, mediante o fornecimento de malha pelo empreiteiro, segundo modelo entregue pelo cliente – o Ac. do S.T.J. de 28-9-2006, no site www.dgsi.pt, relatado por Silva Salazar.

✓ a instalação de infraestruturas elétricas fornecidas pelo empreiteiro em imóvel – o Ac. do S.T.J. de 29-6-2006, no site www.dgsi.pt, relatado por Salvador da Costa.

✓ a construção e instalação de um túnel de congelação estático em estabelecimento da adquirente – o Ac. do S.T.J. de 20-10-2009, no site www.dgsi.pt, relatado por Sebastião Póvoas.

✓ o fabrico de caixas de cartão para acondicionamento de garrafas de vinho – o Ac. da Relação de Guimarães de 12-7-2011, no site www.dgsi.pt, relatado por Manuel Bargado.

✓ o fornecimento e montagem de um equipamento de atmosfera controlada – o Ac. do S.T.J. de 4-6-2019, no site www.dgsi.pt, relatado por José Raínho.

Qualificaram como **contrato de compra e venda**:

✓ a construção de um compressor de ar, fabricado em série – o Ac. da Rel. de Lisboa de 21-11-1996, na C.J., Ano XXI, tomo 5, pág. 109, relatado por Marco Rodrigues.

✓ a impressão de formulários para determinadas sociedades comerciais – o Ac. do S.T.J. de 30-11-2000, na C.J. (Ac. do S.T.J.), Ano VIII, tomo 2, pág. 150, relatado por Miranda Gusmão.

✓ o fornecimento de saltos para sandálias, a fabricar pela fornecedora, com materiais por ela adquiridos e transformados, com o desenho e a forma de um modelo entregue – o Ac. do S.T.J. de 22-9-2005, no site www.dgsi.pt, relatado por Lucas Coelho.

✓ o fornecimento de caixas de cartão canelado, segundo modelo criado pelo fornecedor e aprovado, com modificações, pelo adquirente – o Ac. do S.T.J. de 12-9-2006, no site www.dgsi.pt, relatado por Silva Salazar.

✓ o fornecimento e montagem de diversos equipamentos para o funcionamento de um lar de 3.ª idade – o Ac. da Relação de Évora de 4-10-2007, na C.J., Ano XXXII, tomo 4, pág. 249, relatado por Eduarda Branquinho.

✓ o fornecimento de máquinas a projetar e fabricar pelo fornecedor para satisfazer necessidades específicas do adquirente – o Ac. da Relação do Porto de 27-1-2009, no site www.dgsi.pt, relatado por Vieira e Cunha.

Do disposto no citado artº 1212º do C.C. resulta uma lacuna voluntária de previsão relativamente ao contrato em que se acorda na construção de um edifício, não só com materiais fornecidos pelo empreiteiro, mas também em terreno pertencente a este. Atento o formalismo exigido para a transmissão do direito de propriedade sobre imóveis, da mera aceitação material da obra nunca poderia resultar essa transferência, sendo necessária a outorga, por escritura pública ou por documento particular autenticado (artº 875º, do C.C.), de um negócio de transmissão da propriedade do terreno, o que já não pode ser contemplado pelo modelo legal do contrato de empreitada. Nestes casos, o acordo sobre a realização da obra inclui uma promessa do construtor de transmissão para o dono da obra do terreno onde a mesma vai ser implantada, o que configura um caso de contrato misto[70], no qual se reúnem prestações de dois tipos contratuais diferentes[71]. E a obra só se transmitirá para o seu "dono" com a outorga do negócio formal de transmissão da propriedade do terreno onde está implantada.

Outras situações em que se tem suscitado a questão da qualificação do contrato são os casos em que simultaneamente se acorda o fornecimento de uma coisa e a sua instalação ou adaptação.

Se os trabalhos de adaptação ou instalação têm uma relevância insignificante, a obrigação de os realizar deve ser encarada como um mero dever acessório da prestação principal, sem dimensão suficiente para

✓ o fabrico de um determinado medicamento – o Ac. da Relação de Lisboa de 29-10-2009, no site www.dgsi.pt, relatado por Catarina Arêlo Manso.

✓ o fornecimento de sofá, a fabricar pelo fornecedor, segundo modelo criado pelo adquirente – o Ac. da Relação do Porto de 20-4-2010, no site www.dgsi.pt, relatado por Sílvia Pires.

✓ o fornecimento de mochilas com modelo standard, com ajustes na cor e materiais – o Ac. da Relação de Guimarães de 25-10-2012, no site www.dgsi.pt, relatado por Isabel Rocha.

[70] Sobre os contratos mistos, Vaz Serra, em *União de contratos. Contratos mistos,* no B.M.J. nº 91, pág. 11 e seg., Inocêncio Galvão Telles, em *Manual dos contratos em geral,* pág. 386 e seg., Antunes Varela, em *Das obrigações em geral,* vol. I, pág. 279 e seg., Almeida Costa, em *Direito das obrigações,* pág. 372-377, Pedro Pais de Vasconcelos, em *Contratos atípicos,* pág. 215 e seg., e Rui Pinto Duarte, em *Tipicidade e atipicidade dos contratos,* pág. 44 e seg.

[71] Pires de Lima e Antunes Varela, em *Código Civil anotado,* vol. II, pág. 879, Pereira de Almeida, em *Direito privado II (Contrato de empreitada),* pág. 47-48, Pedro Romano Martinez, em *Direito das obrigações...,* pág. 446, e o Acórdão da Relação do Porto de 9-5-1996, na C.J., Ano XXI, tomo 3, pág. 185, relatado por Mário Cruz.

afastar a qualificação do contrato como contrato de compra e venda ou a aplicação do regime deste tipo contratual[72]. Mas, se esses trabalhos já assumirem uma dimensão de algum relevo, então o contrato deve ser encarado como um contrato misto[73], na modalidade de contrato combinado[74], em que uma das partes se obriga a duas prestações que integram dois tipos contratuais diferentes – o da compra e venda e o da empreitada – contra uma prestação unitária da contraparte – o pagamento do preço[75].

[72] Inocêncio Galvão Telles, em *Manual dos contratos em geral,* pág. 392-393, integra estes contratos na categoria dos contratos mistos sob a designação de contratos complementares.

[73] José Manuel Vilalonga, em *Compra e venda e empreitada – contributo para a distinção entre os dois contratos,* na R.O.A., Ano 57, vol. I, pág. 210, defende que estamos perante um caso de união de contratos.

[74] Utilizando a classificação corrente, baseada na doutrina alemã e utilizada por Vaz Serra, em *União de contratos. Contratos mistos,* no B.M.J. nº 91, pág. 41-42, Antunes Varela, em *Das obrigações em geral,* I vol., pág. 286, e Almeida Costa, em *Direito das obrigações,* pág. 374.
Já Inocêncio Galvão Telles, em *Manual dos contratos em geral,* pág. 387, classifica estes contratos mistos de múltiplos.

[75] Na jurisprudência, qualificaram como **contrato de empreitada** o fornecimento e instalação de elevadores num edifício:

✓ o Ac. do S.T.J. de 15-3-1974, no B.M.J. nº 235, pág. 269, relatado por Ludovico da Costa.
✓ o Ac. da Rel. de Lisboa de 12-5-1988, na C.J., Ano XIII, tomo 3, pág. 141, relatado por Carvalho Pinheiro.
✓ o Ac. do S.T.J. de 6-7-1993, na C.J. (Ac. do S.T.J.), Ano I, tomo 2, pág. 181, relatado por Machado Soares.
✓ o Ac. da Rel. de Lisboa de 7-12-1993, na C.J., Ano XVIII, tomo 5, pág. 137, relatado por Afonso de Melo.
✓ o Ac. da Rel. de Lisboa de 17-3-1994, na C.J., Ano XIX, tomo 2, pág. 86, relatado por Pires Salpico.
✓ o Ac. do S.T.J. de 14-2-1995, na C.J. (Ac. do S.T.J.), Ano III, tomo 1, pág. 88, relatado por Fernando Fabião.
✓ o Ac. do S.T.J. de 6-4-1995, na C.J. (Ac. do S.T.J.), Ano III, tomo 2, pág. 33, relatado por Joaquim de Matos.
✓ na fundamentação do Ac. do S.T.J., para uniformização de jurisprudência, de 31-1-1996, no D.R., II série, de 7-6-1996, relatado por Cardona Ferreira.

Também qualificaram como **contrato de empreitada**:

✓ o fornecimento e montagem de um aparelho de ar condicionado – o Ac. da Rel. de Évora de 26-9-1996, na C.J., Ano XXI, tomo 4, pág. 282, relatado por Mário Pereira.
✓ o fornecimento e montagem de um recuperador de calor – o Ac. da Rel. do Porto de 2-6-2005, no site www.dgsi.pt, relatado por Fernando Baptista.
✓ o fornecimento e colocação de parquet no soalho de uma casa – o Ac. da Rel. de Coimbra de 26-5-2009, no site www.dgsi.pt, relatado por Jaime Ferreira.

Nestes casos, utilizando a faculdade concedida pela melhor doutrina de que não existem soluções rígidas na definição do regime dos contratos mistos[76], vigora a regra prevista no artº 239º do C.C. para a integração dos negócios jurídicos, em tudo aquilo que não foi expressamente previsto pelas partes. Assim, o regime aplicável deve ser procurado na vontade hipotética das partes, se tivessem previsto o ponto omisso. Essa procura da vontade hipotética deve ser efetuada de modo a que, perante a realidade e os valores dominantes se procure reconstruir a vontade das partes, num juízo de razoabilidade[77]. Na maior parte das situações, este juízo, sem que isto procure ser uma regra infalível, conclui pela aplicação a cada uma das prestações do vendedor/empreiteiro do regime do contrato típico que preenchem (teoria da combinação). E nas zonas contratuais que não pertencem exclusivamente a um dos modelos

- ✓ a reparação de máquinas, com fornecimento de peças – o Ac. da Rel. de Coimbra de 6-3-2012, no site www.dgsi.pt, relatado por ARLINDO OLIVEIRA.
- ✓ o fornecimento e montagem de aparelhos de ar condicionado – o Ac. da Rel. de Coimbra de 24-4-2012, no site www.dgsi.pt, relatado por ARLINDO OLIVEIRA.

Qualificaram como contrato de **compra e venda**:

- ✓ o fornecimento e instalação de elevadores num edifício – o Ac. da Rel. de Lisboa de 18-1-1990, na C.J., Ano XV, tomo 1, pág. 146, relatado por RIBEIRO COELHO.
- ✓ o fornecimento e instalação de elevadores num edifício – o Ac. da Rel. do Porto de 12-1-1993, na C.J., Ano XVIII, tomo 2, pág. 175, relatado por PAZ DIAS.
- ✓ o fornecimento e instalação de móveis de cozinha – o Ac. da Rel. do Porto de 28-11-2005, no site www.dgsi.pt, relatado por CAIMOTO JÁCOME.
- ✓ o fornecimento e instalação de móveis de cozinha – o Ac. da Rel. de Guimarães de 17-5-2012, no site www.dgsi.pt, relatado por CARVALHO GUERRA.

Qualificaram como **contrato misto**:

- ✓ o fornecimento e instalação de um sistema de segurança num imóvel – o Ac. da Rel. de Lisboa de 7-2-1991, na C.J., Ano XVI, tomo 1, pág. 296, relatado por RAMOS DOS SANTOS.
- ✓ o fornecimento e instalação de equipamento informático – o Ac. do S.T.J. de 5-7-1994, C.J. (Ac. do S.T.J.), Ano II, tomo 2, pág. 174, relatado por CARLOS CALDAS.
- ✓ o fornecimento e instalação de equipamento informático – o Ac. do S.T.J. de 13-1-2005, no site www.dgsi.pt, relatado por FERREIRA DE ALMEIDA.
- ✓ a criação, arranjo e tratamento de uns jardins no exterior de um edifício de apartamentos, com a colocação de terra, coberta com casca de pinheiro, e a plantação de ciprestes – o Ac. da Relação de Guimarães de 18-2-2010, no site www.dgsi.pt, relatado por CONCEIÇÃO SAAVEDRA.

[76] Neste sentido, ANTUNES VARELA, em *Das obrigações em geral,* I vol., pág. 287 e seg., ALMEIDA COSTA, em *Direito das obrigações,* pág. 375-377, e FRANCO BALLATI, em *La responsabilità dell'appaltatore e del directore del lavori per vizi e difformità delle opere,* pág. 25.

[77] MENEZES CORDEIRO, em *Tratado de direito civil,* vol. II, pág. 770-775.

presentes, como ocorrerá na prestação unitária do comprador/dono da obra, normalmente aplica-se o regime previsto para o contrato típico onde se insere a prestação que se revele dominante (teoria da absorção). Na hipótese de ambas as prestações assumirem igual importância, deve o julgador, nessas zonas neutras, adotar a disciplina que concretamente se revele mais razoável, tendo em consideração os interesses plasmados no figurino contratual[78].

O D.L. nº 67/2003, que procedeu à transposição para o direito interno da Diretiva nº 1999/44/CE, relativa a certos aspetos da venda de bens de consumo, no artº 2, nº 4, equiparou a falta de conformidade resultante da má instalação do bem de consumo, a uma falta de conformidade do próprio bem, quando a instalação fizer parte do contrato de compra e venda e tiver sido efetuada pelo vendedor, estendendo assim a aplicação do seu regime protecionista aos defeitos com origem nos trabalhos de instalação.

Finalmente, importa referir ainda, neste domínio das zonas de fronteira entre o contrato de compra e venda e o contrato de empreitada, a figura do construtor/vendedor imobiliário.

Considera-se construtor/vendedor imobiliário aquele que constrói, por administração direta, um imóvel e promove a sua venda, antes e/ou depois da construção.

Apesar do contrato celebrado com os adquirentes ser um contrato de compra e venda, o artº 1225º do C.C., na redação do D.L. 267/94, após acesa polémica doutrinal e jurisprudencial, determinou no seu nº 4 a aplicação a estes contratos das regras da responsabilidade civil do empreiteiro por defeitos da obra em imóveis de longa duração[79]. Simultaneamente, o referido D.L. 267/94, alterou o artº 916º, do C.C., fazendo coincidir os prazos de denúncia dos defeitos na compra e venda de imóveis com os prazos previstos no mencionado artº 1225º do C.C. para o contrato de empreitada, retirando parte da relevância prática da consa-

[78] Sobre o regime aplicável ao cumprimento defeituoso nos contratos mistos, Pedro Romano Martinez, em *Cumprimento defeituoso...*, pág. 412-414.

[79] O mesmo fez em França a Lei nº 78-12, de 4-1-1978, ao aditar os artº 1642-1 e 1646-1, ao C.C. Francês, no seguimento da Lei nº 67-3, de 3-1-1967.
Igual posição é defendida na doutrina espanhola, italiana e alemã, como nos dá conta Pedro Romano Martinez, em *Compra e venda e empreitada*, em "Comemorações dos 35 anos do Código Civil e dos 25 anos da reforma de 1977", vol. III, pág. 244.

grada remissão do regime da empreitada para os contratos de compra e venda de imóveis outorgados pelo construtor dos mesmos.

O mesmo pode suceder com a figura de contrato misto, com predominância da prestação da venda ou da promessa de venda, nos casos em que é acordada ou prometida a venda de uma fração predial antes da conclusão da sua edificação, com alterações ao gosto do comprador[80]. Não assumindo essas alterações uma dimensão que confira uma predominância à prestação típica do contrato de empreitada, a aplicação das regras previstas no artº 1225º do C.C. a estas situações apenas resulta do disposto no nº 4 deste preceito, o qual determina a aplicação de determinadas disposições que regulam um tipo contratual a outro contrato.

Reafirma-se que a aplicação de algumas das regras previstas para o contrato de empreitada aos contratos de compra e venda celebrados pelo próprio construtor do imóvel alienado, não altera a qualificação desses contratos como de compra e venda para os demais efeitos[81].

5. Obrigação de resultado

Alguns autores costumam distinguir três espécies de obrigações, relativamente ao grau de comprometimento do devedor no cumprimento da prestação a que se vinculou[82].

Uma primeira modalidade é constituída pelas obrigações de meios, em que o devedor se compromete a desenvolver prudente e diligentemente certa atividade para a obtenção de determinado efeito, mas sem assegurar que o mesmo se produza.

Uma segunda modalidade são as obrigações de resultado, em que o devedor se compromete a conseguir com a sua atividade um determinado efeito útil.

Finalmente, a terceira modalidade engloba as obrigações de garantia, em que o devedor não só promete a obtenção daquele efeito útil, mas assume todo o risco da não obtenção do mesmo.

[80] PEDRO ROMANO MARTINEZ, em *Direito das obrigações...*, pág. 340, e em *Compra e venda e empreitada*, em "Comemorações dos 35 anos do Código Civil e dos 25 anos da reforma de 1977", vol. III, pág. 243-244.

[81] Neste sentido, PEDRO DE ALBUQUERQUE/MIGUEL ASSIS RAIMUNDO, em *Contrato de empreitada*, pág. 216-217.

[82] Esta classificação é adotada por ALMEIDA COSTA, em *Direito das obrigações*, pág. 1039-1040.

Se a obrigação do empreiteiro, nas situações em que fornece os materiais para obra, fosse de garantia, ele seria responsável pelos defeitos da obra, independentemente de culpa, não podendo invocar qualquer causa estranha que tivesse conduzido à deficiente realização da prestação[83].

Todavia, no nosso sistema, a responsabilidade legal pelo incumprimento das obrigações, incluindo as situações de cumprimento defeituoso, não prescinde do requisito da culpa, sendo excecionais os casos em que se admite uma responsabilização objetiva. Da leitura do disposto nos artº 1218º e seguintes do C.C., não resulta que o legislador tenha consagrado nesta matéria qualquer situação de responsabilidade objetiva do empreiteiro pelos defeitos da obra[84], o que configuraria a obri-

[83] VAZ SERRA, em *Empreitada,* no B.M.J. nº 146, pág. 38-41 e 103-106, defendia que o dono da obra devia poder exercer os direitos de eliminação dos defeitos, redução do preço ou resolução do contrato, perante a existência de defeitos na obra, independentemente de culpa do empreiteiro, embora, seguindo a opinião de Domenico Rubino, admitisse o afastamento dessa responsabilidade perante a demonstração de determinados casos de ausência de culpa, que aliás consagrava no artº 16º, do seu Anteprojeto (B.M.J. nº 146, pág. 227), pelo que acabava por preferir a consagração de uma simples presunção de culpa, apenas ilidível mediante a prova de determinadas circunstâncias.
ROSENDO DIAS JOSÉ, em *Responsabilidade civil do construtor e do vendedor pelos defeitos,* pág. 63-68, defende que a relevância da culpa na responsabilidade do empreiteiro pelos defeitos da construção é diminuta, sem que fique bem esclarecida a dimensão dessa relevância.
JOSÉ MANUEL VILALONGA, em *Compra e venda e empreitada – contributo para a distinção entre os dois contratos,* na R.O.A., Ano 57, vol. I, pág. 220-221, defende que, nos casos do artº 1225º do C.C., estamos perante uma responsabilidade objetiva.
CALVÃO DA SILVA, em *Compra e venda de coisas defeituosas,* pág. 102, defende que o dono da obra pode exercer os direitos de eliminação dos defeitos, redução do preço ou resolução do contrato, perante a existência de defeitos na obra, independentemente de culpa do empreiteiro, mas não o direito de indemnização.
Também defenderam a responsabilidade objetiva do empreiteiro por defeitos na obra os seguintes Acórdãos:
- ✓ da Relação de Lisboa, de 27-11-1981, na C.J., Ano VI, tomo 5, pág. 164, relatado por IANQUEL MILHANO.
- ✓ da Relação de Évora, de 5-5-1982, na C.J., Ano VII, tomo 3, pág. 279, relatado por FERRO RIBEIRO.

[84] Sobre a situação da discussão desta questão no direito italiano pode ler-se LUCCHINI GUASTALLA, em *La risoluzioni di diritto per inadempimento dell'appaltatore,* pág. 78-88, e FABRIZIO MARINELLI, *em La responsabilità dell'appaltatore,* pág. 310-315.
PIRES DE LIMA e ANTUNES VARELA, em *Código civil anotado,* vol. II, pág. 893, MOITINHO DE ALMEIDA, em *A responsabilidade civil do projectista e o seu seguro,* no B.M.J. nº 228, pág. 22,

gação do empreiteiro como uma obrigação de garantia. Apesar da redação do artº 1225º do C.C. poder causar alguns equívocos nesta matéria, a responsabilidade aí consagrada também não prescinde do requisito da culpa, tendo-se limitado a alargar o prazo de caducidade do exercício dos direitos do dono da obra, perante a existência de determinados defeitos em certas obras.

Isto não obsta a que as partes, utilizando a liberdade de modelação dos contratos (artº 405º, nº 1, do C.C.), possam convencionar um período de garantia, durante o qual o empreiteiro assuma a responsabilidade pela verificação de defeitos na obra realizada, independentemente dos mesmos lhe poderem ser imputáveis. Nestas hipóteses, a obrigação do empreiteiro, durante esse período, caracterizar-se-á então como uma obrigação de garantia.

No regime especial dos contratos de empreitada, tendo por objeto a construção e reparação de embarcações, constante do Decreto-Lei nº 201/98, de 10 de Julho, consagrou-se, excecionalmente, uma responsabilidade objetiva ao estabelecer-se no artº 24º, que o empreiteiro garantia "o navio, durante um ano, a contar da aceitação, relativamente aos defeitos da construção" [85]. Nesta situação também a obrigação do empreiteiro pode qualificar-se de garantia.

E, na vastíssima zona de proteção ao consumidor, que abrange, como já vimos, as relações estabelecidas entre o particular que destina a obra encomendada a uso não profissional e o operador económico profissional na realização desse tipo de obras, a obrigação desse profissional é uma obrigação de garantia, relativamente ao exercício dos direitos de reparação da coisa, sua substituição, redução do preço e resolução do contrato, os quais não necessitam do requisito da culpa[86]. Nestes casos, o empreiteiro assume todo o risco da não obtenção do resultado, não sendo relevante se essa frustração lhe é imputável, num juízo de censura.

Pereira de Almeida, em *Direito privado II (Contrato de empreitada)*, pág. 71-75, Lebre de Freitas, em *O ónus da denúncia do defeito da empreitada no artº 1225º, do C.C....*, em "O Direito", Ano 131 (1999), vol., I e II, pág. 239, Pedro Romano Martinez, em *Direito das obrigações...*, pág. 463-464 e 471-473, e em *Cumprimento defeituoso...*, pág. 273-282, e Pedro de Albuquerque/Miguel Assis Raimundo, em *Contrato de empreitada*, pág. 394.

[85] Cfr., *infra*, pág. 229-230.

[86] Cfr., *infra*, pág. 275-276 e seg.

Além desta situação de âmbito limitado às relações de consumo, a responsabilidade objetiva do empreiteiro por defeitos na obra também poderá resultar do disposto no artº 800º, do C.C., como veremos adiante[87].

Fora destas situações de origem convencional e legal, a obrigação do empreiteiro é uma obrigação de resultado, em que este assume a obrigação de realização de uma determinada obra, de acordo com o convencionado e sem vícios que excluam ou reduzam o seu valor, ou a sua aptidão para o uso ordinário ou previsto no contrato (artº 1208º do C.C.), não sendo responsável pela não obtenção deste resultado, quando esse fracasso é imputável a causas que não possa dominar.

O resultado a que o empreiteiro fica vinculado é o de realização de uma obra, o que individualiza os contratos de empreitada no âmbito da figura mais vasta dos contratos de prestação de serviço[88].

A obra tanto pode ser a de construção de uma coisa nova, como a simples reparação, limpeza, modificação, manutenção ou destruição de uma coisa já existente, devendo, contudo, traduzir-se no resultado de atividade de alteração física de coisa corpórea[89].

É este conceito restrito de obra que permite distinguir a obrigação do empreiteiro das obrigações de outros prestadores de serviços em que, apesar da sua atividade se poder reportar a coisas, isso não implica a sua alteração física (v.g. vigilância, transporte), ou se refere a criações intelectuais que, apesar do suporte material no qual se encontram exaradas, não deixam de ser coisas incorpóreas (v.g. filme, livro, programa radiofónico, software, invento)[90].

[87] Cfr, *infra*, pág. 67-68.

[88] A noção do contrato de *appalto* do artº 1655 do C.C. Italiano, e do contrato de *Werkvertrag* do § 631 do C.C. Alemão, compreendem tanto a realização de obra como de um serviço, pelo que nele se enquadram as criações de obras intelectuais.

[89] Quando a empreitada tem por objeto a construção ou reparação de navios aplicam-se as regras especiais dos artº 12º e seg. e 32º do D.L. nº 201/98, de 10 de Julho.

[90] Neste sentido, Pires de Lima e Antunes Varela, em *Código civil anotado*, vol. II, pág. 865, Antunes Varela, em parecer publicado na R.O.A., Ano 45, tomo I, pág. 159 e seg., e em anotação ao Acórdão do S.T.J. de 5-11-1983, na R.L.J., Ano 121, pág. 183-192, Calvão da Silva, em anotação ao Acórdão do S.T.J. de 3-11-1983, na R.O.A., Ano 47, tomo I, pág. 129 e seg., Pedro Romano Martinez, em *Direito das obrigações...*, pág. 389-393, Rui Pinto Duarte, em *Tipicidade e atipicidade dos contratos*, pág. 127, nota 432, e Menezes Leitão, em *Direito das obrigações*, vol. III, pág. 505-506.

No sentido de considerar o acordo sobre a realização de obra intelectual um contrato de empreitada, ver Ferrer Correia e Henrique Mesquita, em anotação ao Acórdão do S.T.J. de 3-11-1983, na R.O.A., Ano 45, tomo I, pág. 129, Almeida Costa, em *Noções fundamentais do direito civil*, pág. 380, Jorge de Brito Pereira, em *Do conceito de obra no contrato de empreitada*, na R.O.A., Ano 54, vol. II, pág. 570 e seg., Carlos Ferreira de Almeida, em *Contratos II*, pág. 170-171, Oliveira Ascenção, em *Direito Civil. Direito de autor e direitos conexos*, pág. 421 e seg., e em *Direitos do utilizador de bens informáticos*, pág. 335, Macedo Vitorino, em *A eficácia do contrato de direitos de autor*, pág. 9, João Serras de Sousa, em *Código Civil Anotado*, vol. I, pág. 1490-1493, e Menezes Cordeiro, em *Tratado de direito civil*, vol. XII, pág. 852-854.

Na jurisprudência qualificaram como **contrato de empreitada**:

✓ o contrato relativo à produção de filmes para televisão – o Ac. do S.T.J. de 3-11-1983, no B.M.J. nº 331, pág. 489, relatado por Santos Silveira.

✓ o contrato relativo à tradução de obra literária – o Ac. da Relação do Porto de 4-11-2013, no site www.dgsi.pt, relatado por Carlos Querido.

✓ o contrato de migração de uma base de dados de uma plataforma informática para outra – o Ac. da Relação de Lisboa de 11-4-2013, na C.J., Ano XXXVIII, tomo 2, pág. 116, relatado por Luís Mendonça.

✓ o contrato relativo à elaboração de projeto de arquitetura – o Ac. da Relação de Coimbra de 5-11-2013, no site www.dgsi.pt, relatado por Henrique Antunes.

✓ o contrato relativo à instalação de uma plataforma informática – o Ac. do S.T.J. de 10-12-2013, no site www.dgsi.pt, relatado por Gregório de Jesus.

Qualificaram como **contrato de prestação de serviço inominado**:

✓ o contrato relativo à elaboração de projetos de construção civil – o Ac. do S.T.J. de 8-11-1983, no B.M.J. nº 331, pág. 515, relatado por Joaquim Figueiredo.

✓ o contrato relativo a retrato de pessoa em quadro a óleo – o Ac. do S.T.J. de 2-2-1988, no B.M.J. nº 371, pág. 449, relatado por Almeida Ribeiro.

✓ o contrato relativo à conceção de campanha publicitária – o Ac. da Relação de Lisboa de 18-1-1994, na C.J., Ano XIX, tomo 1, pág. 97, relatado por Bettencourt Faria.

✓ o contrato relativo à elaboração de projetos de construção civil – o Ac. do S.T.J. de 17-6-1998, no B.M.J. nº 478, pág. 351, relatado por Torres Paulo.

✓ o contrato relativo à elaboração de candidatura a programa do sistema de incentivos regionais – o Ac. da Relação de Lisboa de 5-2-2000, na C.J., Ano XXVII, tomo 1, pág. 101, relatado por Abrantes Geraldes.

✓ o contrato relativo à criação de um programa televisivo – o Ac. do S.T.J. de 10-7-2008, no site www.dgsi.pt, relatado por Salvador da Costa.

✓ o contrato relativo à avaliação de prédios urbanos – o Ac. da Relação do Porto de 9-2-2009, no site www.dgsi.pt, relatado por Maria Adelaide Domingos.

✓ o contrato relativo à elaboração de projeto de arquitetura – o Ac. da Relação de Coimbra de 16-3-2010, no site www.dgsi.pt, relatado por Francisco Caetano.

✓ o contrato relativo à elaboração de projeto de arquitetura – o Ac. da Relação de Lisboa de 14-4-2011, no site www.dgsi.pt, relatado por Ondina Alves.

✓ o contrato relativo à elaboração de projeto de arquitetura – o Ac. do S.T.J. de 24-4-2012, no site www.dgsi.pt, relatado por Moreira Alves.

Na verdade, a história da autonomização do contrato de empreitada dos restantes contratos de prestação de serviço, no nosso sistema, conduz-nos a esta conclusão[91], assim como a análise do regime previsto para este tipo contratual, nomeadamente o disposto nos artº 1210º, 1212º, 1221º, nº 2, 1222º e 1228º do C.C. revela que o mesmo se reporta à exigida alteração física de coisa corpórea. Os artº 1210º e 1212º referem-se ao fornecimento de materiais necessários à execução da obra, o artº 1228º do C.C. prevê a deterioração ou perecimento da coisa sobre a qual incide a obra, e os artº 1221º, nº 2, e 1222º do C.C. reportam-se à construção da obra, todos pressupondo a sua corporalidade.

Além disso, na qualificação de um contrato como pertencendo a um determinado tipo legal, há que confirmar o juízo extraído do critério dos *essentialia* com o apuramento da adequação do contrato em discussão qualificativa à generalidade das regras legalmente estabelecidas para o tipo[92]. *"Um juízo negativo sobre essa adequação deve acarretar a recusa da qualificação"*[93].

Ora, as especificidades que caracterizam uma atividade de criação de obra incorpórea, nomeadamente as obras intelectuais, cujos direitos de autor se encontram regulados no C.D.A.D.C., exigem soluções que tenham em consideração essas particularidades[94], não sendo compatíveis com algumas normas do contrato de empreitada, como, por exemplo, os

✓ o contrato relativo à elaboração de projeto de arquitetura – o Ac. do S.T.J. de 5-11-2013, no site www.dgsi.pt, relatado por Azevedo Ramos.
✓ o contrato relativo à elaboração de projeto de arquitetura – o Ac. da Relação de Lisboa de 5-3-2015, no site www.dgsi.pt, relatado por Ondina Alves.
✓ o contrato relativo à elaboração de projeto de arquitetura – o Ac. do S.T.J. de 14-12-2016, no site www.dgsi.pt, relatado por Tomé Gomes.
✓ o contrato relativo ao fornecimento de um programa informático – o Ac. da Relação de Lisboa de 4-7-2019, no site www.dgsi.pt, relatado por António Santos.
✓ o contrato relativo ao fornecimento de um sistema informático – o Ac. da Relação de Lisboa de 2-7-2019, no site www.dgsi.pt, relatado por Luís Espírito Santo.

[91] Antunes Varela, em anotação ao Acórdão do S.T.J. de 5-11-1983, na R.L.J., Ano 121, pág. 185-188.

[92] Rui Pinto Duarte, em *Tipicidade e atipicidade dos contratos*, pág. 121-130.

[93] Rui Pinto Duarte, em *Tipicidade e atipicidade dos contratos*, pág. 127.

[94] O regime do contrato de realização de obra intelectual terá, em primeiro lugar, que respeitar as normas do C.D.A.D.C. relativas à proteção à autoria da obra. *Vide*, neste sentido, Calvão da Silva, em anotação ao Ac. do S.T.J. de 3-11-1983, na R.O.A., Ano 47, tomo I, pág. 129 e seg.

direitos do dono da obra à fiscalização da sua execução (artº 1209º do C.C.), à imposição de alterações (artº 1216º do C.C.) e à eliminação de defeitos (artº 1221º do C.C.), as regras que definem a propriedade da obra (artº 1212º, nº 1, do C.C.) e a não consagração do direito do criador da obra poder desistir da realização da mesma (artº 1229º do C.C.).

Essa desadequação, em pontos de sensível importância, do regime previsto para o contrato de empreitada aos contratos que tenham por objeto a realização de obras incorpóreas, desaconselha a sua integração naquele tipo contratual, sendo preferível, numa opção sobretudo pragmática, considerá-los contratos de prestação de serviço inominados.

Apesar do regime subsidiário aplicável aos contratos de prestação de serviço não previstos especialmente ser o consagrado para o contrato de mandato e este igualmente não se revelar muitas vezes adequado às características dos contratos que tenham por objeto a realização de coisas incorpóreas, nomeadamente os que respeitam à criação de obras intelectuais, o artº 1156º do C.C. determina que esse regime deve ser adaptado ao contrato em causa, o que permite uma maior liberdade na adoção das normas aplicáveis ao caso concreto, sendo permitido, *inclusive*, a aplicação das regras previstas para o contrato de empreitada, se estas se revelarem as mais adequadas a regular a situação em conflito[95].

Esta possibilidade de adaptação das regras às particularidades dos contratos que têm por objeto a realização de coisas incorpóreas justifica plenamente que se evite a filiação destes nos contratos de empreitada, restringindo-se o conceito de obra do artº 1207º do C.C. às coisas corpóreas[96].

[95] Neste sentido BAPTISTA MACHADO, em anotação ao Acórdão do S.T.J. de 8-11-1983, na R.L.J., Ano 118, pág. 277-278.

[96] PEDRO ROMANO MARTINEZ, em *Direito das obrigações...*, pág. 358-359, defende que o regime de referência dos contratos de prestação de serviço inominados deveria ser não o especialmente previsto para o contrato de mandato, mas sim o do contrato de empreitada.

IV. A responsabilidade contratual do empreiteiro pelos defeitos da obra

Conforme resulta do tema deste livro, não serão aqui objeto de análise os casos de incumprimento definitivo ou temporário da prestação principal do empreiteiro, mas sim as hipóteses de cumprimento defeituoso, as quais também se distinguem dos casos de incumprimento definitivo parcial.

Nestas últimas situações, o empreiteiro apenas realiza parte da obra, não a terminando, verificando-se um vício quantitativo, enquanto, na obra com defeitos, esta, apesar de realizada, apresenta deficiências, o que se traduz num vício qualitativo. Na prática, nem sempre é fácil distinguir estes dois tipos de incumprimento, dado que muitas vezes a falta de qualidade resulta de uma insuficiência quantitativa. Seguindo a proposta de DOMENICO RUBINO[97], podemos dizer que nestes casos de fron-

[97] Em *L' appalto,* pág. 474.

Este critério é também adotado por PEDRO DE ALBUQUERQUE/MIGUEL ASSIS RAIMUNDO, em *Contrato de empreitada,* pág. 411, LUCCHINI GUASTALLA, em *La risoluzioni di diritto per inadempimento dell'appaltatore,* pág. 78-79, nota 97, GIUSEPPE MUSOLINO, em *La responsabilità civile nell'appalto,* pág. 54-55, e pelos seguintes acórdãos:

- ✓ do S.T.J., de 14-12-2004, no site www.dgsi.pt, relatado por NUNO CAMEIRA.
- ✓ da Relação de Évora, de 13-12-2005, no site www.dgsi.pt, relatado por ABRANTES MENDES.
- ✓ da Relação de Coimbra, de 13-9-2006, na C.J., Ano XXXI, tomo IV, pág. 8, relatado por SOUSA PINTO.
- ✓ do S.T.J., de 11-1-2007, no site www.dgsi.pt, relatado por CUSTÓDIO MONTES.

teira, existe um incumprimento parcial, quando a porção de matéria em falta teria exercido uma função própria, claramente individualizada no vasto quadro complexo que integra toda a obra; se o elemento material, quantitativamente insuficiente, não desempenha só por si uma função, diluindo-se no conjunto dos materiais que constituem a obra, sem um papel específico, estamos perante um defeito da obra.

Estes casos de deficiência quantitativa verificam-se não só quando o empreiteiro entrega a obra incompleta, mas também nas situações em que este abandona a obra antes de a terminar, recusa finalizá-la ou, estando já em mora, não a completa após lhe ter sido fixado um prazo admonitório razoável para o fazer, ou ainda quando, devido a essa demora, o dono na obra perde o interesse, numa apreciação objetiva, na conclusão da obra por aquele empreiteiro.

As consequências deste incumprimento serão reguladas pelas regras gerais do direito das obrigações, nomeadamente pelo disposto no artº 802º, do C.C., que determina que o credor tem a faculdade de resolver o negócio com os consequentes efeitos retroativos, mantendo o direito a uma indemnização pelos prejuízos sofridos, o que poderá contemplar a existência de defeitos na parte da obra realizada, sobretudo quando o dono desta está interessado em aproveitar essa parte. Esta última circunstância, a verificar-se, não determina a aplicação do regime específico previsto nos artº 1218º e seg., do C.C., para o cumprimento defeituoso do contrato de empreitada, uma vez que a situação de incumprimento definitivo afasta as razões que presidiram à previsão desse regime especial. Na verdade, estando excluída a possibilidade de o contrato ainda poder ser cumprido integralmente pelo empreiteiro, não há razão para se procurar os efeitos desse incumprimento no leque de soluções articuladas previstas para o cumprimento defeituoso da empreitada, adequando-se melhor o regime geral das obrigações quanto ao seu incumprimento definitivo[98].

- ✓ da Relação de Lisboa, de 10-4-2008, no site www.dgsi.pt, relatado por Fátima Galante.
- ✓ da Relação do Porto, de 29-6-2010, no site www.dgsi.pt, relatado por Henrique Araújo.
- ✓ da Relação de Lisboa, de 2-11-2010, no site www.dgsi.pt, relatado por João Aveiro.
- ✓ da Relação de Guimarães, de 20-3-2018, no site www.dgsi.pt, relatado por Maria dos Anjos.

[98] Neste sentido, Giuseppe Musolino, em *La responsabilità civile nell'appalto*, pág. 54-57, e Carmela Mascarello, em *Il contrato di appalto*, pág. 118-120.

Nas obras que consistem na reparação de uma coisa, por vezes, também não é fácil distinguir uma situação de incumprimento definitivo de uma situação de cumprimento defeituoso[99]. Quando o empreiteiro não consegue proceder de todo à reparação contratada, mesmo que tenha desenvolvido trabalhos nesse sentido, estamos perante um incumprimento definitivo da sua prestação. Já o cumprimento defeituoso dos trabalhos de reparação ocorre nas situações em que, apesar da reparação da coisa aparentemente ter sido efetuada, aquela continua a sofrer de deficiências que não foram debeladas pelos trabalhos de reparação ou passa a apresentar novas deficiências.

A existência de defeitos na obra também poderá relevar quando o dono da obra desiste da empreitada que se encontre em plena execução.

O artº 1229º do C.C. permite que o dono da obra se desvincule unilateralmente do contrato de empreitada que se encontra em execução, desde que indemnize o empreiteiro dos seus gastos e trabalho, assim como do proveito que este poderia tirar da obra. Esta, na parte já realizada, pode ter deficiências. Uma vez que essa parte da obra, em regra, fica a pertencer ao seu dono, dado que ele não deixa de pagar os materiais e o trabalho nela empregues, a existência de defeitos na obra não pode deixar de se repercutir no cálculo do montante a pagar pelo dono da obra, implicando uma redução do valor dos materiais ou do trabalho que se revele defeituoso. Contudo, esta redução não resulta da aplicação das regras especificamente previstas no Código Civil para as situações de cumprimento defeituoso da prestação do empreiteiro, nomeadamente o disposto no artº 1222º, mas sim do funcionamento das consequências impostas pelo artº 1229º do C.C., para o ato livre de desistência da empreitada por parte do dono da obra. Também nestas hipóteses a circunstância da desistência provocar a extinção antecipada do contrato de

Contudo, na doutrina italiana, LAMANUZZI, em *La responsabilitá dell'appaltatore,* em anotação à sentença da *Corte di Cassazione,* de 16-10-1985, em *Contratti I,* 1996, pág. 131-132, e LUCCHINI GUASTALLA, em *La risoluzioni di diritto per inadempimento dell' appaltatore,* pág. 31-47, admitem, em algumas situações, a extensão do regime especial da responsabilidade do empreiteiro por defeitos na obra às situações de incumprimento parcial.
No Acórdão da Relação do Porto de 14-9-2006, no site www.dgsi.pt, relatado por DEOLINDA VARÃO, também se sustentou a aplicação do disposto no artº 1223º do C.C., num caso de incumprimento definitivo parcial.

[99] Um bom exemplo destas dificuldades é o Acórdão da Relação do Porto, de 18-12-2018, no site www.dgsi.pt, relatado por ANABELA TENREIRO.

empreitada, não permite a aplicação das regras previstas para o cumprimento defeituoso, as quais visam, em primeira linha, garantir a satisfação integral do contratado.

Estando o objeto deste livro confinado às situações de cumprimento defeituoso do contrato de empreitada, cumpre apontar e analisar, em primeiro lugar, os seus pressupostos, ou seja, a existência de defeitos, a culpa do empreiteiro pela sua verificação e os danos inerentes e consequentes.

1. Os defeitos da obra

É obrigação do empreiteiro executar a obra sem defeitos.

Conforme resulta do disposto nos artº 1208º e 1218º do C.C., são considerados defeitos, os **vícios** que excluam ou reduzam o valor da obra, ou a sua aptidão para o uso ordinário ou previsto no contrato, e as **desconformidades** com o que foi convencionado[100].

Defeitos podem, pois, serem vícios da obra ou desconformidades entre a obra realizada e a projetada[101].

Na legislação relativa às relações de consumo (artº 2º do D.L. nº 67/ /2003), devido à mesma ter como objeto o contrato de compra e venda, sendo apenas aplicável por remissão ao contrato de empreitada (artº 1º, nº 1, do D.L. nº 67/2003), os defeitos da obra, são todos encarados e denominados como "desconformidades com o contratado", independentemente de se tratarem de anomalias objetivas (vícios) ou desvios ao projeto de obra convencionado (desconformidades em sentido estrito)[102].

1.1. Os vícios

Os vícios são anomalias objetivas da obra, traduzindo-se em estados patológicos desta, independentemente das características convencionadas.

Essas deficiências na estrutura de composição da obra, para relevarem como defeitos, têm de provocar uma exclusão ou redução do valor

[100] Rui Sá Gomes, em *Breves notas sobre o cumprimento defeituoso no contrato de empreitada*, em "Ab vno ad omnes – 75 anos da Coimbra Editora", pág. 587, nota 2, e 597-599, exclui as desconformidades do conceito de obras com defeito.

[101] Lorenzo Bellanova, em *Difformitá, vizi e difetti null'appalto a propósito del I comma dell'art. 1667 c.c.*, em "Contratto e impresa", 10º ano (1994), pág. 588-659, sobre os conceitos de vício e desconformidade, integrando o conceito mais lato de defeito nas obras.

[102] Cfr., *infra*, pág. 246-247 e seg.

daquela, ou da sua aptidão para o uso ordinário ou previsto no contrato, ocorrendo muitas vezes estas duas consequências em simultâneo.

A exclusão ou redução do valor afere-se, não pelas expectativas do dono da obra, mas sim pelo seu valor normal de mercado. Se a deficiência em causa retira qualquer valor económico à obra, ou o reduz, tendo como referência um padrão de normalidade, atento o valor corrente das coisas da mesma categoria ou género[103] existentes no comércio, estamos perante um defeito juridicamente relevante.

A exclusão ou redução da aptidão da obra, relativamente ao fim ou uso a que se destina, reporta-se a uma utilização satisfatória, num padrão de normalidade, ou a uma especial finalidade visada pelo dono da obra, caso esta esteja explícita ou implicitamente contida nos termos contratuais. Neste último caso, estamos perante a introdução excecional de um elemento subjetivo na definição de vício, sendo este encarado num ponto de vista funcional.

Se do contrato não resultar qualquer finalidade específica, valerá a função habitual da obra; se dele resultar que aquela se destina a uma especial finalidade, é esta em relação à qual terá de ser aferida a adequação da obra, não relevando a sua função típica se esta foi expressa ou implicitamente excluída da previsão contratual. Irrelevante será a inadequação da obra a uma finalidade subjetiva do dono da obra que não foi incluída, expressa ou tacitamente, na previsão contratual[104].

Quer o valor normal, quer o uso ordinário da obra, devem ser encontrados através do funcionamento de juízos de experiência. O valor normal é o valor comum das coisas indicado pelas regras do mercado, e o uso ordinário é o seu fim típico, definido pela função que, no ambiente económico-social, é reconhecida ao bem.

Tendo um determinado tipo de obra diversas aptidões típicas, não basta que uma delas se revele satisfeita, sendo necessário que, na ausência de estipulação em contrário, todas essas aptidões se encontrem asseguradas pela obra realizada.

[103] Para apurarmos muitas vezes quais as coisas da mesma categoria, em termos de qualidade, temos que ter em consideração o preço acordado, conforme refere PEDRO ROMANO MARTINEZ, em *Cumprimento defeituoso...*, pág. 175-176, sem, contudo, atribuir um cariz decisivo a esse elemento interpretativo.

[104] Neste sentido, LIDIA SAVANNA, em *La responsabilità dell'appaltatore*, pág. 10.

Na determinação de anomalias na realização da obra, devem considerar-se quer as regras da arte respetiva, quer as regras impostas pelos poderes públicos relativas à segurança ou qualidade de determinadas obras, uma vez que elas integrarão o padrão de normalidade acima mencionado, pelo que a sua inobservância determinará a existência de um defeito[105].

Não se pode esquecer que para a determinação da existência de uma deficiência o fator temporal pode ser decisivo. O padrão de normalidade, relativamente ao desempenho e ao estado de uma obra decorrido algum tempo após a sua conclusão, não poderá deixar de considerar os efeitos do desgaste que necessariamente vai ocorrendo.

As deficiências podem ocorrer quer nos materiais utilizados pelo empreiteiro, quer nas operações de aplicação destes, seja pelo método utilizado, seja pela deficiente execução. Não havendo especificação contratual dos materiais a utilizar, estes não podem ser de qualidade inferior à média, sob pena de estarmos perante uma obra defeituosa (artº 1210º, nº 2, do C.C.).

Os vícios da obra devem ter origem em ato ocorrido em momento anterior à entrega daquela, mesmo que só se manifestem em momento posterior, estando incluída na presunção de culpa do artº 799º, nº 1, do C.C., a presunção dessa anterioridade[106]. Como ao dono da obra basta provar a existência do defeito, não lhe competindo provar a sua origem[107], consequentemente também não lhe pode ser atribuído o ónus

[105] Tome-se em consideração que o artº 5º da L.D.C., proíbe a prestação de serviços, o que inclui a realização de obras, que, "*em condições de uso normal ou previsível, incluindo a duração, impliquem riscos incompatíveis com a sua utilização, não aceitáveis de acordo com um nível elevado de proteção da saúde e da segurança física das pessoas*".
Leia-se o Acórdão da Relação de Lisboa de 4-11-2008, no site www.dgsi.pt, relatado por Torres Vouga, sobre a falta de isolamento acústico e térmico de um imóvel destinado à habitação, como defeito da obra, e o Acórdão da Relação de Coimbra de 19-2-2013, no site www.dgsi.pt, relatado por Alberto Ruço, sobre a falta de isolamento das paredes de casa de habitação que permite a ocorrência de fenómenos de condensação.

[106] Pedro Romano Martinez, em *Cumprimento defeituoso...*, pág. 321-322, também defende a existência de uma presunção da anterioridade do defeito existente na obra, relativamente à data de entrega desta.
Igual posição foi perfilhada pelo Acórdão da Relação de Lisboa de 1-7-2014, no site www.dgsi.pt, relatado por Pedro Brighton.

[107] Cfr, *infra*, pág. 71.

de demonstrar a anterioridade desta, relativamente à entrega da obra, cabendo ao empreiteiro ilidir essa presunção, provando que o defeito tem uma origem posterior à entrega, tal como lhe cabe demonstrar as suas causas.

O artº 3º, nº 2, do D.L. nº 67/2003, consagra expressamente esta presunção para as relações de consumo, desde que os defeitos se manifestem num prazo de dois ou de cinco anos a contar da data da entrega da coisa móvel corpórea, ou de coisa imóvel, respetivamente, exceto quando essa anterioridade for incompatível com a natureza da coisa (v.g. bens deterioráveis) ou com as características do defeito (v.g. defeitos inerentes à utilização do bem)[108].

As insuficiências ou deficiências de informação, por parte do empreiteiro, sobre as características da obra, que prejudiquem a sua utilização, não devem ser tratadas como defeitos da obra, com sujeição ao regime dos artº 1218º e seguintes do C.C., mas sim como violações a um dever lateral de informação[109], determinantes do regime geral da responsabilidade civil contratual, ou extracontratual, conforme os danos causados.

Além dos vícios na estrutura e composição da obra, podem também ocorrer vícios de direito[110], como sejam a existência de ónus que incidem sobre o prédio onde é construído um imóvel, a constituição de garantias reais sobre a obra, a utilização de materiais alheios ou projetos de outrem, a violação de direitos de terceiros na execução da obra, ou a falta do licenciamento necessário à utilização da obra[111].

[108] Reproduz o nº 3, do artº 5º, da Diretiva 1994/44/CE, com alargamento dos prazos de verificação do defeito.

[109] Sobre o dever de informação como dever lateral num contrato, CARLOS MOTA PINTO, em *Cessão da posição contratual,* pág. 342, e CARNEIRO DA FRADA, em *Contrato e deveres de protecção,* pág. 40.

[110] PEDRO ROMANO MARTINEZ, em *Cumprimento defeituoso...,* pág. 193-196, MENEZES CORDEIRO, em *Tratado de direito civil,* vol. XII, pág. 943, e MARIA CRISTINA CERVALE, em *La responsabilità dell' appaltatore,* pág. 83.

[111] A falta do licenciamento necessário à realização da obra também pode ser encarada não como um defeito da obra, mas sim como uma ilicitude do objeto do contrato que determina a nulidade deste, nos termos do artº 280º do C.C.
Sobre esta discussão no direito italiano, MARIA CRISTINA CERVALE, em *La responsabilità dell' appaltatore,* pág. 83-86, CARMELA MASCARELLO, em *Il contrato di appalto,* pág. 36-38, FRANCO BALLATI, em *La responsabilità dell'appaltatore e del directore del lavori per vizi e difformità delle opere,* pág. 74-76, e LORENZO BELLANOVA, em *Difformitá, vizi e difetti null'appalto a propósito del I comma dell'art. 1667 c.c..,* em "Contratto e impresa", 10º ano (1994), pág. 616-632.

Apesar dos vícios relativos ao estado jurídico da obra suscitarem questões específicas que não foram especialmente contempladas no regime estabelecido nos artº 1218º e seguintes, para o cumprimento defeituoso da prestação do empreiteiro, não se justifica que se exclua a aplicação destas regras em detrimento das previstas no contrato de compra e venda para a venda de bens onerados (artº 905º e seguintes do C.C.)[112]. O legislador não limitou a aplicação daquele regime aos vícios físicos e este não se revela inadequado a regular a existência de vícios de direito, ao contrário do regime estabelecido para a venda de bens onerados, que pressupõe a existência desses vícios em momento anterior à realização do contrato, enquanto no contrato de empreitada eles surgem num momento posterior, não se justificando a anulação do negócio, por erro ou dolo.

1.2. As desconformidades

As desconformidades traduzem-se em desvios ao projeto de obra, expressa ou tacitamente convencionado. Nestes casos, o defeito resulta do facto do empreiteiro realizar uma obra diferente da que foi estipulada, independentemente de qualquer exclusão ou redução do seu valor, ou da adequação do fim a que se destina, sendo certo que podem coincidir as situações de vício com as de desconformidade com o projetado.

Nas características convencionadas, incluem-se todas aquelas qualidades da obra que o empreiteiro assegurou quer no momento da realização do contrato, perante a contraparte, quer aquelas que anteriormente publicitou por qualquer meio e que foram do conhecimento do dono da obra, desde que estas últimas reúnam os requisitos necessários à sua eficácia como declarações tácitas negociais e não tenham sido afastadas no texto contratual[113]. As desconformidades podem também

[112] Defendendo a aplicação do regime da venda de bens onerados aos vícios de direito na empreitada, nos termos do artº 939º do C.C., PEDRO ROMANO MARTINEZ, em *Cumprimento defeituoso...*, pág. 196, e PEDRO DE ALBUQUERQUE/MIGUEL ASSIS RAIMUNDO, em *Contrato de empreitada,* pág. 384-386.

[113] Admitindo a integração das mensagens publicitárias no texto contratual, CARLOS FERREIRA DE ALMEIDA, em *Texto e enunciado na teoria do negócio jurídico,* vol. II, pág. 913 e seg. e 942 e seg.. Duvidando de a possibilidade dessas mensagens poderem reunir as características de uma declaração tácita negocial, PAULO MOTA PINTO, em *Declaração tácita e comportamento concludente no negócio jurídico,* pág. 106-107.

resultar da falta de correspondência entre os materiais previstos para a obra e os efetivamente utilizados[114] e entre as técnicas de execução acordadas e as efetivamente aplicadas.

Já o preenchimento da margem de liberdade expressa ou tacitamente permitida ao empreiteiro pelo contrato na execução e definição das características da obra, desde que contida numa ideia de previsibilidade, não integra o conceito de desconformidade[115].

Os defeitos da obra que se traduzam em desconformidades com o projetado, mais não são que alterações da obra sem autorização do dono desta e que não se revelem necessárias, conforme claramente indica o legislador no artº 1214º, nº 2, 1ª parte, do C.C.[116].

Na verdade, o empreiteiro não pode efetuar alterações ao projeto da obra integrante do contrato de empreitada, sem o acordo do seu dono

No Acórdão do S.T.J. de 18-5-2006, no site www.dgsi.pt, relatado por Nuno Cameira, considerou-se existir defeito da obra quando o isolamento sonoro entre duas casas contíguas, apesar de respeitar os padrões legais exigidos pela Lei do Ruído, não corresponde aos padrões de alta qualidade de conforto que foram garantidos ao comprador pelo construtor/ /vendedor.

Nas relações de consumo, o artº 7º, nº 5, da L.D.C. estabelece que *"as informações concretas e objetivas contidas nas mensagens publicitárias de determinado bem, serviço ou direito consideram-se integradas no conteúdo dos contratos que se venham a celebrar após a sua emissão, tendo-se por não escritas as cláusulas contratuais em contrário"*; e o artº 2º, nº 2, d), do D.L. nº 67/2003, que *"presume-se que os bens de consumo não são conformes com o contrato se se verificar algum dos seguintes factos:...d) não apresentarem as qualidades e o desempenho habituais nos bens do mesmo tipo e que o consumidor pode razoavelmente esperar, atendendo à natureza do bem e, eventualmente, às declarações públicas sobre as suas características concretas feitas pelo vendedor, produtor ou pelo seu representante, nomeadamente na publicidade ou na rotulagem"*.

[114] Esta situação é tratada no Acórdão da Relação do Porto de 7-11-2013, na C.J., Ano XXXVIII, tomo 5, pág. 182, relatado por Aristides Almeida.

[115] João Espírito Santo, em *O contrato de empreitada – alterações ao objecto do contrato e trabalhos extracontratuais*, na Revista Jurídica da Associação Académica da Faculdade de Direito, 1997, nº 21, pág. 230, Pedro de Albuquerque/Miguel Assis Raimundo, em *Contrato de empreitada*, pág. 352-353, Domenico Rubino/Giovanni Iudica, em *Dell'appalto*, pág. 255, Maria-luisa Gambini, em *L'esecuzione del contratto*, em *I contratti di appalto privato*, pág. 217-218, e Anna Paola Ugas, em *Codice dell'appalto privato*, pág. 378-380.

[116] Também neste sentido, João Espírito Santo, em *O contrato de empreitada – alterações ao objecto do contrato e trabalhos extracontratuais*, na Revista Jurídica da Associação Académica da Faculdade de Direito, 1997, nº 21, pág. 231-232, Menezes Leitão, em *Direito das obrigações*, vol. III, pág. 526-527, Pedro de Albuquerque/Miguel Assis Raimundo, em *Contrato de empreitada*, pág. 354, e o Acórdão do S.T.J. de 12-9-2013, no site www.dgsi.pt, relatado por Garcia Calejo.

(artº 1214º, nº 1, do C.C.). Se o fizer a obra é considerada defeituosa, mesmo que essas alterações a tenham valorizado, contrariando a vontade do dono da obra, podendo este utilizar os direitos[117] que a lei lhe confere em tais situações (v.g. recusa da obra, eliminação do defeito, redução do preço, resolução do contrato e indemnização, consoante os casos), sem que o empreiteiro, apesar da obra ter sido aceite, possa exigir qualquer aumento do preço ou indemnização com fundamento no enriquecimento sem causa, no caso da alteração ter aumentado o valor da obra, conforme resulta do disposto no artº 1214º, nº 2, do C.C.[118].

Concorda-se, contudo, com os autores[119] que sustentam que, se da alteração resultou uma valorização objetiva da obra, sem desvalorização subjetiva, isto é, sem contrariar interesses atendíveis do dono da obra, esta não deve ser considerada defeituosa, não podendo este último exercer os direitos acima mencionados, mantendo-se, contudo, dispensado de indemnizar o empreiteiro por enriquecimento indevido.

Pode, todavia, verificar-se uma situação em que é necessário efetuar alterações à obra inicialmente projetada, para que esta não venha a sofrer de vícios, ou por erro ou omissão de previsão, ou por evento superveniente. Essa necessidade pode ser ditada por múltiplos fatores, como sejam, a salvaguarda de regras técnicas ou de segurança, exigências de ordem pública ou a proteção de direitos de terceiros[120]. Tem que existir uma verdadeira situação de necessidade, não bastando uma mera conve-

[117] Obviamente, o direito de redução do preço não é admissível nas situações em que a obra é valorizada, conforme se explica *infra*, pág. 125-126.

[118] MENEZES CORDEIRO, em *Tratado de direito civil*, vol. XII, pág. 924.

VAZ SERRA, no seu Anteprojeto, tinha proposto, em sentido diverso, que no caso de aumento do valor da obra, se o dono não reclamasse a supressão das alterações, ou estas não pudessem ser suprimidas, o tribunal poderia arbitrar uma indemnização equitativa a favor do empreiteiro, até ao limite do enriquecimento do dono da obra, podendo o pagamento desta ser efetuado em prestações (artº 5º, nº 2, no B.M.J. nº 146, pág. 217).

[119] JOÃO ESPÍRITO SANTO, em *O contrato de empreitada – alterações ao objecto do contrato e trabalhos extracontratuais*, na Revista Jurídica da Associação Académica da Faculdade de Direito, 1997, nº 21, pág. 232-233, PEDRO DE ALBUQUERQUE/MIGUEL ASSIS RAIMUNDO, em *Contrato de empreitada*, pág. 354-355, e JOÃO SERRAS DE SOUSA, em *Código Civil Anotado*, vol. I, pág. 1505.

[120] Sobre os diferentes fatores que podem determinar essa necessidade, MENEZES CORDEIRO, em *Tratado de direito civil*, vol. XII, pág. 926-927.

niência ou uma simples dificuldade na realização dos trabalhos inicialmente acordados[121].

Nestes casos, se empreiteiro e dono da obra não chegarem a acordo[122] sobre as alterações a efetuar, compete ao tribunal determiná-las, bem como as consequências no preço (artº 1215º, nº 1, 2ª parte, do C. C.). Mas o empreiteiro não é obrigado a aguardar o veredicto do tribunal, podendo, entretanto, efetuar aquelas alterações, de modo a evitar um eventual prejuízo resultante da paralisação dos trabalhos[123]. Nesta hipótese, se a decisão judicial que venha a ser proferida nesta matéria não se pronunciar pela necessidade das alterações ou não validar as alterações efetuadas, a obra realizada pelo empreiteiro considerar-se-á defeituosa, nos termos do artº 1214º, nº 1, 1.ª parte, do C.C., podendo o dono da obra exercer os direitos que lhe são conferidos nas situações em que a obra padece de defeitos[124].

[121] João Espírito Santo, em *O contrato de empreitada – alterações ao objeto do contrato e trabalhos extracontratuais*, na Revista Jurídica da Associação Académica da Faculdade de Direito, 1997, nº 21, pág. 239, Santos Justo, em *Manual de contratos civis*, pág. 491, Domenico Rubino/ /Giovanni Iudica, em *Dell'appalto*, pág. 275, e Marialuisa Gambini, em *L'esecuzione del contratto*, em *I contratti di appalto privato*, pág. 226.

[122] Este acordo, mesmo nas empreitadas em que o preço se encontra fixado globalmente, não está obrigatoriamente sujeito à forma escrita, não se aplicando o disposto no artº 1214º, nº 3, do C.C., como referem Pereira de Almeida, em *Direito privado II (Contrato de empreitada)*, pág. 59, João Espírito Santo, em *O contrato de empreitada – alterações ao objecto do contrato e trabalhos extracontratuais*, na Revista Jurídica da Associação Académica da Faculdade de Direito, 1997, nº 21, pág. 239, Menezes Leitão, em *Direito das obrigações*, vol. III, pág. 528, Santos Justo, em *Manual de contratos civis*, pág. 491, Menezes Cordeiro, em *Tratado de direito civil*, vol. XII, pág. 924, Domenico Rubino/Giovanni Iudica, em *Dell'appalto*, pág. 277, Marialuisa Gambini, em *L'esecuzione del contratto*, em *I contratti di appalto privato*, pág. 228, e o Acórdão do S.T.J. de 12-9-2013, no site www.dgsi.pt, relatado por Garcia Calejo.

[123] Pereira de Almeida, em *Direito privado II (Contrato de empreitada)*, pág. 61, João Espírito Santo, em *O contrato de empreitada – alterações ao objecto do contrato e trabalhos extracontratuais*, na Revista Jurídica da Associação Académica da Faculdade de Direito, 1997, nº 21, pág. 239-240, Pedro Romano Martinez, em *Contrato de empreitada*, pág. 141, e em *Direito das obrigações...*, pág. 429, Pedro de Albuquerque/Assis Raimundo, em *Contrato de Empreitada*, pág. 363-364, João Serras de Sousa, em *Código Civil Anotado*, vol. I, pág. 1507, Domenico Rubino/Giovanni Iudica, em *Dell'appalto*, pág. 275-276, Marialuisa Gambini, em *L'esecuzione del contratto*, em *I contratti di appalto privato*, pág. 228, e Anna Paola Ugas, em *Codice dell'appalto privato*, pág. 417-419.

[124] Pereira de Almeida, em *Direito privado II (Contrato de empreitada)*, pág. 62, João Espírito Santo, em *O contrato de empreitada – alterações ao objecto do contrato e trabalhos extracontratuais*, na Revista Jurídica da Associação Académica da Faculdade de Direito, 1997, nº 21,

E se o erro ou omissão de previsão que dita a necessidade de alterações é imputável ao empreiteiro, por ser o autor do projeto da obra, ou por lhe ser exigível que detetasse esse erro ou omissão em projeto apresentado pelo dono da obra[125], a tais alterações já não é aplicável integralmente o regime do artº 1215º do C.C., uma vez que o empreiteiro apenas está a reparar um incumprimento seu, não lhe sendo devida qualquer compensação pelas obras que se revelem necessárias, nem podendo denunciar o contrato, em qualquer caso, e podendo, ao invés, o dono da obra exigir uma indemnização pelos prejuízos causados pela necessidade de efetuar novos trabalhos, designadamente os provocados pelo atraso na ultimação da obra[126].

Além da realização de obras necessárias o empreiteiro apenas pode efetuar alterações ao projeto contratado com o acordo do dono da obra.

A lei exige que esse acordo, nas empreitadas em que se tenha fixado um preço global, seja dado por escrito (artº 1214º, nº 3, do C.C.). Estamos perante uma formalidade *ad substantiam*[127], uma vez que a sua imposição visou permitir ao dono da obra uma maior reflexão perante a

pág. 239-240, Pedro Romano Martinez, em *Contrato de empreitada*, pág. 141, e em *Direito das obrigações...*, pág. 429, Pedro de Albuquerque/Assis Raimundo, em *Contrato de Empreitada*, pág. 364-365, João Serras de Sousa, em *Código Civil Anotado*, vol. I, pág. 1507, Domenico Rubino/Giovanni Iudica, em *Dell'appalto*, pág. 275-276, Marialuisa Gambini, em *L'esecuzione del contratto*, em *I contratti di appalto privato*, pág. 228, e Anna Paola Ugas, em *Codice dell'appalto privato*, pág. 419.

[125] Cfr. *infra*, pág. 73-74.

[126] Vaz Serra, em *Empreitada*, no B.M.J. nº 145, pág. 103-105, Pereira de Almeida em *Direito Privado II (Contrato de empreitada)*, pág. 59, João Espírito Santo, em *O contrato de empreitada – alterações ao objecto do contrato e trabalhos extracontratuais*, na Revista Jurídica da Associação Académica da Faculdade de Direito, 1997, nº 21, pág. 237-239, Menezes Cordeiro, em *Tratado de direito civil*, vol. XII, pág. 927-928, Domenico Rubino/Giovanni Iudica, em *Dell'appalto*, pág. 273-274, Marialuisa Gambini, em *L'esecuzione del contratto*, em *I contratti di appalto privato*, pág. 228, e Anna Paola Ugas, em *Codice dell'appalto privato*, pág. 415.

[127] Pires de Lima e Antunes Varela em *Código Civil anotado*, vol. II, pág. 884, João Espírito Santo, em *O contrato de empreitada – alterações ao objecto do contrato e trabalhos extracontratuais*, na Revista Jurídica da Associação Académica da Faculdade de Direito, 1997, nº 21, pág. 235, Pedro Romano Martinez, em *Contrato de empreitada*, pág. 139, e em *Direito das obrigações...*, pág. 427, e o Acórdão da Relação de Coimbra de 25-9-2007, na C.J., Ano XXXII, tomo 4, pág. 17, relatado por Jorge Arcanjo.

sugestão do empreiteiro[128]. Tendo o preço sido fixado globalmente, o dono da obra revelou que não deseja ficar à mercê das contingências do apuramento do valor do trabalho realizado, pelo que também se exige um maior rigor na autorização da realização de alterações às obras acordadas, suscetível de conduzir a um aumento do preço inicialmente fixado[129].

O incumprimento deste formalismo gera a nulidade da anuência do dono da obra à realização dessas alterações (artº 220º do C.C.), pelo que as mesmas tornarão a obra defeituosa, nos termos do artº 1214º, nº 1, 1ª parte, do C.C., sem prejuízo, porém, do empreiteiro poder exigir uma indemnização, por enriquecimento sem causa, nos termos do artº 1214º, nº 3, do C.C., se o dono da obra a aceitar tal como foi executada e a alteração valorizar a obra[130]. Essa indemnização deve corresponder ao acréscimo de valor resultante da alteração autorizada com desrespeito do formalismo legal. Não seria justo que tendo existido essa autorização, apesar de não ter constado de escrito, o dono da obra se locupletasse à custa do empreiteiro. O mesmo sucede se, apesar de ter sido dada autorização por escrito para a realização de alterações, não foi acordada por escrito a alteração do preço da obra. Também nesse caso o empreiteiro só terá direito ao valor do enriquecimento do dono da obra, sendo nulo o acordo sobre a alteração do preço inicialmente fixado[131].

E a exigência de forma escrita para essa autorização mantém-se mesmo nos casos em que o contrato de empreitada não foi outorgado sob a forma escrita ou a alteração incida sobre pormenor do plano de obra

[128] Este requisito formal provinha já do artº 1401º do Código de Seabra.
No Anteprojeto de Vaz Serra, esta formalidade era apenas uma exigência de prova (artº 5º, nº 3), tal como sucede no artº 1659, 2, do C.C. Italiano.

[129] No sentido de restringir a exigência de forma à autorização das alterações que determinem uma valorização da obra, Pedro de Albuquerque/Miguel Assis Raimundo, em *Contrato de empreitada*, pág. 356-357.

[130] O § único do artº 619 do C.C. Brasileiro, contém atualmente a seguinte disposição, inovadora relativamente ao texto do Código de 1916, valorizando o silêncio como declaração tácita: *"Ainda que não tenha havido autorização escrita, o dono da obra é obrigado a pagar ao empreiteiro os aumentos e acréscimos, segundo o que for arbitrado, se, sempre presente à obra, por continuadas visitas, não podia ignorar o que se estava passando e nunca protestou"*.

[131] João Espírito Santo, em *O contrato de empreitada – alterações ao objecto do contrato e trabalhos extracontratuais*, na Revista Jurídica da Associação Académica da Faculdade de Direito, 1997, nº 21, pág. 235-236, e Pedro de Albuquerque/Miguel Assis Raimundo, em *Contrato de empreitada*, pág. 355.

não escrito[132], uma vez que a finalidade de uma maior ponderação na prática desse ato visada com esta exigência é indiferente à forma negocial inicialmente adotada.

Nas empreitadas em que não se tenha convencionado um preço global, nomeadamente quando o preço é determinado por medida, por unidade, ou por tempo de trabalho, não se exige que a autorização seja dada por escrito, sendo válida uma autorização verbal[133], mesmo quando a outorga do contrato tenha sido efetuada por escrito[134]. Nestes casos, a obra não pode ser considerada defeituosa e o empreiteiro tem direito a um aumento proporcional do preço, caso outra coisa não tenha sido acordada.

O ónus da prova da existência de autorização recai sempre sobre o empreiteiro[135].

Note-se que a utilização do termo "autorização", relativamente à anuência do dono da obra à realização das alterações propostas pelo empreiteiro, que resulta da redação do artigo 1214º do C.C., visa apenas sublinhar que a iniciativa dessa alteração partiu do empreiteiro, não constituindo um negócio unilateral[136], mas antes uma declaração de

[132] Pereira de Almeida, em *Direito privado II (Contrato de empreitada)*, pág. 56, Menezes Leitão, em *Direito das obrigações*, vol. III, pág. 527, Pedro de Albuquerque/Miguel Assis Raimundo, em *Contrato de empreitada*, pág. 356, e Domenico Rubino/Giovanni Iudica, em *Dell'appalto*, pág. 262.

[133] Pedro Romano Martinez, em *Contrato de empreitada*, pág. 139, e em *Direito das obrigações...*, pág. 427, Pereira de Almeida, em *Direito privado II (Contrato de empreitada)*, pág. 57, João Espírito Santo, em *O contrato de empreitada – alterações ao objecto do contrato e trabalhos extracontratuais*, na Revista Jurídica da Associação Académica da Faculdade de Direito, 1997, nº 21, pág. 236, Menezes Leitão, em *Direito das obrigações*, vol. III, pág. 527, e Pedro de Albuquerque/Miguel Assis Raimundo, em *Contrato de empreitada*, pág. 357.

[134] Mas nestas situações registam-se as limitações de meios de prova impostas pelo artº 394º, nº 1, do C.C., conforme fazem notar Pereira de Almeida, em *Direito privado II (Contrato de empreitada)*, pág. 57, João Espírito Santo, em *O contrato de empreitada – alterações ao objecto do contrato e trabalhos extracontratuais*, na Revista Jurídica da Associação Académica da Faculdade de Direito, 1997, nº 21, pág. 236, Menezes Leitão, em *Direito das obrigações*, vol. III, pág. 527-528, e Pedro de Albuquerque/Miguel Assis Raimundo, em *Contrato de empreitada*, pág. 357.

[135] Pedro Romano Martinez, em *Direito das obrigações...*, pág. 427, Menezes Cordeiro, em *Tratado de direito civil*, vol. XII, pág. 923, e Domenico Rubino/Giovanni Iudica, em *Dell'appalto*, pág. 257.

[136] Sobre a autorização constitutiva como negócio jurídico unilateral, Pedro Leitão Pais de Vasconcelos, em *A autorização*, pág. 154 e seg.

aceitação de uma proposta de modificação contratual efetuada pela contraparte[137].

Tenha-se ainda em atenção que o acordo modificativo a que se refere o artº 1214º do C.C. é prévio à realização das alterações, sendo o regime das aprovações posteriores estudado a propósito da exclusão da responsabilidade do empreiteiro por defeitos da obra, resultantes do comportamento do dono da obra quer durante a fiscalização desta, quer no ato da sua aceitação[138]. Apesar do desfecho poder ser idêntico, o acordo prévio exclui a existência de defeito da obra, enquanto a aprovação posterior exclui a responsabilidade do empreiteiro pela existência do defeito[139].

Situação distinta das alterações ao plano da obra é a realização de obras novas, a que equiparamos a entrega de obras radicalmente diversas das contratadas. As obras novas são as realizadas após a entrega da obra projetada ou que se revelem independentes desta (artº 1217º, nº 1, do C.C.).

A distinção entre alterações ao plano da obra e realização de obra nova, ou trabalhos a mais, pode efetuar-se utilizando dois critérios distintos: ou atendendo ao ato de entrega da obra, ou considerando a sua autonomia perante a obra projetada. As alterações são trabalhos não previstos realizados na obra projetada, antes da sua entrega. A obra nova é qualquer trabalho efetuado após a sua entrega, ou então a realização de outra obra, além da prevista, perfeitamente autónoma desta.

A realização de obras novas pelo empreiteiro, sem o consentimento do seu dono, já não é encarada como realização defeituosa da obra inicialmente acordada, não estando sujeita ao regime dos defeitos, previstos no artº 1218º e seg. do C.C., mas sim às consequências previstas no artº 1217º, nº 2, do C.C.

Nos termos deste normativo, o dono da obra tem o direito de recusar a obra entregue, subsistindo os direitos pelo incumprimento do contrato, e se aquela foi realizada em coisa já existente tem direito à sua

[137] Pedro Romano Martinez, em *Direito das obrigações...*, pág. 426, Pedro de Albuquerque/Miguel Assis Raimundo, em *Contrato de empreitada*, pág. 353, Domenico Rubino//Giovanni Iudica, em *Dell'appalto*, pág. 260, e Anna Paola Ugas, em *Codice dell'appalto privato*, pág. 391.

[138] Cfr., *infra*, pág. 84 e seg.

[139] Sobre esta questão, Pedro de Albuquerque/Miguel Assis Raimundo, em *Contrato de empreitada*, pág. 354, e Domenico Rubino/Giovanni Iudica, em *Dell' appalto*, pág. 263-264.

eliminação, além do direito a indemnização, nos termos gerais. Se a aceita, estamos perante uma dação em cumprimento (artº 837º, do C.C.), aplicando-se aos vícios que, eventualmente sofra a obra entregue, o regime dos artº 1218º e seg. do C.C. e não as regras previstas para a venda de coisas defeituosas, por remissão do artº 838º do C.C., uma vez que a coisa entregue se traduz numa obra realizada pelo empreiteiro[140].

Se o empreiteiro realiza obra completamente diferente da projetada[141], estamos perante uma situação equivalente à realização de trabalhos extracontratuais[142], uma vez que também se efetuou coisa não contratada, pelo que deve aplicar-se o regime previsto no artº 1217º, nº 2, do C.C., acima descrito[143].

[140] Rui Sá Gomes, em *Breves notas sobre o cumprimento defeituoso no contrato de empreitada,* em "Ab unu ad omnes – 75 anos da Coimbra Editora", pág. 625-626.
Domenico Rubino/Giovanni Iudica, em *Dell' appalto,* pág. 388-389, apesar de concordarem que existe uma *datio pro solutum,* quando o dono da obra aceita coisa diversa da encomendada, defendem a aplicação das regras da compra e venda se a coisa entregue padece de vícios.

[141] Ver os termos da distinção entre o cumprimento defeituoso e o cumprimento de coisa diversa (*aliud pro alio*) em Baptista Machado, em *Pressupostos da resolução por incumprimento,* em "Obra dispersa", vol. I, pág. 172-173, e Menezes Cordeiro, em *Direito das obrigações,* vol. II, pág. 440-441.

[142] Apesar de equiparáveis para efeitos de determinação do seu regime, são situações diferentes. Na obra diversa, o empreiteiro, em vez da obra contratada realiza uma obra totalmente diferente. Na obra nova, o empreiteiro, além da obra contratada, realiza uma outra, dotada de autonomia, que não constava do contrato de empreitada.

[143] Defendendo a aplicação das regras gerais do incumprimento da obrigação nos casos em que a obra seja radicalmente diferente da projetada, Rui Sá Gomes, em *Breves notas sobre o cumprimento defeituoso no contrato de empreitada,* em "Ab vnu ad omnes – 75 anos da Coimbra Editora", pág. 624-626, Pedro de Albuquerque/Miguel Assis Raimundo, em *Contrato de empreitada,* pág. 407-409, Giuseppe Musolino, em *La responsabilità civile nell' appalto...,* pág. 117-119, Maria Cristina Cervale, em *La responsabilità dell' appaltatore,* pág. 79-83, Franco Ballati, em *La responsabilità dell'appaltatore e del directore del lavori per vizi e difformità delle opere,* pág. 73-74, e Lorenzo Bellanova, em *Difformitá, vizi e difetti null'appalto a propósito del I comma dell'art. 1667 c.c.,* em "Contratto e impresa", 10º ano (1994), pág. 643-659.
Já Pedro Romano Martinez, em *Cumprimento defeituoso...,* pág. 219-221, Domenico Rubino/Giovanni Iudica, em *Dell' appalto,* pág. 384-389, e Carmela Mascarello, em *Il contrato di appalto,* pág. 120-121, defendem a aplicação das regras especiais do contrato de empreitada previstas para o cumprimento defeituoso da prestação do empreiteiro.

2. A culpa

O cumprimento defeituoso da obrigação de realizar a obra prometida pelo empreiteiro, como uma das formas de incumprimento do contrato, fá-lo incorrer em responsabilidade civil contratual, isto é, na obrigação de reparar os danos causados ao dono da obra com a sua conduta inadimplente.

A responsabilidade contratual pressupõe a culpa, que consiste na imputação da conduta violadora do dever de cumprimento ao obrigado, num juízo de censura. Apenas, a título excecional, pode o legislador consagrar casos de responsabilidade objetiva, em que se prescinde do requisito da culpa, além das partes disporem de liberdade para clausularem situações de responsabilidade objetiva, por força do princípio da autonomia da vontade (artº 405º do C.C.).

Daí que a responsabilidade contratual do empreiteiro também exija um nexo de imputação da existência do defeito a um comportamento censurável deste, num juízo abstrato, tendo como padrão o técnico de realização da obra em causa competente, só podendo ocorrer uma responsabilização objetiva do empreiteiro nas situações de previsão legal excecional, ou quando as partes assim o estipulem.

Tem aplicação, na responsabilidade contratual do empreiteiro por defeitos da obra, a regra que incide sobre todos os devedores de uma prestação de responderem pelos atos dos seus representantes, ou das pessoas que utilize para o cumprimento dessa prestação, como se estes fossem praticados pelo próprio devedor (artº 800º, nº 1, do C.C.). Assim, o empreiteiro será responsável pela realização defeituosa da obra, independentemente de qualquer juízo de censura sobre a sua atuação pessoal, sempre que a existência dos defeitos seja imputável a alguém que interveio no processo de realização da obra, por sua iniciativa, seja este representante, trabalhador, colaborador, auxiliar ou subempreiteiro[144]. Necessário é que a existência dos defeitos seja imputá-

[144] Sobre o âmbito de aplicação do disposto no artº 800º, nº 1, do C.C., Ana Prata, em *Cláusulas de exclusão e limitação da responsabilidade contratual,* pág. 703 e seg., e nele incluindo o subempreiteiro, Pedro Romano Martinez, em *O subcontrato,* pág. 141, Pereira de Almeida, em *Direito Privado II (Contrato de empreitada),* pág. 20, e Nuno Pinto Oliveira, em *Princípios de direito dos contratos,* pág. 447.
Igualmente assim decidiram os seguintes acórdãos:
✓ do S.T.J., de 9-6-2005, no site www.dgsi.pt, relatado por Oliveira Barros.

vel a estes a título de culpa, beneficiando, contudo, o dono da obra da presunção da sua existência, nos termos do artº 799º, nº 1, do C.C., uma vez que os atos desses terceiros são considerados como se fossem praticados pelo próprio empreiteiro – *qui facit per alium, facit per se* (artº 800º, nº 1, do C.C.)[145].

Há quem defenda que esta responsabilidade objetiva não existirá quando o terceiro interveniente no processo de realização da obra tiver sido chamado a essas funções, com a aquiescência expressa ou tácita do dono da obra, e não se encontre numa posição de subordinação relativamente ao empreiteiro, situação em que a responsabilidade daquele terceiro pela ocorrência do defeito excluiria a responsabilidade deste último[146]. A mera concordância ou simples indicação do dono da obra, relativamente ao colaborador do empreiteiro, porém, não é suficiente para que este deixe de ser responsável pela conduta culposa daquele na execução da obra[147]. É necessário que a intervenção do terceiro resulte de uma relação, jurídica ou não[148], entre o dono da obra e esse terceiro que exclua qualquer nexo de imputação ao empreiteiro dessa inter-

✓ da Relação de Lisboa, de 2-7-2009, no site www.dgsi.pt, relatado por Ferreira Lopes.
✓ do S.T.J., de 5-11-2013, no site www.dgsi.pt, relatado por Azevedo Ramos.

Não parece ter aqui lugar a discussão sobre a responsabilidade do empreiteiro por erros de auxiliares eletrónicos (v.g. computadores) utilizados por si na execução da obra, uma vez que o artº 800º, nº 1, do C.C., se reporta a atos humanos. O defeito provocado por erro de material eletrónico deve ter o mesmo tratamento que o defeito que resulta da deficiência de qualquer máquina utilizada pelo empreiteiro na sua atividade. Pode ler-se um relato sobre a discussão desta questão no direito alemão, no âmbito da responsabilidade por atos dos auxiliares, em Maria Victória Rocha, em *A imputação objectiva na responsabilidade contratual...*, na R.D.E., Ano XV (1989), pág. 84, nota 145.

145 Relativamente aos devedores em geral, Vaz Serra, em *Responsabilidade do devedor pelos factos dos auxiliares, dos representantes legais ou substitutos*, no B.M.J. nº 72, pág. 282, e Maria Victória Rocha, em *A imputação objectiva na responsabilidade contratual...*, na R.D.E., Ano XV (1989), pág. 99.

Pinto Monteiro, em *Cláusulas limitativas e de exclusão de responsabilidade civil*, pág. 263, nota 594, admite a responsabilidade do devedor, nos casos de meras falhas ou erros não culposos dos seus auxiliares, com base numa responsabilidade pelo risco da empresa.

146 Relativamente aos devedores em geral, Vaz Serra, em *Responsabilidade do devedor pelos factos dos auxiliares, dos representantes legais ou substitutos*, no B.M.J. nº 72, pág. 273-275.

147 Note-se, contudo, que, se a existência do defeito resultar de inaptidão do auxiliar indicado pelo dono da obra, já a culpa *in eligendo* deste afastará a responsabilidade objetiva do empreiteiro.

148 Basta uma simples relação de cortesia, ou favor.

venção no processo de realização da obra[149]. Se não existir essa relação, o empreiteiro responderá também pelos defeitos resultantes da ação desse seu auxiliar, mesmo que tenha sido aceite ou indicado pelo dono da obra.

Verificando-se uma cadeia de auxiliares, como ocorrerá, por exemplo, com os trabalhadores de um subempreiteiro, manter-se-á a responsabilidade do empreiteiro, no topo da pirâmide, relativamente aos defeitos imputáveis a qualquer elemento da mesma.

Diferente será a responsabilidade do empreiteiro pela utilização de auxiliar em prestação infungível, pela má escolha, pela falta de vigilância, pela deficiente instrução, ou pela falta de fornecimento de meios adequados aos seus auxiliares, a qual radicará na responsabilidade pelos seus próprios atos, que não prescinde do requisito da culpa e que poderá funcionar nas situações em que se mostre afastada a culpa dos auxiliares[150].

No regime especial dos contratos de empreitada tendo por objeto a construção e reparação de embarcações, constante do Decreto-Lei nº 201/98, de 10 de Julho, consagrou-se, excecionalmente, uma responsabilidade objetiva ao estabelecer-se no artº 24º que o empreiteiro garante "o navio, durante um ano, a contar da aceitação, relativamente aos defeitos da construção"[151]. Nesta situação, o empreiteiro responde pelos defeitos existentes, independentemente de culpa.

Também a lei de proteção aos consumidores (Lei nº 24/96, de 31 de Junho), na sua redação original, havia consagrado expressamente na zona de contratos em que é aplicável[152] a responsabilidade objetiva do empreiteiro ("independentemente de culpa") pelos defeitos da obra, relativamente aos direitos de eliminação dos defeitos, de realização de nova obra, de redução do preço e de resolução do contrato (artº 12º, nº 1). Apesar do artº 13º do D.L. nº 67/2003 ter alterado a redação deste

[149] Ana Prata, em *Cláusulas de exclusão e limitação da responsabilidade contratual*, pág. 705-722, e Maria Victória Rocha, em *A imputação objectiva na responsabilidade contratual...*, na R.D.E., Ano XV (1989), pág. 86-89.

[150] Relativamente aos devedores em geral, Vaz Serra, em *Responsabilidade do devedor pelos factos dos auxiliares, dos representantes legais ou substitutos*, no B.M.J. nº 72, pág. 266, e Maria Victória Rocha, em *A imputação objectiva na responsabilidade contratual...*, na R.D.E., Ano XV (1989), pág. 79-80.

[151] Cfr., *infra*, pág. 229-230.

[152] Cfr., *infra*, pág. 275-276.

normativo, passando o seu conteúdo a integrar este diploma, mas sem uma referência expressa a que a responsabilidade do empreiteiro existe "independentemente de culpa", relativamente ao exercício dos referidos direitos, deve considerar-se que se mantém a consagração legal dessa responsabilidade objetiva, implícita no articulado do D.L. nº 67/2003[153].

As partes também podem acordar na responsabilização do empreiteiro pelos defeitos da obra, independentemente da culpa deste. Nestes casos, estabelece-se uma garantia da qualidade da obra, cujo conteúdo será determinado pelos termos contratados. O período durante o qual vigorará essa garantia, os defeitos que abrange, a amplitude das situações alheias ao empreiteiro que não podem ser invocadas por este para excluir a sua responsabilidade e a definição dos direitos do dono da obra perante esse cumprimento defeituoso serão definidos pela vontade das partes ao acordarem na cláusula de garantia[154]. Note-se, contudo, que essa liberdade de modelação tem como limite as proibições das convenções excluidoras ou limitativas da responsabilidade legal do empreiteiro por defeitos na obra.

Quando não se mostre excluída a relevância da culpa do empreiteiro na realização da obra com defeitos, esta presume-se, como sucede nos casos de responsabilidade contratual por cumprimento defeituoso (artº 799º, nº 1, do C.C.). O legislador entendeu que, nas situações de incumprimento, abrangendo expressamente o cumprimento defeituoso, ao credor basta demonstrar a materialidade do incumprimento, cabendo ao devedor provar a ausência do nexo de imputação à sua pessoa desse incumprimento, o qual se presume *iuris tantum*. O estabelecimento desta presunção resulta do facto de, sendo a culpa, segundo as regras da experiência, normalmente inerente ao incumprimento contratual, deve competir ao devedor provar a verificação da situação anormal de ausência de culpa. Além disso, sendo o devedor quem controla e dirige a execução da prestação, tem maior facilidade de conhecer e demonstrar as causas da verificação do incumprimento.

[153] Cfr., *infra*, pág. 250 e seg..

[154] O artº 9º do D.L. nº 67/2003 vem determinar regras para o conteúdo e forma das garantias voluntárias prestadas nos contratos de empreitada celebrados no âmbito das relações de consumo.

Assim, ao dono da obra bastará provar a existência do defeito[155], presumindo-se a culpa do empreiteiro, o qual, para afastar a sua responsabilidade terá que demonstrar que o cumprimento defeituoso não procede de culpa sua.

Este ónus de prova não se satisfaz com a simples demonstração que o empreiteiro, na realização da obra, agiu diligentemente, ficando o tribunal na ignorância de qual a causa e quem merece ser censurado pela verificação do defeito apontado pelo dono da obra. Nesta situação, continua a funcionar a presunção de que o devedor da prestação é o culpado. O empreiteiro tem que provar a causa do defeito, a qual lhe deve ser completamente estranha, o que bem se compreende pelo domínio que este necessariamente teve do processo executivo da prestação. Só assim se exonerará da responsabilidade pelo defeito existente na obra por si realizada[156].

[155] O cumprimento deste ónus bastar-se-á com a demonstração do simples deficiente funcionamento da obra, não sendo necessária a prova da causa desse mau comportamento.

[156] Neste sentido, relativamente ao incumprimento das obrigações de resultado em geral, ver ALMEIDA COSTA, em *Direito das obrigações,* pág. 1040, CARNEIRO DA FRADA, em *Contrato e deveres de protecção,* pág. 193, e MASSIMO BIANCA, em *Diritto civile,* vol. 5º, pág. 27.
Especificamente quanto à possibilidade de ilidir a presunção de culpa do empreiteiro pelos defeitos da obra, PEREIRA DE ALMEIDA, em *Direito privado II (Contrato de empreitada),* pág. 73, LEBRE DE FREITAS, em *O ónus da denúncia do defeito da empreitada no artº 1225º, do Código Civil,* em "O Direito", Ano 131 (1999), pág. 240, PEDRO ROMANO MARTINEZ, em *Cumprimento defeituoso...,* pág. 281-282, PEDRO DE ALBUQUERQUE/MIGUEL ASSIS RAIMUNDO, em *Contrato de empreitada,* pág. 395, CARLO GIANNATTASIO, em *L' appalto,* pág. 204, DOMENICO RUBINO/GIOVANNI IUDICA, em *Dell' appalto,* pág. 424-425, VINCENZO ROPPO, em *Contratto di appalto e garanzie per il consumatore finale,* em *Sicurezza delle contrattazioni...,* pág. 155-156, LUCCHINI GUASTALLA, em *La risoluzioni di diritto per inadempimento dell'appaltatore,* pág. 86-87, FRANCESCO GALGANO, em *Diritto civile e commerciale,* vol. II, tomo 2, pág. 82-83, nota 13, MARIA CRISTINA CERVALE, em *La responsabilità dell' appaltatore,* pág. 163, LIDIA SAVANNA, em *La responsabilità dell'appaltatore,* pág. 41, FEDERICO CAPPAI, em *Códice dell' appalto privato,* pág. 559-560, e os seguintes Acórdãos:

- ✓ da Relação de Coimbra, de 19-4-2005, na C.J., Ano XXX, Tomo 2, pág. 31, relatado por NUNES RIBEIRO.
- ✓ da Relação de Coimbra, de 16-1-2007, na C.J., Ano XXXII, tomo 1, pág. 5, relatado por ALEXANDRINA FERREIRA.
- ✓ da Relação do Porto, de 19-3-2007, no site www.dgsi.pt, relatado por CURA MARIANO.
- ✓ da Relação do Porto, de 20-11-2007, no site www.dgsi.pt, relatado por CRISTINA COELHO.
- ✓ da Relação de Lisboa, de 11-11-2008, no site www.dgsi.pt, relatado por TORRES VOUGA.
- ✓ da Relação de Guimarães, de 18-2-2010, no site www.dgsi.pt, relatado por CONCEIÇÃO SAAVEDRA.

As causas do incumprimento das obrigações suscetíveis de afastar a responsabilidade do devedor ou se situam num comportamento de outrem, que pode ser o próprio credor, ou em fator de ordem natural, que impossibilite o devedor de cumprir a sua prestação sem defeitos[157].

No âmbito da responsabilidade do empreiteiro por defeitos da obra, têm sido apontadas situações desresponsabilizadoras do empreiteiro, imputáveis ao próprio dono da obra.

- ✓ da Relação do Porto, de 20-4-2010, no site www.dgsi.pt, relatado por Henrique Antunes.
- ✓ da Relação do Porto, de 7-10-2010, no site www.dgsi.pt, relatado por Maria Amália Santos.
- ✓ da Relação do Porto, de 10-5-2011, no site www.dgsi.pt, relatado por Rodrigues Pires.
- ✓ da Relação de Coimbra, de 6-9-2011, no site www.dgsi.pt, relatado por Manuel Capelo.
- ✓ da Relação de Coimbra, de 6-3-2012, no site www.dgsi.pt, relatado por Francisco Caetano.
- ✓ do S.T.J., de 22-5-2012, no site www.colectaneadejurisprudência.com, relatado por Gregório Jesus.
- ✓ do S.T.J., de 5-7-2012, no site www.dgsi.pt, relatado por Salazar Casanova.
- ✓ da Relação do Porto, de 13-9-2012, no site www.dgsi.pt, relatado por Filipe Caroço.
- ✓ da Relação do Porto, de 18-9-2012, no site www.dgsi.pt, relatado por Rodrigues Pires.
- ✓ da Relação de Coimbra, de 20-11-2012, no site www.dgsi.pt, relatado por Jorge Arcanjo.
- ✓ da Relação do Porto, de 24-2-2014, no site www.dgsi.pt, relatado por Ana Paula Amorim.
- ✓ da Relação de Coimbra, de 1-7-2014, no site www.dgsi.pt, relatado por Fonte Ramos.
- ✓ da Relação de Lisboa, de 3-2-2015, no site www.dgsi.pt, relatado por Conceição Saavedra.
- ✓ do S.T.J., de 8-9-2015, no site www.dgsi.pt, relatado por Helder Roque.
- ✓ da Relação do Porto, de 5-2-2018, no site www.dgsi.pt, relatado por Jorge Seabra.

Em sentido contrário ao aqui defendido, o Acórdão do S.T.J. de 23-11-2006, no site www.dgsi.pt, relatado por Salvador da Costa, sustentou que compete ao dono da obra provar que a origem do defeito verificado se deve a deficiente execução da obra.

[157] Apontam diversas situações que excluem a culpa do empreiteiro, Vaz Serra, em *Empreitada,* no B.M.J. nº 146, pág. 38-41, Moitinho de Almeida, em *A responsabilidade civil do projectista e o seu seguro,* no B.M.J. nº 228, pág. 19, Pereira de Almeida, em *Direito privado II (Contrato de empreitada),* pág. 73-75, Lebre de Freitas, em *O ónus da denúncia do defeito da empreitada no artº 1225º, do Código Civil,* em "O Direito", Ano 131, pág. 240-242, Pedro Romano Martinez, em *Direito das obrigações...,* pág. 476-478, Rui Sá Gomes, em *Breves notas sobre o cumprimento defeituoso no contrato de empreitada,* em "Ab vno omnes – 75 anos da Coimbra Editora", pág. 613-615, Agostinho Cardoso Guedes, em *A responsabilidade do construtor no contrato de empreitada,* em "Contratos...", pág. 321-323, Menezes Leitão, em *Direito das obrigações,* vol. III, pág. 538-539, Domenico Rubino/Giovanni Iudica, em *Dell'appalto,* pág. 425-429, Maria Cristina Cervale, em *La responsabilità dell' appaltatore,* pág. 155-163, e Federico Cappai, em *Códice dell' appalto,* pág. 583-594.

Assim acontecerá quando o defeito tem origem no projeto, previsões, estudos ou materiais relativos à obra a executar, fornecidos pelo dono da obra, ou em instruções ou informações dadas por este ou por pessoas por si mandatadas para o efeito. Estaremos necessariamente perante um vício e não uma desconformidade da obra.

Nestas hipóteses, a responsabilidade do empreiteiro só se deverá considerar excluída quando o erro de conceção não for detetável por um profissional de competência suficiente (o bom profissional) na realização daquele tipo de obras[158], ou, se tendo sido detetado, o empreiteiro informou o dono da obra das consequências nefastas da execução desta segundo o projeto, ou com os materiais fornecidos pelo dono da obra, ou de acordo com as suas instruções ou informações, tendo o dono da obra insistido pela realização da construção encomendada[159]. Nesta

[158] A culpa deve ser apreciada em abstrato (artº 799º, nº 2, do C.C.), sendo certo que a culpa de um profissional, no exercício da sua atividade deve ser valorada, tendo como modelo a diligência de um profissional competente.

[159] Moitinho de Almeida, em *A responsabilidade civil do projectista e o seu seguro*, no B.M.J. nº 228, pág. 12, Pedro Romano Martinez, em *Direito das obrigações...*, pág. 476, Pedro de Albuquerque/Miguel Assis Raimundo, em *Contrato de empreitada*, pág. 262-268 e 395, Santos Justo, em *Manual de contratos civis*, pág. 495-496, Giuseppe Musolino, em *La responsabilità civile nell' appalto...*, pág. 92-93, Carmela Mascarello, em *Il contratto di appalto*, pág. 88-90, Lidia Savanna, em *La responsabilità dell'appaltatore*, pág. 43, Franco Ballati, em *La responsabilità dell'appaltatore e del directore del lavori per vizi e difformità delle opere*, pág. 55-59, e 87-91, Federico Cappai, em *Codice dell' appalto privato*, pág. 594, e Mauro Rubino-Sammartano, em *Appalto di opere e contratti di servizi (in diritto privato)*, pág. 438-440.
Vaz Serra, no seu Anteprojeto, previa expressamente esta circunstância como afastando a culpa do empreiteiro (artº 16º, nº 3, no B.M.J. nº 146, pág. 227).
Sobre casos relacionados com esta matéria podem ler-se os seguintes Acórdãos:
- ✓ da Relação do Porto, de 14-7-1988, na C.J., Ano XIII, tomo 4, pág. 169, relatado por Gelásio Rocha.
- ✓ da Relação de Évora, de 31-10-1996, na C.J., Ano XXI, tomo 4, pág. 291, relatado por Pita de Vasconcelos.
- ✓ do S.T.J., de 27-5-2004, na C.J. (Ac. do S.T.J.), Ano XII, tomo 2, pág. 74, relatado por Quirino Soares.
- ✓ da Relação de Coimbra, de 19-4-2005, na C.J., Ano XXX, Tomo 2, pág. 31, relatado por Nunes Ribeiro.
- ✓ do S.T.J., de 25-10-2005, no site www.dgsi.pt, relatado por Lopes Pinto.
- ✓ da Relação de Coimbra, de 15-5-2007, na C.J., Ano XXXII, tomo 3, pág. 5, relatado por Barateiro Martins.
- ✓ da Relação de Lisboa, de 21-4-2009, no site www.dgsi.pt, relatado por Isabel Salgado.
- ✓ da Relação de Coimbra, de 30-6-2009, no site www.dgsi.pt, relatado por Sílvia Pires.

última situação em que o dono da obra ordena que o empreiteiro execute a obra segundo as suas diretrizes e contra a opinião expressa deste, o empreiteiro atua como um simples *nudus minister*[160].

O mesmo sucede se o defeito em imóvel resultar de anomalia do terreno pertencente ao dono da obra onde aquele foi implantado, sendo certo, como já referimos, que o artº 1225º do C.C. não traduz qualquer obrigação de garantia legal, existindo também neste caso uma presunção de culpa do empreiteiro (artº 799º, nº 1, do C.C.)[161]. Este apenas se libertará da responsabilidade pelos defeitos ocorridos, se demonstrar que, atendendo aos conhecimentos técnicos de um bom profissional da construção civil, não lhe era exigível que tivesse detetado aquele vício do solo, ou que o dono da obra insistiu pela realização da construção nos termos projetados, apesar de alertado pelo empreiteiro para as consequências dessa edificação naquele terreno.

Nestas hipóteses, quando o empreiteiro não cumpre o dever que sobre ele recaía de detetar e informar o dono da obra da existência de erros ou defeitos dos projetos, previsões, estudos, terrenos ou materiais, fornecidos por este último, ou em instruções ou informações dadas por ele ou por pessoas por si mandatadas para o efeito, nem sequer há lugar a uma mitigação da responsabilidade do empreiteiro pelos defeitos que daí resultaram para a obra. A regra do artº 570º, nº 1, do C.C., prevista para a responsabilidade extracontratual, não reflete um princípio geral apli-

- ✓ do S.T.J., de 19-11-2009, na C.J. (Ac. do S.T.J.), Ano XVII, tomo 3, pág. 145, relatado por Urbano Dias.
- ✓ da Relação de Lisboa, de 24-5-2011, no site www.dgsi.pt, relatado por Luís Lameiras.
- ✓ do S.T.J., de 29-5-2012, no site www.dgsi.pt, relatado por Alves Velho.
- ✓ da Relação de Coimbra, de 18-2-2014, no site www.dgsi.pt, relatado por Sílvia Pires.
- ✓ da Relação de Coimbra, de 1-7-2014, no site www.dgsi.pt, relatado por Fonte Ramos.
- ✓ da Relação de Lisboa, de 6-10-2015, no site www.dgsi.pt, relatado por Teresa Henriques.
- ✓ da Relação de Coimbra, de 13-11-2018, no site www.dgsi.pt, relatado por Luís Cravo.

[160] Neste sentido, o Acórdão da Relação de Coimbra de 18-2-2014, no site www.dgsi.pt, relatado por Sílvia Pires.

[161] Pires de Lima e Antunes Varela, em *Código Civil anotado*, vol. II, pág. 903, Lebre de Freitas, em *O ónus da denúncia do defeito da empreitada no artº 1225º, do Código Civil...*, em "O Direito", Ano 131 (1999), pág. 241, Pedro de Albuquerque/Miguel Assis Raimundo, em *Contrato de empreitada*, pág. 395, e o Acórdão do S.T.J. de 22-5-2012, no site www.colectaneadejurisprudência.com, relatado por Gregório Jesus.

cável à responsabilidade pelo cumprimento defeituoso dos contratos[162]. Tendo o empreiteiro o dever de detetar e avisar o dono da obra da existência de erros ou defeitos nos projetos, estudos, materiais, terrenos ou ordens deste, não podem esses erros ou defeitos serem invocados pelo empreiteiro para diminuir a sua responsabilidade[163].

A deficiente fiscalização da execução da obra pelo seu dono, nunca poderá, também, excluir a responsabilidade do empreiteiro pela existência de defeitos, uma vez que o exercício dessa fiscalização corresponde a um direito e não a um dever[164].

Outro tipo de situações invocadas como causa de exclusão da culpa do empreiteiro tem sido os chamados casos fortuitos ou de força maior, abrangendo quer fatores naturais (inundações, incêndios, terramotos, furacões...), quer derivados da ação de terceiros (roubos, guerras, atos de vandalismo...), relacionados com as ideias de imprevisibilidade ou de inevitabilidade[165]. Estes eventos libertam o empreiteiro da obrigação de realizar a obra, se esta se torna impossível de conclusão, extinguindo-se o contrato (artº 790º, *ex vi* do 1227º, ambos do C.C.)[166]. Mas, se a obra somente se deteriorar, passando a sofrer de vício, o empreiteiro é responsável pela deterioração verificada, se o evento danoso ocorrer enquanto a obra é ainda sua propriedade. Se o dono da obra já tiver adquirido a propriedade desta, segundo as regras de transmissão constantes do artº 1212º do C.C., ou estiver em mora relativamente aos atos de verificação ou aceitação da coisa, está excluída qualquer responsabilidade do empreiteiro. Estes são, em traços gerais, os resultados da aplicação das regras de distribuição do risco por deteriorações ocorridas por causas não imputáveis a qualquer das partes, contidas no artº 1228º do C.C., e que tem como critério o da titularidade da propriedade da obra (artº 1212º do C.C.) quando se verifica a situação danificadora.

[162] Brandão Proença, em *A conduta do lesado como pressuposto e critério de imputação do dano extracontratual,* pág. 32.

[163] Giuseppe Musolino, em *La responsabilità civile nell'appalto...,* pág. 97-98.

[164] Carmela Mascarello, em *Il contrato di appalto,* pág. 106.

[165] Sobre os conceitos de caso fortuito e de força maior e da imprecisão da sua utilização, Almeida Costa, em *Direito das obrigações,* pág. 1073-1074.

[166] Se a execução da obra já se tiver iniciado, o dono da obra deve indemnizar o empreiteiro no valor do trabalho já executado e das despesas realizadas (artº 1227º do C.C.), ficando aquele com a parte da obra ainda realizada e perdendo este apenas o lucro que obteria com o cumprimento do contrato.

Convém, porém, concretizar a sua aplicação, colocando como hipóteses as diferentes situações possíveis quanto à titularidade da propriedade da obra, consoante foi o empreiteiro ou o dono da obra a fornecer os materiais ou o solo para a sua execução, e consoante aquela é um bem móvel ou imóvel[167].

a) No caso de empreitada relativa a coisa móvel com materiais fornecidos, no todo ou na sua maior parte pelo empreiteiro, só com a aceitação da obra ocorre a transferência da propriedade para o seu dono, pelo que até esse momento os danos causados por evento não imputável a qualquer das partes, são da responsabilidade do empreiteiro, podendo o dono da obra utilizar os direitos que lhe são conferidos pelo disposto nos artº 1221º e seg. do C.C. Mas quanto aos materiais que o dono da obra haja fornecido, o risco corre em qualquer altura por sua conta, porque eles foram sempre sua propriedade, pelo que, se ficaram danificados pelo evento não imputável a qualquer das partes, terá que voltar a fornecê-los a suas expensas[168]. Após a aceitação da obra já o risco é suportado totalmente pelo seu dono, ficando o empreiteiro isento de qualquer responsabilidade, o que também sucede se aquele se encontra em mora relativamente aos atos de verificação ou aceitação da obra.

b) No caso de empreitada relativa a coisa móvel com materiais fornecidos na totalidade ou na sua maior parte pelo dono da obra, a transferência da propriedade da obra dá-se logo que esta seja concluída, pelo

[167] Colocando também estas hipóteses, Nuno Aureliano, em *O risco nos contratos de alienação...*, pág. 423-426, e Pedro Romano Martinez, em *Cumprimento defeituoso...*, pág. 326-328, e em *Direito das obrigações...*pág. 451-454.
Este último autor, nos casos em que o risco recai sobre o empreiteiro, obriga o dono da obra a pagar-lhe o valor do trabalho de eliminação dos defeitos ou da construção de obra nova e das despesas feitas com esses trabalhos, por aplicação do disposto no artº 1227º, 2ª parte, do C.C.. É nossa opinião que o artº 1227º do C.C. é apenas aplicável aos casos em que já não é possível a realização da obra, importando apenas liquidar a relação contratual precocemente extinta, enquanto as situações previstas no artº 1228º do C.C. pressupõem a manutenção do contrato, fazendo recair sobre a parte que tem o domínio da coisa o risco dos eventos que a danifiquem, pelo que o disposto no primeiro destes artigos não é aplicável a estas últimas situações. Além disso, a solução proposta pelo referido autor redundaria em que, nestas situações, em que o artº 1228º do C.C., expressamente, faz recair os custos do risco apenas sobre o empreiteiro, os mesmos seriam sobretudo suportados pelo dono da obra.

[168] Nuno Aureliano, em *O risco nos contratos de alienação...*, pág. 424, defende que se estes materiais já se encontravam incorporados na obra, a sua propriedade já se havia transferido para o empreiteiro, pelo que o risco da sua deterioração passa a correr por conta deste.

que, até esse momento, os danos causados por evento não imputável a qualquer das partes, são da responsabilidade do empreiteiro, podendo o dono da obra utilizar os direitos que lhe são conferidos pelo disposto nos artº 1221º e seg., do C.C. Mas quanto aos materiais que o dono da obra haja fornecido, o risco corre em qualquer altura por sua conta, porque eles foram sempre sua propriedade, pelo que, se ficaram danificados pelo evento não imputável a qualquer das partes, terá que voltar a fornecê-los a suas expensas. Após a conclusão da obra, independentemente da sua entrega e aceitação, já o risco corre totalmente pelo dono da obra, ficando o empreiteiro isento de qualquer responsabilidade.

c) No caso de empreitada relativa a coisa imóvel, sendo o solo ou a superfície pertença do dono da obra, esta é sempre sua propriedade, mesmo que o empreiteiro forneça os materiais, entendendo-se que estes se consideram adquiridos por aquele à medida que vão sendo incorporados na construção, pelo que o empreiteiro estará isento de qualquer responsabilidade, relativamente aos defeitos causados por evento não imputável a qualquer uma das partes, correndo o risco por conta do dono da obra.

d) No caso de empreitada relativa a coisa imóvel, sendo o solo pertença do empreiteiro, a transmissão da propriedade da obra para o seu dono só ocorre com o ato de transmissão da propriedade do respetivo prédio, pelo que até esse momento os danos causados por evento não imputável a qualquer das partes, são da responsabilidade do empreiteiro, podendo o dono da obra utilizar os direitos que lhe são conferidos pelo disposto nos artº 1221º e seg. do C.C. Após a transmissão da propriedade do prédio, já o risco é suportado totalmente pelo dono da obra, ficando o empreiteiro isento de qualquer responsabilidade, o que também sucede se aquele se encontra em mora, relativamente ao ato de transmissão da propriedade.

O princípio inerente à regra de repartição do risco contida no artº 1218º do C.C. é também aplicável às situações em que os defeitos resultam de deficiências de materiais ou de máquinas fornecidos ou utilizados pelo empreiteiro na realização da obra e adquiridos a terceiro[169],

[169] Este terceiro também poderá ser responsabilizado pelo dono da obra pelos prejuízos sofridos, caso seja o fabricante dos materiais ou das máquinas, nos termos do D.L. nº 383/89, de 6-11, e do artº 6º do D.L. nº 67/2003.

quando não seja exigível que o empreiteiro detetasse essas deficiências[170]. Este não pode aqui ser responsabilizado com base num juízo de censurabilidade, mas apenas por força das regras de repartição do risco, que se refletem no artº 1228º do C.C., uma vez que nos encontramos perante uma situação em que também a existência do defeito não é imputável a qualquer uma das partes[171]. Tendo o empreiteiro o domínio dos atos de aquisição e manuseamento dos materiais e máquinas por ele utilizados na realização da obra, deve ser ele a suportar os riscos inerentes à sua utilização, pelo que o empreiteiro é também responsável perante o dono da obra pelos defeitos resultantes do emprego de materiais e máquinas com deficiência oculta[172].

Também são apontadas como situações excluidoras da culpa do empreiteiro pela verificação de defeitos na obra a sua normalidade no tipo de construções em que ocorrem, atento o estado atual da evolução da técnica de realização das mesmas e a inevitabilidade do defeito face ao grau de perícia que se podia exigir do empreiteiro[173]. Uma vez que a culpa deve ser apreciada em abstrato (artº 799º, nº 2, do C.C.), estas duas pretensas causas de exclusão da culpa, reconduzem-se a uma só – o empreiteiro veria excluída a sua culpa, se demonstrasse que o defeito ocorrido não era evitável pelo grau de perícia exigido ao empreiteiro médio, o qual, utilizando as regras da arte daquele tipo de obras, não consegue evitar, como é corrente, que aquele defeito se verifique.

Para tomarmos posição nesta questão, temos também que distinguir uma diversidade de hipóteses:

a) ou o "defeito" não era de todo evitável, atentos os conhecimentos técnicos da época, caso em que, juridicamente, não estamos

[170] Ana Prata, em *Cláusulas de exclusão e limitação da responsabilidade contratual,* pág. 731-735, e Maria Victória Rocha, em *A imputação objectiva na responsabilidade contratual...,* na R.D.E., Ano XV (1989), pág. 79-80, afastam a possibilidade destes casos poderem obter uma solução no âmbito do artº 800º, nº 1, do C.C., tal como Massimo Bianca, em *Diritto civile,* vol. 5, pág. 63, relativamente à responsabilidade do empreiteiro pelos atos dos seus auxiliares.

[171] O artº 365, nº 1, do C.O. Suíço, estabelece expressamente que o empreiteiro é responsável perante o dono da obra pela boa qualidade dos materiais por ele fornecidos.

[172] Giuseppe Musolino, em *La responsabilità civile nell'appalto...,* pág. 126-127, e Carmela Mascarello, em *Il contrato di appalto,* pág. 117-118.

[173] Estas circunstâncias constavam expressamente do artº 16º, nº 3, do Anteprojeto Vaz Serra (no B.M.J. nº 146, pág. 227) e são referidas por Federico Cappai, em *Codice dell' appalto privato,* pág. 594.

perante uma obra defeituosa, geradora de responsabilidade para o empreiteiro;

b) ou o "defeito", apesar de ser tecnicamente evitável na época (v.g. por uma técnica de ponta), ocorre normalmente naquele tipo de obras, atenta a técnica usualmente utilizada, situação em que temos que contemplar duas sub-hipóteses:
   - b1) ou a ocorrência do "defeito" foi tácita[174] ou expressamente prevista no contrato de empreitada ou em acordo posterior complementar, caso em que a culpa do empreiteiro estará excluída, uma vez que se trata de situação idêntica ao cumprimento de projeto do dono da obra, após informação dos seus resultados perniciosos[175].
   - b2) ou o "defeito" não foi previsto, não tendo a realização da obra com esse defeito merecido o acordo expresso ou tácito do seu dono, caso em que essa normalidade na ocorrência do defeito em obras do mesmo género não excluirá a culpa do empreiteiro na sua verificação[176]; isto porque, nestas situações, o empreiteiro se limitou a demonstrar que agiu com a diligência que lhe era exigível e que, apesar disso, o resultado foi uma

[174] No apuramento desta modalidade da declaração negocial, pode tomar-se em consideração como facto indiciador da vontade do dono da obra, o conhecimento geral da normalidade da ocorrência desse defeito no tipo de obras em causa, existindo como que uma presunção do seu conhecimento e assentimento, num juízo de normalidade. Mas essa presunção pode ser ilidida pela prova que o dono da obra, apesar desse conhecimento generalizado, não previu a sua verificação.

[175] No D.L. nº 67/2003, aplicável às empreitadas de consumo, o nº 3, do artº 2º, exclui que exista uma falta de conformidade entre a obra realizada e o contratado, quando o dono da obra teve conhecimento do defeito no momento da realização do contrato, ou num juízo de razoabilidade, atendendo à natureza da obra e características do defeito, deveria ter previsto a sua verificação.

No Acórdão da Relação de Coimbra de 19-2-2013, no site www.dgsi.pt, relatado por Alberto Ruço, defendeu-se que deve considerar-se um defeito imputável ao empreiteiro a formação de condensação em certas circunstâncias de utilização da habitação, como naqueles casos em que não é feita uma ventilação permanente da casa através da abertura de janelas e eventualmente portas.

[176] Pedro Romano Martinez, em *Cumprimento Defeituoso...*, pág. 282, revela grandes reticências na aceitação desta causa de exclusão de culpa.

No Acórdão do S.T.J. de 17-6-1982, no B.M.J. nº 318, pág. 437, relatado por Lima Cluny, e também publicado e comentado por Antunes Varela, na R.L.J., Ano 119, pág. 112-128, é focado um caso de invocação de inevitabilidade no cumprimento defeituoso de obrigação.

obra defeituosa, quando, como já vimos, a ilisão da presunção de culpa não se basta com a simples demonstração de um comportamento de acordo com os padrões de diligência exigíveis, sendo necessário provar que a causa do defeito é completamente estranha ao empreiteiro.

Quanto ao conhecimento pelo dono da obra do facto do empreiteiro não ter preparação ou competência para efetuar a obra contratada, se pode relevar na responsabilidade perante terceiros, por *culpa in eligendo*, não exclui a responsabilidade contratual do empreiteiro pelos defeitos que resultem dessa sua impreparação técnica[177].

Há também que ponderar, como circunstância excluidora da culpa do empreiteiro pela verificação dos defeitos, as situações em que a complexidade da construção conduza a uma multiplicidade de sujeitos autónomos, intervenientes na realização da obra, nomeadamente a existência de diversos empreiteiros a quem compete a realização de diferentes partes da obra. Nestes casos, o empreiteiro pode exonerar-se, se demonstrar que a causa do defeito é imputável a um desses co-intervenientes, desde que a intervenção deste não resulte de subcontratação sua, sendo certo que competirá ao dono da obra demonstrar que o defeito se situa na parte da obra realizada pelo demandado.

Se o defeito é imputável simultaneamente a um dos vários interenientes na realização da obra contratados pelo seu dono (vg. diretor técnico ou projetista) e ao empreiteiro, a sua responsabilidade perante o dono da obra, deve ser considerada solidária[178]. Apesar da regra na res-

[177] Giuseppe Musolino, em *La responsabilità civile nell'appalto...*, pág. 99.
Conferindo relevo ao conhecimento que o dono da obra tenha do grau de preparação técnica do empreiteiro para afastar a responsabilidade deste, *vide* Lidia Savanna, em *La responsabilità dell'appaltatore*, pág. 44-45.

[178] Defendendo a solidariedade da responsabilidade do projectista e do diretor técnico da obra com a do empreiteiro por defeitos da obra com origem no projeto ou nas instruções, sem qualquer alerta do empreiteiro, por identidade de soluções com a responsabilidade extracontratual, Moitinho de Almeida, em *A responsabilidade civil do projectista e o seu seguro*, B.M.J. nº 228,pág. 31-33, Pedro de Albuquerque/Miguel Assis Raimundo, em *Contrato de empreitada*, pág. 268, nota 1044, Giuseppe Musolino, em *La responsabilità civile nell'appalto...*, pág. 346-349, Carmela Mascarello, em *Il contratto di appalto*, pág. 97-99, Lidia Savanna, em *La responsabilità dell'appaltatore*, pág. 102-106, Franco Balatti, em *La responsabilità dell'appaltatore e del directore dei lavori per vizi e difformità delle opere*, pág. 195,

ponsabilidade contratual ser a responsabilidade conjunta (artº 513º do C.C.), neste caso, em que cada um dos responsáveis tem uma relação jurídica autónoma com o dono da obra, não existem elos jurídicos entre eles, pelo que as suas posições se equivalem à dos responsáveis extracontratuais por danos, os quais respondem em regime de solidariedade perante o lesado, nos termos do artº 497º, nº 1, do C.C. Assim, por recurso à analogia (artº 10º, nº 1, do C.C.), apoiado numa situação de identidade de razões, deve ser esse também o regime da responsabilidade dos diversos intervenientes na obra perante o seu dono, face a defeitos da responsabilidade de todos, incluindo o direito de regresso entre eles.

O mesmo sucede se a responsabilidade pela existência do defeito recair sobre o empreiteiro e sobre terceiro, resultante de responsabilidade extracontratual (artº 483º e seg. do C.C.)[179].

3. Os danos

Na obra com defeitos, além destes normalmente encerrarem em si um prejuízo para o dono da obra, podem também provocar danos subsequentes, como sejam estragos na própria obra e danos pessoais ou noutros bens materiais do dono da obra ou de terceiros. Para que estes prejuízos impliquem uma responsabilização do empreiteiro, é necessário que os mesmos se encontrem numa relação de causalidade adequada com o cumprimento defeituoso da prestação de realização da obra. Só determinarão e medirão a dimensão da responsabilidade do empreiteiro os prejuízos que forem a consequência típica e normal dos defeitos que afetam a obra.

A responsabilidade pela provocação de danos no património e na pessoa de alguém pode ter uma origem contratual ou extracontratual, de onde resultarão responsabilizações com regimes diferentes[180]. A res-

Claudia Sollai, em *Codice dell' appalto privato,* pág. 652-653, e Maurizio de Tilla, em *L' appalto privato,* pág. 486-512.

[179] No Acórdão da Relação de Lisboa de 11-11-2008, no site www.dgsi.pt, relatado por Torres Vouga, considerou-se que numa situação de infiltrações provindas de terraços em prédio constituído em propriedade horizontal, não tendo o empreiteiro logrado provar que o defeito não lhe era imputável, mas também não tendo resultado ilidida a presunção de culpa que recaía sobre os condóminos proprietários dos terraços, nos termos do artº 493º do C.C., existia uma situação de concorrência de culpas.

[180] Apontando essas diferenças, Almeida Costa, em *Direito das obrigações,* pág. 543-546.

ponsabilidade civil tem natureza contratual quando resulta da violação de um direito de crédito e extracontratual quando tem origem na violação de direitos absolutos.

Na responsabilidade civil do empreiteiro por defeitos da obra, podem verificar-se os dois tipos de responsabilidade[181]. Se do defeito resultam danos para a integridade física ou o património de terceiros, estamos perante responsabilidade extracontratual, dado que esta não tem como fundamento qualquer incumprimento contratual, mas sim a violação de direitos absolutos dos lesados. Já todos os prejuízos sofridos pelo dono da obra, em consequência da prestação defeituosa, integram uma responsabilidade contratual, uma vez que esta tem origem na violação do direito creditício daquele à execução da obra sem defeitos.

Os prejuízos que normalmente resultam da execução da obra com defeitos são a sua desvalorização, danos sequenciais no objeto da obra, em outros bens do seu dono, ou mesmo na sua pessoa, despesas com vista a definir e localizar os defeitos[182], prejuízos inerentes à realização de obras de reparação e danos não patrimoniais que o dono da obra possa ter sofrido em consequência do cumprimento defeituoso da prestação a que tinha direito.

É certo que muitos dos danos sofridos pelo dono da obra, como os danos não patrimoniais resultantes do cumprimento defeituoso da prestação, os estragos na obra ou noutras coisas provocados pelos defeitos e os danos na sua integridade física, além de terem origem numa violação positiva do contrato de empreitada, são também consequência de violações dos chamados direitos absolutos, pelo que o mesmo dano tem si-

[181] Pedro Romano Martinez, em *Cumprimento defeituoso...*, pág. 236-242, e em *Direito das obrigações...*, pág. 474-475, distingue entre danos *circa rem* e *extra rem*. Para este autor, a responsabilidade pelos prejuízos causados no objeto da prestação é contratual, enquanto a responsabilidade pelos prejuízos causados pelos defeitos da obra, em pessoas ou coisas que não sejam a própria obra, é uma responsabilidade extracontratual.
Seguem esta posição, os Acórdãos:
- ✓ do S.T.J.. de 9-9-2008, na C.J. (Ac. do S.T.J.), Ano XVI, tomo 3, pág. 23, relatado por Alves Velho.
- ✓ da Relação de Guimarães, de 20-3-2018, no site www.dgsi.pt, relatado por Maria dos Anjos.

[182] No Acórdão da Relação do Porto, de 26-5-2015, no site www.dgsi.pt, relatado por Eusébio Almeida, considerou-se que os custos de uma peritagem para definição dos defeitos suportados pelo dono da obra não são um dano que deva ser indemnizado pelo empreiteiro.

multaneamente uma origem contratual e extracontratual[183]. Na definição do regime aplicável, deve atender-se à vontade das partes, expressa no clausulado contratual, uma vez que foi na execução da relação negocial estabelecida entre elas que ocorreu o facto lesivo dos direitos do dono da obra, devendo respeitar-se essa vontade em tudo o que não contrarie normas imperativas (artº 406º do C.C.). Se as partes não previram a definição do regime aplicável em caso de ocorrerem prejuízos por força do cumprimento defeituoso da prestação do empreiteiro, como sucederá normalmente, deve aplicar-se o regime subsidiário legal, especialmente previsto para as consequências da violação positiva do contrato. Nestes casos em que ocorre um concurso ideal dos dois regimes de responsabilidade, consideramos que o da responsabilidade contratual consome o da responsabilidade extracontratual, sendo ele o aplicável, uma vez que entre lesante e lesado existe uma relação obrigacional na qual se verificou o facto lesivo, justificando-se, pois, a sobreposição da responsabilidade adequada à violação dos contratos[184]. Daí que se conclua que os

[183] Mota Pinto, em *Cessão da posição contratual,* pág. 402-411, considera que, nos casos de cumprimento defeituoso, os danos causados na pessoa do credor ou no restante património deste originam uma responsabilidade contratual, se resultarem de violações de deveres contratuais de proteção.

[184] Almeida e Costa, em *Direito das obrigações,* pág. 546-553, e em *O concurso da responsabilidade contratual e extracontratual,* em "Ab vno ad omnes – 75 anos da Coimbra Editora", pág. 555-565, Ângela Cerdeira, em *Da responsabilidade civil dos cônjuges entre si,* pág. 113-114, e os Acórdãos:

- ✓ da Relação de Coimbra, de 29-11-2011, acessível no site www.dgsi.pt, relatado por Carlos Querido.
- ✓ da Relação de Guimarães, de 12-1-2017, acessível no site www.dgsi.pt, relatado por Maria dos Anjos.

É esta também a posição dominante da doutrina e da jurisprudência francesa. Por todos, François Chabas, em *Obligations – théorie générale,* em *Leçons de droit civil,* de Henri, Léon e Jean Mazeaud e François Chabas, tomo 2, 1º vol., pág. 402-404, e Geneviève Viney, em *Les Obligations – La responsabilité: conditions,* em *Traité de Droit Civil,* sob a direção de Jacques Ghestin, vol. IV, pág. 259-274.

Defendendo a liberdade de opção do credor entre os dois regimes, Vaz Serra, em *Responsabilidade contratual e extracontratual,* no B.M.J. nº 85, pág. 230-239, Rui de Alarcão, em *Direito das obrigações,* pág. 209 e seg., Moitinho de Almeida, em *A responsabilidade civil do projectista e o seu seguro,* no B.M.J. nº 228, pág. 29-30, Mota Pinto, em *Cessão da posição contratual,* pág. 411, Pinto Monteiro, em *Cláusula penal e indemnização,* pág. 713-714, e em *Cláusulas limitativas e de exclusão da responsabilidade civil,* pág. 429-433, Calvão da Silva, em *Responsabilidade do produtor,* pág. 251, e os seguintes Acórdãos:

danos sofridos pelo dono da obra, independentemente da sua configuração e localização, originam sempre uma responsabilidade contratual, enquanto que os danos sofridos por terceiros estão sujeitos ao regime da responsabilidade extracontratual[185].

Se o mesmo defeito provocar danos sujeitos a regimes diferentes, nada impede a aplicação simultânea de cada um dos regimes ao dano a que correspondem[186].

Neste estudo, uma vez que o mesmo se restringe à responsabilidade contratual do empreiteiro, apenas analisaremos os danos sofridos pelo dono da obra em consequência dos defeitos desta.

4. A exclusão legal da responsabilidade resultante da aceitação da obra sem reservas

O artº 1219º do C.C. consagra uma situação de exclusão legal da responsabilidade do empreiteiro por defeitos da obra, sem necessidade de este ilidir a presunção de culpa que sobre ele recai relativamente à existência desses defeitos[187].

Nos termos deste dispositivo, a responsabilidade do empreiteiro é afastada, relativamente aos defeitos conhecidos pelo dono da obra à data da sua aceitação, se este a aceitou sem reservas, verificando-se aqui um caso de renúncia abdicativa[188], legalmente presumida. O le-

✓ do S.T.J., de 6-11-1986, no B.M.J. nº 361, pág. 506, relatado por Lima Cluny.
✓ do S.T.J., de 22-10-1987, no B.M.J. nº 370, pág. 529, relatado por Lima Cluny.
✓ da Relação de Lisboa, de 7-2-2013, no site www.dgsi.pt, relatado por Jorge Vilaça.

O Acórdão do S.T.J. de 1-7-2010, na C.J. (Ac. do S.T.J.), Ano XVIII, tomo 2, pág. 141, relatado por Maria dos Prazeres Beleza, em que estavam em causa os estragos causados por uma inundação provocada por águas da chuva que entraram quando o telhado se encontrava a ser demolido na execução de um contrato de empreitada, entendeu-se estarmos perante uma situação de responsabilidade contratual por violação de deveres laterais do empreiteiro.

185 Esta responsabilidade poderá muitas vezes ser a responsabilidade do produtor, regulada no D.L. nº 383/89 e no artº 6º do D.L. nº 67/2003.

186 Defendendo a possibilidade de concurso real entre as duas responsabilidades, quando existem multiplicidade de danos, Almeida e Costa, em *Direito das obrigações,* pág. 500, nota 1, e o Acórdão do S.T.J. de 23-5-1995, na C.J. (Ac. do S.T.J.), Ano III, tomo 2, pág. 103, relatado por Ramiro Vidigal.

187 Esta causa de exclusão da responsabilidade do empreiteiro não se aplica às empreitadas de consumo (cfr. pág. 280-281).

188 Ennecerus-Lehmann, em *Derecho de Obligaciones,* vol. II, 1ª parte, pág. 526, e o Acórdão da Relação do Porto de 19-3-2007, no site www.dgsi.pt, relatado por Cura Mariano.

gislador presumiu de forma absoluta que o dono da obra que a aceita, conhecendo os seus defeitos, sem os denunciar nesse ato, renuncia à responsabilização do empreiteiro pelo cumprimento defeituoso da sua prestação.

Após a conclusão da obra, o empreiteiro tem o dever acessório[189] de a colocar à disposição do seu dono, de modo a permitir-lhe que este a possa examinar, com a finalidade de verificar se ela se encontra realizada sem quaisquer defeitos[190].

Colocada a obra à disposição do seu dono, este tem o direito[191] de a examinar (artº 1218º, nº 1, do C.C.), de modo a efetuar a referida verificação. Este exame deve ser efetuado logo após a obra ter sido posta à sua disposição, tendo este o prazo usual[192] para esse ato ou, não existindo usos, dentro de um prazo razoável que atenda às circunstâncias do

[189] Acórdão do S.T.J. de 8-3-2001, na C.J. (Ac. do S.T.J.), tomo 1, pág. 147, relatado por Oliveira Barros.

[190] No § 641 (a) do C.C. Alemão prevê-se a possibilidade de realização de um exame por um perito nomeado por acordo entre dono da obra e empreiteiro, ou por entidade pública, a pedido do dono da obra, que emitirá um certificado de avaliação, de modo a prevenir futuros conflitos.

[191] Neste sentido, Menezes Cordeiro, em *Tratado de direito civil*, vol. XII, pág. 904, que, por lapso, refere que neste livro se sustenta tratar-se de um dever do dono da obra.

Defendendo estarmos simultaneamente perante um direito e um ónus, Pedro Romano Martinez, em *Direito das obrigações...*, pág. 435, e os Acórdãos:

- ✓ do S.T.J., de 8-3-2001, na C.J. (Ac. do S.T.J.), tomo 1, pág. 147, relatado por Oliveira Barros.
- ✓ do S.T.J., de 8-9-2015, no site www.dgsi.pt, relatado por Helder Roque.

Retiramos-lhe a qualificação de ónus, uma vez que consideramos que a sua não realização não determina a exclusão da responsabilidade do empreiteiro pelos vícios conhecidos, como veremos adiante.

Sustentando estarmos perante a imposição de um dever com um regime particular em que ninguém pode exigir o seu cumprimento, sendo, portanto, um encargo, Pedro de Albuquerque/Miguel Assis Raimundo, em *Contrato de empreitada*, pág. 284-286.

Já João Serras de Sousa, em *Código Civil Anotado*, vol. I, pág. 1512, qualifica a verificação da obra como um ónus do seu dono.

[192] Este é um dos casos em que o costume é fonte de direito (artº 3º, nº 1, do C.C.), sendo a prova do seu conteúdo efetuada nos termos do artº 348º do C.C.

caso concreto (artº 1218º, nº 2, do C.C.)[193], nada impedindo que as partes fixem, por acordo, o prazo para o exame[194].

Se a obra se compuser de unidades distintas, pode esse exame ser efetuado relativamente a cada unidade, subdividindo-se em diversos atos que podem ocorrer em tempos diferentes, desde que qualquer das partes solicite a realização desse exame parcial[195].

As despesas do exame devem correr por conta do empreiteiro[196], exceto se houver acordo noutro sentido. Não é obrigatório que o exame seja efetuado por perito, nada impedindo, porém, que o dono da obra o contrate por sua iniciativa, ou por imposição do empreiteiro, correndo os custos dessa contratação por conta de quem teve a respetiva iniciativa (artº 1218º, nº 3, do C.C.)[197]. O perito deve ser escolhido e contratado por quem teve a iniciativa da sua intervenção, nada impedindo a participação conjunta de peritos contratados pelo dono da obra e pelo empreiteiro.

Após a realização do exame, o dono da obra tem o ónus[198] de comunicar os resultados deste (artº 1218º, nº 4, do C.C.). Esta comunicação

[193] A definição deste prazo, não vigorando o costume, deve ser efetuada com recurso a um juízo de equidade que pese todo o circunstancialismo casuístico, nomeadamente as características da obra em causa ou o local de residência dos contraentes.
Este prazo pode ser fixado pelo empreiteiro.

[194] PEDRO DE ALBUQUERQUE/MIGUEL ASSIS RAIMUNDO, em *Contrato de empreitada*, pág. 286.

[195] É essa a solução expressa do artº 1666 do C.C. Italiano, que constava do artº 15º do Anteprojeto de Vaz Serra, e que o legislador entendeu não merecer uma previsão normativa por resultar da aplicação dos princípios gerais.
Sobre essa possibilidade, DOMENICO RUBINO/GIOVANNI IUDICA, em *Dell' appalto*, pág. 148, e CARLO DORE JR., em *Codice dell'appalto privato*, pág. 526-527.

[196] VAZ SERRA, em *Empreitada*, no B.M.J., nº 145, pág. 155, PIRES DE LIMA e ANTUNES VARELA, em *Código Civil anotado*, vol. II, pág. 890, PEDRO ROMANO MARTINEZ, em *Direito das obrigações...*, pág. 436, MENEZES LEITÃO, em *Direito das obrigações*, vol. III, pág. 514, e PEDRO DE ALBUQUERQUE/MIGUEL ASSIS RAIMUNDO, em *Contrato de empreitada*, pág. 286-287.

[197] MENEZES LEITÃO, em *Direito das obrigações*, vol. III, pág. 514, e PEDRO ROMANO MARTINEZ, em *Direito das obrigações...*, pág. 436.

[198] Ónus porque, se o não exercer, não infringe qualquer dever, mas perde a possibilidade de fazer valer os direitos que a lei lhe confere, caso a obra contenha defeitos, por força do funcionamento da presunção do artº 1218º, nº 5, do C.C.
PEDRO ROMANO MARTINEZ, em *Direito das obrigações...*, pág. 437, e PEDRO DE ALBUQUERQUE/MIGUEL ASSIS RAIMUNDO, em *Contrato de empreitada*, pág. 287, também a qualificam como um ónus ou encargo, respetivamente.

deve também ser efetuada no prazo usual para esse ato ou, não existindo usos, dentro de um prazo razoável, conforme as circunstâncias[199], devendo o juízo de equidade, aqui, tomar em consideração, além do mais, a complexidade do relatório do exame[200].

A comunicação não obedece a qualquer formalismo especial e pode ser efetuada de forma expressa ou tácita[201]. Só se torna eficaz quando chega ao conhecimento do empreiteiro (artº 224º, nº 1, do C.C.), ou quando não é recebida por este, por razões a ele imputáveis (artº 224º, nº 2, do C.C.).

Apesar desta comunicação ser uma declaração[202] juridicamente diversa da declaração de aceitação ou não aceitação da obra[203], o sentido desta última está dependente do conteúdo daquela, pelo que esse sentido é muitas vezes obtido através da interpretação da comunicação dos resultados do exame, a qual vale também como declaração tácita ou expressa de aceitação ou não aceitação da obra[204].

[199] Estendendo-se a aplicação dos critérios do artº 1218º, nº 2, do C.C., previstos para o prazo da realização do exame, ao prazo para a comunicação ao empreiteiro dos seus resultados, como aliás constava expressamente do Anteprojeto Vaz Serra (artº 12º, nº 2, no B.M.J. nº 146, pág. 224-225).
Adotando também esta interpretação extensiva, PEDRO ROMANO MARTINEZ, em *Direito das obrigações...*, pág. 437, PEDRO DE ALBUQUERQUE/MIGUEL ASSIS RAIMUNDO, em *Contrato de empreitada*, pág. 287 e JOÃO SERRAS DE SOUSA, em *Código Civil Anotado*, vol. I, pág. 1513.

[200] Pode ser emitida uma comunicação provisória, reservando-se a emissão de uma declaração definitiva para momento posterior à realização de exames complementares que se revelaram necessários.

[201] FRANCO BALLATI, em *La responsabilità dell'appaltatore e del directore del lavori per vizi e difformità delle opere*, pág. 51-52, refere diferentes situações de aceitação tácita, onde inclui o pagamento do preço pela conclusão da obra.

[202] Sobre a qualificação jurídica desta comunicação, DOMENICO RUBINO/GIOVANNI IUDICA, em *Dell' appalto*, pág. 348-349, e CARLO DORE JR, em *Codice dell' appalto privato*, pág. 552-554.

[203] PEREIRA DE ALMEIDA, em *Direito privado II (Contrato de empreitada)*, pág. 41, PEDRO ROMANO MARTINEZ, em *Direito das obrigações...*, pág. 438, MENEZES LEITÃO, em *Direito das obrigações*, vol. III, pág. 514-515, SANTOS JUSTO, em *Manual de contratos civis*, pág. 498, MENEZES CORDEIRO, em *Tratado de direito civil*, vol. XII, pág. 903, e CARLO DORE JR, em *Codice dell' appalto privato*, pág. 535.

[204] Neste sentido, MENEZES LEITÃO, em *Direito das obrigações*, vol. III, pág. 514-515, PEDRO DE ALBUQUERQUE/MIGUEL ASSIS RAIMUNDO, em *Contrato de empreitada*, pág. 288, CARLO DORE JR, em *Codice dell' appalto privato*, pág. 535, e DOMENICO RUBINO/GIOVANNI IUDICA, em *Dell' appalto*, pág. 352.

Assim, se o dono da obra informa o empreiteiro que não detetou defeitos na obra, esta deve considerar-se aceite[205], sem prejuízo da responsabilidade do empreiteiro pelos defeitos que o dono da obra só posteriormente se aperceba.

Se foram detetados defeitos nesse exame, o dono da obra tem o ónus de informar o empreiteiro da sua existência. A comunicação da existência de defeitos pode motivar uma recusa do recebimento da obra ou a sua aceitação com reservas[206], podendo o dono da obra optar entre aceitá-la ou não a aceitar[207]. Em ambas as hipóteses, estaremos sempre perante uma situação de cumprimento defeituoso da obrigação sujeita às regras do artº 1218º e seg. do C.C., tendo a comunicação dos defeitos sido efetuada no ato de recusa ou de aceitação da obra com reservas. Essa comunicação equivale à denúncia dos respetivos defeitos, não sendo já necessário efetuar nova denúncia, nos termos do artº 1220º, nº 1, do C.C.[208].

A reserva é uma declaração protestatória pela qual se acautela que certo comportamento do protestante não possa valer ou ser interpretado como uma declaração de renúncia ao exercício de direitos[209]. É o que sucede com a reserva que acompanhe o ato de aceitação da obra com defeitos, a qual, impedirá a exclusão da responsabilidade do empreiteiro por esses defeitos, como resultado do ato de aceitação. Essa reserva não pode ser genérica, devendo descrever e individualizar as deficiências verificadas, para que a responsabilidade do empreiteiro não fique excluída com a aceitação da obra relativamente a esses defeitos[210].

[205] Neste sentido, também Pedro de Albuquerque/Miguel Assis Raimundo, em *Contrato de empreitada,* pág. 288, João Serras de Sousa, em *Código Civil Anotado,* vol. I, pág. 1513 e Carlo Dore Jr, em *Codice dell' appalto privato,* pág. 535.

[206] Pedro de Albuquerque/Miguel Assis Raimundo, em *Contrato de empreitada,* pág. 288, Santos Justo, em *Manual de contratos civis,* pág. 498.

[207] Note-se que o ato de aceitação, com ou sem reservas, além doutras consequências contratuais, pode ter influência na transferência da propriedade da obra (artº 1212º do C.C.) e no vencimento do preço (artº 1211º, nº 2, do C.C.).

[208] Pedro de Albuquerque/Miguel Assis Raimundo, em *Contrato de empreitada,* pág. 288, João Serras de Sousa, em *Código Civil Anotado,* vol. I, pág. 1513, e o Acórdão do S.T.J. de 8-9-2015, no site www.dgsi.pt, relatado por Helder Roque.

[209] Manuel de Andrade, em *Teoria geral da relação jurídica,* vol. II, pág. 140-141, Mota Pinto, em *Teoria geral do direito civil,* pág. 429-430, e Nuno Pinto Oliveira, em *Estudos sobre o não cumprimento das obrigações,* pág. 103-104.

[210] Giuseppe Musolino, em *La responsabilità civile nell' appalto...,* pág. 109.

Dispõe o nº 5, do artº 1218º, do C.C. que *"a falta de verificação ou de comunicação importa aceitação da obra"*.

Estabeleceu-se aqui uma presunção absoluta de aceitação da obra, insuscetível de ser ilidida, importando-se a solução do artº 1665 do Código Civil Italiano e do artº 370 do Código das Obrigações Suíço[211].

Referem Pires de Lima e Antunes Varela com a autoridade de quem foi responsável pela revisão ministerial (a 2ª) que introduziu este normativo:

> *"A solução que foi adotada tal como em Itália, não tomou por base uma presunção da vontade de aceitar. Foi imposta como sanção, ou, se se preferir, como presunção absoluta inilidível. São, com efeito, demasiadamente graves os efeitos da verificação ou da aceitação da obra, para que se deixem esses efeitos dependentes de circunstâncias fortuitas, de uma prova incerta, e, sobretudo, da vontade do dono da obra. Ele tem de aceitar ou não aceitar a obra, logo que esta seja posta à sua disposição, para verificar se está ou não em conformidade com o convencionado"*[212].

A redação utilizada para importar a solução do C.C. Italiano (artº 1665) necessita, porém, na nossa opinião, de uma interpretação corretiva. O facto do dono da obra, por razões a ele imputáveis, não ter realizado o exame de verificação, não impede que ele conheça a existência dos defeitos por informação do próprio empreiteiro ou de outrem, ou deles se aperceba no exercício dos seus poderes de fiscalização (artº 1209º do C.C.) e os denuncie, recusando ou aceitando a obra com reservas. Daí que a simples omissão do exercício do direito de realizar o exame não justifique só por si que o legislador lhe atribua um efeito negocial tão grave como o previsto no transcrito nº 5, do artº 1218º, do C.C. – o da aceitação da obra sem reservas. Seria absurdo que a denúncia de defeitos que não fosse antecedida de exame da obra não tivesse qualquer validade, considerando-se a obra como aceite sem reservas.

O funcionamento desta imposição de um significado legal tipificado a um determinado comportamento só deve valer para os casos em que

[211] O estabelecimento desta presunção absoluta tinha sido deliberadamente afastada no Anteprojeto por Vaz Serra, que a considerava excessiva. Ver o seu estudo *Empreitada*, no B.M.J. nº 145, pág. 169.
Esta presunção consta também atualmente do § 640 do C.C. Alemão.

[212] Em *Código Civil anotado*, vol. II, pág. 892.

o dono da obra não efetuou qualquer comunicação sobre a aceitação daquela, independentemente de ter sido realizado ou não o exame da mesma[213]. É apenas a esse silêncio do dono da obra que a lei atribuiu um significado legalmente ficcionado[214], com o objetivo de evitar situações dúbias. A falta de verificação da obra só resulta na sua aceitação presumida quando essa falta de verificação é acompanhada de uma falta de comunicação ao empreiteiro sobre a existência de defeitos na obra, como fundamento da sua rejeição, ou da sua aceitação com reservas.

E quando é que esse silêncio assume esse significado imposto por lei?

Já vimos que o exame e a subsequente comunicação devem ser efetuados no prazo ditado pelos usos, ou, não existindo estes, no prazo considerado razoável. Esgotado este prazo sem que tenha sido efetuada qualquer comunicação pelo dono da obra, deve considerar-se apenas que este entrou em mora no cumprimento do ónus de comunicação dos resultados da verificação, imposto pelo nº 4, do artº 1218º, do C.C. Na verdade, o artº 1228º, nº 2, do C.C., que reparte os riscos do perecimento ou deterioração da coisa no domínio do contrato de empreitada, alude a esta situação de mora na verificação ou aceitação da obra, revelando que o simples decurso daquele prazo não determina de imediato o funcionamento da presunção absoluta estabelecida no nº 5, do artº 1218º, do C.C. Aliás, esta norma refere-se à falta da comunicação e não a um mero atraso na sua efetivação.

Apenas se deve considerar que a obra foi aceite sem reservas, pelo funcionamento da presunção estabelecida no nº 5, do artº 1218º, do C.C., quando o ónus de comunicação dos resultados da verificação da obra foi incumprido definitivamente[215]. Apesar de não poder ser exi-

[213] Rui Sá Gomes, em *Breves notas sobre o cumprimento defeituoso no contrato de empreitada*, em "Ab vno ad omnes – 75 anos da Coimbra Editora", pág. 609-610, Pedro de Albuquerque/ /Miguel Assis Raimundo, em *Contrato de empreitada*, pág. 289, e o Acórdão do S.T.J. de 8-9-2015, no site www.dgsi.pt, relatado por Helder Roque.

[214] Sobre se essa relevância legal do silêncio se traduz ou não numa verdadeira declaração negocial, Paulo Mota Pinto, em *Declaração tácita e comportamento concludente no negócio jurídico*, pág. 693 e seg..

[215] Pedro Romano Martinez, em *Direito das obrigações...*, pág. 437, Rui Sá Gomes, em *Breves notas sobre o cumprimento defeituoso no contrato de empreitada*, em "Ab vno ad omnes – 75 anos da Coimbra Editora", pág. 610-611, Menezes Leitão, em *Direito das obrigações*, vol. III, pág. 516, e Pedro de Albuquerque/Miguel Assis Raimundo, em *Contrato de empreitada*, pág. 288-289.

gido o cumprimento de um ónus, este pode ser considerado um dever de comportamento[216], pelo que se justifica a aplicação das regras de conversão de uma situação de mora em incumprimento definitivo das obrigações, com as necessárias adaptações, para que se determine quando ocorre o incumprimento definitivo de um ónus. Assim, apenas se poderá concluir pela aceitação da obra legalmente presumida, nos casos de recusa perentória[217] da comunicação, ou de não correspondência a uma interpelação admonitória, tal como está prevista no artº 808º, do C.C., para o incumprimento das obrigações. Para que o ónus de comunicação dos resultados da verificação efetuada se possa considerar definitivamente incumprido, de modo a produzir os efeitos previstos no artº 1218º, nº 5, do C.C., ou o dono da obra, por um comportamento inequívoco, revela a sua vontade de não efetuar essa comunicação, ou após se mostrar ultrapassado o prazo definido pelos usos ou pela equidade, a comunicação também não é feita num prazo suplementar e final que lhe foi concedido pelo empreiteiro, em notificação efetuada para esse efeito, com cariz admonitório.

Se o dono da obra se apercebe dos defeitos no decurso da atividade de realização da obra, no exercício dos seus poderes de fiscalização (artº 1209º, nº 1, do C.C.), não tem o dever de informar logo o empreiteiro da sua existência, podendo[218] apenas denunciá-los aquando da comunicação prevista no artº 1218º, nº 4, do C.C. (artº 1209º, nº 2, do C.C.). Nem se pode dizer que a simples omissão dessa informação, durante o decurso da atividade de realização da obra, só por si, viole as regras da boa-fé na execução dos contratos, constituindo o posterior exercício dos direitos do dono da obra, um *venire contra factum proprio*, que justifique a atribuição de um direito de indemnização ao empreiteiro pelo acréscimo de custos na eliminação dos defeitos, provocada pelo silêncio

[216] Menezes Cordeiro, em *Tratado de direito civil*, vol. I, pág. 918-919.

[217] Sobre a recusa do cumprimento das obrigações como razão do seu incumprimento definitivo, Pessoa Jorge, em *Direito das obrigações*, pág. 297, Baptista Machado, em anotação ao Acórdão do S.T.J. de 8-11-1983, na R.L.J., Ano 118, pág. 275 e 332, Menezes Cordeiro, em *Tratado de direito civil*,vol. IX, pág. 254-266, e Brandão Proença, em *Do incumprimento do contrato-promessa bilateral*, pág. 87.

[218] A denúncia do defeito durante as operações de fiscalização não liberta o dono da obra de o comunicar, após a realização posterior do exame para aceitação, cessando a responsabilidade do empreiteiro, se aquele não o fizer neste momento, nos termos do artº 1219º, nº 1, do C.C.

da contraparte fiscalizadora[219]. Diferente será a hipótese do dono da obra, detetando os defeitos nas suas funções de fiscalização, manifestar expressamente a sua vontade de não responsabilizar o empreiteiro pela sua existência. Nesse caso, ficará impedido de posteriormente fazer valer os seus direitos (artº 1209º, nº 2, in fine), numa manifestação clara do repúdio do comportamento integrante de um *venire contra factum próprio*[220].

Relativamente aos defeitos aparentes, verifica-se o estabelecimento de uma presunção ilidível, mediante a prova do contrário, de que os mesmos são conhecidos do dono da obra, independentemente de ter sido realizado exame de verificação (artº 1219º, nº 2, do C.C.).

São considerados defeitos aparentes aqueles que se revelam perante um exame diligente da obra, sendo o grau dessa diligência medido pelo critério objetivo do bom pai de família, sem conhecimentos especiais das regras técnicas de realização da obra em causa. Todavia, se o dono desta for um técnico dessa arte, ou se recorrer, por sua iniciativa ou por exigência do empreiteiro, a um perito na realização do exame, a medição do grau de diligência já tem como critério o do profissional competente desse ramo[221].

[219] PIRES DE LIMA e ANTUNES VARELA, em *Código Civil anotado*, vol. II, pág. 871, MENEZES LEITÃO, em *Direito das obrigações*, vol. III, pág. 511, e o Acórdão da Relação de Guimarães de 4-4-2019, no site www.dgsi.pt, relatado por JOSÉ ALBERTO MOREIRA.
Em sentido contrário, PEDRO ROMANO MARTINEZ, em *Direito das obrigações...*, pág. 371, PEDRO ALBUQUERQUE/MIGUEL ASSIS RAIMUNDO, em *Contrato de empreitada*, pág. 276-279, SANTOS JUSTO, em *Manual de contratos civis*, pág. 479, e JOÃO SERRAS DE SOUSA, em *Código Civil Anotado*, vol. I, pág. 1494-1495.
Esse direito de indemnização constava do Anteprojeto de Vaz Serra (artº 9º, nº 3), tendo sido eliminado pela 2ª revisão ministerial.
CARMELA MASCARELLO, em *Il contrato di appalto*, pág. 118, sustenta que as desconformidades relativas aos materiais aplicados que sejam verificadas pelo dono da obra no decurso da execução desta no exercício do seu poder de fiscalização, devem ser denunciadas de imediato, sob pena do respetivo silêncio valer como uma aceitação tácita dessas desconformidades.

[220] Neste sentido decidiu o Acórdão da Relação de Lisboa de 9-7-2003, no site www.dgsi.pt, relatado por TIBÉRIO SILVA.

[221] MOITINHO DE ALMEIDA, em *A responsabilidade civil do projetista e o seu seguro*, no B.M.J. nº 228, pág. 20, PEDRO ROMANO MARTINEZ, em *Contrato de empreitada*, pág. 157, e em *Compra e venda e empreitada*, em "Comemorações dos 35 anos do Código Civil e dos 25 anos da reforma de 1977", vol. III, pág. 247, MENEZES LEITÃO, em *Direito das obrigações*, vol. III, pág. 538-539, PEDRO DE ALBUQUERQUE/MIGUEL ASSIS RAIMUNDO, em *Contrato de empreitada*, pág. 414-415, LIDIA SAVANNA, em *La responsabilità dell'appaltatore*, pág. 11, FRANCO BALLATI, em *La responsabilità dell'appaltatore e del directore del lavori per vizi e difformità delle opere*, pág. 66,

Nas situações em que a obra foi aceite sem denúncia destes defeitos, o dono da obra pode responsabilizar o empreiteiro pela sua existência, mas tem que demonstrar que não tinha conhecimento deles quando aceitou a obra.

Se o defeito é aparente, mas o empreiteiro garantiu a sua inexistência ou o encobriu de forma a iludir o seu conhecimento pelo dono da obra, a presunção estabelecida no nº 2, do artº 1219º, do C.C., revela-se desde logo ilidida.

Em contraposição, serão ocultos aqueles defeitos que não sejam detetáveis num exame diligente segundo os critérios acima mencionados, não isentando o empreiteiro da sua responsabilidade o facto de eles não terem sido denunciados no ato de aceitação da obra, a não ser que ele demonstre que apesar de ocultos o dono da obra conhecia-os. Relativamente a estes defeitos o empreiteiro para ser desresponsabilizado terá que demonstrar que o dono da obra os conhecia quando aceitou a obra sem quaisquer reservas [222].

Há quem sustente que o dono da obra não pode responsabilizar o empreiteiro pela existência de defeitos aparentes de que não se apercebeu, por não ter procedido à verificação da obra ou por tê-la efetuado de forma negligente. O desconhecimento com culpa equivaleria ao conhecimento, pelo que não seria idóneo para ilidir a presunção estabelecida no nº 2, do artº 1219º, do C.C. [223]. No caso da falta de exame, se o disposto no artº 1218º, nº 5, do C.C., não tinha sido suficiente para excluir

e MAURO RUBINO-SAMMARTANO, em *Appalto di opere e contratti di servizi (in diritto privato)*, pág. 424, e os seguintes acórdãos:

- ✓ da Relação de Coimbra, de 13-9-2006, na C.J., Ano XXXI, tomo IV, pág. 8, relatado por SOUSA PINTO.
- ✓ da Relação de Lisboa, de 19-10-2006, no site www.dgsi.pt, relatado por ANA PAULA BOULAROT.
- ✓ da Relação de Lisboa, de 28-5-2009, no site www.dgsi.pt, relatado por TERESA SOARES.

[222] PEDRO DE ALBUQUERQUE/MIGUEL ASSIS RAIMUNDO, em *Contrato de empreitada*, pág. 412-413, LIDIA SAVANNA, em *La responsabilità dell'appaltatore*, pág. 11, e o Acórdão do S.T.J. de 27-1-2010, no site www.dgsi.pt, relatado por SILVA SALAZAR.

[223] Neste sentido, PEDRO DE ALBUQUERQUE/MIGUEL ASSIS RAIMUNDO, em *Contrato de empreitada*, pág. 291 e 413-414, e JOÃO SERRAS DE SOUSA, em *Código Civil Anotado*, vol. I, pág. 1514.

Igual solução defende RUI SÁ GOMES, em *Breves notas sobre o cumprimento defeituoso no contrato de empreitada*, em "Ab vno ad omnes – 75 anos da Coimbra Editora", pág. 609-611, quando o dono da obra não tenha procedido à verificação da mesma.

desde logo a responsabilidade do empreiteiro pelos defeitos conhecidos[224], era, ainda assim, motivo para a excluir relativamente aos defeitos aparentes que não tivessem sido objeto de reserva, mesmo que o dono da obra não se tivesse apercebido da sua existência. A falta de diligência deste último, ao não proceder à verificação da obra quando lhe foi entregue ou ao efetuar uma verificação deficiente, nesta tese, seria sancionada com a impossibilidade de responsabilizar o empreiteiro pelos defeitos aparentes da obra aceite sem reservas.

É verdade que é esta a solução do artº 1667º, 1, do C. C. Italiano, que, no entanto, exceciona os casos em que os vícios foram "silenciados" pelo empreiteiro, de má fé[225].

Contudo, independentemente desta construção poder ser defensável *de iure constituendo*, tendo em vista compelir o dono da obra à realização de uma diligente verificação da obra antes da sua aceitação, como modo de prevenir futuros litígios, não foi essa a opção do nosso Código Civil. Vaz Serra, nos trabalhos preparatórios, revelou a sua hesitação entre desresponsabilizar o empreiteiro apenas pelos defeitos efetivamente conhecidos pelo dono da obra no momento da aceitação desta, ou estender essa exclusão de responsabilidade aos casos em que a ignorância dos defeitos resultava de culpa grave do dono da obra[226], tendo no artº 16º, nº 4, do seu Anteprojeto[227], proposto as seguintes redações, em alternativa:

> *"O empreiteiro não responde pelos defeitos da obra, se o dono a aceitou, sem reserva, com conhecimento deles.*
>
> *Ou:*
>
> *O empreiteiro não responde pelos defeitos da obra, se o dono a aceitou, sem reserva, com conhecimento deles, ou ignorando, por culpa grave, a sua existência, salvo, nesta segunda hipótese, quando o empreiteiro tenha assegurado a ausência dos defeitos ou os tenha calado de má fé."*

O artº 1219º, nº 1, do C.C., optou pela primeira das alternativas, relevando, no entanto, no nº 2, a cognoscibilidade dos defeitos como premissa

224 Cfr., *supra*, pág. 89.

225 Sobre esta solução no direito italiano, Domenico Rubino/Giovanni Iudica, em *Dell'appalto*, pág. 394-398, Federico Cappai, em *Codice dell'appalto privato*, pág. 562-563, Fabrizio Marinelli, *La responsabilitá dell'appaltatore*, pág. 317-319, e Maria Cristina Cervale, em *La responsabilità dell'appaltatore*, pág. 97-107.

226 Em *Empreitada*, B.M.J. nº 145, pág. 41.

227 Em *Empreitada*, B.M.J. nº 145, pág. 227-228.

da presunção do seu conhecimento. Com esta solução de compromisso pretendeu-se apenas excluir a responsabilidade do empreiteiro quando o dono da obra a aceita com defeitos que eram do seu conhecimento, sem manifestar uma reserva quanto às consequências da aceitação, retirando-se dessa aceitação, sem restrições, uma manifestação ficcionada de renúncia do dono da obra a responsabilizar o empreiteiro pela existência de tais defeitos. Ora, da falta de uma verificação ou de um deficiente exame da obra não é possível extrair tal renúncia, pelo que o seu sancionamento com a exclusão do direito a responsabilizar o empreiteiro pelos defeitos que eram verificáveis, caso se tivesse procedido a um exame diligente, exigiria uma opção expressa do legislador nesse sentido, e este apenas entendeu retirar da cognoscibilidade dos defeitos uma simples presunção do seu conhecimento, ilidível mediante prova do contrário[228].

5. A exclusão e limitação convencionais da responsabilidade

O artº 405º do C.C. permite que as partes fixem livremente o conteúdo dos contratos, incluindo neles as cláusulas que lhes aprouver, refletindo o princípio da autonomia privada.

Esta faculdade é também aplicável aos contratos de empreitada, pelo que as partes, em princípio, podem estabelecer soluções diversas das previstas na lei, criando regras próprias para a sua relação contratual ou remetendo para outros regimes[229].

Contudo, na matéria do presente estudo, há que ter em consideração a importante restrição imposta pelo artº 809º do C.C.

Este preceito que comina com a nulidade as cláusulas pelas quais os credores renunciem antecipadamente aos direitos que as regras gerais das obrigações lhes concedem, em caso de mora e de incumprimento definitivo, também é aplicável aos casos de cumprimento defeituoso, nomeadamente em sede de contrato de empreitada[230].

[228] Pires de Lima e Antunes Varela, em *Código Civil anotado,* vol. II, pág. 893.

[229] Nos contratos de empreitada privados não é raro remeter-se a sua regulação para o regime das empreitadas de obras públicas. *Vide,* sobre algumas dificuldades que origina essa remissão, Pedro Romano Martinez, em *Autonomia privada no contrato de empreitada,* em *Nos 20 anos do Código das Sociedades Comerciais,* vol. III, pág. 979-992.

[230] Pedro Romano Martinez, em *Direito das obrigações...,* pág. 478, e *Cumprimento defeituoso...,* pág. 450-451, e Ana Prata, em *Cláusulas de exclusão e limitação da responsabilidade contratual,* pág. 461-462.

Este dispositivo tem vindo a ser interpretado restritivamente[231], no sentido de, relativamente ao direito de indemnização, se permitir o estabelecimento de cláusulas que excluam a responsabilidade civil, em casos de culpa leve. Estas cláusulas traduzir-se-iam, não numa renúncia à indemnização, mas sim numa restrição do âmbito dos pressupostos da responsabilidade, ao nível da culpa do devedor, proibindo-se apenas essa possibilidade em domínios onde se refletissem interesses de ordem pública na concessão do direito de indemnização[232].

Em todo o caso, devem ser sempre consideradas estipulações proibidas as que impliquem renúncia antecipada do dono da obra aos direitos de eliminação do defeito, de realização de nova obra, de redução do preço, de resolução do contrato, de prevalecer-se da exceção de não cumprimento, nas hipóteses de existência de defeitos na obra contratada e as que impliquem renúncia antecipada ao direito de indemnização, quando os defeitos resultarem de dolo ou de culpa grave do empreiteiro[233].

Deve considerar-se que a renúncia é feita antecipadamente, quando ela antecede o conhecimento da existência dos defeitos pelo dono da obra. Após este momento, se ocorrer essa renúncia, já nos encontramos perante uma livre transação sobre a situação de cumprimento defeituoso constatada[234].

[231] ALMEIDA COSTA, em *Direito das obrigações,* pág. 789-793, MOTA PINTO, em *Teoria geral do direito civil,* pág. 591 e seg., PINTO MONTEIRO, em *Cláusulas limitativas e de exclusão da responsabilidade civil,* pág. 157 e seg., e *Cláusula penal e indemnização,* pág. 235 e seg., NUNO PINTO OLIVEIRA, em *Cláusulas acessórias ao contrato. Cláusulas de exclusão e de limitação do dever de indemnizar. Cláusulas penais,* pág. 20-31, e expressamente no que diz respeito à responsabilidade do empreiteiro por defeitos na obra, PEDRO ROMANO MARTINEZ, em *Cumprimento defeituoso...,* pág. 450.
Discordando desta interpretação, PIRES DE LIMA e ANTUNES VARELA, em *Código Civil anotado,* vol. II, pág. 72-73, e ANTUNES VARELA, em anotação ao Acórdão do S.T.J. de 7-11-1985, na R.L.J., Ano 124, pág. 87-88.

[232] ALMEIDA COSTA, em *Direito das obrigações,* pág. 793, MOTA PINTO, em *Teoria geral do direito civil,* pág. 595, e PINTO MONTEIRO, em *Cláusulas limitativas e de exclusão da responsabilidade civil,* pág. 304 e seg.

[233] Recaindo sobre o empreiteiro o ónus de prova da inexistência de culpa, competir-lhe-á também demonstrar que o defeito verificado na obra se deve a uma culpa leve, para fazer valer cláusula contratual que exclua os direitos do dono da obra.

[234] O artº 10º, nº 1, do D.L. nº 67/2003, proíbe os pactos que excluem ou limitem os direitos concedidos ao dono da obra por aquele diploma nas situações de falta de conformidade, desde que tenham sido celebrados antes da denúncia dessas faltas de conformidade.

Igualmente, por se situarem em domínios em que presidem razões de ordem pública estará afastada a possibilidade de estipulação de cláusulas excluidoras da responsabilidade do empreiteiro no domínio dos contratos de empreitada de consumo (artº 10º do D.L. nº 67/2003)[235].

Relativamente às cláusulas convencionais que apenas limitem os direitos do dono da obra, face à existência de defeitos, nomeadamente estabelecendo *plafonds* indemnizatórios, como ocorre com as cláusulas penais, ónus de prova diferentes dos legalmente fixados[236], ou prazos de caducidade mais curtos[237], não existe, em princípio, nada que as proíba, devendo, contudo, não serem admitidas nos referidos domínios em que a responsabilização do empreiteiro obedece a razões de ordem pública, contrariem regras imperativas, ou quando, na prática, resultem numa exclusão daqueles direitos, quando esta não é admissível.

O artº 800º, nº 2, do C.C., admite, porém, a convenção de exclusão ou limitação da responsabilidade do devedor pelos atos dos seus representantes ou auxiliares, desde que não compreenda atos que representem a violação de deveres impostos por normas de ordem pública, o que se aplica também à responsabilidade do empreiteiro pelos defeitos da obra.

Estas convenções de exclusão da responsabilidade devem restringir-se à atuação de pessoas que não tenham uma relação de dependência ou subordinação relativamente ao empreiteiro, não se devendo admitir, a não ser nos casos que escapam à proibição do artº 809º do C.C., o afastamento convencional da responsabilidade do empreiteiro por atos de terceiros, seus dependentes ou subordinados[238]. Não era possível admi-

[235] Cfr., *infra*, pág. 279-280.

[236] A inversão do ónus legal da prova por estipulação prévia das partes é admitida pelo artº 344º, nº 1, do C.C., com exceção de matéria relativa a direitos indisponíveis, ou nos casos em que essa inversão torne excessivamente difícil a uma das partes o exercício do direito (artº 345º, nº 1, do C.C.), o que pode suceder na responsabilidade do empreiteiro por defeitos da obra, quando a origem destes é de difícil determinação.

[237] O artº 330º, nº 1, do C.C., admite a modificação convencional dos prazos de caducidade, desde que não se trate de matéria subtraída à vontade das partes.

[238] Almeida Costa, em *Direito das obrigações,* pág. 792-793, Mota Pinto, em *Teoria geral do direito civil,* pág. 595-596, e Pinto Monteiro, em *Cláusulas limitativas e de exclusão da responsabilidade civil,* pág. 258 e seg.

Nuno Pinto Oliveira, em *Cláusulas acessórias ao contrato. Cláusulas de exclusão e de limitação do dever de indemnizar. Cláusulas penais,* pág. 38-56, nunca admite a exclusão da responsabilidade

tir a exclusão convencional da responsabilidade do empreiteiro, por atos dos seus subordinados, em situações em que não se admitisse a possibilidade de se convencionar a exclusão da responsabilidade do próprio empreiteiro pelos seus atos, sob pena de privilegiarmos injustamente aqueles que, dotados de uma organização empresarial, atuam através de outros.

Assim, nos casos de culpa grave ou dolo, apenas é admissível clausular a exclusão da responsabilidade por atos de auxiliares não dependentes do empreiteiro.

Se as cláusulas de um contrato de empreitada manifestarem as características previstas no artº 1º, do Decreto-Lei nº 446/85, de 25 de Outubro (cláusulas contratuais gerais), há que ter em consideração que o artº 18º, c), desde diploma considera absolutamente proibidas as cláusulas contratuais gerais que excluam ou limitem, de modo direto ou indireto, a responsabilidade por cumprimento defeituoso, em caso de dolo ou de culpa grave, reeditando, assim, o regime consagrado no artº 809º do C.C., na interpretação que admite a exclusão do direito de indemnização, nos casos de culpa leve, quanto à possibilidade de exclusão convencional da responsabilidade do empreiteiro. Já quanto às convenções que introduzam limitações à responsabilidade do empreiteiro pelos defeitos da obra, a proibição expressa da sua inclusão, relativamente a situações de dolo ou culpa grave, apenas possibilita a sua admissão no regime especial das cláusulas contratuais gerais quando se reportem às situações de culpa leve, tal como sucede com as cláusulas exoneratórias. Pode-se, pois, dizer que são proibidas quaisquer cláusulas que alterem o regime legal, no sentido de atenuarem a responsabilidade do empreiteiro por defeitos da obra, em situações de dolo ou culpa grave.

E note-se que, neste domínio específico das cláusulas contratuais gerais, uma cláusula que exclua ou restrinja o crédito indemnizatório em termos genéricos e globais (v.g. "o empreiteiro não se responsabiliza por quaisquer danos"), não pode ser objeto de uma redução judicial que contemple apenas as situações de culpa leve, devendo ser considerada absolutamente proibida, por contrariar o disposto na referida alínea c), do artigo 18º do Decreto-Lei nº 446/85, nos termos do artº 12º deste

nos casos de culpa grave ou dolo, mesmo quando os auxiliares não têm uma relação de dependência com o devedor.

diploma, mesmo quando a situação que em concreto esteja em análise seja uma caso de culpa leve[239].

A alínea d), do mesmo artigo 18º do Decreto-Lei nº 446/85, de 25 de Outubro, também considera nulas as cláusulas que excluam ou limitem a responsabilidade por atos praticados por representantes ou auxiliares do devedor, em caso de dolo ou culpa grave, abrangendo, assim, com esta proibição os atos de auxiliares não dependentes do empreiteiro[240], contrariamente ao que sucede com a solução consagrada no artº 800º, nº 2, do C.C.

[239] Sousa Ribeiro, em *Direito dos contratos*, pág. 119-123, Almeno de Sá, em *Cláusulas contratuais gerais e directiva sobre cláusulas abusivas*, pág. 263-271, e José Manuel de Araújo Barros, em *Cláusulas contratuais gerais*, pág. 205-206.

[240] Sousa Ribeiro, em *Direito dos contratos*, pág. 126-129, e José Manuel de Araújo Barros, em *Cláusulas contratuais gerais*, pág. 213.

V. A denúncia dos defeitos

Como já referimos, um dos interesses do empreiteiro, nesta matéria, é a definição no mais curto espaço de tempo da sua responsabilidade pela existência de defeitos na obra, de modo a poder verificá-los e a proceder à sua rápida eliminação, evitando o seu agravamento e danos subsequentes. Foi atendendo a este interesse que o legislador fez recair sobre o dono da obra o ónus de denúncia dos defeitos, em prazos curtos após o seu conhecimento, sob pena de caducidade de todos os direitos que lhe assistem, em consequência desse cumprimento defeituoso, incluindo o direito à indemnização. A denúncia funciona, assim, como condição de que depende o exercício destes direitos[241].

O artº 1220º, nº 1, do C.C., estabelece um prazo geral de 30 dias[242] para o dono da obra denunciar ao empreiteiro os defeitos de que tomou conhecimento.

[241] RODRIGUES BASTOS, em *Notas ao Código Civil*, vol. IV, pág. 321, PEDRO ROMANO MARTINEZ, em *Direito das obrigações...*, pág. 482, SANTOS JUSTO, em *Manual de contratos civis*, pág. 500, e MARIA CRISTINA CERVALE, em *La responsabilità dell' appaltatore*, pág. 173 e os seguintes Acórdãos:

- ✓ do S.T.J., de 19-11-1971, no B.M.J. nº 211, pág. 297, relatado por CAMPOS DE CARVALHO.
- ✓ da Relação de Évora, de 15-10-1987, na C.J., Ano XII, tomo 4, pág. 293, relatado por FARIA SOUSA.

[242] Nas empreitadas de consumo, abrangidas pelo D.L. nº 67/2003, o prazo de denúncia é de dois meses para os bens móveis e de um ano para os imóveis, coincidindo relativamente a este último com o regime geral da denúncia de defeitos em imóveis (artº 1225º, nº 2, do C.C.).

O prazo de denúncia só é exigível para os defeitos conhecidos após ter sido efetuada a comunicação a que alude o artº 1218º, nº 4, do C.C. (comunicação dos resultados da operação de verificação da obra), uma vez que o conhecimento, em data anterior a este ato, apenas obriga o dono da obra a denunciá-los nessa comunicação, independentemente do tempo decorrido após a sua perceção.

Este prazo é de caducidade, pelo que não se suspende ou interrompe (artº 328º do C.C.) e conta-se desde o dia seguinte àquele em que o dono da obra teve conhecimento do defeito em causa, devendo na sua contagem, tomarem-se em consideração as regras prescritas no artº 279º do C.C. (artº 296º do C.C.).

A mera cognoscibilidade ou aparência do defeito não é suficiente para determinar a contagem do prazo de caducidade[243], uma vez que a mesma apenas faz presumir *iuris tantum* o seu conhecimento.

Também não basta que o dono da obra tenha suspeitado da existência do defeito, para se iniciar o decurso do prazo de caducidade, sendo necessária a prova de um conhecimento perfeito, efetivo e seguro da deficiência da obra, por parte do seu dono[244], sem que, porém, seja exi-

[243] Domenico Rubino/Giovanni Iudica, *Dell' appalto*, pág. 399-400, Maria Cristina Cervale, em *La responsabilità dell' appaltatore*, pág. 176, Lidia Savanna, em *La responsabilità dell'appaltatore*, pág. 73, Federico Cappai, em *Códice dell' appalto*, pág. 568, e Mauro Rubino-Sammartano, em *Appalto di opere e contratti di servizi (in diritto privato)*, pág. 427 e 534.
Em sentido contrário, Pedro Romano Martinez, em *Cumprimento defeituoso...*, pág. 330, Pedro de Albuquerque/Miguel Assis Raimundo, em *Contrato de empreitada*, pág. 418, e João Serras de Sousa, em *Código Civil Anotado*, vol. I, pág. 1515.

[244] Pedro de Albuquerque/Miguel Assis Raimundo, em *Contrato de empreitada*, pág. 418, Giuseppe Musolino, em *La responsabilità civile nell'appalto...*, pág. 310, Maurizio de Tilla, em *L' appalto privato*, pág. 445-456, e Fabrizio Marinelli, *em La responsabilità dell'appaltatore*, pág. 319.
O Acórdão da Relação de Coimbra de 16-5-2000, na C.J., Ano XXV, tomo 3, pág. 14, relatado por Emídio Rodrigues, entendeu que não basta a observação de humidades no imóvel para que se conclua que se verificou um conhecimento do defeito, o qual só existe quando uma vistoria camarária elaborou um relatório técnico sobre as origens dessas humidades.
E no Acórdão do S.T.J. de 18-5-2006, no site www.dgsi.pt, relatado por Nuno Cameira, escreveu-se, com total acerto, "que tendo as partes decidido, por mútuo acordo, encomendar um estudo para confirmar ou infirmar a existência dos defeitos da obra e determinar as suas causas, sem o estudo concluído e sem a definição exata da posição dos contraentes face aos resultados obtidos, nenhum sentido faz aludir à caducidade; se esta, por assim dizer, é o morrer de um direito em consequência do esgotamento de um prazo, torna-se uma incon-

gível um conhecimento documental, como por vezes exigem os tribunais italianos[245], ou o conhecimento da causa da existência do defeito[246].

A denúncia só se torna eficaz[247] quando chega ao conhecimento do empreiteiro (artº 224º, nº 1, do C.C.), ou quando não é recebida por este, por razões a ele imputáveis (artº 224º, nº 2, do C.C.), não obedecendo a qualquer formalismo especial e podendo ser efetuada de forma expressa ou tácita[248].

Contudo, apesar da denúncia só ganhar eficácia quando chega ao conhecimento do empreiteiro, é suficiente, para o cumprimento do prazo de 30 dias previsto no artigo 1220º, nº 1, do C.C., que a mesma seja emitida nesse espaço temporal. É a data da emissão da declaração de denúncia dos defeitos e não a data da sua receção que releva para apuramento do cumprimento desse prazo de caducidade[249].

A denúncia só impede a caducidade dos direitos do dono da obra relativamente aos defeitos denunciados, não tendo essa eficácia quanto aos que não foram abrangidos pela respetiva declaração e que já eram conhecidos do dono da obra.

Daí que o ato de denúncia deva indicar inequivocamente, com o grau de precisão possível, os defeitos detetados na obra, não sendo, contudo, exigível que precise qual a sua causa[250], nem qual dos diversos direitos que a lei ou o contrato lhe confere ele pretende exercer, face ao cumpri-

gruência chamá-la à colação quando ainda não é seguro que ele, direito, tenha sequer nascido e ficado alojado na esfera jurídica do interessado".

245 VINCENZO ROPPO, em *Contratto di appalto e garanzie per il consumatore finale*, em *Sicurezza delle contrattazioni...*, pág. 155.

246 CARMELA MASCARELLO, em *Il contratto di appalto*, pág. 128.

247 Apesar de ela só ser eficaz quando chega ao conhecimento do empreiteiro, para impedir que ocorra a caducidade é suficiente que ela seja emitida dentro do prazo legalmente fixado para ser exercida a denúncia.

248 MAURO RUBINO-SAMMARTANO, em *Appalto di opere e contratti di servizi (in diritto privato)*, pág. 430.

249 Perfilhando esta opinião, o Acórdão do S.T.J., de 13-5-2014, no site www.dgsi.pt, relatado por MARIA CLARA SOTTOMAYOR.

250 LEBRE DE FREITAS, em *O ónus da denúncia do defeito da empreitada no artº 1225º, do Código Civil...*, em "O Direito", Ano 131 (1999), vol. I e II, pág. 242-244, PEDRO DE ALBUQUERQUE/ /MIGUEL ASSIS RAIMUNDO, em *Contrato de empreitada*, pág. 418, CARLO GIANNATTASIO, em *L' appalto*, pág. 193, VINCENZO ROPPO, em *Contratto di appalto e garanzie per il consumatore finale*, em *Sicurezza delle contrattazioni...*, pág. 149, CARMELA MASCARELLO, em *Il contratto di appalto*, pág. 127, e os seguintes Acórdãos:

mento defeituoso detetado[251]. Se o dono da obra optar por indicar logo o direito que pretende fazer valer, essa declaração vale como seu exercício ou como interpelação para o cumprimento, consoante a natureza potestativa ou não do direito exercido. Se o não fizer o empreiteiro não fica, por ora, vinculado a satisfazer qualquer um dos direitos do dono da obra[252].

Nos casos de defeitos evolutivos, o prazo de denúncia inicia-se logo que eles assumam uma relevância que responsabilize o empreiteiro pela sua existência, não sendo necessárias novas denúncias, sempre que se verifiquem aumentos na sua dimensão[253].

✓ da Relação de Lisboa, de 21-1-1976, na C.J., Ano I, tomo 1, pág. 203, relatado por Alves Branco.
✓ da Relação de Lisboa, de 9-2-2010, no site www.dgsi.pt, relatado por Maria do Rosário Morgado.
✓ da Relação de Lisboa, de 23-2-2012, no site www.dgsi.pt, relatado por Teresa Albuquerque.

[251] Vaz Serra, em anotação ao Acórdão do S.T.J. de 19-11-1971, na R.L.J., Ano 105, pág. 282, Pires de Lima e Antunes Varela, em *Código Civil anotado,* vol. II, pág. 895, Pereira de Almeida, em *Direito privado II (Contrato de empreitada),* pág. 92, Pedro Romano Martinez, em *Direito das obrigações...,* pág. 481, e *Cumprimento defeituoso...,* pág. 333, Rui Sá Gomes, em *Breves notas sobre o cumprimento defeituoso no contrato de empreitada,* em "Ab vno ad omnes – 75 anos da Coimbra Editora", pág. 633, Domenico Rubino/Giovanni Iudica, em *Dell' appalto,* pág. 400-401, Maria Cristina Cervale, em *La responsabilità dell' appaltatore,* pág. 179, Lidia Savana, em *La responsabilità dell'appaltatore,* pág. 74, Pierre Tercier, em *La partie spéciale du Code des Obligations,* pág. 334, e os seguintes Acórdãos:
✓ do S.T.J., de 19-11-1971, no B.M.J. nº 211, pág. 297, relatado por Campos de Carvalho.
✓ da Relação de Évora, de 15-10-1987, na C.J., Ano XII, tomo 4, pág. 293, relatado por Faria Sousa.
✓ da Relação de Coimbra, de 14-11-2006, na C.J., Ano XXI, tomo 5, pág. 21, relatado por Helder Roque.

[252] Pedro de Albuquerque/Miguel Assis Raimundo, em *Contrato de empreitada,* pág. 420.

[253] Lebre de Freitas, em *O ónus da denúncia do defeito da empreitada no artº 1225º, do Código Civil...,* em "O Direito", Ano 131 (1999), vol. I e II, pág. 244-246, e os seguintes Acórdãos:
✓ da Relação de Lisboa, de 9-2-2010, no site www.dgsi.pt, relatado por Maria do Rosário Morgado.
✓ da Relação de Guimarães, de 3-2-2011, no site www.dgsi.pt, relatado por Manuel Bargado.
✓ da Relação de Coimbra, de 13-9-2016, no site www.dgsi.pt, relatado por Moreira do Carmo.
✓ da Relação de Coimbra, de 12-3-2019, no site www.dgsi.pt, relatado por Barateiro Martins.
Em sentido contrário, Pedro Romano Martinez, em *Cumprimento defeituoso...,* pág. 333.

Se o ónus da prova da efetivação da denúncia compete ao dono da obra, atenta a sua natureza de condição de exercício dos direitos deste (artº 342º, nº 1, do C.C.), já o ónus da prova do decurso do prazo de denúncia compete ao empreiteiro (artº 343º, nº 2, do C.C.)[254], não sendo possível o tribunal conhecer oficiosamente da respetiva exceção de caducidade, uma vez que nos encontramos perante direitos disponíveis (artº 303º, aplicável ex vi do artº 333º, nº 2, do C.C.).

Equivale à denúncia, a propositura de ação pelo dono da obra, em que exerça um dos direitos que lhe assistem em consequência da obra realizada se revelar defeituosa[255], devendo essa ação encontrar-se proposta dentro dos prazos estabelecidos para a denúncia dos defeitos[256].

O reconhecimento pelo empreiteiro da existência de defeitos na obra, após a sua aceitação[257], equivale à sua denúncia, repetindo o artº

[254] Pires de Lima e Antunes Varela, em *Código Civil anotado,* vol. II, pág. 895, Pedro de Albuquerque/Miguel Assis Raimundo, em *Contrato de empreitada,* pág. 420, Menezes Cordeiro, em *Tratado de direito civil,* vol. XII, pág. 948, e os seguintes Acórdãos:

- ✓ do S.T.J., de 27-1-2010, no site www.dgsi.pt, relatado por Silva Salazar.
- ✓ da Relação de Lisboa, de 29-3-2012, no site www.dgsi.pt, relatado por Pedro Martins.

Em sentido contrário, Rodrigues Bastos, em *Notas ao Código Civil,* vol. IV, pág. 320.

[255] Pires de Lima e Antunes Varela, em *Código Civil anotado,* vol. II, pág. 895, Pedro Romano Martinez, em *Cumprimento defeituoso...,* pág. 333, Rosendo Dias José, em *Responsabilidade civil do construtor e do vendedor pelos defeitos,* pág. 56, Pedro de Albuquerque/Miguel Assis Raimundo, em *Contrato de empreitada,* pág. 420, Santos Justo, em *Manual de contratos civis,* pág. 500-501, Carlo Giannattasio, em *L' appalto,* pág. 193, Domenico Rubino/ /Giovanni Iudica, em *Dell' appalto,* pág. 402, Giuseppe Musolino, em *La responsabilità civile nell'appalto...,* pág. 324, Mauro Rubino-Sammartano, em *Appalto di opere e contratti di servizi (in diritto privato),* pág. 431, e os seguintes Acórdãos:

- ✓ da Relação de Lisboa, de 15-1-2004, no site www.dgsi.pt, relatado por Fernanda Pereira.
- ✓ da Relação de Lisboa, de 8-3-2007, no site www.dgsi.pt, relatado por Eduardo Sapateiro.
- ✓ do S.T.J., de 14-1-2014, no site www.dgsi.pt, relatado por Moreira Alves.
- ✓ da Relação de Lisboa, de 1-10-2015, no site www.dgsi.pt, relatado por Abrantes Geraldes.
- ✓ da Relação de Lisboa, de 13-7-2017, no site www.dgsi.pt, relatado por Vaz Gomes.
- ✓ da Relação de Guimarães, de 18-12-2017, no site www.dgsi.pt, relatado por João Peres Coelho.

[256] Caso o empreiteiro demandado não conteste a ação, as custas desta serão da responsabilidade do demandante (artº 535º, nº 1 e nº 2, b), do C.P.C.).

[257] Mas se o reconhecimento for anterior ao ato de aceitação da obra e este não foi efetuado com reservas, a responsabilidade do empreiteiro está excluída por força do disposto no artº

1220º, nº 2, do C.C., a regra prevista para a caducidade de direitos, em geral, estabelecida no artº 331º, nº 2, do C.C.

Tenha-se em atenção que este reconhecimento apenas exige um ato demonstrativo da perceção pelo empreiteiro dos defeitos da obra e não de assunção da responsabilidade pela sua verificação, o qual, a ter lugar, tem efeitos mais extensos, impedindo a própria caducidade dos direitos do dono da obra[258]. O reconhecimento pode, inclusive, resultar de uma posição de negação da própria responsabilidade do empreiteiro pela ocorrência dos defeitos[259].

O reconhecimento pode ser tácito[260] ou expresso, pode ser feito perante o dono da obra, ou perante terceiro[261], mas, como acima se disse, não tem necessariamente de traduzir uma vontade de assumir a responsabilidade pela existência do defeito[262], uma vez que apenas liberta o dono da obra do ónus de efetuar a denúncia dos defeitos, mantendo-se

1219º, nº 1, do C.C. Neste sentido, Pedro de Albuquerque/Miguel Assis Raimundo, em *Contrato de empreitada,* pág. 416-417, João Serras de Sousa, em *Código Civil Anotado,* vol. I, pág. 1515, Lidia Savanna, em *La responsabilità dell'appaltatore,* pág. 70, e Franco Ballati, em *La responsabilità dell'appaltatore e del directore del lavori per vizi e difformità delle opere,* pág. 71.

[258] Sobre a diferença entre estas duas situações, os Acórdãos:

- ✓ da Relação do Porto, de 5-3-2018, no site www.dgsi.pt, relatado por Carlos Gil.
- ✓ da Relação do Porto, de 13-6-2018, no site www.dgsi.pt, relatado por Cecília Agante.
- ✓ da Relação de Coimbra, de 12-3-2019, no site www.dgsi.pt, relatado por Barateiro Martins.
- ✓ da Relação de Évora, de 14-2-2019, no site www.dgsi.pt, relatado por Tomé de Carvalho.

Vide, infra, pág. 169-170.

[259] Mauro Rubino-Sammartano, em *Appalto di opere e contratti di servizi (in diritto privato),* pág. 434.

[260] Vincenzo Roppo, em *Contratto di appalto e garanzie per il consumatore finale,* em *Sicurezza delle contrattazioni...,* pág. 149, Giuseppe Musolino, em *La responsabilità civile nell'appalto...,* pág. 121, Federico Cappai, em *Codice dell' appalto privato,* pág. 570, e Mauro Rubino-Sammartano, em *Appalto di opere e contratti di servizi (in diritto privato),* pág. 435.

[261] No caso em que o reconhecimento for feito perante um terceiro, ele dispensará a denúncia do defeito, mesmo que tenha ocorrido em data anterior à aceitação, desde que o dono da obra só se tenha apercebido dele em data posterior àquele ato.

[262] Maria Cristina Cervale, em *La responsabilità dell' appaltatore,* pág. 180, e Federico Cappai, em *Codice dell' appalto privato,* pág. 569-570.

Nos seguintes acórdãos entendeu-se que a aceitação da realização de trabalhos de reparação da obra ou o início desses trabalhos consistia num reconhecimento tácito da existência do defeito, o que dispensava a sua denúncia:

- ✓ do S.T.J. de 8-3-2006, no site www.dgsi.pt, relatado por Alberto Sobrinho.

a obrigatoriedade de exercício dos respetivos direitos dentro dos prazos referidos nos artº 1224º e 1225º do C.C.[263].

Se o reconhecimento se verifica antes do decurso do prazo que o dono da obra dispõe para efetuar a denúncia, liberta-o desse ónus; caso se verifique depois de expirado esse prazo, traduz-se numa renúncia à invocação da caducidade dos direitos do dono da obra, com fundamento na falta de denúncia dos defeitos no prazo legalmente estabelecido, o que é admissível dado estarmos em presença de direitos disponíveis[264].

Se o reconhecimento da existência dos defeitos não se confinar a um ato isolado, mas se prolongar no tempo, através de comportamentos reiterados, o prazo para o exercício dos direitos previstos nos artº 1221º e seg., só se inicia com o último ato praticado[265].

Se o empreiteiro dolosamente ocultou a existência de defeitos, não se justifica que beneficie do facto do dono da obra não os ter denunciado, uma vez que os interesses do empreiteiro que fundamentam a exigência da denúncia, neste caso, não se verificam, dado que este tem perfeito conhecimento da existência dos defeitos, não atuando com vista à sua eliminação apenas por má-fé. Assim, quando o empreiteiro atue dolosamente, o decurso dos prazos de denúncia não deve conduzir à caducidade dos direitos do dono da obra.

Apesar do artº 1220º do C.C. não ter consagrado expressamente esta causa de exclusão da caducidade dos direitos do dono da obra, por falta

- ✓ da Relação de Lisboa, de 1-10-2015, no site www.dgsi.pt, relatado por Abrantes Geraldes.
- ✓ do S.T.J., de 9-7-2015, no site www.dgsi.pt, relatado por Paulo Sá.
- ✓ da Relação de Guimarães, de 23-6-2016, no site www.dgsi.pt, relatado por João Diogo Rodrigues.

Mas no Acórdão da Relação de Lisboa de 16-12-2003, no site www.dgsi.pt, relatado por Fátima Galante, considerou-se que, quando o empreiteiro aceita proceder a trabalhos de reparação da obra por si realizada contra o pagamento de um preço não está a reconhecer tacitamente a existência de defeitos na obra a ele imputáveis.

[263] Realçando este aspeto, o Acórdão da Relação do Porto de 21-2-2011, no site www.dgsi.pt, relatado por Cristina Coelho.

[264] Maria Cristina Cervale, em *La responsabilità dell' appaltatore,* pág. 183, Lidia Savanna, em *La responsabilità dell'appaltatore,* pág. 72, e Federico Cappai, em *Codice dell' appalto privato,* pág. 570.

[265] Neste sentido, o Acórdão da Relação de Lisboa de 23-2-2012, no site www.dgsi.pt, relatado por Teresa Albuquerque.

de denúncia atempada dos defeitos, conforme se encontrava prevista no artº 17º, nº 4, do Anteprojeto de Vaz Serra[266], é possível proceder a uma aplicação analógica da regra contida no artº 916º, nº 1, do C.C., no sentido aqui perfilhado[267]. Tendo o empreiteiro ocultado ou silenciado dolosamente a existência do defeito, não se justifica que o dono da obra tenha de alertá-lo, num curto espaço de tempo, para a existência daquele, de modo a que ele o possa eliminar rapidamente, obstando a um agravamento dos prejuízos. Nestes casos, o empreiteiro está ciente da existência do defeito, não se revelando necessária a denúncia do dono da obra.

Essa ocultação dolosa pode traduzir-se num simples comportamento de omissão perante um conhecimento inequívoco da existência do defeito, não sendo necessário que o empreiteiro tenha efetuado operações materiais de disfarce dos vícios ou que tenha garantido a sua inexistência[268]. A omissão deverá, contudo, ser dolosa, não bastando um simples

[266] Foi eliminada pela 2ª Revisão Ministerial.
Esta causa de exclusão de extinção pelo decurso do tempo dos direitos do dono da obra encontra-se expressamente consagrada no artº 1667, nº 2, do C.C. Italiano, no artº 370, nº 1, do C.O. Suíço, e no § 634 (a), do C.C. Alemão.

[267] Defendendo esta aplicação analógica, Moitinho de Almeida, em *A responsabilidade civil do projetista e o seu seguro*, no B.M.J., nº 228, pág. 26-27, Rosendo Dias José, em *Responsabilidade civil do construtor e do vendedor pelos defeitos*, pág. 56, Pedro Romano Martinez, em *Cumprimento defeituoso...*, pág. 334, em *A garantia contra os vícios da coisa na compra e venda e na empreitada*, na T.J., nº 4-5, pág. 188-189, e em *Compra e venda e empreitada*, em "Comemorações dos 35 anos do Código Civil e dos 25 anos da reforma de 1977", vol. III, pág. 248, nota 49, José Manuel Vilalonga, em *Compra e venda e empreitada – contributo para a distinção entre os dois contratos*, na R.O.A., Ano 57, vol. I, pág. 213-216, Pedro de Albuquerque/Miguel Assis Raimundo, em *Contrato de empreitada*, pág. 418-419, e João Serras de Sousa, em *Código Civil Anotado*, vol. I, pág. 1515.
Em sentido contrário, Pires de Lima e Antunes Varela, em *Código Civil anotado*, vol. II, pág. 895, e Rui Sá Gomes, em *Breves notas sobre o cumprimento defeituoso no contrato de empreitada*, em "Ab vno ad omnes – 75 anos da Coimbra Editora", pág. 637-638.

[268] Carlo Giannattasio, em *L' appalto*, pág. 196, Domenico Rubino/Giovanni Iudica, em *Dell' appalto*, pág. 391, Maria Cristina Cervale, em *La responsabilità dell' appaltatore*, pág. 179, Giuseppe Musolino, em *La responsabilità civile nell'appalto...*, pág. 114-117, Carmela Mascarello, em *Il contratto di appalto*, pág. 133, Lidia Savanna, em *La responsabilità dell'appaltatore*, pág. 12, Franco Ballati, em *La responsabilità dell'appaltatore e del directore del lavori per vizi e difformità delle opere*, pág. 65, e Fabrizio Marinelli, *em La responsabilità dell'appaltatore*, pág. 319.

esquecimento ou uma desvalorização da importância do defeito[269], embora a prova do conhecimento do vício pelo empreiteiro aliada à prova do seu silêncio pode permitir presumir a existência de dolo, atentas as regras da experiência[270].

[269] Giuseppe Musolino, em *La responsabilità civile nell'appalto...*, pág. 116.
[270] Lidia Savanna, em *La responsabilità dell'appaltatore*, pág. 12.

VI. Os direitos do dono da obra

Os artº 1221º a 1225º do C.C. elencam e regulam o exercício de uma coleção de direitos atribuídos ao dono da obra para reagir perante a entrega pelo empreiteiro duma obra defeituosa. Enquanto no artº 1224º do C.C. se revela a existência de um direito de recusa da obra, no artº 1221º do C.C. consagra-se um direito de eliminação dos defeitos e um direito de realização de nova obra, no artº 1222º do C.C. atribui-se um direito de redução do preço e um direito de resolução do contrato, e no artº 1223º do C.C. admite-se um direito de indemnização, nos termos gerais.

Esta variedade de direitos, de exercício complexo, visou permitir a satisfação dos diferentes interesses dos contraentes, face às características concretas dos defeitos e das obras onde se manifestam.

Entendemos, porém, que este regime especial, constante dos artº 1218º e seg. do C.C., tem como objeto limitado o dano da existência de defeitos na obra realizada em cumprimento de um contrato de empreitada, não se aplicando aos danos sequênciais desses defeitos, como sejam os danos colaterais no objeto da obra, ou em outros bens do seu dono, ou mesmo na sua pessoa, as despesas com vista a definir e localizar os defeitos, os prejuízos inerentes à realização de obras de eliminação daqueles e os danos não patrimoniais que o dono da obra possa ter sofrido, em consequência do cumprimento defeituoso da prestação a que tinha direito.

Estes danos sequenciais dos defeitos da obra estão sujeitos ao regime geral da responsabilidade contratual, porque é esta a responsabilidade que originam[271], não se lhes aplicando, em princípio[272], as regras especiais relativas à verificação da obra, sua aceitação, denúncia dos defeitos, e atribuição e exercício dos direitos conferidos nos artº 1221º a 1225º do C.C., nomeadamente os seus prazos de caducidade[273].

Para além do que já acima se disse quanto à liberdade das partes clausularem antecipadamente limitações aos direitos do dono da obra[274], também é possível aos outorgantes de um contrato de empreitada, ao abrigo do princípio enunciado no artº 405º, nº 1, do C.C., estabelecerem consequências diferentes das legalmente previstas para a realização de obra defeituosa, configurarem de modo diferente o conteúdo dos direitos atribuídos pela ordem jurídica ou regular a articulação do seu exercício[275].

1. O direito de recusa da obra

Como já referimos, o empreiteiro, após ter concluído a obra encomendada, deve disponibilizá-la para que o dono possa verificar a sua boa execução. Se este detetar a existência de defeitos, a lei permite-lhe que recuse a obra, em alternativa à sua aceitação, conforme resulta claramente do disposto no artº 1224º, nº 1, do C.C., que prevê a possibilidade de a obra ser recusada por se encontrar defeituosa. Essa recusa pressupõe necessariamente o exercício simultâneo ou posterior de algum dos restantes direitos conferidos ao dono da obra, como meio de reação ao cumprimento defeituoso da prestação do empreiteiro[276], com exceção

[271] Cfr., *supra*, pág. 80-82.

[272] As regras específicas da responsabilidade do empreiteiro por defeitos da obra poderão, contudo, obter uma aplicação analógica no preenchimento do vazio normativo existente no capítulo das violações positivas do contrato, em geral, conforme se referiu *supra*, pág. 11-12.

[273] Neste sentido, o Acórdão da Relação de Coimbra, de 7-9-2010, no site www.dgsi.pt, relatado por Teresa Pardal.
Relativamente à não aplicação dos prazos de caducidade à indemnização dos danos colaterais com origem na existência de defeitos, cfr., *infra*, pág. 139-140.

[274] Cfr, *supra*, pág. 95-99.

[275] O Acórdão da Relação do Porto de 10-2-2011, acessível em www.dgsi.pt, relatado por Teles de Menezes, considerou válida uma estipulação negocial na qual se permitia que o dono da obra se substituísse ao empreiteiro na tarefa de eliminação dos defeitos, se este a não efetivasse no prazo que lhe fosse fixado, ficando o empreiteiro obrigado a pagar ao dono da obra todas as despesas e prejuízos resultantes dessa intervenção.

[276] Pedro de Albuquerque/Miguel Assis Raimundo, em *Contrato de empreitada*, pág. 421.

da redução do preço, que tem como pressuposto o interesse do dono da obra nesta, apesar dos defeitos verificados. Com a recusa, o dono da obra pode solicitar a eliminação dos defeitos, a construção de nova obra, resolver o contrato de empreitada, ou reclamar o pagamento de uma indemnização, consoante a relevância dos defeitos na obra.

O direito de recusa da obra é de natureza potestativa, bastando o seu exercício para impedir uma eventual transmissão da propriedade da obra, nos casos em que essa transmissão se verifica com o ato de aceitação[277], conforme dispõe o artº 1212º do C.C, com a consequente alteração da distribuição do risco pelo seu perecimento ou deterioração (artº 1228º, nº 1, do C.C.), ou o vencimento do preço, nos termos do artº 1211º, nº 2, do C.C.

A declaração de recusa pode ser tácita ou expressa (artº 217º do C.C.), pode ser efetuada por qualquer meio, não obedecendo a formalismo especial (artº 219º do C.C.), e é recetícia, só produzindo efeitos depois de recebida pelo empreiteiro (artº 224º, nº 1, do C.C.), ou quando, por culpa deste, não foi recebida (artº 224º, nº 2, do C.C.).

Contudo, a recusa da obra não é a única atitude que assegura o exercício dos restantes direitos que assistem ao seu dono, nos casos em que este se apercebe da existência de defeitos no ato de entrega. Ele também poderá aceitá-la, se tiver interesse na sua utilização imediata, apesar dos vícios ou desconformidades que padece, evitando as consequências do ato de aceitação previstas no artº 1219º do C.C., desde que o faça sob reserva[278].

2. O direito à eliminação dos defeitos

O artº 1221º, nº 1, do C.C., consagra, em primeiro lugar, como direito preferencial do dono da obra, face à realização desta com defeitos, o direito de exigir do empreiteiro a sua eliminação.

A possibilidade de ser exigida ao empreiteiro a eliminação dos defeitos satisfaz não só o interesse do dono da obra em ver a prestação a que tem direito fielmente cumprida, mas também o interesse do emprei-

[277] A aceitação da obra determina a transferência do direito de propriedade sobre a mesma para a esfera jurídica do dono da obra nos casos de empreitada relativa a coisa móvel, efetuada com materiais fornecidos, no todo ou na sua maior parte, pelo empreiteiro (artº 1211º, nº 1, 1ª parte, do C.C.).

[278] Cfr, *supra*, pág. 172-173.

teiro em ser ele a efetuar essa obra de reparação, permitindo-lhe o controlo dos seus custos e evitar o agravamento dos prejuízos causados pelo defeito.

Este direito tanto existe se o dono da obra já a aceitou, como se ele a recusou, após ter verificado a existência de defeitos. Durante os atos de realização da obra, apesar do dono desta dispor de poderes de fiscalização, o que lhe permitirá advertir o empreiteiro da existência de defeitos que se forem revelando, não tem ainda o direito de exigir a sua eliminação, uma vez que não existe entre eles uma relação de subordinação que admita interferências na atividade do empreiteiro, a qual ainda não foi dada como concluída[279].

O direito à eliminação dos defeitos é uma das possíveis consequências legais sancionatórias do cumprimento inexato da prestação do empreiteiro, traduzindo-se num direito à reparação do dano, inerente ao cumprimento defeituoso. Não estamos perante um meio de efetivação da prestação devida (um direito ao cumprimento), mas sim perante um sucedâneo deste[280], ao qual se recorre para compensar o dono da obra do dano sofrido com a sua realização defeituosa. É um verdadeiro direito de indemnização, na sua modalidade de reconstituição natural[281], através do qual se visa remover integralmente o prejuízo causado,

[279] PIRES DE LIMA e ANTUNES VARELA, em *Código Civil anotado,* vol. II, pág. 871, PEDRO ROMANO MARTINEZ, em *Cumprimento defeituoso...,* pág. 345, e em *Direito das obrigações...,* pág. 371-372, JOÃO SERRAS DE SOUSA, em *Código Civil Anotado,* vol. I, pág. 1518, e os seguintes Acórdãos:

✓ do S.T.J., de 13-12-2005, no site www.dgsi.pt, relatado por FARIA ANTUNES.

✓ da Relação de Évora, de 3-5-2007, no site www.dgsi.pt, relatado por ALEXANDRA SANTOS.

✓ da Relação de Évora, de 25-6-2009, no site www.dgsi.pt, relatado por SILVA RATO.

Em sentido contrário pronunciam-se PEDRO DE ALBUQUERQUE/MIGUEL ASSIS RAIMUNDO, em *Contrato de empreitada,* pág. 426-428, que permitem ao dono da obra o exercício dos direitos à eliminação dos defeitos ou à realização de nova obra no decurso da sua execução, podendo o dono da obra resolver o contrato caso o empreiteiro incumpra definitivamente as respetivas obrigações.

Note-se que esta solução constava dos nº 4, 5 e 6, do Anteprojeto de Vaz Serra, tendo sido eliminada pela 2ª revisão ministerial e consta expressamente dos artº 1662, 2, do C.C. Italiano, e 366, 2, do C.O. Suíço.

[280] CALVÃO DA SILVA, em *Cumprimento e sanção pecuniária compulsória,* pág. 145-146 e 154.

[281] PEDRO ROMANO MARTINEZ, em *Cumprimento defeituoso...,* pág. 347-348, PEDRO DE ALBUQUERQUE/MIGUEL ASSIS RAIMUNDO, em *Contrato de empreitada,* pág. 422, CATARINA MONTEIRO PIRES, *Impossibilidade da prestação,* pág. 539-540, JOÃO SERRAS DE SOUSA, em *Código*

estabelecendo-se a situação que existiria, se não se tivesse verificado o evento que obriga à reparação (artº 562º do C.C.). É o modo ideal de ressarcimento que mais afinidades tem com o próprio cumprimento da prestação, atuando como seu equivalente, pelo que o legislador lhe deu primazia.

Tal como sucede em qualquer indemnização em espécie (artº 566º, nº 1, do C.C.), esta deixa de ser exigível caso seja impossível (artº 1221º, nº 1, do C.C.) ou se revele desproporcionada (artº 1221º, nº 2, do C.C.).

A impossibilidade de eliminação do defeito pode ser física, quando, segundo as técnicas conhecidas não é possível suprimir o defeito, ou jurídica[282], quando existe um impedimento legal à realização das obras de reparação; pode também ser objetiva, quando a impossibilidade respeita aos trabalhos, independentemente da pessoa que os executa, ou subjetiva, quando, sendo a prestação infungível, respeita à pessoa do empreiteiro.

Apesar desta impossibilidade que referimos acima ser absoluta, a lei admite que o empreiteiro se possa exonerar da obrigação de eliminação dos defeitos quando o custo destes se revele desproporcionado (artº 1221º, nº 2, do C.C.), relevando uma situação de impossibilidade relativa. O legislador recorreu a um critério de razoabilidade[283], como meio de impedir um exercício abusivo do direito de eliminação.

Esse juízo de proporcionalidade deve ser efetuado entre o custo das obras de reparação e o proveito para o dono da obra que reveste a eliminação do defeito[284]. Esse proveito deve ser encontrado no destino da obra projetado pelo seu dono e não no valor do preço por ela pago.

Civil Anotado, vol. I, pág. 1516, Angelo Luminoso, em *Riparazione o sustituzione della cosa e garanzia per vizi nella vendita dal codice civile alla directiva 1994/44/CE*, na R.D.C., Ano XLVII (2001), nº 6, pág. 848-850, e Carmela Mascarello, em *Il contratto di appalto*, pág. 135.

[282] Pedro Romano Martinez, em *Cumprimento defeituoso...*, pág. 340, Pedro de Albuquerque/Miguel Assis Raimundo, em *Contrato de empreitada*, pág. 423-424, e João Serras de Sousa, em *Código Civil Anotado*, vol. I, pág. 1519.

[283] Sobre este critério, Baptista Machado, em *A cláusula do razoável*, em "Obra dispersa", vol. I, pág. 457 e seg.

[284] Neste sentido, o Acórdão da Relação de Coimbra de 14-3-2017, no site www.dgsi.pt, relatado por Luís Cravo.

Sobre este juízo de proporcionalidade, Catarina Monteiro Pires, *Impossibilidade da prestação*, pág. 541-543.

Se o custo da obra de reparação for desmesuradamente superior ao valor da desvalorização provocada na obra pela existência do defeito, o devedor pode recusar-se a efetuar a reparação, devendo então o dono da obra exercitar outro dos direitos que a lei lhe confere (v.g. realização de nova obra, redução do preço, resolução do contrato, ou indemnização)[285].

Se apenas é possível ou proporcionada a eliminação parcial do defeito, nada obsta a que se exija essa eliminação, sem prejuízo do exercício de outros direitos relativamente à parte insuscetível de reparação[286].

O cumprimento da obrigação de eliminação dos defeitos está sujeito às regras gerais das obrigações, nomeadamente as que respeitam ao lugar e tempo de cumprimento[287], tendo-se em consideração que estamos perante uma obrigação de indemnização em espécie, derivada de responsabilidade contratual.

Assim, adaptando-se as regras contidas no artº 773º do C.C., a eliminação dos defeitos deve ocorrer no lugar onde se encontra a coisa a reparar, podendo o empreiteiro transportá-la para outro local, caso isso se revele necessário à realização da obra de eliminação, devendo este suportar as despesas com o transporte, tal como todas as restantes despesas e prejuízos que resultarem para o dono da obra, por força da realização dos trabalhos de reparação, incluindo danos não patrimoniais[288].

Não tendo sido reclamada a eliminação dos defeitos no momento da denúncia da sua existência, o dono da obra tem de interpelar o emprei-

[285] João Serras de Sousa, em *Código Civil Anotado*, vol. I, pág. 1517.

[286] Pedro Romano Martinez, em *Cumprimento defeituoso...*, pág. 339.

[287] Pedro Romano Martinez, em *Cumprimento defeituoso...*, pág. 340.

[288] Neste sentido, Pedro de Albuquerque/Miguel Assis Raimundo, em *Contrato de empreitada*, pág. 424.
Este dever encontra-se expressamente consagrado, relativamente às empreitadas de consumo de criação de coisa nova, no artº 4º, nº 1 e 3, do D.L. nº 67/2003.
O Acórdão da Relação de Coimbra de 6-3-2007, no site www.dgsi.pt, relatado por Silva Freitas, condenou o empreiteiro a pagar uma indemnização ao dono da obra, pelos incómodos suportados pelo dono da obra com os trabalhos de eliminação dos defeitos.
Já o Acórdão da Relação de Lisboa de 23-11-2010, no site www.dgsi.pt, relatado por Luís Filipe Lameiras, entendeu que os custos suportados pelo dono da obra com um técnico para acompanhar os trabalhos de eliminação dos defeitos não eram indemnizáveis pelo empreiteiro, uma vez que o dono da obra estava apenas a exercer o seu direito de fiscalização, o qual deve ser exercido à sua custa, nos termos do artigo 1209º do C.C.

teiro, em ato autónomo, para este proceder à sua eliminação. O início das obras de reparação e o seu termo devem ocorrer num prazo razoável e com o mínimo de transtorno, tendo em consideração a natureza dos trabalhos e o fim a que o dono da obra a destina[289], nada obstando a que este fixe esses prazos aquando da interpelação ou posteriormente, podendo conferir ou não carácter admonitório a essa interpelação. Se esta não tiver esse cariz, a ultrapassagem do prazo fará o empreiteiro incorrer em simples mora no cumprimento da obrigação de eliminar os defeitos[290]. Caso a fixação de prazo contenha inequivocamente a advertência de que o seu decurso determinará o fim da possibilidade do próprio empreiteiro proceder às obras de reparação, a ocorrência desse facto determinará o incumprimento definitivo dessa prestação (artº 808º, nº 1, do C.C.)[291]. O mesmo ocorrerá se, entretanto, o dono da obra perder o interesse na realização da obra, devendo essa perda ser apreciada objetivamente (artº 808º, nº 2, do C.C.)[292].

Não será necessário estabelecer qualquer prazo para o cumprimento da obrigação de eliminação de defeitos, se o empreiteiro desde logo se recusar perentoriamente a efetuar os respetivos trabalhos, considerando-se então definitivamente incumprida a obrigação[293]. Também deverá ser encarada como uma situação de incumprimento definitivo, a hipótese de o empreiteiro não ter logrado eliminar o defeito, apesar de ter efetuado trabalhos com esse objetivo, não tendo o dono da obra o dever de lhe conceder mais oportunidades[294].

[289] Estas exigências constam expressamente do artº 4º, nº 2, do D.L. nº 67/2003, aplicável aos contratos de empreitada de consumo de criação de coisa nova.

[290] Pedro de Albuquerque/Miguel Assis Raimundo, em *Contrato de empreitada*, pág. 424-425.

[291] Baptista Machado, em *Pressupostos da resolução por incumprimento*, em "Obra dispersa", vol. I, pág. 171, Pedro Romano Martinez, em *Cumprimento defeituoso...*, pág. 344-345, Agostinho Cardoso Guedes, em *A responsabilidade do construtor no contrato de empreitada*, em "Contratos...", pág. 329, e Pedro de Albuquerque/Miguel Assis Raimundo, em *Contrato de empreitada*, pág. 424-425.

[292] Baptista Machado, em *Pressupostos da resolução por incumprimento*, em "Obra dispersa", vol. I, pág. 170.

[293] Pedro Romano Martinez, em *Cumprimento defeituoso...*, pág. 344-345, Pedro de Albuquerque/Miguel Assis Raimundo, em *Contrato de empreitada*, pág.424-425, e o Acórdão do S.T.J. de 12-7-2005, no site www.dgsi.pt., relatado por Araújo de Barros.

[294] Pedro Romano Martinez, em *Direito das obrigações...*, pág. 485, e em *Cumprimento defeituoso...*, pág. 341, Pedro de Albuquerque/Miguel Assis Raimundo, em *Contrato de empreitada*, pág. 428, e os seguintes Acórdãos:

O dono da obra pode requerer judicialmente a condenação do empreiteiro na eliminação dos defeitos da obra. A respetiva ação declarativa condenatória pode ser interposta antes da interpelação extrajudicial do empreiteiro para essa prestação[295], valendo a citação judicial como interpelação, quando o empreiteiro já se encontra em mora, ou mesmo quando já a incumpriu definitivamente, nos casos de incumprimento legalmente ficcionado por decurso de prazo perentório (artº 808º, nº 1, do C.C.). Nesta ação, o dono da obra terá apenas que provar a existência do defeito, cabendo ao empreiteiro o ónus da prova da impossibilidade da sua eliminação, ou da desproporção dos custos dos respetivos trabalhos (artº 342º, nº 1 e 2, do C.C.).

Se, apesar da condenação, o empreiteiro mantiver a sua atitude de não realizar os trabalhos de reparação, o dono da obra pode requerer a execução da sentença condenatória (artº 828º do C.C.) – execução para prestação de facto positivo. Neste processo executivo, o dono da obra pode solicitar o cumprimento da prestação por outrem (artº 868º do C.P.C.).

Nas hipóteses excecionais de infungibilidade da prestação do empreiteiro[296], em que a especial natureza da obra exija a sua realização por determinada pessoa ou em que as relações existentes entre as partes imponham igual exigência, ou ainda quando se convencione expressamente essa pessoalidade no cumprimento da prestação, mantendo o dono da obra interesse na execução perfeita da obra pelo empreiteiro contratado, só lhe restará pressioná-lo através do pedido de aplicação de uma sanção pecuniária compulsória, deduzido ao abrigo do disposto no

✓ da Relação de Coimbra, de 18-1-2011, no site www.dgsi.pt, relatado por Pedro Martins.
✓ da Relação de Coimbra, de 5-12-2012, no site www.dgsi.pt, relatado por Barateiro Martins.
✓ da Relação de Lisboa, de 7-2-2013, no site www.dgsi.pt, relatado por Jorge Vilaça.

É esta a solução consagrada expressamente no § 636 do C.C. Alemão.

Em sentido contrário, pronunciou-se o Acórdão da Relação de Lisboa de 4-12-2003, no site www.dgsi.pt, relatado por Fernanda Pereira, que curiosamente cita em abono da sua tese a opinião de Pedro Romano Martinez, na segunda das obras acima citadas, quando este refere de forma ambígua que, relativamente à subsistência dos defeitos após a fracassada tentativa de eliminação, o exercício dos direitos do dono da obra está sujeito às mesmas regras que o primeiro cumprimento defeituoso, nomeadamente prazos.

[295] Neste caso, satisfará os custos da ação, se o empreiteiro não a contestar (artº 535º, nº 1 e nº 2, b), do C.P.C.).

[296] *Supra*, pág. 34-35.

artº 829º-A, nº 1, do C.C.[297]. Nestas situações o tribunal fixará uma multa por cada dia de atraso no cumprimento da obrigação de eliminação dos defeitos. A utilização deste meio de coerção estará, contudo, vedada na realização de obras que requeiram, porventura, especiais qualidades científicas ou artísticas do empreiteiro (artº 829º-A, nº 1, do C.C.), atenta a sua incompatibilidade com a dependência da inspiração na liberdade criativa intelectual. Como escreve Calvão da Silva, "a razão de ser da sanção pecuniária compulsória é a de exercer pressão sobre a vontade do devedor, mas as criações do espírito e do génio dependem em grande medida de fatores desconhecidos, subtraídos à vontade do autor"[298].

Quando a coisa se encontre em poder do dono da obra, este deve facultar o acesso ao bem e prestar a colaboração necessária, de forma a permitir que o empreiteiro possa realizar a sua prestação de eliminação dos defeitos. O não cumprimento deste dever de colaboração por parte do dono da obra fá-lo incorrer em mora (artº 813º do C.C.), com as consequências previstas nos artº 814º a 816º do C.C., nomeadamente a obrigação do dono da obra indemnizar o empreiteiro do acréscimo de custos das obras de reparação, resultante da sua não colaboração[299]. Esta mora pode converter-se num incumprimento definitivo, caso o empreiteiro fixe admonitoriamente um prazo para o dono da obra prestar a colaboração necessária à execução das obras de reparação e este não corresponda no prazo marcado, aplicando-se o disposto no artº 808º, nº 1, do C.C.[300]. Não será sequer necessária a fixação admonitória de um

[297] PEDRO ROMANO MARTINEZ, em *Direito das obrigações...*, pág. 484, RUI SÁ GOMES, em *Breves notas sobre o cumprimento defeituoso no contrato de empreitada,* em "Ab vno ad omnes – 75 anos da Coimbra Editora", pág. 619, e PEDRO DE ALBUQUERQUE/MIGUEL ASSIS RAIMUNDO, em *Contrato de empreitada,* pág. 425.

[298] Em *Cumprimento e sanção pecuniária compulsória,* pág. 480.

[299] Também neste sentido, PEDRO DE ALBUQUERQUE/MIGUEL ASSIS RAIMUNDO, em *Contrato de empreitada,* pág. 426.

Relatam-nos casos de não colaboração do dono da obra no cumprimento pelo empreiteiro do dever de proceder à eliminação de defeitos os Acórdãos:

- ✓ do S.T.J., de 2-10-2007, na C.J. (Ac. do S.T.J.), Ano XV, tomo 3, pág. 71, relatado por FONSECA RAMOS.
- ✓ do S.T.J., de 27-5-2008, na C.J. (Ac. do S.T.J.), Ano XVI, tomo 2, pág. 78, relatado por MOREIRA CAMILO.

[300] Neste sentido, PEDRO DE ALBUQUERQUE/MIGUEL ASSIS RAIMUNDO, em *Contrato de empreitada,* pág. 426.

prazo, se a recusa do dono da obra for perentória. Este incumprimento do dever de colaboração liberta o empreiteiro de efetuar as obras de reparação, extinguindo a sua responsabilidade pelos defeitos da obra[301].

A iniciativa da realização das obras de eliminação dos defeitos pode inclusive pertencer ao empreiteiro, atento o apontado interesse deste no cumprimento dessa obrigação, falando-se inclusive na existência de um "direito a cumprir"[302].

Além dos casos de impossibilidade técnica ou jurídica de eliminação dos defeitos, o dono da obra só poderá opor-se a essa iniciativa do empreiteiro, se já tiver perdido o interesse no cumprimento perfeito da obrigação de realizar a obra[303], sendo essa perda apreciada objetivamente[304]. Fora estes casos de recusa justificada, se o dono da obra não permitir a realização das obras de eliminação dos defeitos, o empreiteiro ficará exonerado do cumprimento da respetiva obrigação de reparação, extinguindo-se a sua responsabilidade pelos defeitos da obra[305].

3. O direito à realização de nova obra

O artº 1221º, nº 2, 2ª parte, do C.C., concede ao dono da obra o direito de exigir nova construção, caso os defeitos não sejam elimináveis. Apesar da lei se referir a nova construção, este termo abrange, obviamente, as hipóteses em que a obra é de simples reparação, limpeza ou demolição.

[301] Pedro Romano Martinez, em *Cumprimento defeituoso...*, pág. 343-344, e Pedro de Albuquerque/Miguel Assis Raimundo, em *Contrato de empreitada*, pág. 426.
Em relação ao cumprimento das obrigações em geral, Fernando Cunha de Sá, em *Direito ao cumprimento e direito a cumprir*, pág. 114.

[302] Pedro Romano Martinez, em *Cumprimento defeituoso...*, pág. 341.
Sobre o direito do devedor, em geral, a cumprir a sua prestação, Fernando Cunha de Sá, em *Direito ao cumprimento e direito a cumprir*, pág. 43-46.

[303] Como sucederá no caso de construção defeituosa de uma bancada destinada à realização de um espetáculo, quando o defeito é detetado numa altura em que já não é possível a sua reparação, atenta a data marcada para o evento.
O simples transtorno provocado pelas obras de reparação não justificará a perda objetiva de interesse.

[304] Pedro Romano Martinez, em *Direito das obrigações...*, pág. 485.

[305] Pedro Romano Martinez, em *Direito das obrigações...*, pág. 485, e em *Cumprimento defeituoso...*, pág. 341, e os seguintes Acórdãos:
- ✓ da Relação de Lisboa, de 7-2-2013, no site www.dgsi.pt, relatado por Jorge Vilaça.
- ✓ da Relação de Lisboa, de 11-12-2018, no site www.dgsi.pt, relatado por Luís Espírito Santo.

Este direito à realização de nova obra também se traduz num direito de indemnização em forma específica[306], repetindo aqui o empreiteiro, por inteiro, a prestação a que se obrigou.

Relaciona-se subsidiariamente com o direito à eliminação de defeitos, uma vez que só se constitui, quando se revela impossível a eliminação dos defeitos na obra inicialmente realizada, ou os custos desta prestação são desproporcionados, face ao proveito que deles pode retirar o dono da obra. Não se pode dizer que o empreiteiro pode optar livremente entre a eliminação dos defeitos ou a realização de nova obra, independentemente do resultado do juízo objetivo de proporcionalidade entre os custos da eliminação e o proveito do dono da obra[307]. Se é certo que nada impede que ambas as partes acordem na realização de nova obra[308], apesar de ser possível a simples eliminação dos defeitos sem custos exagerados, não pode o empreiteiro, nesta hipótese, impor ao dono da obra o exercício daquele direito contra a vontade deste, uma vez que não estamos perante obrigações alternativas, nem de faculdade alternativa.

O empreiteiro também pode escusar-se a repetir a sua prestação, caso o custo desta se revele desproporcionado (artº 1221º, nº 2, do C.C.). Esse juízo de proporcionalidade deve ser efetuado entre o custo da repetição e o proveito, para o dono da obra, resultante de passar a dispor da obra sem qualquer defeito. Se o custo da repetição for desmesuradamente superior ao resultado da diferença entre o valor da obra com defeito e sem defeito, no interesse do seu dono, o empreiteiro pode recusar-se a efetuar uma nova obra[309], podendo então o dono desta

[306] Pedro Romano Martinez, em *Cumprimento defeituoso...*, pág. 357, e Pedro de Albuquerque/Miguel Assis Raimundo, em *Contrato de empreitada*, pág. 422.

[307] Pedro Romano Martinez, em *Cumprimento defeituoso...*, pág. 390, e em *Direito das obrigações*, pág. 484, e Menezes Leitão, em *Direito das obrigações*, vol. III, pág. 541.

Conferindo ao empreiteiro a possibilidade de escolher entre eliminar os defeitos e efetuar nova construção, opinou Rui Sá Gomes, em *Breves notas sobre o cumprimento defeituoso no contrato de empreitada*, em "Ab vno ad omnes – 75 anos da Coimbra Editora", pág. 617.

[308] O que consubstanciará um contrato de transação previsto e regulado nos artº 1248º a 1250º do C.C.

[309] O Acórdão da Relação de Coimbra, de 10-3-2015, no site www.dgsi.pt, relatado por Carlos Moreira, colocado perante uma situação em que o custo da realização de uma nova obra sem defeitos era de € 4.500, quando o preço acordado no contrato de empreitada havia sido de € 2.238, efetuou a seguinte ponderação:

exercer outro dos direitos que a lei lhe confere (redução do preço, resolução do contrato, ou indemnização). É o que normalmente ocorrerá com os defeitos de diminuta relevância. Se estes justificam que se exija do empreiteiro a sua eliminação, na maior parte dos casos, revelar-se-á desproporcionada a exigência da realização de uma nova obra, quando a sua reparação não seja possível.

Se este direito for exercido judicialmente, ao dono da obra competirá provar na respetiva ação declarativa a existência dos defeitos e a impossibilidade ou desproporcionalidade da sua reparação, recaindo sobre o

O juízo de proporcionalidade deve ser efetuado *não pela perspetivação do interesse do lesante, mas antes pela perspetivação e consideração primeira do interesse do lesado e da sua pretensão e direito à reposição no statuo quo ante ao evento lesivo; assume-se assim, verdadeira e justamente, este direito, como a pedra de toque, o quid essencial e determinante, na aferição da excessiva onerosidade ou desproporção.*
No caso sub judice provou-se que o custo da reparação ultrapassa o preço da empreitada em pouco mais do dobro.
Contudo, este acréscimo, tem certamente como sua causa fulcral, a perspetivação da nova construção com o respeito pelas boas regras da arte construtiva, quer no atinente à necessidade de uma maior grossura do muro, quer, quer no respeitante à sua adequada edificação/inclinação, quer no que tange à utilização de materiais de boa qualidade e à sua adequada colocação na obra.
Obviamente que tudo isto encarece a obra, a qual, se assim fosse edificada pelo réu, certamente que implicaria que ele tivesse subido o preço inicial pedido aos autores.
Acresce que, apesar de comparativamente com este preço inicial, o valor da reparação ser elevado, em termos absolutos não o é assim tanto.
Afinal estamos a falar de um excesso de cerca de 2.250,00 euros, quantia esta que, não provando o réu ter uma situação económico financeira deficitária ou meridianamente debilitada – e, assim, devendo presumir-se remediada – não clama a conclusão de que para ele é incomportável.
Pode até dizer-se, a título de conforto, que são os riscos da profissão: umas vezes, numas obras, ganha-se até mais do que se perspetivava; outras vezes, noutras obras, não se ganha tanto ou até se têm prejuízos.
(...)
Em todo o caso, e se não fosse o réu a assumir os acrescidos encargos da reparação adequada, caberia perguntar: quem os suportaria?
A resposta é intuitiva: certamente os autores.
Mas, então, nova pergunta: com que fundamento e obrigação, legal ou moral – os autores deveriam agora gastar mais de 4.500,00 euros numa obra relativamente à qual que lhes foi assegurado pelos réus que podia ser edificada – e bem edificada – por menos de metade, e sem que para tal acréscimo tenham dado qualquer causa, muito menos censurável, versus o que acontece com os réus?
Obviamente que no confronto dos específicos contornos da situação de cada uma das partes decorrentes dos factos apurados, há indubitavelmente que concluir, ex vi da lei e da ética, que terão de ser os réus a suportar o acréscimo do custo.

empreiteiro o ónus da prova da desproporção dos custos da realização de uma nova obra (artº 342º, nº 1 e 2, do C.C.).

O cumprimento da obrigação de realização da obra de substituição também está sujeito às regras gerais do cumprimento das obrigações, nomeadamente as que respeitam ao lugar e tempo de cumprimento, ao dever de colaboração do dono da obra e ao dever da nova obra ser realizada num tempo razoável e com o mínimo de inconvenientes para o dono da obra, valendo aqui tudo o que acima se referiu relativamente à obrigação de eliminação dos defeitos.

Convém apenas realçar cinco aspetos:

- a utilização da obra defeituosa não obsta ao exercício deste direito;
- perante a realização da nova obra reinicia-se todo o processo de verificação desta regulado nos artº 1218º e seg. do C.C., mas se a nova obra também for defeituosa pode considerar-se definitivamente incumprida a prestação, não tendo o dono da obra o dever de conceder novas oportunidades ao empreiteiro[310];
- relativamente à nova obra, correm novos prazos de caducidade dos direitos do dono da obra pelos defeitos nela existentes;
- todas as despesas com a substituição da obra inicialmente realizada correm por conta do empreiteiro, incluindo todos os prejuízos que resultem, para o dono da obra, da repetição da prestação[311];
- perante a construção da nova obra, o seu dono tem a obrigação de devolver a coisa defeituosa inicialmente realizada, se esta foi realizada com materiais fornecidos pelo empreiteiro[312].

4. O direito à redução do preço

O artº 1222º, nº 1, do C.C., atribui ao dono da obra o direito de reduzir o preço contratado[313], caso não sejam eliminados os defeitos, nem construída nova obra.

[310] Pedro Romano Martinez, em *Direito das obrigações...*, pág. 485, e em *Cumprimento defeituoso...*, pág. 351, e o Acórdão da Relação de Coimbra de 5-12-2012, no site www.dgsi.pt, relatado por Barateiro Martins.

[311] Pedro de Albuquerque/Miguel Assis Raimundo, em *Contrato de empreitada*, pág. 424.

[312] Pedro Romano Martinez, em *Cumprimento defeituoso...*, pág. 352.
Esta consequência está expressamente prevista no § 635 (4) do C.C. Alemão.

[313] A origem remota deste direito reside na *actio quanti minoris*, do direito romano, aplicável na venda de coisas defeituosas.

Essa frustração da reparação específica dos defeitos pode resultar da sua impossibilidade, da sua desproporção relativamente ao proveito do dono da obra, ou do seu incumprimento definitivo por parte do empreiteiro, em consequência do não acatamento de interpelação admonitória, de recusa ou insucesso na sua prestação, e ainda da perda do interesse do dono da obra na realização desta[314].

Em todos estes casos, em que não se procedeu à eliminação do defeito ou à construção de nova obra, o dono desta tem direito à redução do preço contratado, desde que a obra, apesar do defeito que padece, não deixe de ter utilidade para ele. O exercício deste direito pressupõe que se mantém um interesse do dono da obra nesta, apesar dos defeitos verificados, resignando-se com a sua existência, pelo que se pressupõe a aceitação da obra[315].

O exercício deste direito é subsidiário dos direitos de eliminação dos defeitos e de construção de nova obra.

Este direito, mais do que visar o ressarcimento de um prejuízo, procura o restabelecimento do equilíbrio das prestações[316]. Possibilita-se a alteração unilateral de uma das prestações acordadas, perante o cumprimento defeituoso da que lhe corresponde numa relação de sinalagma, recuperando-se, assim, o equilíbrio inicialmente existente entre elas. Perante a má realização de uma das prestações, procura-se manter o contrato através da possibilidade de reajustamento da prestação correspetiva.

[314] No Acórdão da Relação de Guimarães, de 9-10-2014, no site www.dgsi.pt, relatado por Raquel Rego, decidiu-se que se tinha verificado uma perda de interesse objetivo do dono da obra, justificativa da constituição do direito à redução do preço da empreitada, numa situação em que, tendo sido encomendado o fabrico de casacos de determinado modelo, várias peças foram consideradas inutilizadas, devido aos defeitos que apresentavam, tendo-se entendido que, regendo-se o comércio de roupa por padrões de moda, reportado a coleções de cada estação, não era exigível que o dono da obra ficasse limitado ao exercício do direito ao fabrico de novos casacos.

[315] Assim decidiu o Acórdão da Relação do Porto de 16-5-2007, no site www.dgsi.pt, relatado por Manuel Capelo.

[316] Pedro Romano Martinez, em *Direito das obrigações...*, pág. 485, e em *Cumprimento defeituoso...*, pág. 360, Pedro de Albuquerque/Miguel Assis Raimundo, em *Contrato de empreitada*, pág. 430, João Serras de Sousa, em *Código Civil Anotado*, vol. I, pág. 1519, Maria Cristina Cervale, em *La responsabilità dell' appaltatore*, pág. 128, Federico Cappai, em *Codice dell' appalto privato*, pág. 587, Pierre Tercier, em *La partie spéciale du Code des Obligations*, pág. 338, e o Acórdão da Relação do Porto de 16-5-2007, no site www.dgsi.pt, relatado por Manuel Capelo.

A redução do preço pode obter-se pela diminuição da quantia paga ou pela exigência do que foi pago a mais, operando por mera declaração do dono da obra ao empreiteiro nesse sentido, podendo apenas revelar-se necessário o recurso a ação judicial declarativa condenatória, se o preço já tiver sido pago e o empreiteiro se recusar a restituir o valor da redução.

A declaração, que pode ser efetuada por qualquer meio, não obedecendo a formalismo especial (artº 219º do C.C.), é recetícia, só produzindo efeitos depois de recebida pelo empreiteiro (artº 224º, nº 1, do C.C.), ou quando por culpa deste não foi recebida (artº 224º, nº 2, do C.C.), e é irrevogável após o seu recebimento (artº 230º do C.C.).

No caso de restituição de parte do preço já pago, apenas se vencem juros de mora sobre a quantia a restituir, nos termos dos artº 804º, 805º e 806º do C.C., desde a data da interpelação para a restituição e não desde a data do pagamento do preço[317], não se justificando que se proceda à atualização monetária da quantia recebida a mais pelo empreiteiro, atento o princípio do nominalismo monetário consagrado no artº 550º do C.C.[318].

O valor relativo ao IVA deve ser englobado proporcionalmente na redução do preço.

Quando invocada em juízo, por via de ação[319], ou de exceção[320], competirá ao dono da obra o ónus da prova da diminuição do valor da obra, provocada pela existência de defeitos e da impossibilidade ou desproporcionalidade da sua eliminação e repetição da prestação, ou do incumprimento definitivo das obras de reparação, ou nova construção (artº 342º, nº 1, do C.C.).

A redução deve ser equivalente à desvalorização da obra, ou à sua menor rentabilidade, provocada pelo vício ou desconformidade existente[321]. Se a desconformidade não implicar qualquer desvalorização, ou

[317] Lidia Savanna, em *La responsabilità dell'appaltatore*, pág. 31.

[318] Franco Balatti, em *La responsabilità dell'appaltatore e del directore dei lavori per vizi e difformità delle opere*, pág. 105, e Federico Cappai, em *Codice dell' appalto privato*, pág. 588.

[319] Além da possibilidade das ações de simples apreciação para desfazer situações de incerteza, quando o dono da obra pretende reaver parte do preço já pago, em consequência da sua redução, deve então instaurar ação de condenação.

[320] Quando o dono da obra é demandado para pagar a parte do preço em falta e este entenda que essa parte está abrangida pela redução do preço.

[321] O D.L. nº 67/2003, aplicável às empreitadas de consumo, fala em direito à redução adequada do preço (artº 4º, nº 1).

menor utilidade da obra, podendo até originar um aumento do seu valor, o dono da obra não tem direito à redução do preço[322]. Nestes casos tem o dono da obra direito a uma indemnização pelo defeito que vai ter que suportar, nos termos do artº 1223º do C.C.[323].

A redução nunca poderá atingir a totalidade do montante do preço[324], uma vez que isso corresponderia a uma ausência de total utilidade da obra, o que é incompatível com o fundamento do direito de redução do preço da obra que pressupõe o seu aproveitamento, apesar da existência do defeito.

Dispõe o artº 1222º do C.C. que a redução do preço é feita nos termos previstos no artº 884º do C.C., para o contrato de compra e venda.

Quando no contrato se mostrem individualizadas as parcelas do preço global, correspondentes às partes das obras inutilizadas pela existência dos defeitos, será esse o valor da redução (artº 884º, nº 1, do C.C.). Não se mostrando individualizadas essas parcelas, diz o nº 2, do artº 884º, do C.C., que a redução é feita por meio de avaliação, nada adiantando com respeito aos critérios a seguir para a determinação do valor a descobrir.

Sobre a aplicabilidade destes critérios verificam-se algumas divergências de opinião na doutrina e na jurisprudência[325]:

- há quem[326] defenda que essa redução deve ser encontrada na diferença entre o valor da obra sem defeitos (valor ideal) e o valor da obra com defeitos, ao tempo da celebração do contrato.

[322] Pedro de Albuquerque/Miguel Assis Raimundo, em *Contrato de empreitada,* pág. 430, Carlo Giannattasio, em *L' appalto,* pág. 200, Domenico Rubino/Giovanni Iudica, em *Dell' appalto,* pág. 411, Lucchini Guastalla, em *La risoluzioni di diritto per inadempimento dell'appaltatore,* pág. 107, Maria Cristina Cervale, em *La responsabilità dell' appaltatore,* pág. 129, e Federico Cappai, em *Codice dell' appalto privato,* pág. 587.
Em sentido contrário, Pierre Tercier, em *La partie spéciale du Code des Obligations,* pág. 338.

[323] Cfr., *infra*, pág. 131.

[324] Pedro Romano Martinez, em *Cumprimento defeituoso...,* pág. 359, e Pierre Tercier, em *La partie spéciale du Code des Obligations,* pág. 338.

[325] Analisando os diferentes métodos de redução do preço, em geral, Paulo Mota Pinto, em *Interesse contratual negativo e interesse contratual positivo,* vol. II, pág. 1434-1447.

[326] Vaz Serra, em *Empreitada,* no B.M.J. nº 146, pág. 53, Enneccerus-Lehmann, em *Derecho de obligaciones,* vol. II, 1ª parte, pág. 523, e Pierre Tercier, em *La partie spéciale du Code des Obligations,* pág. 339.

- para outros[327], o montante da redução deve ser calculado, subtraindo o valor do preço acordado e o valor objetivo da obra com defeitos na data da sua aceitação.
- noutra perspetiva[328], o montante da redução verificar-se-ia entre o preço acordado e o valor pelo qual as partes teriam celebrado o contrato, caso tivessem previsto a existência dos defeitos.

E há ainda quem defenda[329] que a redução do preço deve ser encontrada numa ponderação equitativa entre o preço acordado, o valor objetivo da obra com defeitos e o valor ideal da obra, à data da sua aceitação.

Para optarmos por um destes critérios, devemos ter presente que, tendo sido consagrado que a redução deveria ser determinada através de avaliação, se preferiram critérios objetivos a subjetivos, pelo que a terceira hipótese acima elencada deve ser logo colocada de parte[330]. Quanto às primeira e segunda soluções, as mesmas esquecem que o valor ideal da obra pode não corresponder ao preço acordado, pelas circunstâncias especiais que poderão ter presidido à outorga do contrato, pelo que, nesses casos, aplicando-se esses critérios, verifica-se uma distorção do sistema, dado que, ou estamos a comparar dois valores com origem de determinação diversa (um com origem convencional e outro

O atual § 638 do C.C. Alemão dispõe que o montante da redução deve resultar da diferença entre o valor da obra sem defeitos à data da sua conclusão (valor ideal) e o seu valor atual com o defeito (valor real).

[327] Pedro Romano Martinez, em *Cumprimento defeituoso...*, pág. 362-365, Pedro de Albuquerque/Miguel Assis Raimundo, em *Contrato de empreitada,* pág. 431-433, Carlo Giannattasio, em *L' appalto,* pág. 200, e o Acórdão do S.T.J. de 25-1-2005, no site www.dgsi.pt, relatado por Azevedo Ramos, que, todavia, preferem o último método apontado no texto, quando haja uma diferença significativa entre o preço acordado e o valor ideal objetivo da obra sem defeitos.

[328] Rui Sá Gomes, em *Breves notas sobre o cumprimento defeituoso no contrato de empreitada,* em "Ab vno ad omnes – 75 anos da Coimbra Editora", pág. 624, nota 81, e o Acórdão da Relação de Lisboa de 13-4-1989, na C.J., Ano XIV, tomo 2, pág. 130, relatado por Zeferino Faria.

[329] Domenico Rubino/Giovanni Iudica, em *Dell' appalto,* pág. 411-412, Dieter Medicus, em *Tratado de las relaciones obligacionales,* vol. I, pág. 405, Franco Balatti, em *La responsabilità dell'appaltatore e del directore dei lavori per vizi e difformità delle opere,* pág. 105, e o Acórdão do S.T.J. de 25-3-2003, na C.J. (Ac. do S.T.J.), Ano XI, tomo 1, pág. 140, relatado por Afonso Correia.

[330] Não era numa avaliação que se iria determinar qual o preço que as partes teriam convencionado, caso tivessem previsto a existência de defeitos.

com origem pericial) – na segunda –, ou comparamos dois valores com a mesma origem de cálculo (pericial), para aplicarmos o resultado a um valor de origem diferente (convencional) – na primeira.

Daí que se prefira a última solução apontada que pondera todas as realidades em jogo, de modo a obter um resultado equitativo, com utilização do método de determinação de dados fixado pela lei – a avaliação pericial. Essa ponderação deve então ser efetuada através da seguinte fórmula ***pd = (pa x vr): vi***, sendo *pd* o preço devido após a redução, *pa* o preço acordado entre as partes, *vr* o valor real da obra executada e *vi*, o valor ideal da obra sem o defeito, objetivamente determinado[331]. Os valores real e ideal da obra devem ser determinados à data da sua aceitação.

Como refere Paulo Mota Pinto, *"este método de redução proporcional respeita a relação entre a prestação e a contraprestação fixada no contrato, independentemente da perturbação, não se alterando a relação entre o preço e o valor objetivo, mas continuando-a proporcionalmente, nas condições resultantes do vício ou do evento lesivo. Respeita, pois, o direito das partes de conformarem livremente o contrato, como expressão da liberdade contratual, mantendo ou prolongando a respetiva relação de equivalência, que se deixa intocada, daqui resultando o seu conteúdo de justiça. Também por isso, compreende-se que seja naturalmente adequado a hipóteses em que está em causa um não cumprimento parcial (quantitativo ou qualitativo)"*[332].

A eventual utilização da obra pelo seu dono não deve influir no cálculo da redução do preço, mesmo que ainda não tenha sido pago.

[331] Esta fórmula encontra-se enunciada por Dieter Medicus, em *Tratado de las relaciones obligacionales*, vol. I, pág. 405.

Apesar de terem presente esta fórmula, por ausência de todos os dados concretos necessários à sua aplicação entenderam preferível proceder a uma redução do preço, utilizando um puro juízo equitativo, os seguintes Acórdãos:

- ✓ do S.T.J., de 19-7-2007, em www.dgsi.pt, relatado por Fonseca Ramos.
- ✓ da Relação de Coimbra, de 9-1-2012, acessível em www.dgsi.pt, relatado por Jacinto Meca.

Já o Acórdão da Relação de Coimbra de 24-2-2015, no site www.dgsi.pt, relatado por Maria João Areias, relegou a quantificação da redução do preço para incidente de liquidação, e o Acórdão da Relação de Guimarães de 9-10-2014, no site www.dgsi.pt, relatado por Raquel Rego, aplicou-a.

[332] Em *Interesse contratual negativo e interesse contratual positivo*, vol. II, pág. 1438.

5. O direito de resolução do contrato

O artº 1222º, nº 1, do C.C., atribui ainda ao dono da obra o direito a resolver o contrato, com fundamento na existência de defeitos na obra. Este direito de resolução, com fundamento no cumprimento defeituoso, só pode ser exercido após a colocação da obra pelo empreiteiro à disposição do seu dono para verificação da sua exatidão. Antes deste momento a resolução do contrato, com fundamento na realização defeituosa da obra, só pode ocorrer, nos termos do artº 801º do C.C., quando a gravidade dos defeitos que já se verificam em pleno processo de execução permite que se considere impossível a sua realização[333], ou quando as características desses defeitos ou a posição já assumida pelo empreiteiro face à sua existência, numa apreciação objetiva, justifiquem a quebra da confiança que o dono da obra depositava na pessoa do empreiteiro para proceder ao adimplemento perfeito da sua prestação[334].

[333] PIRES DE LIMA e ANTUNES VARELA, em *Código Civil anotado,* vol. II, pág. 871, PEDRO ROMANO MARTINEZ, em *Direito das obrigações...*, pág. 372, SANTOS JUSTO, em *Manual de contratos civis*, pág. 479, e os Acórdãos:

- ✓ da Relação do Porto, de 21-10-2008, no site www.dgsi.pt, relatado por GUERRA BANHA.
- ✓ da Relação de Lisboa, de 4-12-2008, no site www.dgsi.pt, relatado por GRANJA DA FONSECA.
- ✓ do S.T.J., de 5-3-2009, na C.J., Ano XVII, tomo 1, pág. 128, relatado por OLIVEIRA ROCHA.
- ✓ da Relação de Lisboa, de 19-5-2009, no site www.dgsi.pt, relatado por ANABELA CALAFATE.
- ✓ da Relação de Évora, de 5-7-2012, no site www.dgsi.pt, relatado por RIBEIRO CARDOSO.

VAZ SERRA, no seu Anteprojeto, previa a possibilidade do dono da obra, que durante o decurso dos trabalhos se apercebesse que a obra iria ser realizada com defeitos, fixar um prazo razoável para evitar essa eventualidade, com a cominação da resolução do contrato, caso, nesse prazo, não fossem tomadas as medidas necessárias (artº 9º, nº 4 a 6, no B.M.J. nº 146, pág. 222).

O artº 1662 do C.C. Italiano e o artº 336, nº 2, do C.O. Suíço, contêm igual possibilidade, permitindo este último que o dono da obra entregue esta a um terceiro, à custa do empreiteiro. Sobre este tema, na doutrina e jurisprudência italiana, DOMENICO RUBINO/GIOVANNI IUDICA, em *Dell' appalto,* pág. 303 e seg., LUCCHINI GUASTALLA, em *La risoluzioni di diritto per inadempimento dell'appaltatore,* pág. 150 e seg., e MAURO RUBINO-SAMMARTANO, em *Appalto di opere e contratti di servizi (in diritto privato),* pág. 465.

[334] O Acórdão da Relação de Coimbra de 6-11-2007, no site www.dgsi.pt, relatado por TELES PEREIRA, confirmado pelo Acórdão do S.T.J. de 19-6-2008, no site www.dgsi.pt, relatado por SERRA BAPTISTA, e seguido posteriormente pelos Acórdãos da Relação do Porto de 14-4--2008, no site www.dgsi.pt, relatado por ISOLETA COSTA, e da Relação de Lisboa de 8-11-2011, relatado por MARIA AMÉLIA RIBEIRO, constatando a existência de uma quebra de confiança na relação do dono da obra com o empreiteiro, com origem na existência de múltiplas deficiências da obra, admitiu a resolução do respetivo contrato por aquele, com fundamento

O direito de resolução, com fundamento no cumprimento defeituoso, tem natureza subsidiária, podendo apenas ser exercido quando o defeito não foi eliminado, nem realizada nova construção[335], e é alternativo relativamente ao direito à redução do preço[336], mas restrito aos casos em que *"os defeitos tornarem a obra inadequada ao fim a que se destina"*, como refere o artº 1222º, nº 1, *in fine*, do C.C.

Considerando que as obras realizadas segundo projeto do seu dono apenas interessarão a este, é difícil ao empreiteiro encontrar outro interessado no resultado da sua prestação, pelo que o legislador procurou limitar as hipóteses de resolução do contrato às situações em que o defeito prejudicasse relevantemente a utilização da obra[337], tendo seguido

nessa perda de confiança, perfilhando assim a tese sustentada por Baptista Machado, em *Pressupostos da resolução por incumprimento*, em "João Baptista Machado - Obra dispersa", vol. I, pág. 140-142, segundo a qual, nos contratos que pressupõem uma relação de confiança em determinadas qualidades das partes, nomeadamente a sua competência técnica, que são fundamentais para a consecução da finalidade contratual, a quebra dessa relação resultante de comportamentos da parte em que se depositava essa confiança, justifica a possibilidade da contraparte poder resolver o contrato.

Também o Acórdão da Relação do Porto de 29-4-2019, no site www.dgsi.pt, relatado por Correia Pinto, considerou que quando a gravidade dos defeitos que se constatam no processo de execução da obra permitam desde logo verificar a impossibilidade de ser realizada a obra contratada, pode o contrato ser resolvido.

Já o Acórdão da Relação de Coimbra de 18-10-2005, no site www.dgsi.pt, relatado por Távora Vitor, havia também considerado que não era admissível que *colocado perante a tramitação de uma obra que não esteja a ser levada a cabo com os devidos cuidados e com risco iminente para os moradores do prédio o dono da obra não possa interpelar de imediato o empreiteiro para que tome as devidas providências concedendo-lhe um prazo para corrigir a orientação tomada, atentando nas normas de segurança exigíveis sob pena de resolução do contrato. Tratar-se-á de uma situação de emergência que justifica perfeitamente uma interpelação admonitória do empreiteiro e a eventual resolução do contrato caso aquele não mude de orientação.*

E o Acórdão da Relação de Lisboa, de 24-2-2015, no site www.dgsi.pt, relatado por João Ramos de Sousa, admitiu que um empreiteiro substituísse um subempreiteiro que se havia revelado incapaz de realizar a obra contratada, face à sua complexidade técnica, integrando esta situação no estado de necessidade previsto no artigo 339º, nº 1, do C.C.

[335] Recorde-se que essa não eliminação ou reconstrução pode resultar da sua impossibilidade, da sua desproporção relativamente ao proveito do dono da obra, ou do seu incumprimento definitivo por parte do empreiteiro, em consequência do não acatamento de interpelação admonitória, de recusa ou insucesso na sua prestação, e ainda da perda do interesse do dono da obra na realização desta.

[336] Pedro Romano Martinez, em *Cumprimento defeituoso...*, pág. 389.

[337] Moitinho de Almeida, em *A responsabilidade civil do projetista e o seu seguro*, no B.M.J. nº 228, pág. 17-18.

de perto a fórmula utilizada pelo C.C. Italiano[338]. No entanto, conferiu-lhe uma maior amplitude ao retirar a exigência de que a inadequação seja total, sendo suficiente que a diminuição da sua aptidão para o fim a que se destina assuma uma relevância que, segundo os ditames da boa-fé, não seja exigível que o dono da obra fique com ela[339].

Desta opção, resulta que os simples vícios ou desconformidades da obra, que em nada influam na aptidão funcional desta, são insuscetíveis de fundamentarem a resolução do contrato, tal como os defeitos que impliquem um prejuízo funcional de escasso relevo.

As finalidades da obra a tomar em consideração serão as finalidades típicas indicadas pelo uso comum, ou as finalidades específicas da obra concreta, quando tenham sido contratualmente previstas, expressa ou tacitamente[340]. No domínio destas finalidades específicas poderão relevar os chamados vícios de direito[341], nomeadamente, a falta do licenciamento necessário à utilização da obra, os quais poderão determinar uma inaptidão da obra ao fim a que se destinava.

Não é necessário que essa inaptidão afete todas as partes componentes da obra, mas sim que esta, globalmente considerada, revele um grau significativo de insatisfação das suas finalidades[342]. Mas se a obra resulta

Esta solução foi julgada pelo Tribunal Constitucional, no seu Acórdão nº 21/00, de 12-1-2000, em A.T.C., 46º vol., pág. 313, relatado por MARIA DOS PRAZERES BELEZA, conforme à Constituição, por não violar o princípio da igualdade.

[338] Dispõe o parágrafo 2º do artº 1668: "*Se però le difformità o i vizi dell' opera sono tali da renderla* ***dell tuto inadatta alla sua destinazione****, il committente può chiedere la risoluzione del contrato*" (o sublinhado é meu).

[339] A adoção deste grau de inadequação resultava do nº 2, do artº 19º, do Anteprojeto de Vaz Serra (B.M.J. nº 146, pág. 229).

[340] LUCCHINI GUASTALA, em *La risoluzioni di diritto per inadempimento dell'appaltatore,* pág. 122, CARMELLA MASCARELLO, em *Il contratto di appalto,* pág. 141, Lidia Savanna, em *La responsabilità dell'appaltatore,* pág. 48-49, e FRANCO BALATTI, em *La responsabilità dell'appaltatore e del directore dei lavori per vizi e difformità delle opere,* pág. 109, e os Acórdãos:
- ✓ do S.T.J. de 5-6-2007, no site www.dgsi.pt, relatado por FONSECA RAMOS.
- ✓ da Relação de Guimarães, de 23-6-2016, no site www.dgsi.pt, relatado por JOÃO DIOGO RODRIGUES.

[341] Cfr., *supra*, pág. 57.

[342] MOITINHO DE ALMEIDA, em *A responsabilidade civil do projetista e o seu seguro,* no B.M.J. nº 228, pág. 17, RUI SÁ GOMES, em *Breves notas sobre o cumprimento defeituoso no contrato de empreitada,* em "Ab vnu ad omnes – 75 anos da Coimbra Editora", pág. 624, PEDRO DE ALBUQUERQUE/MIGUEL ASSIS RAIMUNDO, em *Contrato de empreitada,* pág. 434, CARLO GIANNATTASIO, em *L' appalto,* pág. 205, LUCCHINI GUASTALA, em *La risoluzioni di diritto per inadem-*

na realização ou intervenção em várias coisas independentes entre si, e o defeito que importa uma inadequação à finalidade apenas atinge algumas dessas coisas, deve admitir-se uma resolução parcial do contrato, restrita às coisas afetadas[343].

A inadequação deve ser definitiva e irreversível, não se justificando o recurso ao remédio extremo da resolução do contrato quando se está perante uma inadequação passageira e reversível[344].

O uso da coisa pelo dono da obra durante algum tempo não impede que a mesma venha a ser considerada inadequada ao fim a que se destinava, pois, muitas vezes só a sua utilização permite a verificação dessa inadequação[345].

O artº 432º, nº 2, do C.C., relativo ao direito de resolução, em geral, não permite o exercício deste direito quando a parte lesada não estiver em condições de restituir o que houver recebido. Estamos perante um reflexo da proibição do exercício abusivo dos direitos subjetivos[346]. Deste modo, o dono da obra não poderá resolver o contrato, se já não se encontrar em condições de devolver a obra realizada e não desejada, a não ser que a impossibilidade de devolução resulte de ato imputável ao empreiteiro, nomeadamente quando ocorre em consequência do defeito existente na obra[347]. Mesmo que essa impossibilidade resulte de

pimento dell'appaltatore, pág. 128, Federico Cappai, em *Códice dell' appalto,* pág. 596, Mauro Rubino-Sammartano, em *Appalto di opere e contratti di servizi (in diritto privato),* pág. 462-463, e o Acórdão da Relação de Lisboa de 2-7-2009, no site www.dgsi.pt, relatado por Nelson Borges Carneiro.

343 Pedro Romano Martinez, em *Cumprimento defeituoso...,* pág. 308-309, Menezes Leitão, em *Direito das obrigações,* vol. III, pág. 542-543, Carlo Giannattasio, em *L' appalto,* pág. 206, Federico Cappai, em *Codice dell' appalto privato,* pág. 597, e os Acórdãos:
- ✓ do S.T.J., de 12-7-2005, no site www.dgsi.pt, relatado por Salvador da Costa.
- ✓ da Relação de Lisboa, de 14-6-2007, no site www.dgsi.pt, relatado por Fernanda Pereira.

No Acórdão do S.T.J. de 12-7-2005, no site www.dgsi.pt, relatado por Araújo de Barros, uma aparente resolução parcial é encarada como uma modelação negocial dos efeitos da resolução, apesar de se admitir a possibilidade de resolução parcial do contrato de empreitada.

344 Mauro Rubino-Sammartano, em *Appalto di opere e contratti di servizi (in diritto privato),* pág. 465-466.

345 Mauro Rubino-Sammartano, em *Appalto di opere e contratti di servizi (in diritto privato),* pág. 465.

346 Brandão Proença, em *A resolução do contrato no direito civil,* pág. 222-223.

347 Pedro Romano Martinez, em *Cumprimento defeituoso...,* pág. 299-300, e Rui Sá Gomes, em *Breves notas sobre o cumprimento defeituoso no contrato de empreitada,* em "Ab vnu ad omnes – 75 anos da Coimbra Editora", pág. 625.

ato de terceiro ou de causa natural, a resolução do contrato já não é possível[348], uma vez que, após a aceitação, os riscos de perecimento ou deterioração correm por conta do dono da obra (artº 1212º e 1228º do C.C.).

Se a obra se deteriorar devido à sua utilização normal, essa deterioração não obsta ao exercício do direito de resolução, restituindo o dono da obra a coisa usada[349]. Se a deterioração resultar de um uso imprudente, desde que aquela não tenha atingido um grau significativo, equivalente à perda da coisa, manter-se-á o direito de resolução, ficando, contudo, o dono da obra obrigado a indemnizar o empreiteiro pela deterioração resultante de uma utilização imprudente[350].

A modificação da obra pelo seu dono, após conhecimento dos defeitos que a afetam, impede o exercício posterior do direito de resolução do contrato de empreitada, uma vez que se traduz num *venire contra factum proprio*, integrante de uma situação de abuso de direito (artº 334º do C.C.)[351].

O direito de resolução opera por mera declaração do dono da obra ao empreiteiro (artº 436º, nº 1, do C.C.), não produzindo essa declaração qualquer efeito, se o dono da obra não tinha fundamento, nos termos acima delimitados, para resolver o contrato de empreitada. Esta declaração pode ser efetuada por qualquer meio, não obedecendo a formalismo especial (artº 219º do C.C.), é recetícia, só produzindo efeitos depois de recebida pelo empreiteiro (artº 224º, nº 1, do C.C.) ou quando, por culpa deste, não foi recebida (artº 224º, nº 2, do C.C.), e é irrevogável após o seu recebimento (artº 230º do C.C.).

Quando invocado em juízo, competirá ao dono da obra o ónus da prova da impossibilidade de eliminação dos defeitos, ou do incumprimento definitivo das obras de reparação ou nova construção, e da inadequação da obra, em resultado dos defeitos nela existentes (artº 342º, nº 1, do C.C.).

[348] Pedro Romano Martinez, em *Cumprimento defeituoso...*, pág. 300.
Nas empreitadas de consumo, o artº 4º, nº 4, do D.L. nº 67/2003, admite nestes casos o exercício do direito de resolução.

[349] Pedro Romano Martinez, em *Cumprimento defeituoso...*, pág. 300, e Rui Sá Gomes, em *Breves notas sobre o cumprimento defeituoso no contrato de empreitada,* em "Ab vno ad omnes – 75 anos da Coimbra Editora", pág. 625.

[350] Pedro Romano Martinez, em *Cumprimento defeituoso...*, pág. 300-301.

[351] Pedro Romano Martinez, em *Cumprimento defeituoso...*, pág. 301.

A lei equipara os efeitos da resolução do contrato aos da nulidade ou anulabilidade do negócio jurídico (artº 433º do C.C.), nomeadamente a sua eficácia retroativa, salvo se esta contrariar a vontade das partes ou a finalidade da resolução (artº 434º, nº 1, do C.C.).

Apesar da retroatividade em tese pressupor uma reposição da situação vigente ao tempo da celebração do contrato, a retroatividade como efeito da resolução deve ser encarada de uma forma relativa, uma vez que não se pode deixar de relevar a circunstância de um contrato perfeitamente válido ter vigorado durante um determinado período de tempo. O eventual cumprimento de algumas das prestações acordadas pode ter proporcionado situações de aproveitamento temporário de bens jurídicos abrangidos pela obrigação de restituição, as quais merecem ser respeitadas, não devendo ser afetadas pelo movimento retroativo. Para obtermos a desejada relatividade deste movimento, cremos ser suficiente a utilização da remissão que o artº 433º do C.C. efetua para o regime das invalidades, o qual determina a aplicabilidade das regras dos efeitos da posse (artº 289º, nº 3, do C.C.)[352], não sendo necessário fazermos um apelo à validade do contrato no período que antecedeu a sua extinção.

Assim, na ausência de qualquer convenção sobre os efeitos da resolução, o empreiteiro fica obrigado a devolver ao dono da obra o preço recebido e este a restituir ao empreiteiro a obra defeituosa por si aceite, no estado em que a recebeu, ressalvando-se a deterioração inerente a uma utilização normal. Se o dono da obra ainda não tiver pago o preço, fica exonerado do cumprimento dessa obrigação[353].

Tendo o empreiteiro e o dono da obra desfrutado do dinheiro e da obra, respetivamente, por causa do cumprimento de um contrato por eles celebrado, devem ser encarados como possuidores de boa-fé (artº 1260º, nº 1 e nº 2, do C.C.), o que permite que o empreiteiro não tenha que restituir os frutos civis da quantia recebida (artº 1270º, nº 1, do C.C.) e o dono da obra não tenha que devolver nem os frutos naturais desta, nos termos do artº 1270º do C.C., nem o valor da sua utilização, tendo antes direito às benfeitorias nela realizadas, nos termos do artº 1273º a 1275º do C.C.[354].

[352] Brandão Proença, em *A resolução do contrato no direito civil,* pág. 185.

[353] Pedro de Albuquerque/Miguel Assis Raimundo, em *Contrato de empreitada,* pág. 435.

[354] Rui Sá Gomes, em *Breves notas sobre o cumprimento defeituoso no contrato de empreitada,* em "Ab vnu ad omnes – 75 anos da Coimbra Editora", pág. 629, defende que o empreiteiro deve restituir o preço recebido, acrescido de juros de mora, desde o pagamento do preço.

Também não se justifica que se proceda à atualização monetária da quantia recebida pelo empreiteiro, atento o princípio do nominalismo monetário consagrado no artº 550º do C.C.[355].

Porém, após ter sido rececionada a declaração resolutiva, com a consequente extinção do contrato, já a posse dos bens recebidos, em consequência do cumprimento das prestações acordadas, se revela de má-fé (artº 1260º, nº 1 e 2, do C.C.), pelo que o empreiteiro deve restituir os frutos civis produzidos após a resolução do contrato, assim como o dono da obra deve restituir os frutos naturais desta, nos termos do artº 1271º do C.C., tendo direito às benfeitorias nos termos dos artº 1273º a 1275º do C.C.

Os encargos com a obra devem seguir o regime previsto no artº 1272º do C.C.

Quando a obra é feita com materiais do seu dono, pode este reclamar a restituição desses materiais, ou do seu valor, caso já não seja possível a restituição em espécie[356].

Quando um imóvel é construído em terreno do dono da obra, este pode exigir do empreiteiro a sua demolição, à custa deste, podendo reclamar a restituição dos materiais que tenha fornecido, ou o seu valor, caso não seja possível a restituição em espécie[357].

Pedro Romano Martinez, em *Cumprimento defeituoso...*, pág. 302-305, defende que o empreiteiro deve restituir o preço recebido e juros de mora, e o dono da obra restituir os frutos desta, assim como o valor da sua utilização.

[355] Brandão Proença, em *A resolução do contrato no direito civil,* pág. 184.

[356] Vaz Serra, em *Empreitada,* B.M.J. nº 146, pág. 58, Pereira de Almeida, em *Direito privado II (Contrato de empreitada),* pág. 87, Pedro Romano Martinez, em *Direito das obrigações...*, pág. 488, e em *Cumprimento defeituoso...*, pág. 306, Rui Sá Gomes, em *Breves notas sobre o cumprimento defeituoso no contrato de empreitada,* em "Ab vnu ad omnes – 75 anos da Coimbra Editora", pág. 629, Pedro de Albuquerque/Miguel Assis Raimundo, em *Contrato de empreitada,* pág. 436, Santos Justo, em *Manual de contratos civis,* pág. 503, Carlo Giannattasio, em *L' appalto,* pág. 207, Domenico Rubino/Giovanni Iudica, em *Dell' appalto,* pág. 435, Lidia Savanna, em *La responsabilità dell'appaltatore,* pág. 55, e Federico Cappai, em *Codice dell' appalto privato,* pág. 600.

[357] Pereira de Almeida, em *Direito privado II (Contrato de empreitada),* pág. 88, Pedro Romano Martinez, em *Direito das obrigações...*, pág. 489, e em *Cumprimento defeituoso...*, pág. 306, Rui Sá Gomes, em *Breves notas sobre o cumprimento defeituoso no contrato de empreitada,* em "Ab vnu ad omnes – 75 anos da Coimbra Editora", pág. 630, Menezes Leitão, em *Direito das obrigações,* vol. III, pág. 544, Pedro de Albuquerque/Miguel Assis Raimundo, em *Contrato de empreitada,* pág. 436-437, Santos Justo, em *Manual de contratos civis,* pág. 503,

Se o imóvel é construído em terreno do empreiteiro, o dono da obra tem apenas direito à restituição dos materiais que eventualmente tenha fornecido, ou do seu valor, caso não seja possível a restituição em espécie[358].

Se estivermos perante uma empreitada de execução continuada ou periódica, a retroatividade inerente à resolução poderá não abranger as prestações já efetuadas, se a causa resolutiva não legitimar esse efeito (artº 434º, nº 2, do C.C.), como poderá suceder com os contratos de manutenção periódica[359].

Nada impede que as partes insiram no contrato uma cláusula resolutiva, nos termos do artº 432º, nº 1, do C.C., a aplicar no caso de se verificarem determinados defeitos, mesmo que estes não provoquem a inaptidão da obra contratada, e independentemente de qualquer ordem de prioridade no exercício dos direitos do dono da obra[360].

6. O direito de indemnização

Apesar da atribuição de todos os direitos que temos vindo a analisar, o legislador desejou vincar, no artº 1223º do C.C., que não estava excluída a possibilidade de existir também um direito geral de indemnização,

Carlo Giannattasio, em *L' appalto,* pág. 207, Domenico Rubino/Giovanni Iudica, em *Dell' appalto,* pág. 436, Francesco Galgano, em *Diritto civile e commerciale,* vol. II, tomo 2, pág. 81, Lidia Savanna, em *La responsabilità dell'appaltatore,* pág. 56, e Federico Cappai, em *Codice dell' appalto privato,* pág. 600.

358 Pedro Romano Martinez, em *Direito das obrigações...,* pág. 489, Rui Sá Gomes, em *Breves notas sobre o cumprimento defeituoso no contrato de empreitada,* em "Ab vnu ad omnes 75 anos da Coimbra Editora", pág. 630, Menezes Leitão, em *Direito das obrigações,* vol. III, pág. 544, Pedro de Albuquerque/Miguel Assis Raimundo, em *Contrato de empreitada,* pág. 437, e Santos Justo, em *Manual de contratos civis,* pág. 504.

359 Vaz Serra, em *Empreitada,* no B.M.J. nº 146, pág. 59, Pereira de Almeida, em *Direito privado II (Contrato de empreitada),* pág. 87, Brandão Proença, em *A resolução do contrato no direito civil,* pág. 192, Pedro Romano Martinez, em *Direito das obrigações...,* pág. 489, e em *Cumprimento defeituoso...,* pág. 303, Rui Sá Gomes, em *Breves notas sobre o cumprimento defeituoso no contrato de empreitada,* em "Ab vno ad omnes – 75 anos da Coimbra Editora", pág. 630, Santos Justo, em *Manual de contratos civis,* pág. 504, Carlo Giannattasio, em *L' appalto,* pág. 208, Domenico Rubino/Giovanni Iudica, em *Dell' appalto,* pág. 437-438, Lidia Savanna, em *La responsabilità dell'appaltatore,* pág. 57-58, e os seguintes Acórdãos:

- ✓ da Relação de Lisboa, de 5-5-2005, no site www.dgsi.pt, relatado por Fátima Galante.
- ✓ da Relação do Porto, de 17-11-2005, no site www.dgsi.pt, relatado por Ataíde das Neves.

360 Lucchini Guastalla, em *La risoluzioni di diritto per inadempimento dell'appaltatore,* pág. 142-150.

para além do direito específico de eliminação dos defeitos[361], que ressarcisse o dono da obra dos prejuízos resultantes do cumprimento defeituoso da prestação do empreiteiro. Este direito de indemnização é residual relativamente aos direitos de eliminação dos defeitos, de realização de nova obra, de redução do preço e de resolução do contrato[362]. O dono da obra só tem direito de indemnização, nos termos do artº 1223º do C.C., relativamente aos prejuízos que não obtiverem reparação através do exercício daqueles outros direitos, pelo que pode ser exercido cumulativamente com o exercício desses direitos, ou isoladamente, nas hipóteses em que se revela o único meio de reparação do prejuízo resultante da existência do defeito.

Esta última hipótese ocorrerá nos casos de defeitos não elimináveis, em que se revele desproporcionada a exigência de realização de nova obra, e que se traduzam em desconformidades que não reduzem o valor da obra, nem a tornam inadequada ao fim a que se destina[363]. Aqui o empreiteiro deverá indemnizar o dono da obra pelo simples facto de ter realizado uma obra que não corresponde inteiramente ao que foi acordado, o que revela o cariz residual do direito de indemnização[364].

Já assumirá um papel complementar, nas hipóteses em que os direitos de eliminação e/ou de redução do preço, apenas conduziram a uma reparação parcial do dano consubstanciado na própria existência do defeito da obra.

Nas situações de redução do preço, o dono da obra terá também direito a ser proporcionalmente compensado das despesas por si efetuadas

[361] Também por nós considerado um direito de indemnização sob a forma específica.

[362] Vaz Serra, em *Empreitada*, no B.M.J. nº 146, pág. 63-65, Pereira de Almeida, em *Direito privado II (Contrato de empreitada)*, pág. 88-89, Pedro Romano Martinez, em *Cumprimento defeituoso...*, pág. 310, e em *Direito das obrigações...*, pág. 492, Rui Sá Gomes, em *Breves Notas sobre o cumprimento defeituoso no contrato de empreitada*, em "Ab vnu ad omnes – 75 anos da Coimbra Editora", pág. 631, e Santos Justo, em *Manual de contratos civis*, pág. 505.

[363] Pedro Romano Martinez, em *Cumprimento defeituoso...*, pág. 394, Domenico Rubino/ /Giovanni Iudica, em *Dell' appalto*, pág. 420-423, Lucchini Guastalla, em *La risoluzioni di diritto per inadempimento dell'appaltatore*, pág. 110-111, e Maria Cristina Cervale, em *La responsabilità dell' appaltatore*, pág. 133.

[364] Verifica-se esta hipótese quando, por exemplo, o empreiteiro, coloca uma tijoleira vermelha de igual qualidade à contratada, mas com um tom diferente do escolhido pelo dono da obra, sendo, contudo, sempre de ponderar a justificação da realização de nova obra, nos termos previstos no artº 1221º, nº 1 e 2, do C.C. Sobre esta ponderação cfr., *supra*, pág. 125-126.

por causa da celebração do contrato que veio a sofrer uma modificação[365], o que integrará uma indemnização pelo interesse contratual negativo parcial[366]. Já não lhe assistirá direito a indemnização pelos lucros cessantes resultantes do defeito que padece a obra, uma vez que a redução do preço se traduz numa alteração do conteúdo contratual que tem implícita uma aceitação da obra com os defeitos nela existentes[367]. Na verdade, permanecendo o negócio válido e eficaz, embora com outro conteúdo (a obra não é precisamente aquela que foi contratada e o preço foi reduzido) o prejuízo não se traduz no facto do contrato ter sido celebrado, mas sim em não ter sido outorgado, *ab initio*, nos termos em que posteriormente foi modificado, por força dos defeitos existentes na obra realizada[368].

Ao contrário do que ocorre com a indemnização complementar dos direitos de eliminação dos defeitos ou de realização de nova obra, nos casos de resolução, o dono da obra terá direito de indemnização pelo interesse contratual negativo[369]. Verificando-se, com a resolução, uma tentativa de reposição da situação anterior à realização do contrato resolvido, o empreiteiro deve indemnizar o dono da obra de todos os

[365] Vaz Serra, em *Empreitada*, no B.M.J. nº 146, pág. 65, Domenico Rubino/Giovanni Iudica, em *Dell' appalto*, pág. 422, Federico Cappai, em *Codice dell' appalto privato*, pág. 588, e o Acórdão do S.T.J. de 12-7-2005, no site www.dgsi.pt, relatado por Araújo de Barros.

[366] Utilizou esta qualificação para a indemnização cumulável com a redução do preço, Paulo Mota Pinto, em *Interesse contratual negativo e interesse contratual positivo*, vol. II, pág. 1023.

[367] Em sentido contrário, Pedro Romano Martinez, em *Cumprimento defeituoso...*, pág. 394-395.

[368] Vg. os custos que o dono da obra teve de suportar para obter um financiamento que se revelou desnecessário para o preço que veio a pagar após a redução.

[369] Pedro Romano Martinez, em *Cumprimento defeituoso...*, pág. 309-314, e em *Direito das obrigações...*, pág. 490, Rui Sá Gomes, em *Breves notas sobre o cumprimento defeituoso no contrato de empreitada*, em "Ab vno ad omnes – 75 anos da Coimbra Editora", pág. 631, nota 97, Henrique Sousa Antunes, em *A responsabilidade civil dos intervenientes no processo de construção*, em Cadernos de Direito Privado, nº 51, pág. 6, e os seguintes Acórdãos:

- ✓ da Relação de Lisboa, de 23-2-1995, na C.J., Ano XX, tomo 1, pág. 143, relatado por Santos Bernardino.
- ✓ da Relação de Lisboa, de 5-5-2005, no site www.dgsi.pt, relatado por Fátima Galante.
- ✓ do S.T.J., de 12-7-2005, no site www.dgsi.pt, relatado por Salvador da Costa.
- ✓ do S.T.J., de 12-7-2005, no site www.dgsi.pt, relatado por Araújo de Barros.
- ✓ da Relação do Porto, de 4-12-2006, no site www.dgsi.pt, relatado por Anabela Luna.
- ✓ do S.T.J., de 23-1-2007, no site www.dgsi.pt, relatado por Sebastião Póvoas.

danos emergentes e lucros cessantes provocados pela celebração e pelo cumprimento do contrato. O que não se justifica, em princípio, nestes casos, é que a indemnização procure repor as vantagens que o dono da obra obteria se o contrato tivesse sido cumprido na perfeição (interesse contratual positivo)[370]. Assim, o empreiteiro, com a resolução do contrato, deve, em regra, apenas indemnizar o dono da obra de todas as despesas efetuadas por este, provocadas pela celebração do contrato de empreitada, tal como dos benefícios que deixou de obter, pelo facto de ter celebrado aquele negócio. Admite-se, contudo, que em determinadas situações, cumulativamente com a resolução do contrato, o direito de indemnização previsto no artº 1223º do C.C., possa cobrir não só os danos provocados no bem sobre o qual incidiu a obra, mas também outras perdas resultantes do não cumprimento perfeito do contratado.

Esta obrigação de indemnização complementar, ou residual, seguirá as regras gerais previstas nos artº 562º e seguintes do C.C., podendo consistir na restauração natural ou numa restituição por equivalente, consoante os casos, não influindo no seu *quantum* o grau de culpa do empreiteiro.

A indemnização que visa reparar estes prejuízos está sujeita ao regime especial previsto para o contrato de empreitada, nomeadamente no que se refere à consagração de prazos curtos de caducidade, estabelecidos nos artº 1220º e 1224º do C.C.

Já a indemnização dos prejuízos colaterais, provocados pelos defeitos da obra, que impliquem uma responsabilidade contratual do empreiteiro[371], em princípio[372], estará sujeita apenas às regras gerais do direito de indemnização por responsabilidade contratual, não se lhe aplicando as regras especiais dos artº 1218º e seguintes do C.C., nomea-

[370] Defendendo a possibilidade da ressarcibilidade do interesse contratual positivo nos casos de resolução do contrato de empreitada, por cumprimento defeituoso, BAPTISTA MACHADO, em *Pressupostos da resolução por incumprimento,* em "Obra dispersa", vol. I, pág. 175-183, e os seguintes Acórdãos:

✓ da Relação do Porto, de 7-7-2005, no site www.dgsi.pt, relatado por JOÃO BERNARDO.

✓ da Relação do Porto, de 17-11-2005, no site www.dgsi.pt, relatado por ATAÍDE DAS NEVES.

[371] Ver, *supra*, pág. 82-83, a distinção que se efetuou entre os danos geradores de responsabilidade contratual e responsabilidade extracontratual.

[372] Cfr., *supra*, nota 272.

damente no que se refere à existência de prazos de caducidade. Ao direito de indemnização por estes danos é-lhe apenas aplicável o prazo de prescrição geral[373].

Como exemplo desses danos colaterais constitutivos de um direito de indemnização, temos os danos não patrimoniais que o dono da obra possa ter sofrido com o cumprimento defeituoso da prestação, os quais são indemnizáveis, se assumirem um grau de gravidade, que justifique uma intervenção compensatória do direito, nos termos do artº 496º do C.C.[374].

[373] VAZ SERRA, em *Empreitada,* B.M.J. nº 146, pág. 78, e na R.L.J., Ano 108º, pág. 141-151, em anotação ao Acórdão do S.T.J. de 2-4-1974, MOITINHO DE ALMEIDA, em *A responsabilidade civil do projetista e o seu seguro,* no B.M.J. nº 228, pág. 28-29, BRANDÃO PROENÇA, em *Lições de cumprimento e não cumprimento das obrigações,* pág. 360, HENRIQUE SOUSA ANTUNES, em *A responsabilidade civil dos intervenientes no processo de construção,* em Cadernos de Direito Privado, nº 51, pág. 6, MENEZES CORDEIRO, em *Tratado de direito civil,* vol. XII, pág. 971, e os seguintes Acórdãos:

- ✓ da Relação de Coimbra, de 16-9-2008, no site www.dgsi.pt, relatado por SÍLVIA PIRES.
- ✓ da Relação de Coimbra, de 2-6-2009, no site www.dgsi.pt, relatado por TÁVORA VITOR.
- ✓ da Relação de Coimbra, de 30-6-2009, no site www.dgsi.pt, relatado por SÍLVIA PIRES.
- ✓ da Relação de Lisboa, de 2-7-2009, no site www.dgsi.pt, relatado por GRANJA DA FONSECA.
- ✓ da Relação do Porto, de 12-10-2010, no site www.dgsi.pt, relatado por SÍLVIA PIRES.
- ✓ da Relação de Coimbra, de 22-3-2011, no site www.dgsi.pt, relatado por FONTE RAMOS.
- ✓ da Relação de Coimbra, de 29-11-2011, no site www.dgsi.pt, relatado por CARLOS QUERIDO.
- ✓ da Relação de Coimbra, de 18-3-2014, no site www.dgsi.pt, relatado por HENRIQUE ANTUNES.
- ✓ da Relação do Porto, de 20-2-2017, no site www.dgsi.pt, relatado por CARLOS GIL.
- ✓ da Relação de Guimarães, de 12-1-2017, acessível no site www.dgsi.pt, relatado por MARIA DOS ANJOS.

[374] Defendendo a indemnização dos danos não patrimoniais no domínio da responsabilidade contratual, VAZ SERRA, em *Reparação do dano não patrimonial,* no B.M.J. nº 83, pág. 102 e seg., e em anotação ao Acórdão do S.T.J. de 4-6-1974, na R.L.J., Ano 108, pág. 222, INOCÊNCIO GALVÃO TELLES, em *Direito das obrigações,* pág. 385-387, PESSOA JORGE, *Direito das obrigações,* pág. 597, ALMEIDA COSTA, em *Direito das obrigações,* pág. 600-604, PINTO MONTEIRO, em *Cláusula penal e indemnização,* pág. 31, nota 77, PEDRO FERREIRA DIAS, em *O dano moral...,* pág. 33-37, e RUI SOARES PEREIRA, em *A responsabilidade por danos não patrimoniais do incumprimento das obrigações no direito civil português,* que a pág. 303-305 analisa alguns casos relativamente a incumprimentos de contratos de empreitada.

Defendeu-se a ressarcibilidade, nos termos do artº 1223º do C.C., do desgosto sofrido pelo dono da obra por não poder usufruir desta devido aos defeitos que a mesma padecia, nos seguintes Acórdãos:

- ✓ do S.T.J., de 8-6-2006, no site www.dgsi.pt, relatado por JOÃO CAMILO.

Também os estragos provocados na própria obra, ou na coisa onde foi realizada um obra de remodelação ou reparação, pela existência dos defeitos, serão indemnizáveis, segundo as regras gerais do direito de indemnização por responsabilidade contratual, complementarmente ao direito à eliminação dos defeitos, ou à redução do preço, ou mesmo aos direitos de reconstrução ou resolução do contrato, nos casos de danos na coisa onde foi efetuada obra de remodelação ou reparação.

O mesmo sucede com as despesas efetuadas pelo dono da obra, com vista a definir e localizar os defeitos serão indemnizáveis complementarmente a qualquer um dos direitos que lhe são conferidos nos artº 1221º e 1222º do C.C.[375].

Nas hipóteses de eliminação de defeitos ou de realização de nova construção, decorre normalmente um período de tempo necessário

- ✓ da Relação de Évora, de 8-2-2007, no site www.dgsi.pt, relatado por Alexandra Santos.
- ✓ da Relação de Guimarães, de 11-10-2007, no site www.dgsi.pt, relatado por Conceição Bucho.
- ✓ da Relação de Lisboa, de 2-7-2009, no site www.dgsi.pt, relatado por Nelson Borges Carneiro.
- ✓ da Relação de Coimbra, de 6-7-2010, no site www.dgsi.pt, relatado por Teresa Pardal.
- ✓ da Relação de Lisboa, de 27-1-2011, no site www.dgsi.pt, relatado por Jorge Leal.
- ✓ da Relação de Coimbra, de 29-11-2011, no site www.dgsi.pt, relatado por Carlos Querido.
- ✓ do S.T.J., de 24-1-2012, no site www.dgsi.pt, relatado por Martins de Sousa.
- ✓ da Relação do Porto, de 31-1-2012, no site www.dgsi.pt, relatado por Cecília Agante.
- ✓ da Relação de Coimbra, de 11-12-2012, no site www.dgsi.pt, relatado por Carlos Moreira.
- ✓ da Relação de Évora, de 21-2-2013, no site www.dgsi.pt, relatado por Maria Alexandra Santos.
- ✓ da Relação de Lisboa, de 2-5-2013, no site www.dgsi.pt, relatado por Carla Mendes.
- ✓ da Relação de Coimbra, de 20-5-2014, no site www.dgsi.pt, relatado por Arlindo Oliveira.

No Acórdão da Relação de Lisboa de 28-1-2014, no site www.dgsi.pt, relatado por Luís Espírito Santo, entendeu-se que apesar de se estar perante respeitáveis sentimentos de receio e preocupação, de cariz eminentemente subjetivo, os mesmos, não comportam o grau impressivo de sofrimento associado às situações verdadeiramente graves e violadoras do direito à integridade moral pressupostas na previsão do artigo 496º, nº 1, do Código Civil.

O mesmo juízo foi efetuado pelo Acórdão da Relação de Coimbra de 5-12-2012, no site www.dgsi.pt, relatado por Barateiro Martins, relativamente a transtornos, incómodos e contrariedades inerentes a uma deficiente colocação de caixilharias numa casa de habitação.

[375] Assim decidiu o Acórdão do S.T.J. de 18-5-2006, no site www.dgsi.pt, relatado por Nuno Cameira.

à realização desses trabalhos de reparação que impedem o dono da obra de a utilizar, o que lhe provoca prejuízos que exigem ressarcimento[376]. Os trabalhos de eliminação dos defeitos ou reconstrução podem exigir atos de colaboração do dono da obra, ou perturbação da vida, ou atividade deste, que o empreiteiro deve igualmente indemnizar segundo as regras gerais do direito de indemnização por responsabilidade contratual.

Nada parece também impedir a fixação pelas partes de uma cláusula penal em que se determine previamente o pagamento de um determinado montante indemnizatório como compensação pela existência de defeitos na obra[377], desde que essa cláusula não seja aposta em domínios em que regem normas imperativas ou o valor fixado seja de tal modo ínfimo que resulte numa exclusão dos direitos do dono da obra em situações em que essa exclusão não é admissível[378].

[376] Vaz Serra, em *Empreitada*, no B.M.J. nº 146, pág. 63-64, Henrique Sousa Antunes, em *A responsabilidade civil dos intervenientes no processo de construção*, em Cadernos de Direito Privado, nº 51, pág. 7, e Domenico Rubino/Giovanni Iudica, em *Dell' appalto*, pág. 420, e os seguintes Acórdãos:

✓ do S.T.J., de 12-7-2005, no site www.dgsi.pt, relatado por Araújo de Barros.

✓ da Relação do Porto, de 22-5-2012, no site www.dgsi.pt, relatado por Fernando Samões.

O Acórdão da Relação de Lisboa de 21-3-2012, acessível no site www.dgsi.pt, relatado por Sérgio Almeida, apesar de concordar que as indemnizações pelos danos colaterais não estavam sujeitas aos prazos de caducidade estabelecidos nos artigos 1224º e 1225º do C.C., numa opção da qual se discorda, considerou que a indemnização pela privação de uso do bem afetado pelo defeito estava sujeita a esses prazos, apoiando-se em doutrina demasiado restritiva, anteriormente sustentada pelo Acórdão da mesma Relação de 18-9-2008, acessível no site www.dgsi.pt, relatado por Farinha Alves.

[377] Carmella Mascarello, em *Il contratto di appalto*, pág. 140-141.

O Acórdão da Relação de Lisboa, de 26-10-2010, acessível no site www.dgsi.pt, relatado por António Santos, admitiu a fixação de uma cláusula penal para a mora na realização dos trabalhos de eliminação dos defeitos.

Nada obsta à fixação de cláusulas penais de cariz compulsório.

[378] Vid., *supra*, pág. 95 e seg.

7. O direito de indemnização em dinheiro pelo custo dos trabalhos de eliminação dos defeitos ou de reconstrução realizados pelo dono da obra ou por terceiro contratado por este

Até há poucos anos foi opinião dominante na doutrina[379] e na jurisprudência[380] que a não eliminação dos defeitos ou a não repetição da

[379] Pires de Lima e Antunes Varela, em *Código Civil anotado,* vol. II, pág. 896, Pereira de Almeida, em *Direito privado II (Contrato de empreitada),* pág. 84, Rosendo Dias José, em *Responsabilidade civil do construtor e do vendedor pelos defeitos,* pág. 54, Pedro Romano Martinez, em *Direito das obrigações...,* pág. 482-483, e em *Cumprimento defeituoso...,* pág. 346, Rui Sá Gomes, em *Breves notas sobre o cumprimento defeituoso no contrato de empreitada,* em "Ab vno ad omnes - 75 anos da Coimbra Editora", pág. 619, Menezes Leitão, em *Direito das obrigações,* vol. III, pág. 539-540, Santos Justo, em *Manual de contratos civis,* pág. 501, e Menezes Cordeiro, em *Tratado de direito civil,* vol. XII, pág. 952-953.

Pedro Romano Martinez, Santos Justo e Menezes Cordeiro, nas ob. e loc. cit., admitem, contudo, a possibilidade de o dono da obra proceder, por si ou por terceiro, à eliminação dos defeitos, sem intervenção judicial, em casos de manifesta urgência, com cobertura da figura do estado de necessidade, podendo posteriormente reclamar o reembolso das despesas com essa intervenção. O primeiro autor refere ainda que, noutros países, existe quem defenda a possibilidade de o dono da obra pedir a condenação do empreiteiro a pagar-lhe o valor correspondente à antecipação das despesas previsíveis com as obras de eliminação dos defeitos.

[380] Leiam-se os seguintes Acórdãos:

- ✓ da Relação de Lisboa, de 21-1-1976, na C.J., Ano I, tomo 1, pág. 203, relatado por Alves Branco.
- ✓ da Relação do Porto, de 9-2-1984, na C.J., Ano IX, tomo 1, pág. 235, relatado por Júlio Santos.
- ✓ da Relação de Lisboa, de 27-10-1988, na C.J., Ano XIII, tomo 4, pág. 137, relatado por José de Magalhães.
- ✓ da Relação do Porto, de 11-4-1989, na C.J., Ano XIV, tomo 2, pág. 217, relatado por Matos Fernandes.
- ✓ da Relação de Évora, de 14-2-1991, na C.J., Ano XVI, tomo 1, pág. 299, relatado por Pereira Cardigos.
- ✓ da Relação do Porto, de 7-1-1992, na C.J., Ano XVII, tomo 1, pág. 222, relatado por Almeida e Silva.
- ✓ do S.T.J., de 11-5-1993, na C.J. (Ac. do S.T.J.), Ano I, tomo 2, pág. 97, relatado por Ramiro Vidigal.
- ✓ do S.T.J., de 8-6-1993, na C.J. (Ac. do S.T.J.), Ano I, tomo 2, pág. 144, relatado por Mário Cura Mariano.
- ✓ do S.T.J., de 18-10-1994, na C.J. (Ac. do S.T.J.), Ano II, tomo 3, pág. 93. relatado por Torres Paulo.
- ✓ da Relação de Lisboa, de 15-12-1994, na C.J., Ano XIX, tomo 5, pág. 137, relatado por Joaquim Dias.
- ✓ do S.T.J., de 14-3-1995, no B.M.J. nº 445, pág. 464, relatado por Fernando Fabião.

prestação pelo empreiteiro não confere ao dono da obra o direito de por si, ou por intermédio de terceiro, num ato autotutelar, eliminar os defeitos ou reconstruir a obra, reclamando, posteriormente, daquele o pagamento das despesas efetuadas com esses trabalhos, ou exigindo-lhe antecipadamente o adiantamento dessa quantia. O dono da obra só poderia obter esse resultado através da via judicial, percorrendo toda a

✓ da Relação de Évora, de 26-9-1996, na C.J., Ano XXI, tomo 4, pág. 282, relatado por MÁRIO PEREIRA.
✓ da Relação de Coimbra, de 2-10-2001, na C.J., Ano XXVI, tomo 4, pág. 24, relatado por HELDER ROQUE.
✓ da Relação de Coimbra, de 24-9-2003, na C.J., Ano XXVIII, tomo 4, pág. 17, relatado por HELDER ROQUE.
✓ do S.T.J., de 16-10-2003, no site www.dgsi.pt, relatado por LUÍS FONSECA.
✓ da Relação de Lisboa, de 4-12-2003, no site www.dgsi.pt, relatado por FERNANDA PEREIRA.
✓ da Relação de Lisboa, de 15-1-2004, no site www.dgsi.pt, relatado por FERNANDA PEREIRA.
✓ do S.T.J., de 9-3-2004, no site www.dgsi.pt, relatado por NEVES RIBEIRO.
✓ da Relação de Lisboa, de 11-3-2004, no site www.dgsi.pt, relatado por CARLOS VALVERDE.
✓ do S.T.J., de 30-11-2004, no site www.dgsi.pt, relatado por FARIA ANTUNES.
✓ da Relação do Porto, de 12-4-2005, no site www.dgsi.pt, relatado por EMÍDIO COSTA.
✓ da Relação de Lisboa, de 10-11-2005, no site www.dgsi.pt, relatado por SILVA SANTOS.
✓ do S.T.J., de 7-12-2005, no site www.dgsi.pt, relatado por AZEVEDO RAMOS.
✓ da Relação de Lisboa, de 22-9-2005, no site www.dgsi.pt, relatado por MANUEL GONÇALVES.
✓ da Relação de Lisboa, de 20-4-2006, no site www.dgsi.pt, relatado por GRANJA DA FONSECA.
✓ do S.T.J., de 2-11-2006, no site www.dgsi.pt, relatado por CUSTÓDIO MONTES.
✓ do S.T.J., de 28-9-2006, no site www.dgsi.pt, relatado por MOTA MIRANDA.
✓ do S.T.J., de 11-1-2007, no site www.dgsi.pt, relatado por CUSTÓDIO MONTES.
✓ da Relação de Lisboa, de 1-3-2007, no site www.dgsi.pt, relatado por PEREIRA RODRIGUES.
✓ do S.T.J., de 29-3-2007, no site www.dgsi.pt, relatado por GIL ROQUE.
✓ da Relação de Lisboa, de 28-6-2007, no site www.dgsi.pt, relatado por PEREIRA RODRIGUES.
✓ do S.T.J., de 13-12-2007, no site www.dgsi.pt, relatado por ALVES VELHO.
✓ da Relação de Évora, de 18-6-2009, no site www.dgsi.pt, relatado por ALEXANDRA SANTOS.
✓ da Relação de Évora, de 25-6-2009, no site www.dgsi.pt, relatado por SILVA RATO.
✓ da Relação de Évora, de 3-3-2010, no site www.dgsi.pt, relatado por ALEXANDRA SANTOS.
✓ do S.T.J., de 7-7-2010, no site www.dgsi.pt, relatado por FERREIRA DE ALMEIDA.
✓ da Relação de Évora, de 8-7-2010, no site www.dgsi.pt, relatado por BERNARDO DOMINGOS.
✓ da Relação do Porto, de 28-3-2012, no site www,dgsi.pt, relatado por AMARAL FERREIRA.
✓ da Relação de Guimarães, de 21-1-2106, no site www,dgsi.pt, relatado por JORGE TEIXEIRA.

via sacra processual acima descrita [381]– obtenção de sentença condenatória em ação declarativa, seguida de requerimento de cumprimento do objeto da condenação por terceiro, no respetivo processo executivo.

Como esta tese, na maior parte dos arestos e doutrina citados em nota, se apoia na leitura que Pires de Lima e Antunes Varela fizeram dos preceitos que regulam esta matéria no Código Civil, passamos a reproduzir a opinião destes Professores:

> *"Pode considerar-se seguro, no nosso direito, que este artigo (artº 1221º) não confere ao dono da obra o direito de, por si ou por intermédio de terceiro, eliminar os defeitos ou reconstruir a obra à custa do empreiteiro. As dúvidas que têm sido levantadas em Itália foram afastadas com a supressão da frase equívoca do artº 1668º, "a spese dell' appaltore", e com uma redação do texto que exprime claramente a ideia que é ao empreiteiro que pode ser exigida a eliminação dos defeitos ou a reconstrução da obra.*
>
> *O regime aplicável é, pois, o do artº 828º, que aliás é o mais razoável, na medida em que salvaguarda legítimos interesses do empreiteiro sem prejudicar o direito fundamental do dono da obra. Só em execução se pode pedir que o facto seja prestado por outrem à custa do devedor, ou a indemnização pelos danos sofridos.*
>
> *Não foi, assim, aceita a proposta de Vaz Serra, no sentido de permitir ao dono da obra proceder à eliminação dos defeitos e reclamar indemnização das despesas necessárias, logo que o empreiteiro se constitua em mora (Anteprojeto, artº 18º, nº 3). Pareceu que não se justificava, neste caso especial de empreitada, que se prescindisse da via judicial de condenação do empreiteiro, entrando-se diretamente numa execução específica"*[382].

Nos trabalhos preparatórios do Código Civil de 1966, o Prof. Vaz Serra[383], após verificar que o direito prioritário a conferir ao dono da obra, no caso desta padecer de defeitos, deveria ser o de exigir que o vício fosse eliminado à custa do empreiteiro, seguindo as normas então vigentes dos Códigos Civis Italiano (artº 1668), Alemão (§ 633) e do Código das Obrigações Suíço (artº 368, 2), constatou a existência

[381] Cfr., *supra*, pág. 118.

[382] Em *Código Civil anotado,* vol. II, pág. 896.

[383] Em *Empreitada,* no B.M.J. nº 145, pág. 19 e seg. e nº 146, pág. 33 e seg., especialmente quanto a esta matéria, pág. 44 e seg., do B.M.J. nº 146.

de forte polémica, no sistema italiano, relativamente à possibilidade do dono da obra poder fazer eliminar os defeitos por um terceiro, devendo o empreiteiro reembolsá-lo ou antecipar-lhe as despesas.

Nesse conflito, avultava a voz autorizada de Domenico Rubino que negava essa possibilidade, obrigando o dono da obra a seguir os trâmites judiciais necessários para chegar à execução forçada das obrigações de fazer:

> *"Justifica-se esta solução, também sob o aspeto substancial da valoração dos interesses em conflito: de facto se o comitente tem um direito à reparação é também justo que comece por deixar ao empreiteiro a possibilidade de proceder a ela por si, porque este último pode ter nisto um legítimo interesse, para evitar as maiores despesas que habitualmente derivam da intervenção de um terceiro. E é verdade que não há que preocupar-se demasiado com o interesse de um inadimplente; mas, de tal modo, não se sacrifica sequer o interesse do credor, que nada perde substancialmente, pois não se trata de lhe subtrair a possibilidade de fazer realizar os trabalhos por um terceiro, com consequente reembolso, mas só de deslocar isto para uma ulterior fase processual, isto é, para a da execução forçada, quando o empreiteiro se tenha recusado a cumprir voluntariamente a sentença de condenação. De facto, é também justo que o devedor antes de tomar a sua decisão definitiva, saiba com segurança ser ainda devedor, isto é que seja posto em face de uma sentença de condenação: seria, portanto, igualmente inexato pensar que o eventual interesse do empreiteiro a uma execução direta mereça tutela só na fase extrajudicial"*[384].

Vaz Serra, porém, não se impressionou perante a argumentação de Rubino[385] e preferiu adotar a explícita solução do Código Civil Alemão (§ 633, 1)[386] – se o empreiteiro se constituir em mora na eliminação dos defeitos, o dono da obra tem o direito de efetuar a eliminação e exigir o

[384] Em *L' appalto*, nota 6 ao artº 1668, traduzida por Vaz Serra no B.M.J. nº 147, pág. 45.

[385] Escreveu Vaz Serra, após enunciar os argumentos de Domenico Rubino, no B.M.J. nº 147, pág. 47: *"Se se adotasse esta orientação, criar-se-ia ao dono da obra uma situação difícil, compelindo-o, na falta de acordo, a propor uma ação contra o empreiteiro e, obtida a sentença, a promover execução da obrigação de fazer, nos termos gerais. Isto seria particularmente grave nos casos de empreitada de pequena importância."*

[386] O atual § 637, do C.C. Alemão, permite que o dono da obra reclame do empreiteiro o custo das despesas de eliminação dos defeitos já realizadas ou a realizar, quando este não tenha reparado o defeito num prazo razoável, ou quando se recusou a efetuar essa reparação.

reembolso das despesas efetuadas – tendo proposto, no artº 18º do seu Anteprojeto, relativo ao capítulo da empreitada:

"Direito à eliminação dos defeitos

1. Se a obra tiver defeitos por que o empreiteiro responda, pode o dono exigir a eliminação deles...

2....

3. Se o empreiteiro se constituir em mora de eliminar os defeitos da obra, pode o dono proceder a essa eliminação e reclamar indemnização das despesas necessárias.".

Contudo, o Anteprojeto saído da 2ª revisão ministerial de 1965, preferindo as palavras de Rubino, suprimiu o transcrito nº 3, o que se veio a manter no Projetodo Código Civil e na sua redação final, que ainda hoje se mantém inalterada.

Tendo os direitos de eliminação dos defeitos e de realização de nova construção sido estabelecidos no interesse de ambas as partes, não pode o dono da obra, em regra[387], obviar ao cumprimento das respetivas obrigações pelo empreiteiro, efetuando-as ele próprio ou contratando terceiro para esse efeito, sem primeiro dar essa oportunidade ao empreiteiro[388]. Se o fizer, perderá a possibilidade de exercer qualquer direito de reação à existência do defeito eliminado por si, ou por terceiro, uma vez que se deve considerar extinta a obrigação do empreiteiro de reparação dos defeitos da obra, uma vez que o dono desta, com o seu comportamento, impossibilitou o seu cumprimento (artº 790º, nº 1, do C.C.)[389].

[387] Excecionam-se os casos de urgência referidos *infra*, pág. 153-157.

[388] Igual solução é a seguida pelo nosso sistema relativamente à obrigação de indemnização em geral, na forma específica. *Vide*, ALMEIDA COSTA, em *Direito das obrigações*, pág. 772-773, e PESSOA JORGE, em *Ensaio sobre os pressupostos da responsabilidade civil*, pág. 420-422.

[389] Não é aplicável a solução prevista no artº 795º, nº 2, do C.C., para a impossibilidade de cumprimento de prestação de contrato bilateral, por causa imputável ao credor, porque neste caso a prestação incumprida não integra uma relação sinalagmática nascida da celebração de um contrato bilateral, sendo antes uma obrigação de reparação, resultante do cumprimento defeituoso de prestação, esta sim com origem em contrato bilateral. Como essa obrigação de reparação não tem qualquer contraprestação, não se inserindo numa relação sinalagmática, não lhe é aplicável o regime do artº 795º, nº 2, do C.C., o qual pressupõe que a obrigação incumprida respeita à prestação de um contrato bilateral.

Essa oportunidade deve ser dada através de uma interpelação judicial ou extrajudicial do empreiteiro para efetuar as obras de eliminação dos defeitos ou de reconstrução. E não tendo sido adotada a solução proposta por Vaz Serra, mesmo encontrando-se o empreiteiro em mora no cumprimento daquelas obrigações, continua o dono da obra a não poder efetuar por ele ou através de terceiro as obras de reparação, a não ser no momento previsto no artº 871º do C.P.C., no caso de ter recorrido à via judicial para exercer o seu direito.

Mas, na hipótese de se verificar um incumprimento definitivo daquelas obrigações, imputável ao empreiteiro, já não se revela necessário o recurso à via judicial para o dono da obra poder, ele próprio, ou através de terceiro, efetuar as obras de reparação ou reconstrução, sem que perca o direito de reclamar do empreiteiro o pagamento do custo dessas obras[390].

Como já dissemos, as consequências do incumprimento da obrigação de eliminação dos defeitos da obra ou de reconstrução, não se encontrando especialmente previstas, são naturalmente as constantes do regime do incumprimento das obrigações em geral.

É certo que o artº 1222º do C.C. dispõe que, não sendo eliminados os defeitos ou construída de novo a obra, o dono pode exigir a redução do preço ou a resolução do contrato, se os defeitos tornarem a obra inadequada ao fim a que se destina. Mas este artigo não pretende estabelecer consequências específicas do não cumprimento das obrigações de eliminação dos defeitos e de reconstrução, visando apenas conferir ao dono da obra direitos subsidiários, para a hipótese do direito de eliminação dos defeitos ou de construção de nova obra não terem sido satisfeitos, por qualquer motivo.

[390] Neste sentido, em Itália, com citação de várias decisões dos tribunais italianos, MARIA CRISTINA CERVALE, em *La responsabilità dell' appaltatore,* pág. 122-127, LUCCHINI GUASTALLA, em *La risoluzioni di diritto per inadempimento dell'appaltatore,* pág. 91-105, e FRANCO BALATTI, em *La responsabilità dell'appaltatore e del directore dei lavori per vizi e difformità delle opere,* pág. 93-103. CARMELA MASCARELLO, em *Il contratto di appalto,* pág. 135-137, defende mesmo que, perante o cumprimento defeituoso pelo empreiteiro da prestação a que estava obrigado, verificou-se uma interrupção na relação de confiança que existia entre os contraentes pelo que não é exigível que o dono da obra tenha que entregar ao mesmo empreiteiro as obras de reparação dos defeitos, podendo livremente contratar com terceiro a realização destas e exigir daquele o pagamento do seu custo.

Dizer-se que os direitos conferidos nos artº 1221º e 1222º do C.C., não são de exercício alternativo, mas sim subsidiário, apenas significa que só pode ser reduzido o preço da obra, ou resolvido o contrato de empreitada, se não tiver ocorrido a eliminação dos defeitos ou a construção de nova obra, por impossibilidade, perda de interesse objetiva, desproporção ou incumprimento destas obrigações. Já o acionamento dos mecanismos previstos para o incumprimento definitivo das obrigações de eliminação dos defeitos ou de reconstrução, imputável ao empreiteiro, é alternativo, relativamente à utilização dos direitos de redução do preço ou de resolução do contrato de empreitada.

O dono da obra, tendo-se verificado um incumprimento definitivo das obrigações de eliminação dos defeitos ou de reconstrução por parte do empreiteiro que se recusou a realizá-las, não correspondeu a uma interpelação admonitória para o fazer, falhou no seu cumprimento, ou deixou que a realização da sua prestação perdesse interesse, deve poder optar entre o direito à redução do preço ou à resolução do contrato, nos termos do artº 1222º do C.C., ou a efetuar a reparação ou reconstrução da obra pelos seus meios, ou com recurso a terceiros, sendo o empreiteiro responsável pelo custo desses trabalhos. Na verdade, o incumprimento definitivo de uma obrigação confere ao credor o direito a ser indemnizado pelos prejuízos causados por esse incumprimento (artº 798º do C.C.), o que, neste caso, corresponde ao custo das obras de eliminação dos defeitos ou de reconstrução, entretanto efetuadas ou a realizar pelo dono da obra, ou por terceiro contratado por este[391].

[391] Admitiram a condenação do empreiteiro que incumpriu o dever de eliminação dos defeitos a pagar os custos dessa eliminação por terceiro ou pelo próprio dono da obra, os seguintes Acórdãos:

- ✓ do S.T.J., de 5-7-1994, na C.J. (Ac. do S.T.J.), Ano II, tomo 2, pág. 174, relatado por Carlos Caldas.
- ✓ da Relação de Lisboa, de 29-11-2001, na C.J., Ano XXVI, tomo 5, pág. 95, relatado por Salvador da Costa.
- ✓ do S.T.J., de 6-6-2002, no site www.dgsi.pt, relatado por Duarte Soares.
- ✓ do S.T.J., de 15-4-2004, no site www.dgsi.pt, relatado por Quirino Soares.
- ✓ da Relação do Porto, de 3-11-2005, no site www.dgsi.pt, relatado por Oliveira Vasconcelos.
- ✓ do S.T.J., de 18-5-2006, no site www.dgsi.pt, relatado por Nuno Cameira.
- ✓ da Relação do Porto, de 14-9-2006, no site www.dgsi.pt, relatado por Deolinda Varão.
- ✓ do S.T.J., de 14-11-2006, no site www.dgsi.pt, relatado por Salreta Pereira.

- ✓ da Relação de Coimbra, de 12-12-2006, no site www.dgsi.pt, relatado por HELDER DE ALMEIDA.
- ✓ do S.T.J., de 1-3-2007, no site www.dgsi.pt, relatado por NUNO CAMEIRA.
- ✓ do S.T.J., de 6-3-2007, no site www.dgsi.pt, relatado por AZEVEDO RAMOS.
- ✓ da Relação de Lisboa, de 10-5-2007, no site www.dgsi.pt, relatado por FÁTIMA GALANTE.
- ✓ da Relação do Porto, de 16-5-2007, no site www.dgsi.pt, relatado por MANUEL CAPELO.
- ✓ da Relação de Lisboa, de 14-6-2007, no site www.dgsi.pt, relatado por FÁTIMA GALANTE.
- ✓ da Relação do Porto, de 4-7-2007, no site www.dgsi.pt, relatado por PINTO DE ALMEIDA.
- ✓ da Relação de Coimbra, de 9-10-2007, na C.J., Ano XXXII, tomo 4, pág. 28, relatado por HENRIQUE ANTUNES.
- ✓ da Relação de Lisboa, de 16-10-2007, no site www.dgsi.pt, relatado por JOÃO AVEIRO.
- ✓ da Relação de Lisboa, de 6-12-2007, no site www.dgsi.pt, relatado por OLINDO GERALDES.
- ✓ da Relação de Coimbra, de 4-3-2008, no site www.dgsi.pt, relatado por HELDER ROQUE.
- ✓ da Relação do Porto, de 20-4-2008, no site www.dgsi.pt, relatado por PINTO DE ALMEIDA.
- ✓ da Relação de Coimbra, de 16-9-2008, no site www.dgsi.pt, relatado por SÍLVIA PIRES.
- ✓ da Relação do Porto, de 23-6-2009, no site www.dgsi.pt, relatado por JOSÉ CARVALHO.
- ✓ da Relação de Lisboa, de 2-7-2009, no site www.dgsi.pt, relatado por NELSON BORGES CARNEIRO.
- ✓ do S.T.J., de 16-3-2010, no site www.dgsi.pt, relatado por URBANO DIAS.
- ✓ da Relação de Coimbra, de 13-4-2010, no site www.dgsi.pt, relatado por FREITAS NETO.
- ✓ da Relação do Porto, de 24-4-2010, no site www.dgsi.pt, relatado por HENRIQUE ANTUNES.
- ✓ da Relação de Coimbra, de 4-5-2010, no site www.dgsi.pt, relatado por ANTÓNIO MAGALHÃES.
- ✓ da Relação de Coimbra, de 6-7-2010, no site www.dgsi.pt, relatado por TERESA PARDAL.
- ✓ da Relação do Porto, de 10-2-2011, no site www.dgsi.pt, relatado por TELES DE MENEZES.
- ✓ da Relação de Lisboa, de 17-2-2011, no site www.dgsi.pt, relatado por HENRIQUE ANTUNES.
- ✓ da Relação do Porto, de 28-3-2011, no site www.dgsi.pt, relatado por SOARES DE OLIVEIRA.
- ✓ da Relação de Lisboa, de 5-5-2011, no site www.dgsi.pt, relatado por HENRIQUE ANTUNES.
- ✓ da Relação de Guimarães, de 16-6-2011, no site www.dgsi.pt, relatado por MANSO RAÍNHO.
- ✓ da Relação de Coimbra, de 25-10-2011, no site www.dgsi.pt, relatado por CARLOS GIL.
- ✓ da Relação de Lisboa, de 23-2-2012, no site www.dgsi.pt, relatado por TERESA ALBUQUERQUE.
- ✓ da Relação de Lisboa, de 28-2-2012, no site www.dgsi.pt, relatado por ISABEL FONSECA.
- ✓ da Relação de Guimarães, de 6-3-2012, na C.J., Ano XXXVII, tomo 2, pág. 273, relatado por ROSA TCHING.
- ✓ da Relação de Lisboa, de 13-3-2012, no site www.dgsi.pt, relatado por MANUEL MARQUES.

Esta indemnização não se enquadra nas previstas no artº 1223º do C.C., as quais são cumulativas ou residuais relativamente ao exercício do direito de eliminação, da redução do preço e da resolução do contrato de empreitada, e destinam-se a compensar os prejuízos não ressarcidos

✓ da Relação de Guimarães, de 8-5-2012, no site www.colectaneadejurisprudência.com, relatado por Rosa Tching.
✓ da Relação do Porto, de 26-6-2012, no site www.dgsi.pt, relatado por João Proença.
✓ da Relação de Évora, de 5-7-2012, no site www.dgsi.pt, relatado por Ribeiro Cardoso.
✓ da Relação de Coimbra, de 11-7-2012, no site www.dgsi.pt, relatado por Carlos Querido.
✓ da Relação de Guimarães, de 25-10-2012, no site www.dgsi.pt, relatado por António Sobrinho.
✓ da Relação de Lisboa, de 22-10-2013, no site www.dgsi.pt, relatado por Cristina Coelho.
✓ do S.T.J., de 28-11-2013, no site www.dgsi.pt, relatado por Oliveira Vasconcelos.
✓ da Relação de Lisboa, de 3-6-2014, no site www.dgsi.pt, relatado por Eurico Reis.
✓ da Relação de Coimbra, de 14-10-2104, no site www.dgsi.pt, relatado por Henrique Antunes.
✓ da Relação de Lisboa, de 27-1-2015, no site www.dgsi.pt, relatado por Pedro Brighton.
✓ da Relação de Lisboa, de 7-5-2015, no site www.dgsi.pt, relatado por Sacarrão Martins.
✓ da Relação do Porto, de 26-5-2015, no site www.dgsi.pt, relatado por Soares de Oliveira.
✓ da Relação do Porto, de 20-2-2017, no site www.dgsi.pt, relatado por Carlos Gil.
✓ da Relação de Lisboa, de 19-4-2018, no site www.dgsi.pt, relatado por António Santos.
✓ da Relação de Guimarães, de 6-12-2018, no site www.dgsi.pt, relatado por Maria dos Anjos.
✓ da Relação de Guimarães, de 14-2-2019, no site www.dgsi.pt, relatado por Alcides Rodrigues.

Também Henrique Mesquita, em anotação ao Acórdão da Relação de Coimbra de 10-12-1996, na R.L.J., Ano 131, pág. 128, parece admitir essa possibilidade, invocando secamente o disposto no artº 798º do C.C.

Note-se que esta solução também é perfilhada em grande número de decisões do Tribunal Federal Suíço (citadas por Pierre Tercier, em *La partie spéciale du Code des Obligations*, pág. 340) e dos tribunais italianos, citadas por Maria Cristina Cervale, em *La responsabilità dell' appaltatore*, pág. 112 e 122-127, Rossela Fadda, em *Codice dell' appalto privato*, pág. 582-586, Lucchini Guastalla, em *La risoluzioni di diritto per inadempimento dell'appaltatore*, pág. 89-105, e Giovanni Iudica, em *Il contratto di appalto*, pág. 323, sendo também defendida por estes dois últimos autores.

Pedro de Albuquerque/Miguel Assis Raimundo, em *Contrato de empreitada*, pág. 443-444, e João Serras de Sousa, em *Código Civil Anotado*, vol. I, pág. 1518, também se pronunciaram favoravelmente à adoção da tese aqui defendida.

pelo exercício desses direitos e não resultantes do incumprimento das obrigações de eliminação ou reconstrução[392].

Esta possibilidade de o dono da obra proceder por si, ou utilizando terceira pessoa, à eliminação dos defeitos da obra ou à sua reconstrução, não se traduz em qualquer situação de autotutela do direito, inadmissível no nosso sistema jurídico. Ele apenas está a exercer os seus poderes de administração sobre uma coisa que lhe pertence, tendo-se já extinguido, por incumprimento definitivo da respetiva prestação, o "direito a cumprir" do empreiteiro que lhe tolhia o exercício daqueles poderes.

Se é compreensível e benéfico para ambas as partes que, preferencialmente, se dê oportunidade ao empreiteiro de ser ele a proceder à eliminação dos defeitos ou à reconstrução da obra que realizou, já, perante uma situação de incumprimento definitivo destas obrigações, não tem cabimento que se imponha que o dono da obra obtenha primeiro, em ação declarativa, uma sentença que condene o empreiteiro a cumprir uma obrigação definitivamente incumprida, e só na respetivaação executiva se permita, finalmente, que ele próprio ou terceiro procedam às obras de reparação ou reconstrução.

Uma exagerada proteção da segurança da posição do empreiteiro, levada ao ponto da existência dos deveres de eliminação ou de reconstrução ter de ser certificada por uma instância judicial, não justifica que se exija ao dono da obra tamanha demora na conclusão perfeita da obra contratada e se imponha o anacronismo de se condenar alguém a realizar uma prestação considerada definitivamente incumprida.

O recurso a esse percurso processual justifica-se para os casos em que se pretenda utilizar esse meio para efetuar a interpelação do empreiteiro para efetuar as obras de eliminação de defeitos, ou em que exista uma situação de simples mora, mas nunca para as situações de incumprimento definitivo, imputáveis ao empreiteiro, nomeadamente as que resultam duma recusa perentória de realização dessas obras, do não acatamento de prazo admonitório, nos termos do artº 808º, nº 1, do C.C., ou de uma tentativa frustrada de eliminação dos defeitos ou de reconstrução da obra.

[392] VAZ SERRA, em *Empreitada*, no B.M.J. nº 157, pág. 60 e seg., ANTUNES VARELA e PIRES DE LIMA, em *Código Civil anotado*, vol. II, pág. 898, e PEDRO ROMANO MARTINEZ, em *Direito das obrigações...*, pág. 492.

Mas podem existir situações excecionais que justifiquem que o dono da obra possa proceder à reparação ou reconstrução da obra pelos seus meios, ou com recurso a terceiros, sendo o empreiteiro responsável pelo custo desses trabalhos, mesmo não se tendo verificado uma situação de incumprimento definitivo da obrigação do empreiteiro eliminar os defeitos existentes na obra, ou proceder à reconstrução desta. São as situações de urgência, em que o empreiteiro nem sequer foi interpelado para proceder à reparação dos defeitos[393].

Na verdade, além dos casos de incumprimento definitivo da obrigação de eliminação dos defeitos, imputável ao empreiteiro, também a urgência na realização desses trabalhos pode justificar que eles sejam efetuados pelo dono da obra, ou por terceiro por ele contratado, assistindo àquele um direito de indemnização em dinheiro, correspondente ao custo dessas reparações, a satisfazer pelo empreiteiro, prévia ou posteriormente à realização das obras de reparação[394].

[393] Nos casos em que o dono da obra já havia exercido o seu direito à eliminação dos defeitos, ou à realização de nova obra, tendo interpelado o empreiteiro para o efeito, verificando-se uma situação de mora, cujo prolongamento não era compatível com a necessidade da intervenção, pode dizer-se que existe uma perda de interesse do dono da obra no cumprimento daquela obrigação pelo empreiteiro, numa apreciação objetiva, que transforma a situação de incumprimento temporário em incumprimento definitivo, nos termos do artº 808º, nº 1 e 2, do C.C., permitindo, nos termos já referidos, que o dono da obra proceda à reparação dos defeitos por sua iniciativa.
Esta solução resolveria situações como as apreciadas no Acórdão do S.T.J. de 10-7-2008, no site www.dgsi.pt, relatado por Fonseca Ramos e no Acórdão da Relação de Coimbra de 6-7-2010, no site www.dgsi.pt, relatado por Teresa Pardal, tendo a situação, neste último aresto, sido solucionada favoravelmente ao dono da obra, com recurso à figura do abuso de direito.
Essa mesma perda de interesse também ocorre nas situações em que o empreiteiro efetuou, sem sucesso, os trabalhos de eliminação do defeito, como decidiu o Acórdão da Relação de Guimarães, de 6-12-2018, no site www.dgsi.pt, relatado por Maria dos Anjos.

[394] Defendem a possibilidade de o dono da obra proceder, por si ou por terceiro, à eliminação dos defeitos, sem intervenção judicial, em casos de urgência, Pedro Romano Martinez, em *Cumprimento defeituoso...*, pág. 346-347, e em *Direito das obrigações...*, pág. 483, Menezes Leitão, em *Direito das obrigações*, vol. III, pág. 540, Pedro de Albuquerque/Miguel Assis Raimundo, em *Contrato de empreitada*, pág. 440-443, Santos Justo, em *Manual de contratos civis*, pág. 501, Menezes Cordeiro, em *Tratado de direito civil*, vol. XII, pág. 952-953 e os seguintes Acórdãos:
- ✓ da Relação do Porto, de 22-1-1996, na C.J., Ano XXI, tomo 1, pág. 202, relatado por Reis Figueira.

- ✓ da Relação de Coimbra, de 10-12-1996, na R.L.J., Ano 131, pág. 113, relatado por HERCULANO NAMORA.
- ✓ do S.T.J., de 25-9-2003, no site www.dgsi.pt, relatado por PIRES DA ROSA.
- ✓ da Relação de Guimarães, de 29-10-2003, no site www.dgsi.pt, relatado por ROSA TCHING.
- ✓ da Relação do Porto, de 9-2-2004, no site www.dgsi.pt, relatado por MARQUES PEREIRA.
- ✓ do S.T.J., de 28-5-2004, no site www.dgsi.pt, relatado por FERREIRA GIRÃO.
- ✓ do S.T.J., de 30-9-2004, no site www.dgsi.pt, relatado por FARIA ANTUNES.
- ✓ do S.T.J., de 23-11-2004, no site www.dgsi.pt, relatado por NUNO CAMEIRA.
- ✓ do S.T.J., de 25-11-2004, no site www.dgsi.pt, relatado por OLIVEIRA BARROS.
- ✓ da Relação do Porto, de 18-11-2004, no site www.dgsi.pt, relatado por JOÃO BERNARDO.
- ✓ da Relação do Porto, de 6-1-2005, no site www.dgsi.pt, relatado por CARVALHO FERRAZ.
- ✓ da Relação do Porto, de 14-2-2005, no site www.dgsi.pt, relatado por SOUSA LAMEIRA.
- ✓ da Relação do Porto, de 3-11-2005, no site www.dgsi.pt, relatado por OLIVEIRA VASCONCELOS.
- ✓ do S.T.J., de 7-12-2005, no site www.dgsi.pt, relatado por AZEVEDO RAMOS.
- ✓ da Relação de Lisboa, de 20-4-2006, no site www.dgsi.pt, relatado por GRANJA DA FONSECA.
- ✓ da Relação do Porto, de 20-4-2006, no site www.dgsi.pt, relatado por AMARAL FERREIRA.
- ✓ do S.T.J., de 8-6-2006, no site www.dgsi.pt, relatado por FERNANDES MAGALHÃES.
- ✓ da Relação de Lisboa, de 19-10-2006, no site www.dgsi.pt, relatado por ANA PAULA BOULAROT.
- ✓ da Relação de Lisboa, de 1-3-2007, no site www.dgsi.pt, relatado por PEREIRA RODRIGUES.
- ✓ da Relação de Coimbra, de 9-10-2007, na C.J., Ano XXXII, tomo 4, pág. 28, relatado por HENRIQUE ANTUNES.
- ✓ da Relação de Lisboa, de 12-2-2008, no site www.dgsi.pt, relatado por MARIA JOSÉ SIMÕES.
- ✓ da Relação do Porto, de 13-5-2008, no site www.dgsi.pt, relatado por RODRIGUES PIRES.
- ✓ da Relação do Porto, de 24-3-2009, no site www.dgsi.pt, relatado por CÂNDIDO LEMOS.
- ✓ da Relação de Lisboa, de 21-4-2009, no site www.dgsi.pt, relatado por ISABEL SALGADO.
- ✓ do S.T.J., de 26-5-2009, no site www.dgsi.pt, relatado por HELDER ROQUE.
- ✓ do S.T.J., de 24-9-2009, no site www.dgsi.pt, relatado por PIRES DA ROSA.
- ✓ da Relação do Porto, de 30-11-2009, no site www.dgsi.pt, relatado por MARIA ADELAIDE DOMINGOS.
- ✓ do S.T.J., de 18-1-2011, no site www.dgsi.pt, relatado por FONSECA RAMOS.
- ✓ do S.T.J., de 14-6-2011, na C.J. (Ac. do S.T.J.), Ano XIX, tomo 2, pág. 104, relatado por FONSECA RAMOS.
- ✓ do S.T.J., de 19-4-2012, no site www.dgsi.pt, relatado por ANA PAULA BOULAROT.
- ✓ da Relação do Porto, de 15-5-2012, no site www.dgsi.pt, relatado por MARIA JOSÉ SIMÕES.
- ✓ da Relação de Lisboa, de 7-2-2013, no site www.dgsi.pt, relatado por JORGE VILAÇA.
- ✓ da Relação de Guimarães, de 9-1-2014, no site www.dgsi.pt, relatado por ESTELITA DE MENDONÇA.

Na verdade, podem verificar-se situações em que o perigo iminente de agravamento drástico do defeito, ou o perigo deste poder provocar danos graves na própria coisa, em outros bens do dono da obra ou de terceiros, ou em pessoas, exige uma intervenção de tal modo rápida que não se compadece com o tempo da interpelação do empreiteiro e de reação deste. Se a urgência da situação não tolera estas dilações de tempo, muito menos tolerará a duração normal de uma ação declarativa, seguida de uma executiva, ou mesmo de uma providência cautelar inominada, que autorizasse a realização da obra de reparação pelo próprio dono da obra, ou por terceiro, contratado por aquele. Nestes casos, o dono da obra também pode promover a realização dos trabalhos urgentes de reparação, assistindo-lhe o direito de exigir do empreiteiro a respetiva indemnização pecuniária, correspondente ao custo dessas obras.

Este desrespeito pelo "direito à eliminação dos defeitos do empreiteiro" encontra-se justificado pela urgência da realização dos trabalhos de reparação. Esta causa justificativa integra a figura do estado de necessidade[395], prevista no artº 339º, nº 1, do C.C., uma vez que a inutilização do "direito à eliminação dos defeitos do empreiteiro" é abrangida pela

- ✓ da Relação do Porto, de 24-2-2014, no site www.dgsi.pt, relatado por Ana Paula Amorim.
- ✓ da Relação do Porto, de 2-3-2015, no site www.dgsi.pt, relatado por Manuel Domingos Fernandes.
- ✓ da Relação de Lisboa, de 27-1-2015, no site www.dgsi.pt, relatado por Pedro Brighton.
- ✓ da Relação de Lisboa, de 15-3-2016, no site www.dgsi.pt, relatado por Rui Vouga.
- ✓ do S.T.J., de 24-5-2018, no site www.dgsi.pt, relatado por Maria do Rosário Morgado.
- ✓ da Relação de Coimbra, de 29-1-2019, no site www.dgsi.pt, relatado por Moreira do Carmo.
- ✓ da Relação de Lisboa, de 29-1-2019, no site www.dgsi.pt, relatado por Rosário Gonçalves.

Note-se que alguns destes acórdãos revelam um critério de tal modo amplo na definição das situações de urgência (v.g. o Acórdão da Relação do Porto de 18-11-2004), que o direito de indemnização, nestes casos, se assume como de exercício autónomo, independente e alternativo relativamente aos restantes direitos conferidos do dono da obra pelos artº 1221º e seg. do C.C.

Na doutrina italiana tomou igual posição Francesco Galgano, em *Diritto civile e commerciale*, vol. II, tomo 2, pág. 79.

395 Pedro Romano Martinez, em *Cumprimento defeituoso...*, pág. 347, defende o enquadramento desta causa de justificação no estado de necessidade, mas, em *Direito das obrigações...*, pág. 483, parece preferir a figura da ação direta (artº 336º do C.C.). Esta última solução é também afirmada por Pedro de Albuquerque/Miguel Assis Raimundo, em *Contrato de*

referência à danificação de coisa alheia que engloba a violação de direitos de crédito[396]. Não nos parece correto inserir esta justificação nos casos de admissibilidade de ação direta, uma vez que esta se traduz numa reação a uma violação de um direito e não apenas à verificação duma situação de perigo[397].

Para que se considere justificada a ação do dono da obra, deve o dano a que se reporta o perigo que se pretende remover ter um valor manifestamente superior ao prejuízo causado ao empreiteiro pelo facto de não ter sido ele a proceder à eliminação dos defeitos (artº 339º, nº 1, do C.C.).

Não tem aplicação a possibilidade de indemnização do empreiteiro, nos termos do artº 339º, nº 2, do C.C., uma vez que, sendo ele o responsável pelos defeitos que urge serem reparados, é-lhe imputável a criação da situação de risco que justifica a ação autotutelar do dono da obra.

Nestas duas situações (incumprimento definitivo da obrigação de eliminação dos defeitos ou de realização de nova obra, e casos de urgência de reparação dos defeitos) em que se admitiu que o dono da obra pudesse reclamar do empreiteiro uma indemnização relativa às despesas

empreitada, pág. 442, e SANTOS JUSTO, em *Manual de contratos civis*, pág. 502, nota 2482, e foi seguida nos seguintes Acórdãos:

✓ do S.T.J., de 14-6-2011, na C.J. (Ac. do S.T.J.), Ano XIX, tomo 2, pág. 104, relatado por FONSECA RAMOS.

✓ da Relação do Porto, de 24-2-2014, no site www.dgsi.pt, relatado por ANA PAULA AMORIM.

O Acórdão da Relação do Porto de 22-1-1996, referido na nota anterior, resolve a questão através da utilização da solução prevista para os casos de colisão de direitos (artº 335º do C.C.), dizendo que, nos casos de urgência na realização de obras de eliminação de defeitos, prevalecem os interesses do dono da obra.

Perfilharam a posição de PEDRO ROMANO MARTINEZ, expressa em *Cumprimento defeituoso....*, e aqui defendida, os seguintes Acórdãos:

✓ da Relação de Coimbra, de 10-12-1996, na R.L.J., Ano 131, pág. 113, relatado por HERCULANO NAMORA.

✓ do S.T.J, de 7-12-2005, no site www.dgsi.pt, relatado por AZEVEDO RAMOS.

✓ da Relação de Lisboa, de 20-4-2006, no site www.dgsi.pt, relatado por GRANJA DA FONSECA.

✓ do S.T.J., de 24-5-2018, no site www.dgsi.pt, relatado por MARIA DO ROSÁRIO MORGADO.

[396] PESSOA JORGE, em *Ensaio sobre os pressupostos da responsabilidade civil*, pág. 255-256.

[397] Sobre a distinção entre as figuras de estado de necessidade e de ação direta, ver PIRES DE LIMA e ANTUNES VARELA, em *Código Civil anotado*, vol. I, pág. 303, e ALMEIDA COSTA, em *Direito das obrigações*, pág. 575-576.

efetuadas com a eliminação dos defeitos efetuada pelo próprio dono da obra, ou por terceiro por ele contratado, a indemnização devida pode não corresponder exatamente aos custos dessas obras de reparação, desde que esse custo se revele excessivo face às características do defeito eliminado, devendo a indemnização reduzir-se ao custo necessário a uma possível e eficaz eliminação dos defeitos existentes[398].

8. A articulação dos diversos direitos do dono da obra

Apesar de, na análise individual dos diversos direitos que assistem ao dono da obra, quando esta é realizada com defeitos, terem sido efetuadas referências ao modo como estes se devem conjugar, convém agora concentrar as regras dessa articulação, para melhor compreensão.

Se a obra é recusada com fundamento na existência de defeitos, o dono daquela pode cumular o direito de recusa com qualquer um dos outros direitos, com exceção do direito de redução do preço, respeitando as prioridades que agora se irão enunciar para a hipótese de a obra ser aceite.

O primeiro direito que lhe assiste é o da sua eliminação (artº 1221º, nº 1, 1ª parte, do C.C.). É este o direito principal, preferencial, o direito-regra.

Se os defeitos não forem elimináveis, o dono da obra tem direito a nova construção (artº 1221º, nº 1, 2.ª parte, do C.C.). Este direito é de exercício subsidiário relativamente ao direito de eliminação dos defeitos.

Se os custos da eliminação dos defeitos ou da nova construção forem desproporcionados, ou o empreiteiro incumprir definitivamente qualquer uma destas obrigações[399], o dono da obra tem direito à redução do preço, ou à resolução do contrato, se a obra se revelar inadequada ao fim a que se destina (artº 1222º, nº 1, do C.C.). Estes direitos são de exercício subsidiário, relativamente aos direitos de eliminação dos defeitos e de realização de nova construção. Mas a relação entre eles é de exercício alternativo, com uma restrição – a opção pela resolução só pode ser tomada nos casos em que a obra se revele inadequada ao fim a que se destina.

[398] LUCCHINI GUASTALLA, em *La risoluzioni di diritto per inadempimento dell'appaltatore*, pág. 105.

[399] Os Acórdãos do S.T.J. de 11-11-2003 e de 25-3-2004, no site www.dgsi.pt, ambos relatados por SILVA SALAZAR, não aceitaram a resolução do contrato num caso em que apenas se verificava uma situação de mora no cumprimento do dever de eliminação dos defeitos.

Se os defeitos não forem elimináveis, a exigência de realização de nova obra se revelar desproporcionada, e aqueles se traduzirem em desconformidades que não reduzem o valor da obra, nem a tornam inadequada ao fim a que se destina, o dono desta tem apenas direito a uma indemnização pela desconformidade entre o acordado e o realizado (artº 1223º do C.C.). O exercício deste direito de indemnização é subsidiário (residual) dos restantes direitos.

Nos casos de incumprimento definitivo das obrigações de eliminação dos defeitos e de realização de nova construção ou de necessidade urgente de realização de obras de reparação, o dono da obra também poderá optar pela efetivação destas prestações por si próprio, ou por terceiro, assistindo-lhe um direito de indemnização em dinheiro, correspondente ao custo das obras de reparação ou de reconstrução. Este direito é de exercício alternativo relativamente aos direitos de redução do preço e de resolução do contrato.

O exercício de todos os direitos acima mencionados e que visam tutelar os interesses do dono da obra, relativamente à existência de defeitos, pode ser cumulado com um direito de indemnização pelos restantes prejuízos sofridos, além dos próprios defeitos. Este último direito é de exercício cumulativo, ou complementar, com os outros direitos do dono da obra.

Nos casos em que o exercício do direito de eliminação dos defeitos apenas conduziu a uma reparação parcial destes, poderá exercer-se cumulativamente o direito à redução do preço[400], ou, nas situações de incumprimento definitivo parcial da obrigação de eliminação, o direito de indemnização, correspondente ao custo das obras de reparação efetuadas pelo próprio dono da obra, ou por terceiro contratado por este. Se a parte dos defeitos não eliminados são simples desconformidades não elimináveis, nem diminuidoras do valor da obra, poderá cumular-se um direito de indemnização residual, nos termos do artº 1223º do C.C.

Quando estes direitos são exercidos judicialmente, devem as respetivas pretensões respeitar as regras de formulação dos pedidos subsidiários (artº 554º do C.P.C.) ou cumulativos (artº 555º do C.P.C.), con-

[400] Pedro Romano Martinez, em *Cumprimento defeituoso...*, pág. 395, Maria Cristina Cervale, em *La responsabilità dell appaltatore,* pág. 142-143, e Federico Cappai, em *Códice dell' appalto,* pág. 588-589.

soante o caso. Apesar de a lei processual prever a formulação de pedidos alternativos (artº 553º do C.P.C.), os direitos acima mencionados que se relacionam em alternativa (v.g. redução do preço e resolução quando a obra é inadequada ao fim a que se destina) não podem ser deduzidos com essa formulação[401], desde logo porque o credor não pode optar livremente entre eles, uma vez que a resolução do contrato exige um requisito adicional[402]. Nestes casos, a sua formulação conjunta deverá ser efetuada numa relação de subsidiariedade (artº 554º do C.P.C.), definida pelas opções do dono da obra, refletidas logo na petição da ação declarativa.

A escolha inicial pelo dono da obra do direito aplicável a uma determinada situação de cumprimento defeituoso pode ou não ser alterada posteriormente, conforme a natureza do direito exercido.

A interpelação do empreiteiro para a eliminação dos defeitos, se estes não forem elimináveis, ou se os custos das obras de reparação forem desproporcionados, ou ainda se a respetiva prestação não for cumprida, não preclude o exercício posterior dos restantes direitos, desde que se verifiquem os seus pressupostos.

O mesmo sucede relativamente ao exercício do direito de realização de nova obra, na hipótese do seu custo se revelar desproporcionado, ou da respetiva prestação não ser cumprida.

Já o exercício dos direitos de redução do preço e de resolução, caso se verifiquem os seus pressupostos, atenta a sua natureza potestativa, preclude o exercício posterior dos outros direitos[403] que não sejam complementares daqueles[404]. O exercício do direito de resolução, nestas circunstâncias, provoca a extinção do contrato com efeitos retroativos, o que é incompatível com o exercício posterior de outros direitos que pressupõem a sua manutenção (direito à eliminação dos defeitos, à

[401] Se o pudessem ser, o dono da obra tinha a vantagem de poder optar apenas quando requeresse a execução da respectiva sentença com conteúdo alternativo, proferida na ação declarativa.

[402] Sobre esta questão processual, ABRANTES GERALDES, em *Temas da reforma do processo civil*, vol. I, pág. 145-147.

[403] PEDRO ROMANO MARTINEZ, em *Cumprimento defeituoso...*, pág. 396.

[404] Apesar de ter sido efetuada a redução do preço ou a resolução do contrato, é possível, posteriormente, exercer o direito de indemnização complementar, previsto no artº 1223º do C.C.

realização de nova obra, ou à redução do preço). O mesmo sucede se o dono da obra exercer o direito de redução do preço e este produzir efeitos, por se verificarem os seus pressupostos, uma vez que ocorre uma alteração do conteúdo contratual que não é compatível com o exercício posterior dos outros direitos que pressupõem a manutenção do conteúdo inicial da relação contratual, ou a sua extinção (no caso do direito de resolução).

Se as declarações de resolução do contrato e de redução do preço não produzirem efeitos, por não se verificarem os seus pressupostos, já não se operam as transformações contratuais acima referidas (extinção e modificação do contrato), pelo que nada impede o exercício posterior dos restantes direitos conferidos ao dono da obra.

No caso do exercício judicial destes direitos, a alteração da opção, no decurso da ação, também terá que obedecer às exigências processuais estabelecidas nos artº 264º e 265º do C.P.C., não podendo o tribunal oficiosamente convolar o direito exercido, atenta a proibição estabelecida no artº 609º do C.P.C.

Apesar do exercício dos direitos conferidos ao dono da obra estar sujeito a todos os requisitos e impedimentos acima mencionados, nada impede que as partes, expressa ou tacitamente, acordem num modo de resolução do litígio, ocasionado pela existência de defeitos na obra, que não respeite as regras acima enunciadas, celebrando-se então um contrato de transação, regulado pelos artº 1248º a 1250º do C.C.

Em alguns contratos, à semelhança do que ocorre nas empreitadas de obras públicas, constata-se a inserção de uma cláusula que determina a retenção pelo dono da obra de uma percentagem do preço, a título de caução, para garantia da boa execução da obra por parte do empreiteiro, observando-se o regime constante dos artigos 623º a 626º do C.C. Outras vezes opta-se por prever a constituição pelo empreiteiro de uma garantia bancária autónoma *on first demand*, garantindo que a obra é executada sem defeitos. Através da celebração de um contrato de garantia autónoma *on first demand* a entidade que a presta obriga-se a pagar ao dono da obra certa quantia em dinheiro, no caso de inexecução ou má execução da obra por parte do empreiteiro, sem poder invocar em seu benefício quaisquer meios de defesa relacionados com o contrato de empreitada. Uma tal garantia representa para o dono da obra um acréscimo de garantia, uma vez que a entidade garante fica constituída na obrigação de pagar imediatamente, a simples pedido do dono da obra, sem poder discutir, em princípio, os pressupostos que legitimam o pedido de pagamento. Quando o beneficiário aciona a garantia, exigindo o pagamento do valor garantido ao garante e este satisfaz esse pedido, o garante pode exigir da pessoa garantida o reembolso do valor pago ao beneficiário. E, efetuado esse reembolso, o garantido poderá obter, por sua vez, do beneficiário o valor desembolsado, caso consiga demonstrar que, nos termos que regem a relação-base, o pagamento efetuado não era devido, incumbindo ao garantido o ónus da prova dos factos que demonstrem a inexistência do crédito que justificou o acionamento da garantia.

Apesar destas garantias proporcionarem ao dono da obra o recebimento imediato de uma quantia em dinheiro, caso a obra contratada apresente defeitos, ele não está dispensado de seguir o determinado no regime legal do contrato de empreitada[405], designadamente quanto à necessidade de denunciar atempadamente os defeitos e de exercer[406] os direitos que a lei lhe confere em tais situações pela ordem e respeitando os requisitos acima referidos[407], sob pena de caducarem aqueles direitos e o empreiteiro poder vir a reclamar o reembolso da quantia recebida pelo dono da obra.

9. A caducidade dos direitos do dono da obra

O legislador, atento aos interesses do empreiteiro em ver definida a sua responsabilidade pelos defeitos na obra no mais curto espaço de tempo após a sua conclusão, além do prazo estabelecido para a efeti-

[405] Abordaram situações em que havia sido prestada uma garantia autónoma os seguintes acórdãos:

✓ da Relação do Porto, de 28-3-2017, no site www.dgsi.pt, relatado por CECÍLIA AGANTE.

✓ da Relação do Porto, de 16-5-2017, no site www.dgsi.pt, relatado por MÁRCIA PORTELA.

✓ da Relação de Lisboa, de 29-1-2019, no site www.dgsi.pt, relatado por ROSÁRIO GONÇALVES.

[406] Esse exercício pode ser extrajudicial como se refere infra, pág. 167-168.

[407] O recebimento da quantia caucionada ou da que foi objeto de garantia autónoma prestada por terceiro terá que ser compatibilizado com a posterior satisfação do direito exercido de modo a evitar-se um enriquecimento injustificado do dono da obra. Se, por exemplo, o direito exercido e satisfeito foi o da eliminação do defeito, o dono da obra estará obrigado a restituir a quantia recebida em resultado do funcionamento da garantia acordada.

vação da denúncia dos defeitos[408], estabeleceu prazos de caducidade para o exercício dos direitos do dono da obra[409]. Optou-se por prazos de caducidade e não de prescrição[410], por se entender que os institutos da suspensão e da interrupção da prescrição não se harmonizavam com as razões que justificavam o estabelecimento de prazos curtos para o exercício dos direitos resultantes da descoberta de defeitos[411].

Assim, foi também estabelecido para o exercício desses direitos o prazo geral de 1 ano após a recusa da obra ou a sua aceitação com reservas, relativamente aos defeitos conhecidos até essa altura (artº 1224º, nº 1, do C.C.). Quanto aos defeitos que não fossem conhecidos do dono da obra nesse momento, foi fixado um prazo de caducidade para o exercício dos seus direitos de 1 ano, após a denúncia atempada dos defeitos, e um segundo prazo limite de 2 anos, após a entrega da obra, independentemente da data do conhecimento dos defeitos e da sua denúncia (artº 1224º, nº 2, do C.C.). Este segundo prazo resulta de uma presunção *iuris et de iure* que este é o tempo suficiente para todos os defeitos serem conhecidos, denunciados e exercidos os respetivos direitos. Ultrapassado este prazo, mesmo que ainda não tenham decorridos os 30 dias após o conhecimento dos defeitos ou um ano após a sua denúncia, verifica-se a caducidade do direito[412].

[408] Trinta dias, nos termos do artº 1220º, nº 1, do C.C.
Cfr., *supra*, pág. 101-102.

[409] Tenha-se em consideração que estes prazos e o regime da caducidade podem ser livremente alterados por acordo das partes, nos termos do artº 330º, nº 1, do C.C., sempre que os mesmos respeitem a matéria que não se encontra subtraída à sua liberdade de fixação do conteúdo negocial, por razões de ordem pública.
Sobre a possibilidade de redução destes prazos, pronunciou-se o Acórdão da Relação de Lisboa de 2-2-2006, no site www.dgsi.pt, relatado por Manuel Gonçalves.

[410] O artº 371 do C.O. Suíço, o artº 1667, nº 3, do C.C. Italiano, o artº 1792, nº 3, do C.C. Francês, o § 634 (a) do C.C. Alemão, e o artº 17 da L.O.E. Espanhola, fixam prazos de prescrição para o exercício dos direitos do dono da obra e não prazos de caducidade.
Também o Anteprojeto Vaz Serra, no seu artº 21º, estabelecia prazos de prescrição e não de caducidade para o exercício dos direitos do dono da obra, tendo esta opção sido alterada pela 2ª Revisão Ministerial.

[411] Pires de Lima/Antunes Varela, em *Código Civil anotado*, vol. II, pág. 900.

[412] Pires de Lima/Antunes Varela, em *Código Civil anotado*, vol. II, pág. 900, Pereira de Almeida, em *Direito privado II (Contrato de empreitada)*, pág. 93-94, Henrique Sousa Antunes, em *A responsabilidade civil dos intervenientes no processo de construção*, em Cadernos de Direito Privado, nº 51, pág. 7, Santos Justo, em *Manual de contratos civis*, pág. 506, França

Apesar de poderem ocorrer situações em que a descoberta do defeito ocorre em momento próximo do termo deste prazo limite, tendo o dono da obra pouco tempo para denunciar o defeito e exercer o respetivo direito, o que poderá ser feito na mesma comunicação, a letra do nº 2, do artº 1224º, do C.C., não deixa margem para outra solução – *"em nenhum caso, porém, aqueles direitos podem ser exercidos depois de decorrerem dois anos sobre a entrega da obra"* [413]. A opção resultante do Anteprojeto do Código Civil saído da 2.ª Revisão Ministerial foi a de fixar prazos de caducidade muito curtos para a efetivação daqueles direitos, visando salvaguardar a segurança e estabilidade do tráfico jurídico, mesmo sacrificando os casos em que o defeito é descoberto num tempo que já não permite o exercício daqueles direitos[414]. E o facto do D.L. nº 67/2003, no domínio das empreitadas de consumo, ter adotado uma diferente conjugação dos prazos de caducidade mais favorável ao dono da obra[415], não permite transpô-la para as empreitadas comuns, uma vez que aquele diploma visa precisamente conferir aos consumidores uma maior proteção do que aquela que resulta do regime geral estabelecido no Código Civil.

O prazo de caducidade de 1 ano, que se inicia após a denúncia dos respetivos defeitos, começa a sua contagem no momento em que a declaração de denúncia se torna eficaz, isto é quando é recebida pelo empreiteiro, ou quando este não a recebe por razões a ele imputáveis[416].

Pitão, em *Contrato de empreitada*, pág. 295, Rosendo Dias José, em *Responsabilidade civil do construtor e do vendedor pelos defeitos*, pág. 56, e Rui Sá Gomes, em *Breves notas sobre o cumprimento defeituoso no contrato de empreitada*, em "Ab unu ad omnes – 75 anos da Coimbra Editora", pág. 639, embora estes dois últimos autores defendam que este prazo de 2 anos não é um verdadeiro prazo de caducidade, mas um termo final para o exercício dos direitos do dono da obra.

[413] Apesar da redação do artº 1224º do C.C., Pedro de Albuquerque/Miguel Assis Raimundo, em *Contrato de empreitada*, pág. 446-448, Menezes Cordeiro, em *Tratado de direito civil*, vol. XII, pág. 970-971, e João Serras de Sousa, em *Código Civil Anotado*, vol. I, pág. 1521, defendem que o prazo de dois anos apenas limita a descoberta dos defeitos, podendo depois a sua denúncia ser efetuada no prazo de 30 dias e o direito exercido no prazo de 1 ano após a denúncia.

[414] Pires de Lima/Antunes Varela, em *Código Civil anotado*, vol. II, pág. 899-900.

[415] Cfr. *infra*, pág. 292-293.

[416] Giuseppe Musolino, em *La responsabilità civile nell'appalto...*, pág. 323.

Mas, como vimos, há casos em que o dono da obra está dispensado da denúncia dos defeitos[417]. Quando essa dispensa resulta do reconhecimento pelo empreiteiro da existência dos defeitos[418], o prazo de caducidade de 1 ano conta-se desde a perceção pelo dono da obra dessa declaração de reconhecimento.

Quando a dispensa de denúncia resulta da ocultação pelo empreiteiro dos defeitos da obra, esse prazo de caducidade de 1 ano para o exercício dos direitos do dono da obra, previsto no artº 1224º do C.C., deve contar-se desde que este se apercebeu da existência dos defeitos. Apesar do artº 1224º, nº 2, do C.C., estabelecer que *"em nenhum caso aqueles direitos podem ser exercidos depois de decorrerem dois anos após a entrega da obra"*, a utilização da expressão inicial visa apenas evidenciar que este segundo prazo de caducidade de dois anos funciona independentemente da data em que o dono da obra teve conhecimento dos defeitos e procedeu à sua denúncia, não excluindo necessariamente que esse prazo não opere quando os defeitos foram dolosamente ocultados pelo empreiteiro[419].

Não se aplicando idêntico prazo de caducidade para o exercício dos direitos do comprador de produto defeituoso, no contrato de compra e venda, nos casos de encobrimento doloso do defeito pelo vendedor, por força do disposto no artº 916º, nº 1, do C.C.[420], deve essa solução ser também aplicada, por analogia, no contrato de empreitada, uma vez que se verifica uma identidade de razões[421]. Funcionando o prazo terminal constante do artº 1224º, nº 2, do C.C., como uma proteção aos interesses do empreiteiro, essa proteção deixa de ter justificação perante um comportamento doloso deste violador das regras da boa-fé na execução dos contratos.

[417] Cfr., *supra*, pág. 105-109.

[418] Este reconhecimento é apenas o da existência de defeitos a ele imputáveis e não o reconhecimento da existência do respetivo direito do dono da obra, o qual tem como efeito impedir a caducidade. Cfr., *supra*, pág. 105-106.

[419] Esta posição resultou de uma correção efetuada na 6ª ed. deste livro.

[420] BAPTISTA LOPES, em *Do contrato de compra e venda*, pág. 179, e CALVÃO DA SILVA, em *Compra e venda de coisas defeituosas*, pág. 83-84.

[421] MOITINHO DE ALMEIDA, em *A responsabilidade civil do projetista e o seu seguro*, no B.M.J. nº 228, pág. 26-27, HENRIQUE SOUSA ANTUNES, em *A responsabilidade civil dos intervenientes no processo de construção*, em Cadernos de Direito Privado, nº 51, pág. 8, e PEDRO DE ALBUQUERQUE/MIGUEL ASSIS RAIMUNDO, em *Contrato de empreitada*, pág. 418-419.

A data da entrega da obra, referida no artº 1224º, nº 2, do C.C., não corresponde ao momento da aceitação[422], ocorrendo na altura em que o empreiteiro a coloca à disposição do seu dono para exame, desde que ela fique na sua inteira disponibilidade. É necessário que o dono da obra passe a ter um livre e integral acesso à obra, não bastando uma mera declaração de intenção ou uma transmissão jurídica do direito de propriedade.

Se a obra foi realizada por partes que não tenham autonomia em relação ao todo, o prazo de caducidade só começa a correr após a última entrega[423]. Se as diversas partes da obra gozarem de autonomia entre elas, correm tantos prazos quantas as entregas das diversas partes que a compõem[424].

Sendo a data da entrega da obra que define o início dos primeiros prazos de caducidade, estes nunca poderão começar a sua contagem enquanto a obra não estiver concluída.

Caso tenha sido estabelecido um prazo de garantia por defeitos superior ao prazo de caducidade de 2 anos, deve entender-se que a fixação contratual desse prazo provoca um alargamento inevitável do prazo de caducidade para o prazo de garantia, atenta a possibilidade de as partes poderem alterar os prazos de caducidade fixados na lei (artº 330º, nº 1, do C.C.). Se o prazo de garantia for, porém, inferior ao prazo de caducidade, isso já não determina o encurtamento deste último, uma vez que aquele primeiro prazo convencional diz apenas respeito a uma responsabilidade objetiva estipulada pelas partes no contrato, mantendo-se a responsabilidade legal assente na culpa do empreiteiro, relativamente à qual continuam aplicáveis os prazos de caducidade estabelecidos na lei.

Mas se as partes expressamente reduzirem um prazo de caducidade previsto na lei para o exercício dos direitos do dono da obra em caso de defeito imputável ao empreiteiro, então a respetiva cláusula é válida,

[422] Pereira de Almeida, em *Direito privado II (Contrato de empreitada)*, pág. 94, Karl Larenz, em *Derecho de obligaciones*, tomo 2, pág. 318-319, Puig Brutau, em *Fundamentos de derecho civil*, tomo 2, vol. 2º, pág. 469, e Pierre Tercier, em *La partie spéciale du Code des Obligations*, pág. 324-325.

[423] Pires de Lima e Antunes Varela, em *Código Civil anotado*, vol., II, pág. 900, Pedro Romano Martinez, em *Cumprimento defeituoso...*, pág. 378 e em *Direito das obrigações...*, pág. 496, e Lidia Savanna, em *La responsabilità dell'appaltatore*, pág. 116.

[424] Lidia Savanna, em *La responsabilità dell'appaltatore*, pág. 116.

desde que a fixação legal desses prazos não tenha sido ditada por razões de ordem pública ou, na prática, não resulte numa exclusão daqueles direitos, como sucederá se forem estipulados prazos com uma duração de difícil cumprimento, nas situações de culpa grave ou dolo do empreiteiro[425].

Estes prazos não se suspendem ou interrompem (artº 328º do C.C.) e contam-se desde o dia seguinte àquele em que ocorreu a entrega, recusa, aceitação da obra ou denúncia dos defeitos, conforme os casos, devendo na sua contagem tomarem-se em consideração as regras prescritas no artº 279º do C.C. (artº 296º do C.C.).

Caso tenham sido realizados trabalhos de eliminação dos defeitos ou nova obra, sem sucesso, mantendo-se a obra defeituosa, os prazos de caducidade do artº 1224º do C.C., do exercício de novos direitos, contam-se a partir da data da entrega da obra reparada, ou da nova obra[426]. Se a reparação incidiu sobre uma parcela da obra, apenas relativamente aos defeitos existentes nessa parte se inicia a contagem de novo prazo.

[425] Cfr. *supra*, pág. 96.

[426] Pedro Romano Martinez, em *Cumprimento defeituoso...*, pág. 379, Pedro de Albuquerque/Miguel Assis Raimundo, em *Contrato de empreitada*, pág. 429, João Serras de Sousa, em *Código Civil Anotado*, vol. I, pág. 1519 (este autor, por lapso, refere que no presente livro se defende esta solução apenas para a obra nova), Maurizio de Tilla, em *L' appalto privato*, pág. 413, e os seguintes Acórdãos:

- ✓ do S.T.J., de 15-2-2005, no site www.dgsi.pt, relatado por Azevedo Ramos.
- ✓ da Relação de Coimbra, de 12-12-2006, no site www.dgsi.pt, relatado por Helder de Almeida.
- ✓ da Relação do Porto, de 22-2-2007, no site www.dgsi.pt, relatado por Pinto de Almeida.
- ✓ da Relação do Porto, de 19-3-2007, no site www.dgsi.pt, relatado por Cura Mariano.
- ✓ da Relação do Porto, de 2-10-2007, no site www.dgsi.pt, relatado por Henrique Araújo.
- ✓ da Relação do Porto, de 3-7-2008, no site www.dgsi.pt, relatado por Amaral Ferreira.
- ✓ da Relação de Lisboa, de 6-11-2008, no site www.dgsi.pt, relatado por Rui da Ponte Gomes.
- ✓ da Relação de Lisboa, de 5-4-2011, no site www.dgsi.pt, relatado por Torres Vouga.
- ✓ da Relação do Porto, de 14-4-2011, no site www.dgsi.pt., relatado por Amaral Ferreira.
- ✓ da Relação de Lisboa, de 21-3-2012, no site www.dgsi.pt, relatado por Maria José Mouro.
- ✓ da Relação de Lisboa, de 29-3-2012, no site www.dgsi.pt, relatado por Pedro Martins.
- ✓ da Relação do Porto, de 11-12-2012, no site www.dgsi.pt, relatado por Márcia Portela.
- ✓ da Relação do Porto, de 11-4-2013, no site www.dgsi.pt, relatado por Judite Pires.
- ✓ da Relação de Guimarães, de 18-12-2017, no site www.dgsi.pt, relatado por Fernando Freitas.
- ✓ da Relação de Coimbra, de 21-2-2018, no site www.dgsi.pt, relatado por Luís Cravo.

Mas se o dono da obra apenas concedeu um prazo ao empreiteiro para proceder à eliminação dos defeitos, sem que este nunca tenha reconhecido a existência do respetivo direito, não há motivo para que o prazo de caducidade inicie a sua contagem somente no termo daquele outro que foi concedido pelo dono da obra[427].

O ónus da prova do decurso do prazo de exercício dos direitos do dono da obra compete ao empreiteiro (artº 343º, nº 2, do C.C.), não sendo possível o tribunal conhecer oficiosamente dele, uma vez que nos encontramos perante direitos disponíveis (artº 303º, aplicável *ex vi* do artº 333º, nº 2, do C.C.)[428].

O exercício atempado dos direitos do dono da obra impede a sua caducidade (artº 331º, nº 1, e 1224º, nº 1, do C.C.).

Podendo os direitos do dono da obra serem exercidos extrajudicialmente, a simples declaração de redução do preço ou de resolução do contrato, ou mesmo a interpelação extrajudicial do empreiteiro para a eliminação dos defeitos, realização de nova obra ou pagamento de indemnização, impedem a caducidade destes direitos[429]. Em nenhum lado

[427] Em sentido oposto, pronunciaram-se os seguintes Acórdãos:
- ✓ do S.T.J., de 22-11-2005, no site www.dgsi.pt, relatado por Fernandes Magalhães.
- ✓ da Relação de Évora, de 6-10-2010, no site www.dgsi.pt, relatado por Mata Ribeiro.

[428] Neste sentido, decidiram os Acórdãos:
- ✓ da Relação de Coimbra, de 12-12-2006, no site www.dgsi.pt, relatado por Helder de Almeida.
- ✓ da Relação de Guimarães, de 14-2-2019, no site www.dgsi.pt, relatado por Alcides Rodrigues.

[429] Neste sentido Menezes Cordeiro, em *Tratado de direito civil*, vol. XII, pág. 970, e os seguintes Acórdãos:
- ✓ da Relação do Porto, de 25-1-2011, no site www.dgsi.pt, relatado por Sílvia Pires.
- ✓ da Relação de Coimbra, de 1-2-2011, no site www.dgsi.pt, relatado por Barateiro Martins.
- ✓ da Relação de Lisboa, de 7-4-2011, no site www.dgsi.pt, relatado por Ezaguy Martins.
- ✓ da Relação de Guimarães, de 16-6-2011, no site www.dgsi.pt, relatado por Manso Rainho.
- ✓ da Relação de Coimbra, de 24-4-2012, no site www.dgsi.pt, relatado por Arlindo Oliveira.
- ✓ da Relação do Porto, de 15-10-2012, no site www.dgsi.pt, relatado por Anabela Luna.
- ✓ da Relação de Coimbra, de 18-2-2014, no site www.dgsi.pt, relatado por Sílvia Pires.
- ✓ da Relação de Lisboa, de 25-2-2014, no site www.dgsi.pt, relatado por Isabel Fonseca.
- ✓ da Relação do Porto, de 20-2-2017, no site www.dgsi.pt, relatado por Carlos Gil.

a lei exige que o ato impeditivo da caducidade deva ser a propositura de ação judicial, nomeadamente o disposto no artº 1224º do C.C.

Daí que a invocação destes direitos, posteriormente às mencionadas declarações de exercício, em ação judicial, por via de ação, reconvenção, ou exceção, já não está sujeita a qualquer prazo de caducidade, estando apenas o exercício dos direitos não potestativos (direito à eliminação, realização de nova obra ou pagamento de indemnização), ou dos direitos resultantes da alteração provocada pelo exercício dos direitos de natureza potestativa (v. g. o direito à devolução do preço pago, em consequência do exercício do direito de resolução ou de redução do preço), sujeitos ao prazo de prescrição geral[430].

Já a utilização da exceção de não cumprimento do contrato pelo dono da obra, com fundamento na existência de defeitos, como justificação para a suspensão da sua obrigação de pagamento do preço da obra, não impede a caducidade dos seus direitos[431], até porque a invocação dessa exceção dilatória só é eficaz após a denúncia dos defeitos pelo dono da obra e o exercício do respetivo direito[432].

Quando o impedimento da caducidade resulta do exercício de ação judicial, a esta é aplicável o disposto no artº 327º, nº 3, do C.C., incluído nas regras sobre a prescrição, que salvaguarda as hipóteses de absolvição da instância do demandado, ou de perda de eficácia do compromisso arbitral (artº 332º, nº 1, do C.C.).

O artº 332º, nº 2, do C.C., dispõe que, nos casos em que ocorrer a interrupção da instância, o prazo de caducidade reinicia a sua contagem após ter ocorrido essa interrupção, voltando a parar a contagem logo

Em sentido contrário, relativamente ao direito de resolução, pronunciou-se o Acórdão do S.T.J. de 3-10-2006, acessível no site www.dgsi.pt, relatado por Urbano Dias.
O Acórdão do S.T.J. de 18-12-2003, acessível no site www.dgsi.pt, relatado por Luís Fonseca, considerou a propositura judicial de incidente prévio de produção antecipada de prova, para apurar a existência de defeitos na obra, impeditiva da caducidade dos direitos do dono da obra.

[430] O impedimento da caducidade não determina a contagem de um novo prazo de caducidade, mas sim a aplicação das regras da prescrição, conforme refere acertadamente o Acórdão da Relação de Coimbra de 12-12-2006, no site www.dgsi.pt, relatado por Helder de Almeida.

[431] *Vide*, neste sentido, o Acórdão da Relação do Porto de 15-10-2007, no site www.dgsi.pt, relatado por Pinto de Almeida.

[432] Cfr., *infra*, pág. 180-181.

que a instância deixe de estar interrompida. Porém, o Novo Código de Processo Civil, aprovado pela Lei nº 41/2013, de 26 de Junho, deixou de prever a anterior figura da interrupção da instância (artº 285º e 286º do C.P.C. de 1961), pelo que deve considerar-se que o prazo de caducidade reinicia agora a sua contagem após ter ocorrido a deserção da instância, nos termos do artº 281º do C.P.C.

Em regra, o exercício de cada um dos direitos apenas impede a sua pópria caducidade[433], não tendo esse efeito relativamente aos restantes direitos, salvo relativamente ao exercício subsidiário do direito à redução do preço, da resolução do contrato ou da indemnização residual. Quando se recorre a estes direitos, porque o exercício do direito de eliminação de defeitos ou de realização de nova obra não obteve resultados, devido ao defeito não ser reparável, à desproporção dos custos da eliminação do defeito ou da realização de nova construção, ou do incumprimento dessas obrigações, as finalidades do estabelecimento dos prazos de caducidade já foram postas em causa com a primeira interpelação. Para estas hipóteses o exercício dos primeiros direitos pelo dono da obra é suficiente para impedir a caducidade relativamente aos direitos subsidiários.

Nos termos do artº 331º, nº 2, do C.C., a caducidade também pode ser impedida pelo reconhecimento do direito por parte daquele contra quem deve ser exercido. Apesar de se defender que este reconhecimento, com capacidade impeditiva da caducidade dos direitos, é apenas aquele que produz o mesmo resultado que se alcançaria com a prática tempestiva do ato a que a lei ou uma convenção atribuem efeito impeditivo[434], não concordamos com essa exigência, uma vez que estamos perante caducidades necessariamente estabelecidas em matéria não

[433] Em sentido contrário, Menezes Cordeiro, em *Tratado de direito civil*, vol. XII, pág. 970.

[434] Vaz Serra, em *Prescrição extintiva e caducidade,* no B.M.J. nº 107, pág. 232, Pires de Lima e Antunes Varela, em *Código Civil anotado,* vol. I, pág. 296, e os seguintes Acórdãos:
- ✓ da Relação do Porto, de 23-1-1986, na C.J., Ano XI, tomo 1, pág. 170, relatado por Jorge Vasconcelos.
- ✓ da Relação do Porto, de 25-6-1987, na C.J., Ano XII, tomo 3, pág. 212, relatado por Jorge Vasconcelos.
- ✓ do S.T.J., de 29-6-2010, na C.J. (Ac. do S.T.J.), Ano XVIII, tomo 2, pág. 120, relatado por Helder Roque.

excluída da disponibilidade das partes[435], como sucede relativamente aos direitos do dono da obra aqui em análise. Nestas hipóteses, a caducidade visa apenas assegurar ao empreiteiro que a situação de incerteza sobre a existência do respetivo direito não se prolongue por um período de tempo dilatado. Se é este quem, de forma inequívoca, reconhece a existência do direito no decurso do prazo de caducidade, mesmo que não pratique os atos equivalentes à sua realização (v.g. eliminação dos defeitos, entrega de nova obra), não há razão nenhuma para manter a proteção a uma situação de incerteza que já não se verifica pelo reconhecimento efetuado[436].

[435] Quando o estabelecimento de um prazo de caducidade obedeceu a interesses públicos, o reconhecimento do direito não pode produzir qualquer efeito, como aponta Vaz Serra, em *Prescrição extintiva e caducidade,* no B.M.J. nº 107, pág. 231, Pires de Lima e Antunes Varela, em *Código Civil anotado,* vol. I, pág. 296, e Rodrigues Bastos, em *Notas ao Código Civil,* vol. II, pág. 100.

[436] Pedro Romano Martinez, em *Cumprimento defeituoso...,* pág. 380-381, e os seguintes Acórdãos:

- ✓ da Relação do Porto, de 27-4-2006, no site www.dgsi.pt, relatado por Pinto de Almeida.
- ✓ da Relação do Porto, de 26-10-2006, no site www.dgsi.pt, relatado por Mário Fernandes.
- ✓ da Relação do Porto, de 22-2-2007, no site www.dgsi.pt, relatado por Pinto de Almeida.
- ✓ da Relação do Porto, de 3-7-2008, no site www.dgsi.pt, relatado por Amaral Ferreira.
- ✓ da Relação do Porto, de 6-11-2008, no site www.dgsi.pt, relatado por Pinto de Almeida.
- ✓ da Relação do Porto, de 3-3-2009, no site www.dgsi.pt, relatado por Cândido Lemos.
- ✓ da Relação de Lisboa, de 26-11-2009, no site www.dgsi.pt, relatado por Isabel Canadas.
- ✓ da Relação do Porto, de 9-6-2010, no site www.dgsi.pt, relatado por Deolinda Varão.
- ✓ da Relação do Porto, de 9-12-2010, no site www.dgsi.pt, relatado por Deolinda Varão.
- ✓ da Relação do Porto, de 8-2-2011, no site www.dgsi.pt, relatado por Rodrigues Pires.
- ✓ da Relação do Porto, de 21-2-2011, no site www.dgsi.pt, relatado por Cristina Coelho.
- ✓ da Relação do Porto, de 22-3-2011, no site www.dgsi.pt, relatado por Rodrigues Pires.
- ✓ da Relação de Évora, de 17-11-2011, no site www.dgsi.pt, relatado por Francisco Matos.
- ✓ da Relação de Lisboa, de 23-2-2012, no site www.dgsi.pt, relatado por Teresa Albuquerque.
- ✓ da Relação do Porto, de 22-5-2012, no site www.dgsi.pt, relatado por Ondina Alves.
- ✓ do S.T.J., de 22-5-2012, no site www.colectaneadejurisprudência.com, relatado por Gregório Jesus.
- ✓ da Relação de Lisboa, de 12-7-2012, no site www.dgsi.pt, relatado por Ezaguy Martins.
- ✓ da Relação de Lisboa, de 22-10-2013, no site www.dgsi.pt, relatado por Cristina Coelho.
- ✓ da Relação de Lisboa, de 11-3-2014, no site www.dgsi.pt, relatado por Graça Amaral.
- ✓ da Relação de Coimbra, de 20-5-2014, no site www.dgsi.pt, relatado por Arlindo Oliveira.

O impedimento da caducidade resultante do reconhecimento do respetivo direito, não determina a contagem de novo prazo de caducidade, passando o exercício desse direito a estar sujeito apenas a prazo de prescrição ordinário[437].

✓ da Relação do Porto, de 12-10-2017, no site www.dgsi.pt, relatado por Judite Pires.
✓ da Relação de Lisboa, de 2-6-2016, no site www.dgsi.pt, relatado por Magda Geraldes.
✓ da Relação de Guimarães, de 23-6-2016, no site www.dgsi.pt, relatado por João Diogo Rodrigues.
✓ do S.T.J., de 21-2-2019, no site www.dgsi.pt, relatado por Nuno Pinto Oliveira.
✓ da Relação de Coimbra, de 12-3-2019, no site www.dgsi.pt, relatado por Barateiro Martins.

Foi, no entanto, exigido que a declaração de reconhecimento do direito do dono da obra à eliminação dos defeitos deve ser expressa, unívoca e precisa, pelos seguintes Acórdãos:
✓ da Relação do Porto, de 27-4-2006, no site www.dgsi.pt, relatado por Pinto de Almeida.
✓ do S.T.J., de 8-6-2006, no site www.dgsi.pt, relatado por Moreira Camilo.
✓ da Relação do Porto, de 29-6-2006, no site www.dgsi.pt, relatado por Fernando Baptista.
✓ da Relação do Porto, de 26-10-2006, no site www.dgsi.pt, relatado por Mário Fernandes.
✓ da Relação do Porto, de 22-2-2007, no site www.dgsi.pt, relatado por Pinto de Almeida.
✓ da Relação do Porto, de 6-11-2008, no site www.dgsi.pt, relatado por Pinto de Almeida.
✓ da Relação do Porto, de 3-3-2009, no site www.dgsi.pt, relatado por Cândido Lemos.
✓ da Relação do Porto, de 9-6-2010, no site www.dgsi.pt, relatado por Deolinda Varão.
✓ da Relação do Porto, de 9-12-2010, no site www.dgsi.pt, relatado por Deolinda Varão.
✓ da Relação do Porto, de 8-2-2011, no site www.dgsi.pt, relatado por Rodrigues Pires.
✓ da Relação do Porto, de 21-2-2011, no site www.dgsi.pt, relatado por Cristina Coelho.
✓ da Relação do Porto, de 3-3-2011, no site www.dgsi.pt, relatado por Leonel Serôdio.
✓ da Relação do Porto, de 22-3-2011, no site www.dgsi.pt, relatado por Rodrigues Pires.
✓ da Relação de Coimbra, de 8-5-2012, no site www.dgsi.pt, relatado por Francisco Caetano.
✓ da Relação do Porto, de 26-6-2012, no site www.dgsi.pt, relatado por Rodrigues Pires.
✓ da Relação de Guimarães, de 8-1-2015, no site www.dgsi.pt, relatado por Ana Cristina Duarte.
✓ da Relação de Lisboa, de 25-2-2016, no site colectaneadejurisprudência.com, relatado por Teresa Pardal.
✓ da Relação de Coimbra, de 12-3-2019, no site www.dgsi.pt, relatado por Barateiro Martins.

[437] Vide, neste sentido, os seguintes Acórdãos:
✓ da Relação de Lisboa, de 1-10-2009, no site www.dgsi.pt, relatado por Fátima Galante.
✓ da Relação de Évora, de 17-3-2010, no site www.dgsi.pt, relatado por Almeida Simões.
✓ da Relação de Lisboa, de 3-11-2011, no site www.dgsi.pt, relatado por Amélia Ameixoeira.
✓ da Relação de Lisboa, de 23-2-2012, no site www.dgsi.pt, relatado por Teresa Albuquerque.

O simples reconhecimento, posterior ao decurso do prazo de caducidade, já não tem eficácia impeditiva, uma vez que o termo do prazo provoca a extinção automática do direito caducado[438]. Todavia, no domínio dos direitos disponíveis, nada impede a renúncia à caducidade (artº 330º, nº 1, do C.C.), a qual poderá ocorrer quer antes de se completar o respetivo prazo, quer depois do mesmo ter terminado[439], podendo essa declaração de renúncia ser expressa ou tácita (artº 217º, nº 1, do C.C.).Verifica-se uma renúncia tácita, quando o empreiteiro não a invoca na ação em que é exercido algum dos direitos do dono da obra, ou quando aquele, revelando consciência de que esses direitos já caducaram, se propõe satisfazer a respetiva prestação.

Os prazos de caducidade previstos no artº 1224º do C.C. não se aplicam ao direito de indemnização em dinheiro pelo custo dos trabalhos de eliminação dos defeitos ou de reconstrução realizados pelo dono da obra ou por terceiro contratado por este, nos casos de incumprimento definitivo das respetivas obrigações do empreiteiro[440]. Como este direito

- ✓ da Relação de Coimbra, de 8-5-2012, no site www.dgsi.pt, relatado por Francisco Caetano.
- ✓ do S.T.J., de 22-5-2012, no site www.colectaneadejurisprudência.com, relatado por Gregório Jesus.
- ✓ da Relação de Lisboa, de 5-7-2012, no site www.dgsi.pt, relatado por Carla Mendes.
- ✓ da Relação de Lisboa, de 12-7-2012, no site www.dgsi.pt, relatado por Ezaguy Martins.
- ✓ da Relação do Porto, de 11-12-2012, no site www.dgsi.pt, relatado por Márcia Portela.
- ✓ da Relação de Lisboa, de 21-2-2013, no site www.dgsi.pt, relatado por Eduardo Azevedo.
- ✓ da Relação de Guimarães, de 23-6-2016, no site www.dgsi.pt, relatado por João Diogo Rodrigues.
- ✓ do S.T.J., de 21-2-2019, no site www.dgsi.pt, relatado por Nuno Pinto Oliveira.

[438] Rodrigues Bastos, em *Notas ao Código Civil,* vol. II, pág. 100, Pedro Romano Martinez, em *Cumprimento defeituoso...,* pág. 381, e os seguintes Acórdãos:

- ✓ da Relação do Porto, de 28-10-2004, no site www.dgsi.pt, relatado por Saleiro de Abreu.
- ✓ da Relação de Lisboa, de 21-2-2013, no site www.dgsi.pt, relatado por Eduardo Azevedo.
- ✓ da Relação de Lisboa, de 22-10-2013, no site www.dgsi.pt, relatado por Cristina Coelho.
- ✓ da Relação de Lisboa, de 5-3-2015, no site www.dgsi.pt, relatado por Ezaguy Martins.

[439] Rodrigues Bastos, em *Notas ao Código Civil,* vol. II, pág. 100, e Vaz Serra, em *Prescrição extintiva e caducidade,* no B.M.J. nº 107, pág. 252, e os seguintes Acórdãos.

- ✓ da Relação do Porto, de 25-1-2011, no site www.dgsi.pt, relatado por Sílvia Pires.
- ✓ do S.T.J., de 7-3-2019, no site www.dgsi.pt, relatado por Rosa Ribeiro Coelho.

[440] Sobre a existência deste direito, cfr., *supra*, pág. 143 e seg.

de indemnização resulta da aplicação das regras gerais do direito das obrigações (artº 798º do C.C.), e não das regras especiais previstas para a realização de obra com defeitos, no âmbito do contrato de empreitada, não se aplicam os prazos de caducidade apenas previstos para o exercício dos direitos conferidos por esse regime especial[441].

Aliás, resultando este direito de indemnização do incumprimento definitivo de um dos direitos cujo exercício está sujeito aos referidos prazos de caducidade, seria absurdo que também ele estivesse sujeito aos mesmos prazos. Se o dono da obra tivesse evitado o decurso dos prazos de caducidade previstos no artº 1224º do C.C. para o exercício do direito de exigir a eliminação dos defeitos ou da realização de nova obra, no limite, era-lhe já impossível acionar este direito de indemnização nos mesmos prazos. E mesmo que não tivesse exercido aqueles direitos em data próxima do termo dos prazos de caducidade, dificilmente conseguiria exercer o direito de indemnização pelo incumprimento das respetivas prestações, atento o tempo que decorre até que esse incumprimento se possa considerar definitivo.

Este direito de indemnização estará, pois, apenas sujeito ao prazo de prescrição ordinária dos direitos (artº 309º do C.C.)[442].

Já quando esse direito de indemnização não resulta de um incumprimento definitivo da obrigação de eliminação dos defeitos ou da realização de nova obra, mas sim da circunstância do dono da obra ter sentido necessidade de efetuar a eliminação dos defeitos por sua conta, face à urgência de realização de tais obras de reparação[443], como estamos perante uma simples substituição da modalidade da indemnização a que o empreiteiro ficou obrigado pelo cumprimento defeituoso da sua pres-

[441] Neste sentido, Menezes Cordeiro, em *Tratado de direito civil*, vol. XII, pág. 971, e os seguintes Acórdãos:

- ✓ da Relação de Guimarães, de 16-6-2011, no site www.dgsi.pt, relatado por Manso Rainho.
- ✓ da Relação de Lisboa, de 22-10-2013, no site www.dgsi.pt, relatado por Cristina Coelho.

[442] Giuseppe Musolino, em *La responsabilità civile dell'appalto...*, pág. 315, e o Acórdão da Relação de Coimbra de 4-5-2010, no site www.dgsi.pt, relatado por António Magalhães.

[443] Cfr., *supra*, pág. 153-156.

tação, devem os prazos de caducidade dos artº 1220º e 1224º do C.C. continuarem a aplicar-se a este direito indemnizatório[444].

Esta solução justifica-se porque nestes casos o dono da obra não havia ainda exercido qualquer direito perante o empreiteiro relativamente aos defeitos verificados, sendo necessário que esses direitos sejam exercidos pouco tempo depois da entrega da obra, porque o decurso do tempo torna difícil a contraprova da posterioridade do vício e da ilisão da culpa, além de permitir o agravamento dos prejuízos.

Relativamente ao direito de indemnização pela existência de prejuízos colaterais, provocados pelos defeitos da obra, que impliquem uma responsabilidade contratual do empreiteiro, como, em princípio, é regido pelas regras gerais do direito de indemnização, não se lhe aplicando as regras especiais dos artº 1218º e seguintes do C.C., não está sujeito aos prazos de caducidade previstos no artº 1224º do C.C. Para o exercício deste direito de indemnização vigora o prazo de prescrição geral[445].

[444] Neste sentido se pronunciou o Acórdão da Relação de Coimbra de 18-3-2014, no site www.dgsi.pt, relatado por Henrique Antunes.

[445] Cfr., *supra*, pág. 139-140.

VII. A exceção de não cumprimento

Além dos direitos acima referidos, o dono da obra também pode excecionar o cumprimento defeituoso do empreiteiro para suspender o cumprimento da sua prestação principal – o pagamento do preço – utilizando a faculdade que lhe é proporcionada pelo artº 428º do C.C.[446].

[446] PIRES DE LIMA e ANTUNES VARELA, em *Código Civil anotado,* vol. II, pág. 896, PEDRO ROMANO MARTINEZ, em *Cumprimento defeituoso...,* pág. 290, RUI SÁ GOMES, em *Breves notas sobre o cumprimento defeituoso no contrato de empreitada,* em"Ab vno ad omnes – 75 anos da Coimbra Editora", pág. 619-621, JOSÉ JOÃO ABRANTES, em *Contrato de empreitada e exceção de não cumprimento,* em "Cadernos de direito privado", nº 18, pág. 53-58, PEDRO DE ALBUQUERQUE/ /MIGUEL ASSIS RAIMUNDO, em *Contrato de empreitada,* pág. 283, MENEZES CORDEIRO, em *Tratado de direito civil,* vol. XII, pág. 961-962, ENNECERUS-LEHMANN, em *Derecho de obligaciones,* vol. II, 1ª parte, pág. 520, KARL LARENZ, em *Derecho de obligaciones,* tomo 2, pág. 309, GIUSEPPE MUSOLINO, em *La responsabilità civile nell'appalto...,* pág. 230, CARMELA MASCARELLO, em *Il contratto di appalto,* pág. 17 e 144, LIDIA SAVANNA, em *La responsabilità dell'appaltatore,* pág. 79, e os seguintes Acórdãos:

- ✓ da Relação de Lisboa, de 15-6-1979, na C.J., Ano IV, tomo 3, pág. 815, relatado por SEQUEIRA DE CARVALHO.
- ✓ da Relação de Coimbra, de 8-6-1993, na C.J., Ano XVIII, tomo 3, pág. 55, relatado por FRANCISCO LOURENÇO.
- ✓ da Relação de Coimbra, de 6-1-1994, na C.J., Ano XIX, tomo 1, pág. 10, relatado por NUNES DA CRUZ.
- ✓ da Relação de Évora, de 19-1-1995, na C.J., Ano XX, tomo 1, pág. 274, relatado por ABÍLIO PERES.
- ✓ da Relação do Porto, de 21-11-1996, na C.J., Ano XXI, tomo 5, pág. 192, relatado por CUSTÓDIO MONTES.
- ✓ da Relação de Évora, de 13-1-2000, na C.J., Ano XXV, tomo 1, pág. 266, relatado por LAURA LEONARDO.

- ✓ do S.T.J., de 18-2-2003, na C.J. (Ac. do S.T.J.) Ano XI, tomo 1, pág. 103, relatado por AZEVEDO RAMOS.
- ✓ da Relação do Porto, de 25-3-2004, no site www.dgsi.pt, relatado por FERNANDO BAPTISTA.
- ✓ da Relação de Coimbra, de 19-4-2005, na C.J., Ano XXX, Tomo 2, pág. 31, relatado por NUNES RIBEIRO.
- ✓ da Relação do Porto, de 18-5-2004, no site www.dgsi.pt, relatado por ALBERTO SOBRINHO.
- ✓ do S.T.J., de 11-1-2005, no site www.dgsi.pt, relatado por LOPES PINTO.
- ✓ da Relação de Lisboa, de 22-9-2005, no site www.dgsi.pt, relatado por MANUEL GONÇALVES.
- ✓ do S.T.J., de 25-10-2005, no site www.dgsi.pt, relatado por LOPES PINTO.
- ✓ da Relação de Coimbra, de 27-10-2005, no site www.dgsi.pt, relatado por FERREIRA DE BARROS.
- ✓ da Relação de Coimbra, de 6-12-2005, no site www.dgsi.pt, relatado por ISAÍAS PÁDUA.
- ✓ do S.T.J., de 7-12-2005, no site www.dgsi.pt, relatado por AZEVEDO RAMOS.
- ✓ da Relação de Coimbra, de 6-6-2006, no site www.dgsi.pt, relatado por SOUSA PINTO.
- ✓ da Relação de Lisboa, de 12-7-2006, no site www.dgsi.pt, relatado por MARIA JOSÉ MOURO.
- ✓ da Relação do Porto, de 19-9-2006, no site www.dgsi.pt, relatado por HENRIQUE ARAÚJO.
- ✓ da Relação de Évora, de 2-11-2006, no site www.dgsi.pt, relatado por ASSUNÇÃO RAIMUNDO.
- ✓ da Relação de Coimbra, de 14-11-2006, na C.J., Ano XXI, tomo 5, pág. 21, relatado por HELDER ROQUE.
- ✓ da Relação do Porto, de 29-11-2006, no site www.dgsi.pt, relatado por EMÍDIO COSTA.
- ✓ da Relação de Coimbra, de 12-12-2006, no site www.dgsi.pt, relatado por HELDER DE ALMEIDA.
- ✓ do S.T.J., de 31-1-2007, no site www.dgsi.pt, relatado por MOREIRA CAMILO.
- ✓ da Relação do Porto, de 4-7-2007, no site www.dgsi.pt, relatado por EMÍDIO COSTA.
- ✓ do S.T.J., de 2-10-2007, na C.J. (Ac. do S.T.J.), Ano XV, tomo 3, pág. 71, relatado por FONSECA RAMOS.
- ✓ da Relação de Évora, de 4-10-2007, na C.J., Ano XXXII, tomo 4, pág. 249, relatado por EDUARDA BRANQUINHO.
- ✓ da Relação de Coimbra, de 9-10-2007, na C.J., Ano XXXII, tomo 4, pág. 28, relatado por HENRIQUE ANTUNES.
- ✓ da Relação do Porto, de 10-12-2007, no site www.dgsi.pt, relatado por FERNANDES DO VALE.
- ✓ da Relação de Lisboa, de 28-2-2008, no site www.dgsi.pt, relatado por NETO NEVES.
- ✓ do S.T.J., de 27-5-2008, na C.J. (Ac. do S.T.J.), Ano XVI, tomo 2, pág. 78, relatado por MOREIRA CAMILO.
- ✓ da Relação de Lisboa, de 5-6-2008, no site www.dgsi.pt, relatado por MARIA JOSÉ MOURO.
- ✓ da Relação de Lisboa, de 30-9-2008, no site www.dgsi.pt, relatado por JOÃO AVEIRO.
- ✓ do S.T.J., de 5-3-2009, na C.J. (Ac. do S.T.J.), Ano XVII, tomo 1, pág. 128, relatado por OLIVEIRA ROCHA.

Na verdade, esta possibilidade legal é também concedida aos credores de prestações sinalagmáticas, em que se verificou o cumprimento defeituoso de uma delas – *exceptio non rite adimpleti contractus*[447].

Necessário é que a obrigação de pagamento de preço não seja de vencimento anterior ao da entrega da obra e que a parte do preço, cujo pagamento se recusa, seja proporcional à desvalorização da obra provo-

✓ da Relação do Porto, de 20-4-2009, no site www.dgsi.pt, relatado por Isoleta Costa.
✓ da Relação de Évora, de 25-6-2009, no site www.dgsi.pt, relatado por Silva Rato.
✓ do S.T.J., de 26-11-2009, no site www.dgsi.pt, relatado por Santos Bernardino.
✓ da Relação de Lisboa, de 28-1-2010, na C.J., Ano XXXV, tomo 1, pág. 86, relatado por Manuel Gonçalves.
✓ da Relação do Porto, de 20-4-2010, no site www.dgsi.pt, relatado por Henrique Antunes.
✓ da Relação de Guimarães, de 25-5-2010, no site www.dgsi.pt, relatado por Figueiredo de Almeida.
✓ da Relação do Porto, de 29-6-2010, no site www.dgsi.pt, relatado por Henrique Araújo.
✓ da Relação de Guimarães, de 31-5-2012, no site www.dgsi.pt, relatado por Amilcar Andrade.
✓ da Relação do Porto, de 2-10-2014, no site www.dgsi.pt, relatado por Aristides Rodrigues de Almeida.
✓ do S.T.J., de 8-9-2015, no site www.dgsi.pt, relatado por Helder Roque.
✓ da Relação do Porto, de 13-10-2015, no site www.dgsi.pt, relatado por Fernando Samões.
✓ da Relação de Lisboa, de 13-10-2015, no site www.dgsi.pt, relatado por Maria Adelaide Domingos.
✓ da Relação de Évora, de 11-6-2015, no site www.dgsi.pt, relatado por Maria Cristina Cerdeira.
✓ da Relação do Porto, de 27-9-2017, no site www.dgsi.pt, relatado por Fernando Samões.
✓ da Relação de Guimarães, de 4-10-2017, no site www.dgsi.pt, relatado por António Penha.
✓ da Relação do Porto, de 26-10-2017, no site www.dgsi.pt, relatado por Anabela Dias da Silva.
✓ do S.T.J., de 19-12-2018, no site www.dgsi.pt, relatado por Abrantes Geraldes.
✓ do S.T.J., de 16-5-2019, no site www.dgsi.pt, relatado por Catarina Serra.
✓ da Relação de Guimarães, de 16-5-2019, no site www.dgsi.pt, relatado por Fernando Freitas.

447 Vaz Serra, em *Exceção de contrato não cumprido,* pág. 37-41, Antunes Varela, em parecer publicado na C.J., Ano XII, tomo 4, pág. 32-33, Pessoa Jorge, em *Direito das obrigações,* pág. 648-649, Menezes Cordeiro, em *Violação positiva do contrato,* em "Estudos de direito civil", vol. I, pág. 138-139, José João Abrantes, em *A exceção de não cumprimento do contrato no direito civil português,* pág. 80-102, e em *Contrato de empreitada e exceção de não cumprimento,* em "Cadernos de direito privado", nº 18, pág. 53-58, e Ana Taveira da Fonseca, em *Da recusa de cumprimento da obrigação para tutela do direito de crédito...,* pág. 210 e seg.

cada pela existência do defeito[448]. O primeiro requisito resulta expressa-

[448] Vaz Serra, em *Exceção de contrato não cumprido*, pág. 42-44, Pedro Romano Martinez, em *Cumprimento defeituoso...*, pág. 295-296, José João Abrantes, em *A exceção de não cumprimento do contrato no direito civil português*, pág. 80-102, e em *Contrato de empreitada e exceção de não cumprimento*, em "Cadernos de direito privado", nº 18, pág. 53-58, Almeida Costa, em Anotação ao Acórdão do S.T.J. de 11 de dezembro de 1984, na R.L.J., Ano 119, pág. 144-145, Inocêncio Galvão Telles, em *Direito das obrigações*, pág. 454, Ribeiro de Faria, *Direito das obrigações*, II, pág. 399-400, Nuno Pinto Oliveira, *Princípios de direito dos contratos*, pág. 796, Brandão Proença, *Liçõesde cumprimento e não cumprimento das obrigações*, pág. 150-151, Francisco Brito Pereira Coelho, em *Operação complexa de "crédito ao consumo" e exceção de não cumprimento*, pág. 66-67, Júlio Gomes, em *Da exceção de não cumprimento parcial e a sua invocação de acordo com a boa-fé*, pág. 64-65, Maria de Lurdes Pereira /Pedro Múrias, em *Os direitos de retenção e o sentido da exceção de não cumprimento*, pág. 228 e seg., e os seguintes Acórdãos:

- ✓ da Relação de Coimbra, de 27-10-2005, no site www.dgsi.pt, relatado por Ferreira de Barros.
- ✓ da Relação do Porto, de 29-11-2006, no site www.dgsi.pt, relatado por Emídio Costa.
- ✓ do S.T.J., de 26-10-2010, no site www.dgsi.pt, relatado por Urbano Dias.
- ✓ do S.T.J., de 22-1-2013, no site www.dgsi.pt, relatado por Granja da Fonseca.
- ✓ da Relação de Évora, de 28-11-2013, no site www.dgsi.pt, relatado por Cristina Cerdeira.
- ✓ da Relação de Coimbra, de 18-2-2014, no site www.dgsi.pt, relatado por Sílvia Pires.
- ✓ da Relação de Coimbra, de 25-2-2014, no site www.dgsi.pt, relatado por Henrique Antunes.
- ✓ da Relação do Porto, de 5-5-2014, no site www.dgsi.pt, relatado por Carlos Gil.
- ✓ da Relação do Porto, de 17-6-2014, no site www.dgsi.pt, relatado por Fernando Samões.
- ✓ da Relação de Évora, de 11-6-2015, no site www.dgsi.pt, relatado por Maria Cristina Cerdeira.
- ✓ da Relação de Évora, de 23-2-2016, no site www.dgsi.pt, relatado por Francisco Matos.
- ✓ da Relação do Porto, de 27-9-2017, no site www.dgsi.pt, relatado por Fernando Samões.
- ✓ da Relação de Guimarães, de 4-10-2017, no site www.dgsi.pt, relatado por António Penha.
- ✓ da Relação do Porto, de 26-10-2017, no site www.dgsi.pt, relatado por Anabela Dias da Silva.
- ✓ do S.T.J., de 19-12-2018, no site www.dgsi.pt, relatado por Abrantes Geraldes.
- ✓ do S.T.J., de 16-5-2019, no site www.dgsi.pt, relatado por Catarina Serra.
- ✓ da Relação de Guimarães, de 16-5-2019, no site www.dgsi.pt, relatado por Fernando Freitas.

Ana Taveira da Fonseca, em *Da recusa de cumprimento da obrigação para tutela do direito de crédito...*, pág. 227-232, sustenta que a exigência de proporcionalidade apenas deve obstar ao funcionamento da *exceptio* em situações que integrem a figura do abuso de direito, não exigindo uma equivalência entre o valor da prestação incumprida e o valor da prestação cujo cumprimento é sustado, de modo a assegurar o efeito compulsório da exceção de não cumprimento. No mesmo sentido pronunciou-se o Acórdão da Relação do Porto de 2-10-2014, no site www.dgsi.pt, relatado por Aristides Rodrigues de Almeida.

mente do disposto no artº 428º do C.C. e o segundo requisito é exigido pelos ditames da boa-fé no cumprimento das obrigações (artº 762º, nº 2, do C.C.).

Assim, nos casos em que o preço não tenha que ser integralmente pago em momento anterior ao da entrega da obra, o dono desta pode suspender o pagamento de uma parte, proporcional à desvalorização provocada pela existência de defeitos, enquanto estes não tenham sido eliminados, ou não tenha sido realizada nova obra, ou o dono da obra não tenha sido indemnizado dos prejuízos sofridos[449].

A determinação dessa proporcionalidade deve ter como critério de referência aquele que foi indicado para apurar o valor de redução do preço da obra, por defeitos não supridos[450].

Porém, utilizando esse critério uma ponderação entre o preço acordado, o valor objetivo da obra com defeitos e o valor ideal da obra, à data da sua aceitação, e não se encontrando esses elementos, na maior parte das vezes, entre os factos apurados, sendo certo que os dois últimos se revelam de difícil concretização, pode o julgador recorrer a um puro juízo de equidade para determinar qual a parte do preço que é proporcional à desvalorização da obra que resulta dos defeitos que apresenta,

[449] *Vide*, neste sentido, os seguintes Acórdãos:
- ✓ da Relação de Guimarães, de 6-4-2011, no site www.dgsi.pt, relatado por Conceição Saavedra.
- ✓ da Relação de Coimbra, de 24-2-2012, no site www.dgsi.pt, relatado por Francisco Caetano.
- ✓ da Relação do Porto, de 20-3-2012, no site www.dgsi.pt, relatado por Cecília Agante.
- ✓ da Relação de Guimarães, de 31-5-2012, no site www.dgsi.pt, relatado por Amilcar Andrade.
- ✓ da Relação de Lisboa, de 3-2-2015, no site www.dgsi.pt, relatado por Conceição Saavedra.

O Acórdão da Relação de Évora de 13-1-2000, publicado na C.J., Ano XXV, tomo 1, pág. 261, relatado por Laura Leonardo, restringiu a possibilidade de utilização da *exceptio*, pelo dono da obra, para suspender o pagamento do preço, aos casos de exercício dos direitos de eliminação dos defeitos e realização de nova obra, revelando uma visão demasiado restritiva das relações de sinalagma.

[450] Cfr., *supra*, pág. 126-128.
Vide, neste sentido, os seguintes Acórdãos:
- ✓ da Relação do Porto, de 29-6-2010, no site www.dgsi.pt, relatado por Henrique Araújo.
- ✓ da Relação de Coimbra, de 18-2-2014, no site www.dgsi.pt, relatado por Sílvia Pires.

aplicando-se, analogicamente, o disposto no artº 566º, nº 3, do C.C.[451]. Apesar de não se defender a possibilidade de recurso a juízos de equidade a todos os domínios de intervenção dos ditames da boa-fé, este específico juízo de proporcionalidade exige ponderações que se movem no campo da indeterminação e que só podem ser extrapoladas do caso concreto, a que só a equidade consegue muitas vezes dar resposta, sendo certo que o seu resultado é apenas uma mera suspensão da exigência da prestação acordada, devendo essa suspensão manter as suas finalidades compulsórias.

A *excepcio* só pode ser oposta após o dono da obra ter denunciado os defeitos e manifestado a sua opção pelo direito que pretendia exercer[452],

[451] Conforme se refere *supra*, na nota 331, alguma jurisprudência já tem recorrido a um puro juízo de equidade para operar a redução do preço.
A utilização da equidade na determinação da proporcionalidade da *exceptio* foi efetuada pelo Acórdão da Relação de Coimbra de 18-2-2014, no site www.dgsi.pt, relatado por Sílvia Pires.

[452] Vaz Serra, em anotação ao Ac. do S.T.J. de 19-11-1971, na R.L.J., Ano 105, pág. 282-288, Pedro Romano Martinez, em *Cumprimento defeituoso...*, pág. 294, Ana Taveira da Fonseca, em *Da recusa de cumprimento da obrigação para tutela do direito de crédito...*, pág. 212, Carmella Mascarello, em *Il contratto di appalto*, pág. 144, e os seguintes Acórdãos:
- ✓ do S.T.J., de 19-11-1971, no B.M.J. nº 211, pág. 297, relatado por Campos de Carvalho.
- ✓ do S.T.J., de 11-11-1976, no B.M.J. nº 261, pág. 137, relatado por João Moura.
- ✓ da Relação do Porto, de 12-6-2003, no site www.dgsi.pt, relatado por Saleiro de Abreu.
- ✓ da Relação de Coimbra, de 21-10-2003, no site www.dgsi.pt, relatado por Jorge Arcanjo.
- ✓ da Relação de Coimbra, de 6-12-2005, no site www.dgsi.pt, relatado por Isaías Pádua.
- ✓ da Relação de Coimbra, de 6-6-2006, no site www.dgsi.pt, relatado por Sousa Pinto.
- ✓ da Relação de Lisboa, de 12-7-2006, no site www.dgsi.pt, relatado por Maria José Mouro.
- ✓ da Relação do Porto, de 29-11-2006, no site www.dgsi.pt, relatado por Emídio Costa.
- ✓ da Relação do Porto, de 4-7-2007, no site www.dgsi.pt, relatado por Emídio Costa.
- ✓ da Relação de Lisboa, de 10-4-2008, no site www.dgsi.pt, relatado por Fátima Galante.
- ✓ do S.T.J., de 26-11-2009, no site www.dgsi.pt, relatado por Santos Bernardino.
- ✓ do S.T.J., de 8-6-2010, no site www.dgsi.pt, relatado por Oliveira Vasconcelos.
- ✓ da Relação do Porto, de 29-6-2010, no site www.dgsi.pt, relatado por Henrique Araújo.
- ✓ da Relação do Porto, de 6-9-2010, no site www.dgsi.pt, relatado por António Eleutério.
- ✓ da Relação de Coimbra, de 6-9-2011, no site www.dgsi.pt, relatado por Manuel Capelo.
- ✓ da Relação do Porto, de 17-1-2012, no site www.dgsi.pt, relatado por Pinto dos Santos.
- ✓ da Relação de Guimarães, de 8-5-2012, no site www.colectaneadejurisprudência.com, relatado por Rosa Tching.
- ✓ da Relação de Coimbra, de 26-6-2012, no site www.dgsi.pt, relatado por Beça Pereira.
- ✓ da Relação de Coimbra, de 11-7-2012, no site www.dgsi.pt, relatado por Carlos Querido.
- ✓ da Relação de Évora, de 28-11-2013, no site www.dgsi.pt, relatado por Cristina Cerdeira.

salvo o direito de resolução, cujos efeitos não são compatíveis com aquele meio de dilação do pagamento[453-454]. Mas nada impede que o dono da obra, demandado judicialmente para pagar o preço ou parte do preço da obra, na contestação, deduza reconvenção em que denuncie a existência de defeitos, exerça um dos direitos que a lei lhe confere, e simultaneamente oponha a exceção do contrato não cumprido para ver suspensa a sua obrigação de pagamento do preço.

A possibilidade de dedução da exceção de não cumprimento mantém-se nos casos em que o dono da obra reclama o pagamento de uma indemnização pelo incumprimento definitivo da obrigação de eliminação dos defeitos[455].

- ✓ da Relação do Porto, de 17-6-2014, no site www.dgsi.pt, relatado por Fernando Samões.
- ✓ da Relação do Porto, de 13-10-2015, no site www.dgsi.pt, relatado por Fernando Samões.
- ✓ da Relação de Évora, de 11-6-2015, no site www.dgsi.pt, relatado por Maria Cristina Cerdeira.
- ✓ da Relação de Évora, de 23-2-2016, no site www.dgsi.pt, relatado por Francisco Matos.
- ✓ da Relação do Porto, de 27-9-2017, no site www.dgsi.pt, relatado por Fernando Samões.
- ✓ da Relação de Guimarães, de 4-10-2017, no site www.dgsi.pt, relatado por António Penha.
- ✓ da Relação de Guimarães, de 12-10-2017, no site www.dgsi.pt, relatado por Anabela Tenreiro.
- ✓ da Relação do Porto, de 26-10-2017, no site www.dgsi.pt, relatado por Anabela Dias da Silva.
- ✓ da Relação de Coimbra, de 21-2-2018, no site www.dgsi.pt, relatado por Luís Cravo.

Rui Sá Gomes, em *Breves notas sobre o cumprimento defeituoso no contrato de empreitada,* em "Ab vno omnes – 75 anos da Coimbra Editora", pág. 621-622, nota 74, defende que é suficiente a denúncia dos defeitos, não sendo necessária a manifestação de opção pelo direito exercido. No Acórdão da Relação de Coimbra de 1-3-2005, no site www.dgsi.pt, relatado por Távora Vitor, e no Acórdão da Relação do Porto de 18-6-2008, no site www.dgsi.pt, relatado por Anabela Dias da Silva, sustentou-se que nem sequer é necessária a denúncia prévia dos defeitos da obra.

453 Isto não impede que a *exceptio* não possa ser usada nas obrigações de devolução das prestações já efetuadas, como consequência da resolução do contrato.

454 José João Abrantes, em *Contrato de empreitada e exceção de não cumprimento,* em "Cadernos de direito privado", nº 18, pág. 53-58, e os seguintes Acórdãos:

- ✓ da Relação de Coimbra, de 6-9-2011, no site www.dgsi.pt, relatado por Manuel Capelo.
- ✓ do S.T.J., de 20-11-2012, no site www.dgsi.pt, relatado por Fonseca Ramos.
- ✓ da Relação de Guimarães, de 31-5-2012, no site www.dgsi.pt, relatado por Amilcar Andrade.

455 Ana Taveira da Fonseca, em *Da recusa de cumprimento da obrigação para tutela do direito de crédito...*, pág. 214-217.

A possibilidade de dedução desta exceção de não cumprimento mantém-se, enquanto não se mostrar ressarcido o dano da realização da obra com defeitos, não podendo a mesma ser oposta, porém, com fundamento na constituição de um direito de indemnização por danos colaterais, resultantes desses defeitos, por ausência de sinalagmaticidade entre este crédito e o relativo ao pagamento do preço da empreitada[456].

Mas se os direitos do dono da obra pela realização da obra com defeitos já tiverem caducado, nos termos do artº 1224º do C.C., ele deixa de poder excecionar o cumprimento defeituoso do empreiteiro para suspender o cumprimento da sua obrigação de pagar o preço[457]. Isso não significa, porém, que a caducidade possa ser oficiosamente conhecida, necessitando sempre, mesmo para obstar à procedência da *exceptio*, de ser invocada pelo empreiteiro, uma vez que nos encontramos perante direitos disponíveis (artº 303º, aplicável *ex vi* do artº 333, nº 2, do C.C.).

O dono da obra também perde o direito a valer-se da *exceptio* quando não cumpre o dever de colaboração com o empreiteiro na tarefa de eliminação dos defeitos, incorrendo em mora de credor[458-459], ou quando, sem dar oportunidade ao empreiteiro para proceder a essa eliminação,

[456] PEDRO ROMANO MARTINEZ, em *Cumprimento defeituoso...*, pág. 295, e ANA TAVEIRA DA FONSECA, em *Da recusa de cumprimento da obrigação para tutela do direito de crédito...*, pág. 213. Admitindo o funcionamento da *exceptio* com fundamento no direito à indemnização por um dano colateral, *vide* o Acórdão da Relação do Porto de 21-11-1996, na C.J., Ano XXI, tomo 5, pág. 192, relatado por CUSTÓDIO MONTES.

[457] ANA TAVEIRA DA FONSECA, em *Da recusa de cumprimento da obrigação para tutela do direito de crédito...*, pág. 212-213, FRANCO BALLATI, em *La responsabilità dell'appaltatore e del directore del lavori per vizi e difformità delle opere*, pág. 74-76 e os Acórdãos:

✓ da Relação de Lisboa, de 22-9-2005, no site www.dgsi.pt, relatado por MANUEL GONÇALVES.

✓ da Relação de Lisboa, de 10-4-2008, no site www.dgsi.pt, relatado por FÁTIMA GALANTE.

Apenas os direitos de crédito prescritos e não os caducados podem continuar a ser opostos como exceção de não cumprimento das obrigações, nos termos do artº 430º do C.C.

[458] Cfr., *supra*, pág. 119-120.

[459] Neste sentido, decidiram os seguintes Acórdãos:

✓ do S.T.J., de 2-10-2007, na C.J. (Ac. do S.T.J.), Ano XV, tomo 3, pág. 71, relatado por FONSECA RAMOS.

✓ do S.T.J., de 27-5-2008, na C.J. (Ac. do S.T.J.), Ano XVI, tomo 2, pág. 78, relatado por MOREIRA CAMILO.

efetuou ele próprio as reparações das deficiências ou recorreu aos serviços de terceiros[460].

A procedência judicial da exceção do cumprimento defeituoso da obrigação do empreiteiro invocada pelo dono da obra deve conduzir à sua absolvição do pedido e não à sua condenação condicionada à satisfação prévia do seu direito[461], o que não impedirá o empreiteiro de propor nova ação para fazer valer o seu direito logo que o direito se encontre satisfeito, cessando a eficácia da exceção.

[460] Neste sentido, os seguintes Acórdãos:
✓ da Relação de Lisboa, de 8-11-2007, no site www.dgsi.pt, relatado por Fátima Galante.
✓ da Relação de Lisboa, de 28-2-2008, no site www.dgai.pt, relatado por Neto Neves.

[461] Neste sentido, os seguintes Acórdãos:
✓ da Relação do Porto, de 5.5.2014, no site www.dgai.pt, relatado por Carlos Gil.
✓ da Relação do Porto, de 2-10-2014, no site www.dgsi.pt, relatado por Aristides Rodrigues de Almeida.
✓ da Relação de Lisboa, de 3-2-2015, no site www.dgsi.pt, relatado por Conceição Saavedra.
✓ da Relação de Coimbra, de 6-12-2016, no site www.dgsi.pt, relatado por maria joão areias.

Optaram pela condenação do dono da obra a pagar o preço em falta contra a reparação simultânea dos defeitos existentes, os seguintes Acórdãos:
✓ da Relação de Coimbra, de 21-4-2015, no site www.dgsi.pt, relatado por Barateiro Martins.
✓ da Relação do Porto, de 28-11-2017, no site www.dgsi.pt, relatado por Graça Mira.
✓ da Relação de Lisboa, de 30-5-2017, no site www.dgsi.pt, relatado por Pedro Brighton.
✓ da Relação de Coimbra, de 21-2-2017, no site www.dgsi.pt, relatado por Carlos Moreira.
✓ da Relação de Coimbra, de 21-2-2018, no site www.dgsi.pt, relatado por Luís Cravo.

Sobre a polémica relativa ao conteúdo da decisão que julga procedente a *exceptio*, Ana Taveira da Fonseca, em *Da recusa de cumprimento da obrigação para tutela do direito de crédito...*, pág. 235-242.

VIII. A responsabilidade pelos defeitos das obras em imóveis de longa duração

1. Antecedentes históricos

O artº 1225º do C.C. estabeleceu regras específicas relativas à responsabilidade do empreiteiro por defeitos em empreitadas de construção, modificação ou reparação de edifícios ou outros imóveis, destinados por sua natureza a longa duração.

A criação de um regime especial para o exercício dos direitos do dono da obra perante o cumprimento defeituoso da prestação do empreiteiro, para este tipo de obras, tem uma longa tradição legislativa que remonta ao direito romano[462], e é adotada na legislação de muitos países[463].

Convém relembrar a história deste regime especial no nosso sistema jurídico, para melhor podermos precisar o seu atual conteúdo, sobre o qual recaem as interpretações mais díspares.

Em Portugal, no primeiro estudo conhecido sobre um regime especial de responsabilidade civil do empreiteiro pelos defeitos da obra, de Almeida e Sousa (Lobão)[464], previa-se relativamente à construção de edifícios, e no caso de não ter sido realizado exame final da obra, ou

[462] Cfr., *supra*, pág. 14 e seg.

[463] Artº 371, nº 2, do C.O. Suíço, artº 1669 do C.C. Italiano, artº 618 do C.C. Brasileiro, artº 1792-2 e 1792-3 do C.C. Francês, e artº 17 e 18 da L.O.E. Espanhola.

[464] Cfr., *supra*, pág. 19.

desta não ter sido aprovada nesse exame pericial, que o empreiteiro mantivesse a responsabilidade pela sua ruína durante 15 anos, desde que esta não resultasse de caso fortuito[465]. Esta disposição baseou-se na solução do artº 1792 do Código de Napoleão[466]. Estamos perante a extensão no tempo da responsabilidade do empreiteiro por vícios ocultos da obra, restrita às empreitadas que tivessem como objeto a construção de um edifício e ao dano específico da sua ruína.

Nas compilações de Correia Telles[467] e Coelho da Rocha[468], previa-se, relativamente à construção de edifícios[469], que o empreiteiro fosse responsável pelos defeitos que se verificassem num determinado prazo. Correia Telles sugeria um prazo de 15 anos após o exame da obra[470] e Coelho da Rocha um prazo de 10 anos após a sua entrega[471]. Continuava a visar-se apenas o estabelecimento de um prazo longo de manutenção da responsabilidade do empreiteiro pelos defeitos ocultos da obra, após a entrega desta, segundo as regras gerais da responsabilidade civil. Curiosa para o tempo revela-se a sua aplicabilidade a qualquer defeito, independentemente da sua gravidade.

O Código Civil de 1867, continuando a seguir de perto o artº 1792 do Código de Napoleão, determinou a responsabilidade do empreiteiro de edifícios ou de outras "construções consideráveis", pelo espaço de 5 anos, pela segurança e solidez destas obras, postas em causa pela qualidade dos materiais, ou pela firmeza do solo [472]. Mantinha-se a ideia de que em determinados defeitos, na realização de determinadas obras,

[465] Em *Tratado Practico das Avaliações e dos Damnos,* 2ª parte, secção 5ª, § 75º.

[466] Sobre a interpretação deste artigo na época, V. Marcadé, em *Explication théorique et pratique du Code Napoléon,* tomo 16, pág. 536-540.

[467] Cfr., *supra,* pág. 21.

[468] Cfr., *supra,* pág. 21.

[469] Correia Telles adotava a expressão mais abrangente de "obra segura", nº 880, do III Tomo, do *Digesto Português,* na pág. 142, da 1ª ed..

[470] No III Tomo do *Digesto Português,* com a designação *Tratado dos modos de adquirir a propriedade, de a gozar e administrar, e de a transferir por derradeira vontade, para servir de subsídio ao novo Código Civil,* título IX, parágrafo 10º, nº 880, pág. 142, da 1ª ed.

[471] Nas *Instituições de direito civil Português,* Tomo 2º, capítulo III, Secção IV, § 852, nº 7, pág. 665, da 6ª ed..

[472] A doutrina adotava uma interpretação extensiva destas causas, como se pode ver em Cunha Gonçalves, em *Tratado de direito civil,* vol. VII, pág. 640 e 643-644, citando diversos autores franceses.

a responsabilidade do empreiteiro não cessava com a entrega da obra, permanecendo durante um período de 5 anos, relativamente aos defeitos ocultos que se revelassem nesse período[473].

Até esta altura, o regime especial consagrado para a construção de imóveis de longa duração tinha como objetivo responsabilizar o empreiteiro por defeitos que apenas se manifestassem após a entrega da obra, durante um determinado período de tempo.

No Anteprojeto de Vaz Serra[474], baseado sobretudo nos Códigos Civis Italiano e Alemão e no Código das Obrigações Suíço, admitia-se para qualquer tipo de obra, a responsabilidade do empreiteiro por qualquer defeito oculto (artº 16), durante um determinado prazo após a entrega da obra, tendo sido estabelecido um prazo para denúncia do defeito (artº 17º) e um segundo prazo de prescrição para o exercício do leque dos direitos conferidos ao dono da obra, para este reagir ao cumprimento defeituoso (artº 21º). Apesar disso, continuava a consagrar-se um regime especial para os defeitos graves ou que colocassem em risco a segurança e a estabilidade dos imóveis destinados por natureza a uma longa duração, atendendo não só à maior dificuldade em descobrir esses vícios, mas também ao interesse público da incolumidade deste tipo de obras. Daí que se alongassem os referidos prazos de denúncia e de prescrição (artº 26º). Além disso, também se proibia a estipulação de cláusulas que limitassem ou excluíssem a responsabilidade do empreiteiro, quando esta resultasse de vícios que pusessem em risco o interesse público (artº 26º, nº 2), estendia-se a responsabilidade aos adquirentes da propriedade do imóvel ou de algum outro direito real ou de locação sobre ele (artº 25º, nº 3), e determinava-se a aplicação deste regime ao vendedor do imóvel que o tivesse construído, modificado ou reparado (artº 25º, nº 4). O nº 3 do artº 25º deste Anteprojeto também continha uma presunção de culpa quase absoluta pela verificação destes defeitos, admitindo-se apenas que essa presunção pudesse ser ilidida caso o empreiteiro provasse *"que o vício se verifica normalmente em obras do mesmo género, em face do estado da técnica na época da execução da obra, ou se, tratando-se de vícios do solo, eles eram imprevisíveis por inspeção e sondagens cuidadosas".*

[473] CUNHA GONÇALVES, em *Tratado de direito civil,* vol. VII, pág. 640-644.

[474] Publicado no B.M.J. nº 146, pág. 215 a 247.

A redação final do Código Civil de 1966, saída da 2ª revisão ministerial, mantendo a ideia fundamental da criação de um regime especial para defeitos graves nas obras em imóveis de longa duração, limitou-se a alongar os prazos de denúncia desses defeitos e os prazos de caducidade do exercício dos respetivos direitos do dono da obra, adotando uma redação muito semelhante à do artº 1669 do C.C. Italiano, no seu artº 1225º.

Perante um crescente descontentamento relativamente à eficácia do sistema de responsabilização do empreiteiro por defeitos na construção de imóveis[475], o D.L. 267/94, de 25-10, destinado a aperfeiçoar as regras da propriedade horizontal, aproveitou para alterar a redação do artº 1225º do C.C., estendendo o seu regime à generalidade dos defeitos neste tipo de obras, tentando corrigir algumas imperfeições da redação original e aditando algumas das especialidades constantes do Anteprojeto Vaz Serra que haviam sido ignoradas pela versão final do Código Civil de 1966.

2. As especialidades do regime

Relembrados os antecedentes históricos da atualredação do artº 1225º do C.C., importa agora precisar o seu conteúdo, tendo em consideração a evolução narrada.

Em primeiro lugar, este regime especial apenas se aplica às obras realizadas em imóveis de longa duração, incluindo os edifícios. Para determinar se o imóvel, sobre o qual incide a obra, é considerado de longa duração, deve atender-se à sua utilização corrente, de acordo com a sua estrutura e os materiais que o compõem e não à finalidade concreta a que o dono da obra o destina. É um juízo objetivo que deve presidir a esta qualificação[476].

[475] Lê-se no preâmbulo deste diploma: "*...se, por um lado, se deve continuar a incentivar o desenvolvimento da construção civil, por outro, há que garantir boas condições de uso e fruição dos imóveis, deste modo se satisfazendo, no que respeita a esta área, o direito do cidadão adquirente, enquanto consumidor.*"

[476] Pires de Lima e Antunes Varela, em *Código Civil anotado*, vol. II, pág. 901, Rodrigues Bastos, em *Notas ao Código Civil*, vol. IV, pág. 325, Pereira de Almeida, em *Direito privado II (Contrato de empreitada)*, pág. 94, Rosendo Dias José, em *Responsabilidade civil do construtor e do vendedor pelos defeitos*, pág. 71, Pedro Romano Martinez, em *Direito das obrigações...*, pág. 497, e em *Cumprimento defeituoso...*, pág. 373, Rui Sá Gomes, em *Breves notas sobre o cumprimento defeituoso no contrato de empreitada*, em "Ab vno ad omnes – 75 anos da Coimbra Editora", pág. 634, Pedro de Albuquerque/Miguel Assis Raimundo, em *Contrato de empreitada*, pág. 451-453, Santos Justo, em *Manual de contratos civis*, pág. 507, Henrique Sousa

A criação deste regime especial atendeu seguramente à circunstância da perceção dos defeitos, neste tipo de obras, se poder prolongar no tempo. Por isso, as obras de reparação ou remodelação, neste tipo de imóveis, para justificarem a aplicação deste regime especial, devem elas próprias assumir uma durabilidade prolongada, não sendo, contudo, necessário que abranjam o imóvel na sua totalidade[477]. Os defeitos que se limitem a atingir uma parte componente do imóvel estão seguramente abrangidas por este regime específico. Já as partes integrantes, a que alude o artigo 204º, nº 3, do C.C., podem, em alguns casos, suscitar dúvidas, embora, por regra, se devam considerar abrangidas pelo regime previsto no artigo 1225º do C.C. Excecionalmente, poderão aos defeitos nelas existentes não se lhes aplicar esse regime especial, quando, em circunstâncias normais, tenham, pelas suas caraterísticas, uma curta durabilidade.

ANTUNES, em *A responsabilidade civil dos intervenientes no processo de construção*, em Cadernos de Direito Privado, nº 51, pág. 4, JOÃO SERRAS DE SOUSA, em *Código Civil Anotado*, vol. I, pág. 1522-1523, MENEZES CORDEIRO, em *Tratado de direito civil*, vol. XII, pág. 974, GIUSEPPE MUSOLINO, em *La responsabilità civile nell'appalto...*, pág. 186, e CLAUDIA SOLLAI, em *Codice dell' appalto privato*, pág. 636.

[477] VAZ SERRA, em *Empreitada*, no B.M.J. nº 146, pág. 100, PIRES DE LIMA e ANTUNES VARELA, em *Código Civil anotado*, vol. II, pág. 901, RODRIGUES BASTOS, em *Notas ao Código Civil*, vol. IV, pág. 325, RUI SÁ GOMES, em *Breves notas sobre o cumprimento defeituoso no contrato de empreitada*, em "Ab vno ad omnes – 75 anos da Coimbra Editora", pág. 635, nota 108, PEDRO DE ALBUQUERQUE/MIGUEL ASSIS RAIMUNDO, em *Contrato de empreitada*, pág. 452, MENEZES CORDEIRO, em *Tratado de direito civil*, vol. XII, pág. 974, CLAUDIA SOLLAI, em *Codice dell' appalto privato*, pág. 637, e o Acórdão do S.T.J. de 26-3-1974, no B.M.J. nº 235, pág. 280, relatado por ARALA CHAVES.
Em sentido contrário, PEDRO ROMANO MARTINEZ, em *Cumprimento defeituoso...*, pág. 373.
O Acórdão da Relação do Porto de 20-10-2005, acessível no site www.dgsi.pt, relatado por JOSÉ FERRAZ, considerou que pelo facto dos defeitos em causa ocorrerem no sistema elétrico e de videoporteiro de um edifício não deixavam de ser aplicáveis os prazos de caducidade alargados, previstos para a responsabilidade por defeitos em imóveis de longa duração.
O Acórdão da Relação de Guimarães de 4-6-2009, acessível no site www.dgsi.pt, relatado por ANTERO VEIGA, também entendeu que a existência de deficiências em obras relativas à instalação de canalização para aquecimento central se encontrava subordinada ao regime especial previsto no artº 1225º do C.C.
O Acórdão da Relação de Coimbra de 5-7-2011, acessível no site www.dgsi.pt, relatado por ALBERTO RUÇO, também enquadrou no regime do artº 1225º do C.C., a pintura exterior de um edifício.

Na verdade, nas obras de curta durabilidade, apesar de efetuadas em imóveis destinados a uma longa duração, continua a vigorar o regime geral dos prazos curtos de caducidade[478].

Tendo o legislador deixado de exigir para a aplicação deste regime específico para obras em imóveis de longa duração que os defeitos assumissem um determinado grau de gravidade[479], qualquer defeito que se verifique numa das referidas partes componentes de um imóvel de longa duração, independentemente da sua relevância ou consequências, beneficia do regime especial estabelecido no artº 1225º do C.C., tendo deixado de fazer sentido a referência aos defeitos que provoquem a ruína total ou parcial da obra[480].

De igual modo se revela desnecessária a enumeração, contida no nº 1, do artº 1225º, do C.C., das origens do defeito, uma vez que, com o aditamento da situação de erro na execução dos trabalhos[481], apenas não existe uma referência expressa à deficiência dos materiais utilizados, devendo a mesma, contudo, considerar-se abrangida por esta previsão legal, por interpretação extensiva da expressão aditada *"erro na execução dos trabalhos"*, pelo que todos os defeitos que impliquem uma responsabilidade do empreiteiro neste tipo de obras, sejam eles vícios ou desconformidades, justificarão a aplicação do regime especial do artº 1225º do C.C.

[478] Rosendo Dias José, em *Responsabilidade civil do construtor e do vendedor pelos defeitos*, pág. 72.

[479] Esta alteração foi efetuada pelo D.L. nº 267/94, de 25-10, à redação inicial do C.C. de 1966, a qual curiosamente já constava dos estudos de Correia Telles e Coelho da Rocha, de meados do século XIX.

[480] Pedro de Albuquerque/Miguel Assis Raimundo, em *Contrato de empreitada*, pág. 453-454, João Serras de Sousa, em *Código Civil Anotado*, vol. I, pág. 1523, Menezes Cordeiro, em *Tratado de direito civil*, vol. XII, pág. 974-975, Bonifácio Ramos, em *Responsabilidade civil dos intervenientes no processo de construção*, pág. 730, e os Acórdãos:

✓ do S.T.J., de 22-5-2012, no site www.colectaneadejurisprudência.com, relatado por Gregório Jesus.

✓ da Relação de Guimarães, de 25-5-2016, no site www.dgsi.pt, relatado por Fernando Freitas.

✓ da Relação de Guimarães, de 16-5-2019, no site www.dgsi.pt, relatado por Fernando Freitas.

Pedro Romano Martinez, em *Direito das obrigações...*, pág. 498, continua a defender, apesar da nova redação do artº 1225º do C.C., que o defeito deve ser grave.

[481] Aditamento também efetuado pelo D.L. 267/94, de 25-10, à redação inicial do C.C. de 1966.

Apesar da ideia constante do Anteprojeto Vaz Serra de estabelecer para os defeitos, neste tipo de obras, uma responsabilização quase objetiva[482], em que a presunção de culpa que recai sobre o empreiteiro apenas poderia ser ilidida pela prova de determinadas circunstâncias tipificadas, a mesma não obteve qualquer consagração na redação do artº 1225º do C.C.

Daí que, necessitando qualquer responsabilidade objetiva, porque excecional, face à regra da responsabilidade com base na culpa, duma previsão expressa, se deva entender que também, neste tipo de obras, a responsabilidade do empreiteiro pela existência de defeitos exige a culpa deste, a qual se presume, nos termos gerais do artº 799º, nº 1, do C.C.[483], valendo todas as considerações que se fizeram sobre este requisito para a generalidade dos contratos de empreitada[484].

Não estando nós, neste tipo de obras, perante uma obrigação de garantia, também nelas vigora o afastamento legal da responsabilidade do empreiteiro resultante da aceitação da obra sem reservas, consagrado no artº 1219º do C.C.[485].

[482] Escreveu Vaz Serra na motivação do seu Anteprojeto: *"Parece que esta responsabilidade deve ser havida como objectiva ou, se se quiser, como baseada numa presunção absoluta de culpa"* (no B.M.J. nº 146, pág. 105), apesar de, no articulado proposto (artº 25º, nº 3), se admitir a possibilidade de ilidir essa presunção quando se verificassem determinadas circunstâncias.

[483] Moitinho de Almeida, em *A responsabilidade civil do projectista e o seu seguro,* no B.M.J. nº 228, pág. 22, Pedro Romano Martinez, em *Direito das obrigações...*, pág. 463-464, e Pedro de Albuquerque/Miguel Assis Raimundo, em *Contrato de empreitada*, pág. 465-467.
Em sentido diverso, Menezes Leitão, em *Direito das obrigações*, vol. III, pág. 547-548, Menezes Cordeiro, em *Tratado de direito civil*, vol. XII, pág. 975-976, e Bonifácio Ramos, em *Responsabilidade civil dos intervenientes no processo de construção,* pág. 731, defendem que o artº 1225º do C.C., consagra um caso de responsabilidade objetiva.
José Manuel Vilalonga, em *Compra e venda e empreitada: contributo para a distinção entre dois contratos,* pág. 220 e seg., e Henrique Sousa Antunes, em *A responsabilidade civil dos intervenientes no processo de construção,* em Cadernos de Direito Privado, nº 51, pág. 4-5, defendem que, relativamente aos prejuízos resultantes da ruína da obra, ou aos defeitos causados por vícios do solo ou da construção, modificação ou reparação da obra, a responsabilidade é objetiva, enquanto no que respeita aos vícios causados por uma execução deficiente a responsabilidade já exige um juízo de culpa que, porém, beneficia da presunção estabelecida no artº 799º do C.C.

[484] Cfr., *supra* , pág. 67 e seg.

[485] Pereira de Almeida, em *Direito privado II (Contrato de empreitada)*, pág. 95, Pedro Romano Martinez, em *Direito das obrigações...*, pág. 463 e seg., Pedro de Albuquerque/

O objetivo fundamental da criação deste regime especial, como ressalta da sua história, foi o de aumentar a duração dos prazos de denúncia dos defeitos e de exercício dos respetivos direitos do dono da obra.

Alongou-se o prazo de denúncia dos defeitos desconhecidos no momento da recusa ou da aceitação da obra, de 30 dias para 1 ano após a descoberta daqueles (artº 1225º, nº 2, do C.C.). Este prolongamento teve em consideração que, neste tipo de obras, a perceção dos defeitos se dilata no tempo, visando permitir a concentração dos atos de denúncia dos diversos defeitos que ao longo do tempo se vão conhecendo.

A segunda especificidade, em termos de prazos, é o prolongamento do prazo limite de caducidade dos direitos do dono da obra, com contagem, após a entrega da obra, de 2 para 5 anos (artº 1225º, nº 1, do C.C.). Independentemente da data do conhecimento dos defeitos e da sua denúncia, qualquer um dos direitos do dono da obra caduca se não for exercido no prazo de 5 anos, após a entrega da obra para exame[486]. É o

/Miguel Assis Raimundo, em *Contrato de empreitada*, pág. 455-456, e o Acórdão da Relação do Porto de 13-3-2014, no site www.dgsi.pt, relatado por Pedro Martins.

Pronunciando-se no sentido da inaplicabilidade desta exclusão legal da responsabilidade do empreiteiro na realização de obras que tenham por objeto imóveis de longa duração, Menezes Leitão, em *Direito das obrigações*, vol. III, pág. 548, que entende que no artº 1225º do C.C., se consagra uma obrigação de garantia.

José Manuel Vilalonga, em *Compra e venda e empreitada: contributo para a distinção entre dois contratos*, pág. 220 e seg., distingue entre defeitos resultantes de erros na execução dos trabalhos, caso em que sendo a responsabilidade subjetiva, há lugar à aplicação da exclusão da responsabilidade prevista no artº 1219º, e os defeitos causados por causas alheias à prestação do empreiteiro em que, sendo a sua responsabilidade objetiva, não há lugar àquela exclusão.

[486] Rosendo Dias José, em *Responsabilidade civil do construtor e do vendedor pelos defeitos*, pág. 73-74, José Manuel Vilalonga, em *Compra e venda e empreitada: contributo para a distinção entre dois contratos*, pág. 225-226, e os seguintes Acórdãos:

- ✓ da Relação de Coimbra, de 30-11-2004, no site www.dgsi.pt, relatado por Alexandre Reis.
- ✓ do S.T.J., de 29-6-2010, na C.J. (Ac. do S.T.J.), Ano XVIII, tomo 2, pág. 120, relatado por Helder Roque.
- ✓ do S.T.J., de 26-10-2010, no site www.dgsi.pt, relatado por Urbano Dias.
- ✓ da Relação de Lisboa, de 6-10-2011, no site www.dgsi.pt, relatado por Teresa Albuquerque.
- ✓ da Relação do Porto, de 15-10-2012, no site www.dgsi.pt, relatado por Anabela Luna.
- ✓ da Relação do Porto, de 11-4-2013, no site www.dgsi.pt, relatado por Judite Pires.
- ✓ da Relação de Coimbra, de 20-5-2014, no site www.dgsi.pt, relatado por Arlindo Oliveira.

prazo que resulta da fixação de uma presunção absoluta de que este é o tempo suficiente para todos os defeitos serem conhecidos, denunciados e exercidos os respetivos direitos, neste tipo de obras[487].

É certo que a redação do artº 1225º, nº 1, do C.C., não tem a clareza do artº 1224º, nº 2, quanto à articulação dos prazos para a denúncia dos defeitos e para o exercício dos direitos com o prazo terminal de 2 anos aí fixado, revelando-se ambígua, ao referir que o empreiteiro é responsável pelos defeitos que se apresentem no decurso de 5 anos a contar da entrega da obra.

Como já acima se referiu o artº 1225º do C.C. seguiu muito de perto a redação do artº 1669 do C.C. Italiano, que limitava a responsabilidade do empreiteiro de imóveis de longa duração aos defeitos que se verificassem no prazo de 10 anos, exigindo a sua denúncia no prazo de 1 ano após a sua descoberta e o exercício do direito no prazo de 1 ano após a denúncia. O referido prazo de 10 anos não é considerado pela doutrina e pela jurisprudência italiana, nem como um prazo de prescrição, nem como um prazo de caducidade, sendo antes qualificado como um termo final da relação substancial de responsabilidade do empreiteiro pelos defeitos que a obra por si realizada apresenta[488].

- ✓ da Relação de Coimbra de 16-2-2016, no site www.dgsi.pt, relatado por Arlindo Oliveira.

Defendendo que apenas a denúncia dos defeitos deve ocorrer no referido prazo de 5 anos, após a entrega da obra, pronunciaram-se os seguintes Acórdãos:

- ✓ da Relação de Lisboa, de 1-3-2007, no site www.dgsi.pt, relatado por Fátima Galante.
- ✓ do S.T.J., de 3-11-2009, no site www.dgsi.pt, relatado por Salazar Casanova.
- ✓ do S.T.J., de 15-11-2009, no site www.dgsi.pt, relatado por Granja Da Fonseca.
- ✓ do S.T.J., de 29-11-2011, no site www.dgsi.pt, relatado por Gabriel Catarino.
- ✓ da Relação do Porto, de 23-2-012, no site www.dgsi.pr, relatado por Ramos Lopes.
- ✓ da Relação de Lisboa, de 20-3-2012, no site www.dgsi.pt, relatado por Cristina Coelho.
- ✓ da Relação de Lisboa, de 25-2-2016, no site colectaneadejurisprudência.com, relatado por Teresa Pardal.

Pedro de Albuquerque/Miguel Assis Raimundo, em *Contrato de empreitada*, pág. 459-460, e João Serras de Sousa, em *Código Civil Anotado*, vol. I, pág. 1523, defendem, em coerência com a sua interpretação do nº 2, do artº 1224º, do C.C., que este prazo se reporta apenas ao período em que os defeitos se devem manifestar. A mesma posição foi aplicada no Acórdão do S.T.J. de 14-1-2014, no site www.dgsi.pt, relatado por Moreira Alves.

[487] Nos contratos de empreitada de consumo vigora um regime diferente de prazos de caducidade (cfr., *infra*, pág. 292-298).

[488] Domenico Rubino/Giovanni Iudica, em *Dell'appalto*, pág. 481, Giuseppe Musolino, em *La responsabilità civile nell'appalto*, pág. 320, Maria Cristina Cervale, em *La responsa-*

Apesar da intenção do legislador ter sido a de alongar o prazo previsto no nº 2, do artº 1224º, do C.C., atenta a natureza duradoura da obra em causa, sem quebrar a harmonia da articulação dos diferentes prazos de caducidade[489], ao seguir de perto a redação do artº 1669 do C. C. Italiano, induziu o intérprete numa solução diferente da adotada quanto aos prazos de caducidade relativos aos direitos por defeitos na empreitada de bens móveis.

Para harmonia do sistema, tal como noutros aspetos da infeliz redação do artº 1225º do C.C., deve também aqui efetuar-se uma leitura corretiva do mesmo, considerando-se que o prazo de caducidade de 5 anos se reporta ao exercício dos direitos do dono da obra e não ao conhecimento dos defeitos.

Com esta posição procura-se respeitar o postulado da coerência intrínseca do ordenamento jurídico, designadamente o facto de que as normas contidas numa codificação obedecem por princípio a um pensamento unitário[490].

Não se alongou o primeiro prazo de caducidade para o exercício dos direitos do dono da obra, mantendo-se o prazo estabelecido no artº 1224º do C.C., para qualquer obra, de 1 ano, após a denúncia dos defeitos.

O legislador sentiu a necessidade de referir que este prazo era igual ao das restantes obras no nº 2, do artº 1225º do C.C. Mas, ao fazê-lo, na redação original do C.C. de 1966, utilizou a expressão redutora que "a indemnização devia ser pedida no ano seguinte à denúncia", o que suscitou a questão sobre a aplicabilidade do regime do artº 1225º do C.C., a todos os direitos do dono da obra[491]. E o aditamento de um nº 3, a este artigo, efetuado pelo D.L. nº 267/94, se procurou desfazer as dúvidas resultantes da terminologia utilizada no número anterior, fê-lo apenas

bilità dell'appaltatore, pág. 255-256, Lidia Savana, em *La responsabilità dell'appaltatore*, pág. 115-117, Franco Ballati, em *La responsabilità dell'appaltatore e del direttore dei lavori per vizi e difformità delle opere*, pág. 173, e Claudia Sollai, em *Codice dell'appalto privato*, pág. 663-664.

489 Pires de Lima/Antunes Varela, em *Código Civil anotado*, vol. II, pág. 903.

490 João Baptista Machado, em *Introdução ao Direito e ao discurso legitimador*, pág. 183.

491 Rosendo Dias José, em *Responsabilidade civil do construtor e do vendedor pelos defeitos*, pág. 74, dá-nos notícia dos que defendem que, nestes defeitos, o dono da obra só tem direito de indemnização.

Pereira de Almeida, em *Direito privado II (Contrato de empreitada)*, pág. 96, defendeu que o alargamento dos prazos de caducidade previsto no artº 1225º do C.C., só se aplica ao direito de indemnização.

relativamente ao direito à eliminação dos defeitos, mantendo a dúvida sobre os restantes direitos do dono da obra – realização de nova obra, redução do preço e resolução do contrato.

Apesar das referências algo equívocas efetuadas nos nº 2 e 3, do artº 1225º do C.C., entendemos que o legislador não pretendeu restringir este regime especial a alguns dos direitos conferidos ao dono da obra, em caso de existência de defeitos, aplicando-se o mesmo a qualquer um desses direitos, nomeadamente os de eliminação de defeitos, realização de nova obra, redução do preço, resolução do contrato e indemnização[492]. Tendo-se visado estabelecer um regime mais severo em relação ao empreiteiro, neste tipo de obras,[493] seria contraditório que se consagrasse uma redução dos direitos do dono da obra, quando o defeito se verificasse num imóvel de longa duração. Também não há qualquer razão que justifique que o exercício do direito de indemnização possa beneficiar de um regime mais favorável que os restantes direitos do dono da obra, ou que, neste artigo, se tenha acolhido um direito de indemnização com uma relação alternativa relativamente aos restantes direitos e não meramente residual[494].

[492] Vaz Serra, em *Empreitada,* no B.M.J. nº 146, pág. 108-112, Pires de Lima e Antunes Varela, em *Código Civil anotado,* vol. II, pág. 902, Rosendo Dias José, em *Responsabilidade civil do construtor e do vendedor pelos defeitos,* pág. 74-76, Pedro Romano Martinez, em *Direito das obrigações...,* pág. 498-499, e *Cumprimento defeituoso...,* pág. 374, Pedro de Albuquerque/ /Miguel Assis Raimundo, em *Contrato de empreitada,* pág. 457-458, Henrique Sousa Antunes, em *A responsabilidade civil dos intervenientes no processo de construção,* em Cadernos de Direito Privado, nº 51, pág. 8, Menezes Cordeiro, em *Tratado de direito civil,* vol. XII, pág. 977, e os seguintes Acórdãos:

- ✓ da Relação do Porto, de 4-7-2007, no site www.dgsi.pt, relatado por Pinto de Almeida.
- ✓ da Relação de Lisboa, de 21-3-2012, no site www.dgsi.pt, relatado por Maria José Mouro.

O artº 1151º, do C.C. de Macau, que quase copiou o disposto no artº 1225º do nosso C.C., para evitar equívocos, referiu expressamente todos os direitos atribuídos ao dono da obra.

[493] Pires de Lima e Antunes Varela, em *Código Civil anotado,* vol. II, pág. 901.

[494] Em sentido contrário, sustentando que o direito de indemnização é de exercício autónomo, independente e alternativo relativamente aos restantes direitos conferidos ao dono da obra, pelos artº 1221º e seg., do C.C., Menezes Leitão, em *Direito das obrigações,* vol. III, pág. 546-547, e os seguintes Acórdãos:

- ✓ do S.T.J., de 13-3-2001, na C.J. (Ac. do S.T.J.), Ano IX, tomo 1, pág. 159, relatado por Noronha Nascimento.
- ✓ do S.T.J., de 3-6-2004, no site www.dgsi.pt, relatado por Noronha Nascimento.
- ✓ da Relação de Évora, de 23-11-2005, no site www.dgsi.pt, relatado por Alexandra Santos.

A razão que preside à adoção de um regime específico para as obras realizadas em imóveis de longa duração, se exige o prolongamento dos prazos de denúncia dos defeitos e de exercício dos direitos do dono da obra, não justifica a alteração das regras gerais de exercício e articulação dos diversos direitos, consagradas nos artº 1219º e seguintes do C.C., o que o próprio artº 1225º do mesmo diploma, ressalvou no seu início.

Para estes prazos especiais alargados, valem todas as considerações que tecemos a propósito da caducidade dos direitos do dono da obra[495], nomeadamente quanto à relevância da existência de um prazo de garantia superior ou inferior ao segundo prazo de caducidade de 5 anos, apesar da referência perturbadora a esta situação, efetuada no nº 1, do artº 1225º, do C.C.[496].

Não foram razões de interesse público na segurança dos imóveis que determinaram o regime especial do artº 1225º do C.C., o qual apenas visou conferir uma maior proteção à posição do dono da obra, ao contrário do que sucedia no Anteprojeto Vaz Serra (artº 25º, nº 3)[497], pelo que apenas não se deve admitir uma estipulação negocial que expressamente reduza os prazos de caducidade dos direitos daquele pela existência culposa de defeitos em imóveis, com o argumento de que tal redução, na prática, tornaria de tal modo difícil o exercício atempado

[495] Cfr., *supra*, pág. 161 e seg.

[496] Pires de Lima e Antunes Varela, em *Código Civil anotado,* vol. II, pág. 902.

[497] Moitinho de Almeida, em *A responsabilidade civil do projectista e o seu seguro,* no B.M.J. nº 228, pág. 22-23, e Pedro Romano Martinez, em *Contrato de empreitada,* pág. 201-202.
Vaz Serra, em *Empreitada,* no B.M.J. nº 146, pág. 118-120, e em anotação ao Acórdão do S.T.J. de 11-7-1972, na R.L.J., Ano 106, pág. 298-301, Rui Sá Gomes, em *Breves notas sobre o cumprimento defeituoso no contrato de empreitada,* em "Ab unu ad omnes – 75 anos da Coimbra Editora", pág. 636-637, Menezes Leitão, em *Direito das obrigações,* vol. III, pág. 549, Henrique Sousa Antunes, em *A responsabilidade civil dos intervenientes no processo de construção,* em Cadernos de Direito Privado, nº 51, pág. 9, Pedro de Albuquerque/Miguel Assis Raimundo, em *Contrato de empreitada,* pág.400-401, e o Acórdão da Relação do Porto de 22-5-2012, acessível no site www.dgsi.pt, relatado por Ondina Alves, defendem que este prazo de 5 anos foi estabelecido por razões de ordem pública, relacionadas com questões de segurança das obras de grande envergadura, pelo que não se encontraria na disponibilidade das partes a possibilidade de encurtamento deste prazo.
Pedro de Albuquerque/Miguel Assis Raimundo, na ob. cit., pág. 458-459, também estendem a proibição de redução dos prazos de caducidade neste tipo de obras, por acordo das partes, ao prazo de denúncia dos defeitos.

desses direitos, que resultaria numa cláusula de exclusão dos mesmos[498], a qual seria inadmissível, pelo menos nos casos de culpa grave ou dolo do empreiteiro[499].

Também os prazos de caducidade do artº 1225º do C.C., tal como os estabelecidos nos artº 1220º e 1224º, do mesmo diploma, apenas respeitam ao exercício dos direitos atribuídos nos artº 1221º a 1223º do C.C., quanto ao dano da própria existência dos defeitos e não relativamente aos danos colaterais provocados por esses defeitos, os quais estão sujeitos ao regime geral da responsabilidade contratual[500]. O mesmo sucede relativamente ao direito de indemnização em dinheiro pelo custo dos trabalhos de eliminação dos defeitos ou reconstrução realizados pelo dono da obra ou terceiro contratado por este, como reação a um incumprimento definitivo do empreiteiro destas prestações, o qual apenas está sujeito ao prazo de prescrição ordinário[501].

3. A responsabilidade perante o terceiro adquirente

Outra das especialidades deste regime específico para as obras realizadas em imóveis de longa duração é o da responsabilidade do empreiteiro se estender ao terceiro adquirente do imóvel onde se realizou a obra (artº 1225º, nº 1, in fine, do C.C.). Após algumas dúvidas suscitadas durante a redação original do artº 1225º do C.C. de 1966[502], o D.L. nº 267/94 veio consagrar expressamente essa extensão, conforme já havia proposto o Anteprojeto Vaz Serra (artº 25º, nº 3)[503].

[498] Pedro Romano Martinez, em *Contrato de empreitada,* pág. 201-202, e em *Autonomia privada no contrato de empreitada,* em "Nos 20 anos do Código das Sociedades Comerciais", vol. III, pág. 985-987, e o Acórdão do S.T.J. de 30-11-2004, no site www.dgsi.pt, relatado por Faria Antunes.
Menezes Cordeiro, em *Tratado de direito civil,* vol. XII, pág. 978, defende a proibição total de encurtamento destes prazos de caducidade.

[499] Cfr. *supra,* pág. 97.

[500] Cfr, *supra,* pág. 174.

[501] Cfr., *supra,* pág. 172-173.

[502] Pires de Lima e Antunes Varela, em *Código Civil anotado,* vol. II, pág. 902, e Pedro Romano Martinez, em *Cumprimento defeituoso...,* pág. 404-405, nota 3, referem-nos as decisões jurisprudenciais que suscitaram essas dúvidas.

[503] Esta extensão da responsabilidade perante terceiros também consta do artº 1669 do C.C. Italiano e do artº 1144º e seg. do C.C. de Macau, abrangendo neste último todos os contratos de empreitada.

Não estamos perante um caso de responsabilidade extracontratual por danos causados a terceiros, mas sim perante uma cessão de créditos resultantes da responsabilidade contratual, imposta por lei[504].

É indiferente o número de alienações do imóvel defeituoso, continuando o empreiteiro a responder sempre perante o último adquirente, dentro do referido prazo de 5 anos após a entrega da obra ao seu primitivo dono[505]. Este prazo não se renova após cada transmissão de propriedade.

Para a contagem dos prazos de caducidade, com início no conhecimento do defeito (1 ano) e na data da denúncia (1 ano), o que importa é o primeiro conhecimento e a primeira denúncia, não se renovando esses prazos com futuras transmissões, sendo irrelevante o desconhecimento dos defeitos pelos proprietários posteriores[506].

O empreiteiro pode responder por vícios diferentes perante distintos proprietários da obra em causa.

O terceiro adquirente não pode, porém, utilizar todos os direitos conferidos ao dono da obra para reagir perante a existência de defeitos na obra. O direito de redução do preço e de resolução só podem ser exercidos pelo dono da obra, uma vez que esse exercício tem repercussões no contrato de empreitada (modificação e extinção), pelo que só os

[504] Pires de Lima e Antunes Varela, em *Código Civil anotado,* vol. II, pág. 902, e Menezes Cordeiro, em *Tratado de direito civil,* vol. XII, pág. 976.

Pedro de Albuquerque/Miguel Assis Raimundo, em *Contrato de empreitada,* pág. 466-467, mantendo-se dentro da responsabilidade obrigacional, entendem estarmos perante a construção legal de um contrato com proteção de terceiros.

Defendendo ser um caso de responsabilidade extracontratual, José Manuel Vilalonga, em *Compra e venda e empreitada...,* na R.O.A., Ano 57, nº I, pág. 224.

[505] José Manuel Vilalonga, em *Compra e venda e empreitada...,* na R.O.A., Ano 57, nº I, pág. 225, João Serras de Sousa, em *Código Civil Anotado,* vol. I, pág. 1524, Vincenzo Roppo, em *Contratto di appalto e garanzie per il consumatore finale,* em *Sicurezza delle contrattazioni...,* pág. 153, e os seguintes Acórdãos:

- ✓ da Relação do Porto, de 24-5-2007, no site www.dgsi.pt, relatado por Fernando Baptista.
- ✓ da Relação do Porto, de 23-2-2012, no site www.dgsi.pt, relatado por Ramos Lopes.
- ✓ da Relação do Porto, de 4-4-2013, no site www.dgsi.pt, relatado por Pedro Lima Costa.
- ✓ da Relação do Porto, de 20-6-2016, no site www.dgsi.pt, relatado por Manuel Domingos Fernandes.

[506] Pedro de Albuquerque/Miguel Assis Raimundo, em *Contrato de empreitada,* pág. 461, e Lidia Savanna, em *La responsabilità dell'appaltatore,* pág. 109.

seus intervenientes podem utilizá-los[507]. Ao terceiro adquirente ficam reservados os direitos de eliminação dos defeitos, realização de nova obra e indemnização[508].

O terceiro adquirente, pelo facto de poder exercer diretamente perante o empreiteiro os direitos atribuídos ao dono da obra, não perde a faculdade de também poder exercer os direitos que o regime do contrato de compra e venda lhe atribui face ao vendedor, numa situação de venda de coisa defeituosa. Com o disposto no artº 1225º, nº 1, do C.C., o terceiro adquirente passa a dispor de uma dupla via para reagir perante a compra de um imóvel com defeitos – segundo o regime do contrato de empreitada, relativamente ao construtor, e segundo o regime do contrato de compra e venda, relativamente ao vendedor.

Estes respondem segundo as regras das obrigações solidárias perante o adquirente, uma vez que a previsão do regime da solidariedade imposto pelo artº 497º do C.C. para a responsabilidade delitual por danos, se deve estender, por analogia, à responsabilidade obrigacional pela entrega de coisa ou realização de obra defeituosas, quando existe uma pluralidade de responsáveis, atenta a identidade de situações[509].

Terceiros adquirentes não devem ser considerados apenas aqueles que adquiriram o direito de propriedade sobre o imóvel onde decorreu a obra, mas também os adquirentes de um direito real limitado que lhes proporcione a sua fruição e administração, como sucede com o direito de usufruto (artº 1446º do C.C.)[510], mas não outros titulares de direitos reais que não incluam estes poderes, como o credor hipotecário, ou

[507] Pedro de Albuquerque/Miguel Assis Raimundo, em *Contrato de empreitada*, pág. 462, Henrique Sousa Antunes, em *A responsabilidade civil dos intervenientes no processo de construção*, em Cadernos de Direito Privado, nº 51, pág. 10, e Pierre Tercier, em *La partie spéciale du Code des Obligations*, pág. 337.

[508] Pedro de Albuquerque/Miguel Assis Raimundo, em *Contrato de empreitada*, pág. 462, Henrique Sousa Antunes, em *A responsabilidade civil dos intervenientes no processo de construção*, em Cadernos de Direito Privado, nº 51, pág. 10, e o Acórdão da Relação do Porto de 24-5-2007, no site www.dgsi.pt, relatado por Fernando Baptista.
José Manuel Vilalonga, em *Compra e venda e empreitada...*, na R.O.A., Ano 57, nº I, pág. 224, interpreta o artº 1225º do C.C., no sentido de que o terceiro adquirente apenas pode exercer o direito de indemnização.

[509] Neste sentido, o Acórdão do S.T.J. de 11.7.2019, no site www.dgsi.pt, relatado por Rosa Ribeiro Coelho.

[510] Vaz Serra, em *Empreitada*, no B.M.J., nº 146, pág. 107, Pedro de Albuquerque/Miguel Assis Raimundo, em *Contrato de empreitada*, pág. 460, Bonifácio Ramos, em *Responsabili-*

meros titulares de direitos de gozo, como o locatário, ao contrário do que propunha Vaz Serra, no seu Anteprojeto (artº 25º, nº 3)[511].

Já o locatário financeiro poderá exercer perante o empreiteiro todos os direitos que assistiam ao locador, relativamente à existência de defeitos na coisa locada, por força do disposto no artº 13º do Decreto-Lei nº 149/95, de 24 de junho.

4. A responsabilidade do construtor-vendedor

A última especialidade deste regime relativo aos imóveis de longa duração, introduzida pelo D.L. nº 267/94 e que também já constava do Anteprojeto Vaz Serra (artº 25º, nº 4), é a da aplicação das suas regras ao contrato de compra e venda celebrado com o próprio construtor do imóvel de longa duração (artº 1225º, nº 4, do C.C.).

Apesar do contrato celebrado com os adquirentes ser um contrato de compra e venda, podendo também assumir a figura de contrato misto, com predominância da prestação da venda ou da promessa de venda, nos casos em que é acordada ou prometida a venda do andar antes da sua edificação, com alterações ao gosto do comprador, o artº 1225º do C.C., na redação do D.L. nº 267/94, após acesa polémica doutrinal e jurisprudencial[512], determinou, no seu nº 4, a aplicação a estes contratos das regras da responsabilidade civil do empreiteiro por defeitos da obra em imóveis de longa duração[513]. Simultaneamente, o referido D.L.

dade civil dos intervenientes no processo de construção, pág. 731, e o Acórdão da Relação do Porto de 24-5-2007, no site www.dgsi.pt, relatado por Fernando Baptista.

Em sentido contrário, pronuncia-se Lidia Savanna, em *La responsabilità dell'appaltatore*, pág. 109.

Na linha da posição sustentada no texto, o Acórdão da Relação do Porto de 3-4-2017, no site www.dgsi.pt, relatado por Carlos Gil, numa hipótese inversa, decidiu que o dono da obra que doou o imóvel construído, reservando para si o direito de uso, mantém a titularidade do direito à eliminação dos defeitos, apesar de já não ser o seu proprietário.

[511] Pedro de Albuquerque/Miguel Assis Raimundo, em *Contrato de empreitada*, pág. 460, nota 1713, e Lidia Savanna, em *La responsabilità dell'appaltatore*, pág. 110.

[512] Ver apontamentos desta polémica em Pedro Romano Martinez, em *Contrato de empreitada*, pág. 39-42, com abundante citação de jurisprudência da época, e em *A garantia contra os vícios da coisa na compra e venda e na empreitada*, na T.J., nº 4-5 (1990), pág. 173-192, e ainda Rosendo Dias José, em *Responsabilidade civil do construtor e do vendedor pelos defeitos*, pág. 80-100.

[513] O mesmo fez em França a Lei nº 78-12, de 4-1-1978, ao aditar os artº 1642-1 e 1646-1, ao C.C. Francês, no seguimento da Lei nº 67-3, de 3-1-1967.

nº 267/94 alterou o artº 916º do C.C., fazendo coincidir os prazos de denúncia dos defeitos na compra e venda de imóveis com os prazos previstos no mencionado artº 1225º do C.C. para o contrato de empreitada, retirando parte da relevância prática da consagrada remissão do regime da empreitada para os contratos de compra e venda de imóveis outorgados pelo construtor dos mesmos.

A aplicação das regras do contrato de empreitada que regulam a responsabilidade contratual do empreiteiro pelos defeitos da obra, a estes contratos de compra e venda em que o próprio vendedor construiu, modificou ou reparou um imóvel de longa duração, não altera a sua qualificação jurídica, pelo que no demais continuam a ser-lhes aplicáveis as regras específicas previstas para a compra e venda.

4.1. O construtor-vendedor

Se é seguro que o vendedor com intervenção direta na construção, modificação ou reparação do imóvel destinado a longa duração e que executou tais obras, tendo em vista a comercialização desse imóvel, deve estar sujeito às regras da responsabilidade civil do empreiteiro por defeitos da obra, há que ter, porém, alguma prudência com a extensão da figura jurídica do construtor-vendedor a outras hipóteses e com a equivocabilidade da denominação "promotor imobiliário"[514], que não só se aplica na linguagem corrente à figura do vendedor que é simulta-

Igual posição é defendida na doutrina espanhola, italiana e alemã, como nos dá conta PEDRO ROMANO MARTINEZ, em *Compra e venda e empreitada,* em "Comemorações dos 35 anos do Código Civil e dos 25 anos da reforma de 1977", vol. III, pág. 244.

[514] PEDRO ROMANO MARTINEZ, em *Direito das Obrigações...*, pág. 338, e em *Compra e venda e empreitada,* em "Comemorações dos 35 anos do Código Civil e dos 25 anos da reforma de 1977", vol. III, pág. 223-224, caracteriza a personagem do promotor imobiliário como aquele que constrói por conta própria ou mediante contrato de empreitada o imóvel e promove a sua venda, antes ou depois da respetiva construção.

Em França, a Lei nº 71-579, de 16-7-1971, tipificou no Code Civil (artº 1831) o contrato de promoção imobiliária, como um mandato de interesse comum, através do qual o promotor (mandatário), mediante remuneração, se obriga perante o dono da obra (mandante), a promover e realizar um programa de construção de um ou vários imóveis, através da celebração de empreitadas, para posterior comercialização dos mesmos. Sobre este tipo contratual, *vide* PHILIPPE MALINVAUD/PHILIPPE JESTAZ/PATRICE JOURDAIN/OLIVIER TOURNAFOND, em *Droit de la promotion immobilière,* e MARIANNE FAURE-ABBAD, em *Droit de la construction,* pág. 109-136.

neamente o profissional autor da construção, modificação ou reparação do imóvel, como a outras situações distintas desta, nomeadamente a do mero mediador imobiliário, do "mandatário" organizador de todo o processo de construção e comercialização por conta e no interesse do vendedor e a do dono da obra que contrata a construção, modificação ou reparação de um imóvel com empreiteiro e posteriormente o comercializa.

O mediador imobiliário limita-se a publicitar a intenção de venda do imóvel, procurando interessados para a sua aquisição, pondo-os em contacto com o seu dono e colaborando na fase preliminar das negociações, sem intervir como parte na outorga do negócio de transmissão do direito de propriedade. Sendo a sua intervenção alheia à construção do imóvel e ao ato de transmissão da propriedade sobre este, não pode ser responsabilizado pela existência de defeitos do mesmo, designadamente nos termos previstos para o contrato de empreitada, pelo que está manifestamente afastada a possibilidade do mesmo poder ser considerado um construtor-vendedor nos termos do artº 1225º, nº 4, do C.C.

Já o dono da obra que contrata a construção de um imóvel com um empreiteiro e posteriormente o comercializa tem vindo a suscitar opiniões divergentes na nossa jurisprudência.

Quando Vaz Serra incluiu no seu projeto que o vendedor de imóvel ficava sujeito à mesma responsabilidade que o empreiteiro, quando tivesse sido ele a construí-lo, modificá-lo ou repará-lo (artº 25º, nº 4), apenas recortou no seu horizonte as situações de intervenção direta na atividade construtora do vendedor[515], dado que eram apenas esses os casos, relativamente aos quais a doutrina e a jurisprudência italiana, na altura, discutiam a extensão do regime da empreitada. Apesar desta proposta não ter sido acolhida inicialmente pela redação inicial do artº 1225º do C.C., algumas decisões judiciais[516], vieram a retomá-la nos seus precisos termos, numa interpretação criativa deste preceito legal. Quer estas decisões, quer as vozes de apoio que se ouviram na doutrina e que

[515] Cfr. *Empreitada*, no B.M.J. nº 146, pág. 107-108.

[516] Vide os seguintes Acórdãos:

- ✓ da Relação de Lisboa, de 6-7-1977, na C.J., Ano II, tomo 4, pág. 925, relatado por Sequeira de Carvalho.
- ✓ da Relação de Lisboa, de 8-5-1990, na T.J., nº 4/5 (1990), pág. 244, relatado por Afonso de Melo.
- ✓ do S.T.J., de 21-5-1981, no B.M.J. nº 307, pág. 250, relatado por Campos Costa.

reclamaram uma alteração legislativa nesse sentido[517], limitaram sempre a aplicação do regime previsto no artº 1225º do C.C. aos casos em que o vendedor era o construtor direto do imóvel, tendo o D.L. nº 267/94 satisfeito essa reivindicação.

Na verdade, não se justifica que quem contrate com um empreiteiro a construção de um imóvel, vendendo-o posteriormente a terceiros, seja considerado um construtor/vendedor, para os efeitos do disposto no artº 1225º, nº 4, do C.C., devendo antes responder, nos termos previstos para a venda de coisa defeituosa (artº 913º e seg. do C.C.), pelos defeitos existentes no imóvel[518-519], uma vez que o adquirente pode responsabilizar

[517] Pedro Romano Martinez, em *Empreitada*, pág. 39-42, e em *A garantia contra os vícios da coisa na compra e venda e na empreitada*, na T.J. nº 4/5 (1990), pág. 192, e Rosendo Dias José, em *Responsabilidade civil do construtor e do vendedor pelos defeitos*, pág. 80-100.
Vaz Serra, na R.L.J., Ano 113, pág. 252-254, perante a ausência de qualquer referência no artº 1225º, do C.C., à extensão do regime da empreitada ao construtor-vendedor, limitou-se a admitir essa aplicação nos casos de venda de imóvel a construir e não quando a venda ocorria com o imóvel já construído.

[518] Pedro Romano Martinez, em *Direito das obrigações...*, pág. 341, José Manuel Vilalonga, em *Compra e venda e empreitada: contributo para a distinção entre os dois contratos*, na R.O.A., Ano 57, I, pág. 219-223, Pedro de Albuquerque/Miguel Assis Raimundo, em *Contrato de empreitada*, pág. 463-464, Henrique Sousa Antunes, em *A responsabilidade civil dos intervenientes no processo de construção*, em Cadernos de Direito Privado, nº 51, pág. 10, João Serras de Sousa, em *Código Civil Anotado*, vol. I, pág. 1524, e os seguintes Acórdãos:

- ✓ do S.T.J., de 22-6-2005, na C.J. (Ac. do S.T.J.), Ano XIII, tomo 2, pág. 122, relatado por Moreira Camilo.
- ✓ da Relação do Porto, de 11-12-2007, no site www.dgsi.pt, relatado por Rodrigues Pires.
- ✓ da Relação do Porto, de 3-3-2009, no site www.dgsi.pt, relatado por Cândido Lemos.
- ✓ da Relação do Porto, de 25-1-2011, no site www.dgsi.pt, relatado por Sílvia Pires.
- ✓ da Relação de Lisboa, de 7-2-2013, no site www.dgsi.pt, relatado por Jorge Vilaça.
- ✓ da Relação de Lisboa, de 16-9-2014, no site www.dgsi.pt, relatado por Roque Nogueira.
- ✓ da Relação do Porto, de 26-5-2015, no site www.dgsi.pt, relatado por Eusébio Almeida.

Em sentido contrário, aplicando o regime do artº 1225º do C.C., a estes casos, decidiram os Acórdãos:

- ✓ do S.T.J., de 18-5-2006, no site www.dgsi.pt, relatado por Nuno Cameira.
- ✓ da Relação de Guimarães, de 3-11-2011, no site www.dgsi.pt, relatado por Antero Veiga.
- ✓ da Relação de Coimbra, de 19-2-2013, no site www.dgsi.pt, relatado por Alberto Ruço.
- ✓ do S.T.J., de 13-5-2014, no site www.dgsi.pt, relatado por Alves Velho.
- ✓ da Relação de Lisboa, de 25-9-2014, no site www.dgsi.pt, relatado por António Martins.
- ✓ da Relação de Évora, de 11-5-2017, no site www.dgsi.pt, relatado por Bernardo Domingos.
- ✓ da Relação do Porto, de 14-9-2017, no site www.dgsi.pt, relatado por Judite Pires.

o empreiteiro contratado pelo vendedor, nos termos admitidos no artº 1225º, nº 1, *in fine*, do C.C., e regulados nos diversos números do citado artigo. Nestes casos, o vendedor não é o autor da obra, pelo que não há razões para ser responsabilizado como se fosse o seu empreiteiro, até porque este não deixa de poder ser responsabilizado diretamente pelo adquirente, nos termos do artº 1225º, nº 1, do C.C., *in fine*. Contrariamente ao vendedor que foi o autor direto da construção, aquele não se

✓ da Relação de Lisboa, de 10-1-2019, no site www.dgsi.pt, relatado por Arlindo Crua. Existem ainda outras decisões que relevam especialmente a circunstância da construção, modificação ou reparação do imóvel ter sido desde logo efetuada com o propósito da sua posterior comercialização. Neste sentido, o Acórdão da Relação do Porto de 22-10-2009, no site www.dgsi.pt, relatado por Deolinda Varão, apesar de referir que *em princípio, construtor nos termos e para os efeitos do disposto no nº 4 do artº 1225º, será apenas quem construiu por meio de gestão direta, sem a intermediação de um empreiteiro*, acaba por admitir que *se o vendedor promoveu a construção de um imóvel com a finalidade de o vender e obter lucro dessa venda, já tem de se considerar que assume a qualidade de construtor nos termos e para os efeitos do disposto no preceito em análise, não sendo relevante que tenha adjudicado a empreiteiro a execução das respetivas obras.*

Também o Acórdão da Relação de Coimbra de 31-5-2011, acessível no site www.dgsi.pt, relatado por Teles Pereira, defendeu que o artº 1225º, nº 4, do C.C., visou abranger quer aqueles que constroem diretamente, quer aqueles que o fazem através da celebração de contrato de empreitada com terceiro, desde que tenham a intenção de com essa atividade posteriormente comercializar o imóvel construído, obtendo lucro.

E o Acórdão da Relação do Porto de 19-5-2010, acessível no site www.dgsi.pt, relatado por Vieira e Cunha, entendeu que o vendedor responderia segundo o regime previsto para o contrato de empreitada, indepentemente de ter procedido diretamente à construção do imóvel ou mediante contrato com empreiteiro, desde que agisse no âmbito da sua atividade profissional de comercialização de imóveis. Esta posição foi também subscrita pelo Acórdão da Relação de Coimbra de 15-5-2012, acessível no site www.dgsi.pt, relatado por Judite Pires, e parece ser também a opinião de Menezes Cordeiro, em *Tratado de direito civil*, vol. XII, pág. 977-978.

[519] Em Itália, apesar de não existir um preceito com o conteúdo do nº 4, do artº 1225º, do C.C., a doutrina e a jurisprudência dominantes defendem que a aplicação do regime da responsabilização do empreiteiro pelos defeitos em imóveis de longa duração ao construtor-vendedor apenas abrange os casos em que o vendedor é um profissional e foi o construtor direto da obra. *Vide* Domenico Rubino/Giovanni Iudica, em *Dell'appalto*, pág. 473-476, Giuseppe Musolino, em *La responsabilità civile nell'appalto*, pág. 277-279, Maria Cristina Cervale, em *La responsabilità dell'appaltatore*, pág. 233-236, Lidia Savana, em *La responsabilità dell'appaltatore*, pág. 110-113, Franco Ballati, em *La responsabilità dell'appaltatore e del directore dei lavori per vizi e difformità delle opere*, pág. 154-159, Claudia Sollai, em *Codice dell'appalto privato*, pág. 649-651, Maurizio de Tilla, em *L'appalto privato*, pág. 684-699, e Mauro Rubino-Sammartano, em *Appalti di opere e contratti di servizi (in diritto privato)*, pág. 508-513.

encontra numa posição similar à do empreiteiro, relativamente ao conhecimento que tem da obra, para poder responder segundo o regime da empreitada. E para este raciocínio é indiferente que o vendedor seja ou não um profissional da atividade de comercialização de imóveis. Essa qualidade releva para efeitos de determinar se o regime aplicável é o regime geral previsto no Código Civil ou o regime especial da venda de bens de consumo constante do D.L. nº 67/2003, mas não para determinar se se aplicam as regras do Código Civil previstas para a venda de bem defeituoso ou as previstas para a realização de obra defeituosa. Essa escolha depende do tipo de intervenção que o vendedor teve na realização da obra. Se foi um mero comitente não há razão para que a sua prestação seja regulada pelas regras previstas para quem executa uma obra por contrato com aquele, mas se foi ele quem também a executou, essa justificação já existe e o legislador consagrou tal solução no artº 1225º, nº 4, do C. C.[520].

Assim sendo, o vendedor que incumbiu terceiro da realização da obra responde perante o adquirente por defeitos desta, segundo o regime da compra e venda de coisas defeituosas – artº 913º do C. Civil – [521], enquanto o empreiteiro responde perante este último, segundo o regime do contrato de empreitada, nos termos do artº 1225º, nº 1, do C.C.[522], e ambos podem ser demandados, em simultâneo, pelo adquirente para satisfazerem os seus direitos, dado estarmos perante uma situação de litisconsórcio voluntário[523].

[520] Note-se que se o vendedor se limitou a contratar com outros empreiteiros a realização de partes da construção do imóvel (v.g. instalação de elevadores, caixilharia, instalação elétrica), sendo ele o principal construtor, não deixa de ser um construtor/vendedor, para os efeitos do artº 1225º, nº 4, do C.C.

[521] O Acórdão da Relação de Lisboa de 28-2-2012, no site www.dgsi.pt, relatado por Isabel Fonseca, excluiu deste regime de responsabilidade a cooperativa que contrata com um empreiteiro a construção de um edifício e depois vende as frações que o integram aos cooperantes.

[522] *Vide*, neste sentido, o Acórdão da Relação do Porto de 25-1-2011, no site www.dgsi.pt, relatado por Sílvia Pires.

Relativamente à responsabilidade do empreiteiro perante o terceiro adquirente, cfr., *supra*, pág. 197-200.

[523] O vendedor e o empreiteiro por este contratado responderão solidariamente perante o adquirente, sem prejuízo do posterior direito de regresso do vendedor, relativamente ao empreiteiro, sendo defensável a aplicação, por analogia, das regras do direito de regresso previsto no artº 1226º do C.C., nomeadamente a da aplicação do prazo para a comunicação

E quanto àquele que, mediante remuneração, é incumbido por outrem de promover e realizar um programa de construção, modificação ou reparação de um ou vários imóveis, através da celebração de contratos de empreitada, para posterior comercialização desses imóveis no interesse do mandante, assume uma posição enquadrável no tipo contratual da prestação de serviços global onde se inserem atos típicos do contrato de mandato, face à ausência de uma previsão específica, como ocorre com o artº 1831 do C. C. Francês[524]. A prestação a que se vincula é não só a de celebrar, no interesse do mandante, os contratos de empreitada de construção, modificação ou reparação de imóveis, necessários à execução do projeto imobiliário, mas também a de gestão de todo esse projeto, com a realização de todas as operações jurídicas, administrativas e financeiras necessárias à sua execução (v.g. obtenção de licenças e celebração de contratos de empréstimo e seguro).

Independentemente deste tipo de promotor agir com ou sem representação, ou seja, em nome do mandante ou em nome próprio, nunca lhe será aplicável o regime de responsabilização pelos defeitos dos imóveis edificados previsto para o contrato de empreitada, uma vez que ele não intervém diretamente na realização da obra, sendo esta executada por terceiro empreiteiro com quem a contrata[525].

Por iguais razões, para a responsabilização do construtor-vendedor nos termos do artº 1225º, nº 4, do C.C., não é exigível que à construção, modificação ou reparação do imóvel tenha presidido, desde o início, a intenção de o comercializar, uma vez que aquilo que justifica a aplicação do regime do contrato de empreitada à responsabilização pelos defeitos da construção é o facto do vendedor ser também o seu construtor e, portanto, ter um conhecimento privilegiado das características da obra por si realizada, o que se verifica, independentemente das finalidades que presidiram à edificação.

da denúncia dos defeitos (dando nota de decisões em igual sentido, em Itália, Antonio Piras, em *Codice dell' appalto privato*, pág. 673-674).
Em sentido contrário, pronunciou-se o Acórdão do S.T.J. de 29-5-2012, no site www.dgsi.pt, relatado por Alves Velho.

[524] Cfr. nota anterior.

[525] No C.C. Francês o artº 1831-1 estendeu a responsabilidade pelos defeitos das obras aos promotores imobiliários, nos mesmos termos em que respondem os empreiteiros.

O regime do artº 1225º do C.C. deve ser também aplicável a outros contratos através dos quais o construtor do imóvel, após a sua edificação, transmite o respetivo direito a terceiros, como seja o contrato de permuta[526].

4.2. O construtor promitente-vendedor

A extensão do regime da responsabilidade contratual do empreiteiro pelos defeitos da obra também abrange as relações resultantes da simples celebração de contratos-promessa de compra e venda de imóveis pelo seu construtor. Na verdade, a adoção pela nossa lei (artº 410º, nº 1, do C.C.) do princípio da equiparação do regime do contrato prometido ao respetivo contrato-promessa[527] conduz a essa solução[528].

Nos termos do artº 410º, nº 1, do C.C., além das disposições sobre a forma do contrato, apenas não são aplicáveis ao contrato-promessa as regras do contrato prometido que, pela sua razão de ser, pressuponham a conclusão deste.

O facto do contrato-promessa de compra e venda não assegurar ainda a transmissão do direito de propriedade sobre o imóvel não impede a responsabilização do construtor pelos defeitos nele existentes. O promitente-vendedor, com a celebração do contrato-promessa, fica vinculado a abster-se de quaisquer comportamentos que possam comprometer a viabilidade do contrato prometido, tal como fica adstrito à prática dos atos necessários ao cumprimento pontual da sua obrigação de contratar. Daí que a construção defeituosa do imóvel prometido vender, se traduza já num incumprimento a estes deveres acessórios do promitente-vendedor[529], o que justifica a aplicação do regime previsto para a venda de coisas defeituosas[530], atento o mencionado princípio da equiparação do regime do contrato prometido ao respetivo contrato-promessa[531].

[526] Pedro de Albuquerque/Miguel Assis Raimundo, em *Contrato de empreitada,* pág. 464-465.

[527] Sobre este princípio leia-se, por todos, Ana Prata, em *O contrato-promessa e o seu regime civil,* pág. 441-474.

[528] Pedro de Albuquerque/Miguel Assis Raimundo, *Contrato de empreitada,* pág. 464, e João Serras de Sousa, em *Código Civil Anotado,* vol. I, pág. 1524.

[529] Massimo Bianca, em *Diritto civile,* vol. 3º, pág. 189.

[530] Nas vendas de imóveis efetuadas pelo seu construtor, à responsabilidade por defeitos aplica-se o regime do contrato de empreitada, conforme impõe o disposto no artº 1225º, nº 4, do C.C.

Com a celebração do contrato-promessa o promitente-vendedor fica vinculado a futuramente transmitir o direito de propriedade sobre um determinado imóvel com as características prometidas. Se, no momento em que deve ocorrer essa transmissão, o imóvel revela vícios ou desconformidades face ao prometido, não salvaguarda os interesses de ambas as partes que o promitente-comprador fique numa posição de escolha entre a resolução do contrato-promessa[532], frustrando-se o negócio mutuamente desejado por ambas as partes, e a aquisição de um imóvel com defeitos. Não faz sentido ser necessário esperar que se concretize o negócio prometido para que se acionem os mecanismos de harmonização de interesses previstos para a venda de coisas defeituosas, pelo que, aplicando o princípio da equiparação do regime do contrato prometido ao respetivo contrato-promessa, pode o promitente-comprador de imóvel construído pelo próprio vendedor exercer os direitos previstos nos artº 1221º e seg. do C.C., antes da outorga da escritura de compra e venda.

E para que isto suceda não é imprescindível que se tenha verificado uma transmissão antecipada do gozo da coisa prometida vender para o promitente-comprador. Essa transmissão apenas facilitará o conhecimento por este dos vícios e desconformidades existentes, com influência no tempo de exercício de alguns daqueles direitos e no regime da caducidade dos mesmos, mas não é condição necessária para o seu exercício[533].

[531] Neste sentido, Antunes Varela, em *Das obrigações em geral,* vol. I, pág. 347, Pedro Romano Martinez, em *Cumprimento defeituoso...,* pág. 411-412, Calvão da Silva, em *Sinal e contrato-promessa,* pág. 105-109, Ana Prata, em *O contrato-promessa e o seu regime civil,* pág. 173-178 e 964-967, Pedro de Albuquerque/Miguel Assis Raimundo, *Contrato de empreitada,* pág. 464, João Serras de Sousa, em *Código Civil Anotado,* vol. I, pág. 1524, e o Acórdão do S.T.J. de 19-1-2004, na C.J. (Ac. do S.T.J.), Ano XII, tomo 1, pág. 29, relatado por Afonso Correia. No direito italiano também assim opinam Francesco Galgano, em *Diritto civile,* vol. II, tomo 1, pág. 318, nota 26 e Giuseppe Musolino, em *La responsabilità civile nell'appalto...,* pág. 288.

[532] Nos Acórdãos do S.T.J. de 29-6-2010 e de 2-12-2013, no site www.dgsi.pt, respetivamente relatados por Garcia Calejo e Maria dos Prazeres Beleza, considerou-se que não tem justificação suficiente a resolução do contrato-promessa com fundamento na existência de defeitos no imóvel prometido vender.

[533] Ana Prata, em *O contrato-promessa e o seu regime civil,* pág. 173-178, e Francesco Galgano, em *Diritto civile,* vol. 2º, tomo 1, pág. 318, nota 26.

Verificando-se a existência de defeitos no imóvel prometido vender pelo seu construtor, pode o promitente-comprador, antes da outorga do contrato de compra e venda, denunciá-los e solicitar a sua eliminação[534], ou a realização de nova obra, nos termos dos artº 1221º e 1225º do C.C. O empreiteiro deve proceder à reparação dos defeitos até à data marcada para a outorga do contrato definitivo, a fim de proceder ao seu cumprimento pontual. Na hipótese de se ter verificado uma transmissão antecipada do gozo do imóvel, as obras de reparação devem ser realizadas num prazo razoável, de modo a assegurar o gozo pleno do imóvel, podendo o promitente-comprador proceder à fixação admonitória de um prazo para a efetivação dos trabalhos.

Se os defeitos não forem elimináveis, ou os custos da sua eliminação ou de realização de nova construção forem desproporcionados, ou ainda se o promitente-vendedor incumprir definitivamente a obrigação de reparação dos defeitos, o promitente-comprador tem direito à redução do preço acordado[535], ou à resolução do contrato-promessa, se a obra se revelar inadequada ao fim a que se destina (artº 1222º e 1225º do C.C.).

Nos casos de incumprimento definitivo da obrigação de reparação dos defeitos, o promitente-comprador, também poderá optar pela indemnização em dinheiro equivalente aos custos dos trabalhos de eliminação dos defeitos a realizar por si próprio, ou por terceira pessoa contratada para o efeito, nos termos acima defendidos[536]. Como é óbvio, a realização desses trabalhos pelo promitente-comprador ou por terceira pessoa por ele contratada só poderá ocorrer antes da outorga do con-

[534] Admitiram expressamente o exercício deste direito, nomeadamente em cumulação com o pedido de execução específica do contrato-promessa, ANA PRATA, em *O contrato-promessa e o seu regime civil*, pág. 173-177 e 964-967, FRANCESCO GALGANO, em *Diritto civile*, vol. II, tomo 1, pág. 318, nota 26, FRANCO BALATTI, em *La responsabilità dell'appaltatore e del directore dei lavori per vizi e difformità delle opere*, pág. 159, e os seguintes Acórdãos:
✓ do S.T.J., de 10-3-2005, no site www.dgsi.pt, relatado por NEVES RIBEIRO.
✓ do S.T.J., de 7-6-2005, no site www.dgsi.pt, relatado por LOPES PINTO.

[535] Admitiram expressamente o exercício deste direito, nomeadamente em cumulação com o pedido de execução específica do contrato-promessa, CALVÃO DA SILVA, em *Sinal e contrato-promessa*, pág. 105-109, ANA PRATA, em *O contrato-promessa e o seu regime civil*, pág. 173-177 e 964-967, MASSIMO BIANCA, em *Diritto civile*, vol. 3º, pág. 193, nota 91, FRANCESCO GALGANO, em *Diritto civile*, vol. II, tomo 1, pág. 318, e o Acórdão do S.T.J. de 19-1-2004, na C.J. (Ac. do S.T.J.), Ano XII, tomo 1, pág. 29, relatado por AFONSO CORREIA.

[536] Cfr., *supra*, pág. 143 e seg.

trato prometido, nos casos em que se tenha verificado uma transmissão antecipada do gozo do imóvel.

Se os defeitos não forem elimináveis, a exigência de realização de nova obra se revelar desproporcionada, e aqueles se traduzirem em desconformidades que não reduzem o valor do imóvel, nem o tornam inadequado ao fim a que se destina, o promitente-comprador tem apenas direito a uma indemnização pela desconformidade entre o acordado e o realizado (artº 1223º e 1225º do C.C.). Mas, o exercício judicial deste direito de indemnização de características residuais, antes da outorga do contrato de compra e venda, só poderá ser efetuado com o pedido de execução específica do contrato-promessa, ficando subordinado à procedência deste, uma vez que o mesmo também pressupõe a transmissão do direito de propriedade para o promitente-comprador.

O não cumprimento pelo construtor promitente-vendedor das obrigações de eliminação dos defeitos ou de realização de nova obra, permitem ao promitente-comprador não outorgar o contrato prometido na data fixada, utilizando a faculdade prevista no artº 428º, nº 1, do C.C.[537]. Esta possibilidade legal é concedida aos credores de prestações sinalagmáticas, em que se verificou o cumprimento defeituoso de uma delas – *exceptio non rite adimpleti contractus*[538]. A obrigação de outorga do contrato prometido tem um vencimento coincidente com a obrigação de entrega do imóvel vendido sem deficiências, exigindo-se apenas que os defeitos tenham uma dimensão que justifique, segundo os princípios da boa fé, a suspensão da obrigação de celebrar o contrato de compra e venda, enquanto não forem suprimidos[539].

O promitente-comprador, nos casos em que não se verifica uma tradição antecipada do gozo do imóvel, antes da celebração do contrato prometido, tem o direito de examinar o seu estado, de modo a poder

[537] Pedro Romano Martinez, em *Cumprimento defeituoso...*, pág. 411-412, e os seguintes Acórdãos:
✓ do S.T.J., de 15-10-1980, no B.M.J., nº 300, pág. 364, relatado por Campos Costa.
✓ da Relação do Porto, de 7-7-2003, no site www.dgsi.pt, relatado por Caimoto Jácome.
✓ da Relação do Porto, de 27-11-2003, no site www.dgsi.pt, relatado por Saleiro de Abreu.
✓ do S.T.J., de 25-3-2004, no site www.dgsi.pt, relatado por Azevedo Ramos.

[538] Cfr, *supra*, pág. 175 e seg.

[539] Cfr., *supra*, pág. 179.

exercer os direitos acima referidos, recaindo sobre o promitente-vendedor o correspondente dever de praticar todos os atos necessários à concretização desse exame.

Quando ocorre a transmissão antecipada do imóvel prometido vender, os defeitos já conhecidos na data da entrega material devem ser denunciados no prazo de 1 ano (artº 1225º, nº 2, do C.C.). Este prazo de denúncia vale também para os que forem conhecidos posteriormente, independentemente da data da celebração do contrato definitivo. Os direitos devem ser exercidos 1 ano após a denúncia, devendo esse exercício ocorrer no prazo máximo de 5 anos após ter ocorrido a entrega material do imóvel (artº 1225º, nº 1, do C.C.)[540]. Caso venha, entretanto, a ocorrer a celebração do contrato de compra e venda do imóvel, só nessa altura se inicia o decurso do prazo de caducidade do direito de indemnização residual relativamente aos defeitos já denunciados, pois o mesmo já pressupõe a transmissão do direito de propriedade[541].

Com a celebração do contrato de compra e venda, também se iniciam novos prazos (1 ano), para o exercício dos direitos de redução do preço e de resolução do contrato, relativamente a defeitos já denunciados, uma vez que estes são novos direitos que se reportam a uma nova realidade, nascida com a celebração do contrato prometido.

Nos contratos-promessa em que não se verifica uma transmissão antecipada do gozo do imóvel, não existe qualquer ónus de denúncia dos defeitos já conhecidos, iniciando-se apenas o decurso do prazo de denúncia (1 ano), relativamente a esses defeitos, com a entrega material do imóvel, na sequência da celebração do contrato prometido. Mas, se o promitente-comprador entende proceder à denúncia dos defeitos antes da celebração do contrato de compra e venda, o prazo de caducidade do exercício de qualquer um dos seus direitos (1 ano) deve apenas iniciar-

[540] *Vide*, neste sentido, o Acórdão da Relação de Lisboa de 14-2-2012, no site www.dgsi.pt, relatado por PIMENTEL MARCOS.
Recorda-se, contudo, que os prazos de exercício do direito de indemnização em dinheiro equivalente aos custos dos trabalhos de eliminação dos defeitos a realizar pelo promitente--comprador, ou por terceira pessoa contratada para o efeito, por incumprimento definitivo do promitente-vendedor da obrigação de eliminar os defeitos, assim como do direito de indemnização por danos colaterais, é o prazo de prescrição ordinária (cfr., *supra*, pág. 173 e 174, respetivamente).

[541] Cfr. *supra*, pág. 210.

-se com a referida entrega do imóvel. Só esta o colocará em condições satisfatórias para este poder optar pelo direito que se aplica aos defeitos denunciados enquanto promitente-comprador.

A celebração do contrato prometido não pode ser encarada como uma renúncia tácita dos direitos a exercer, relativamente a defeitos denunciados. Apesar de ter denunciado a existência de defeitos no imóvel objeto da promessa de compra e venda, o promitente-comprador mantém inteira liberdade para outorgar o contrato definitivo, sem que isso signifique que se conforma com as deficiências que apresenta o imóvel adquirido. O mesmo sucede se o promitente-comprador já solicitou a eliminação dos defeitos denunciados, ou pediu uma indemnização por danos colaterais, não podendo a outorga do contrato definitivo valer como desistência dessas pretensões.

Já quanto aos direitos de redução do preço estabelecido no contrato-promessa, ou de resolução deste, se a celebração do contrato de compra e venda implica a extinção desses direitos relativamente ao contrato-promessa, o seu cumprimento pelo preço nele fixado, não permite que se conclua por uma renúncia do promitente-comprador ao exercício dos direitos de redução do preço ou de resolução do contrato definitivo entretanto outorgado, com fundamento na manutenção dos defeitos anteriormente denunciados. O promitente-comprador mantém a possibilidade, após a celebração do contrato definitivo, de utilizar estes novos direitos como forma de reagir a uma permanência dos defeitos.

5. O imóvel em propriedade horizontal

A extensão do domínio de aplicação do regime da responsabilidade do empreiteiro pelos defeitos da obra aos casos de venda de imóvel feita pelo próprio construtor suscita algumas questões quando o imóvel construído e vendido se encontra submetido ao regime da propriedade horizontal.

Estas questões colocam-se relativamente à legitimidade para o exercício dos direitos conferidos nos artº 1221º e seg. do C.C. e ao momento em que se deve considerar a obra entregue, para efeitos do início da contagem do prazo de caducidade de 5 anos, previsto no artº 1225º do C.C., para o exercício daqueles direitos.

No regime da propriedade horizontal adotado pelo nosso Código Civil coexistem, de modo incindível, dois direitos reais distintos: um direito de propriedade singular e outro complementar, ou instrumental, de compropriedade. Como dispõe o artº 1420º, nº 1, do C.C., "cada condómino é proprietário exclusivo da fração que lhe pertence e comproprietário das partes comuns do edifício". Mas o direito de propriedade horizontal, ou o condomínio, é um direito real de propriedade novo, não se reduzindo à mera soma dos direitos de propriedade que o integram, uma vez que o estatuto destes sofre as adaptações impostas por essa coexistência de direitos e pelos interesses específicos que este novo direito de propriedade visa tutelar[542].

O exercício dos direitos de reação à construção de um imóvel com defeitos, previstos nos artº 1221º e seg. do C.C., insere-se no poder de administração das coisas, o qual abrange os atos de conservação, pelo que importa determinar quem é o titular (ou titulares) do direito de administração do edifício em propriedade horizontal, para determinarmos quem tem legitimidade para acionar os referidos direitos perante o construtor.

Quem tem o poder de administrar as frações autónomas, com as limitações decorrentes das mesmas integrarem uma propriedade horizontal, são os seus proprietários[543], individualmente considerados, pelo que perante um defeito existente numa fração autónoma, será apenas o seu proprietário quem terá legitimidade para exercer junto do construtor qualquer um dos direitos mencionados no artº 1221º e seg. do C.C. [544] (eliminação dos defeitos, redução do preço, resolução do contrato e pagamento de indemnização em dinheiro).

[542] Sobre a natureza jurídica da propriedade horizontal, Henrique Mesquita, em *A propriedade horizontal no Código Civil português,* na R.D.E.S., Ano XXIII (1976), nº 1, 2, 3 e 4, pág. 142-152, Francisco Pardal e Dias da Fonseca, em *Da propriedade horizontal no Código Civil e legislação complementar...*, pág. 91-96, Rui Vieira Miller, em *A propriedade horizontal no Código Civil,* pág. 52-64, Rui Pinto Duarte, em *Direitos Reais,* pág. 119-120, Carvalho Fernandes, em *Lições de direitos reais,* pág. 396-402, e Menezes Cordeiro, em *Direitos Reais,* pág. 636-639.

[543] Ou, eventualmente, titulares de direitos reais menores sobre essas frações, como os usufrutuários, que gozam do referido poder de administração.

[544] Aragão Seia, em *Propriedade horizontal,* pág. 208, Claudia Sollai, em *Codice dell' appalto privato,* pág. 646, e os seguintes Acórdãos:

- ✓ da Relação de Coimbra, de 15-2-2005, no site www.dgsi.pt, relatado por Cardoso de Albuquerque.
- ✓ da Relação do Porto, de 8-2-2005, no site www.dgsi.pt, relatado por Mário Cruz.

Mas se o defeito se situar numa parte comum do edifício, há que efetuar uma distinção entre os direitos de eliminação do defeito ou realização de nova obra, por um lado, e os direitos de redução do preço e resolução do contrato, por outro lado, uma vez que aqueles pressupõem o exercício de um poder de administração, e estes a posição de comprador no contrato de compra e venda das frações autónomas. Relativamente ao direito de indemnização complementar ou residual, previsto no artº 1223º do C.C., a solução depende dos tipos de danos que visa ressarcir.

O exercício dos direitos de eliminação dos defeitos e realização de nova obra, parece competir apenas ao administrador do condomínio, devidamente mandatado pela assembleia de condóminos, uma vez que compete exclusivamente a estes órgãos do condomínio proceder à administração das partes comuns (artº 1430º do C.C.)[545].

É certo que o artº 1420º do C.C. diz que "cada condómino é comproprietário das partes comuns do edifício" e que o artº 1407º do C.C., que

- ✓ da Relação de Coimbra, de 15-11-2005, no site www.dgsi, relatado por MONTEIRO CASIMIRO.
- ✓ da Relação do Porto, de 26-6-2006, no site www.dgsi.pt, relatado por PINTO FERREIRA.
- ✓ da Relação do Porto, de 24-10-2006, no site www.dgsi.pt, relatado por MARQUES CASTILHO.
- ✓ da Relação de Lisboa, de 12-6-2007, no site www.dgsi.pt, relatado por MARIA JOSÉ SIMÕES.
- ✓ do S.T.J., de 19-6-2007, no site www.dgsi.pt, relatado por ALVES VELHO.
- ✓ da Relação de Évora, de 20-9-2007, no site www.dgsi.pt, relatado por ACÁCIO NEVES.
- ✓ da Relação do Porto, de 9-12-2010, no site www.dgsi.pt, relatado por DEOLINDA VARÃO.
- ✓ da Relação de Lisboa, de 11-3-2014, no site www.dgsi.pt, relatado por GRAÇA AMARAL.
- ✓ da Relação de Coimbra, de 1-7-2014, no site www.dgsi.pt, relatado por FONTE RAMOS.

[545] CLAUDIA SOLLAI, em *Codice dell' appalto privato*, pág. 646, MAURIZIO DE TILLA, em *L' appalto privato*, pág. 1026, e os seguintes Acórdãos:

- ✓ da Relação de Lisboa, de 21-4-2005, no site www.dgsi.pt, relatado por GRANJA DA FONSECA.
- ✓ da Relação de Coimbra, de 15-11-2005, no site www.dgsi.pt, relatado por MONTEIRO CASIMIRO.
- ✓ da Relação de Lisboa, de 2-2-2006, no site www.dgsi.pt, relatado por MANUEL GONÇALVES.
- ✓ do S.T.J., de 19-6-2007, no site www.dgsi.pt, relatado por ALVES VELHO.
- ✓ da Relação de Lisboa, de 6-12-2011, no site www.dgsi.pt, relatado por MANUEL MARQUES.
- ✓ da Relação de Lisboa, de 1-3-2012, no site www.dgsi.pt, relatado por EZAGUY MARTINS.
- ✓ da Relação de Coimbra, de 12-3-2019, no site www.dgsi.pt, relatado por BARATEIRO MARTINS.

regula a administração da coisa em compropriedade, remete para o artº 985º do C.C., inserido nas regras específicas do contrato de sociedade civil, donde resultaria o direito de cada um dos condóminos administrar as partes comuns do edifício, caso não existisse convenção em contrário[546]. Contudo, como já se referiu, o direito de propriedade dos con-

[546] Neste sentido, o Acórdão da Relação de Coimbra de 4-5-1999, na C.J., Ano XXIV, tomo 3, pág. 10, relatado por Coelho de Matos, admitiu que qualquer condómino pudesse demandar o construtor para exercer os direitos mencionados nos artº 1221º e seg., do C.C., argumentando que quem tem poderes para isoladamente reivindicar a coisa de terceiro (artº 1405º, nº 2, do C.C.), também pode exercer sozinho outros direitos relativos às coisas comuns, como o de pedir a reparação de simples defeitos.
Aragão Seia, em *Propriedade horizontal*, pág. 209-210, ao citar este aresto, acriticamente, parece subscrever esta opinião.
Sandra Passinhas, em *A assembleia de condóminos e o administrador na propriedade horizontal*, depois de afirmar que o condómino singular está excluído da atividade de administração do condomínio, ressalvando os casos de urgência (pág. 157), defende que estes têm legitimidade para propor ações destinadas a fazer valer a garantia da coisa vendida, ainda que referente às partes comuns do edifício condominial (pág. 320-321) e admite que os condóminos possam agir sozinhos, em defesa das partes comuns, se o administrador o não fizer (pág. 348).
O Acórdão da Relação de Coimbra de 15-2-2005, no site www.dgsi.pt, relatado por Cardoso de Albuquerque, também sustentou que relativamente aos defeitos nas partes comuns compete aos condóminos e não aos órgãos de administração do condomínio, reclamar a reparação dos defeitos, por terem sido eles os compradores das frações que esses espaços servem. Também conferiu idêntica legitimidade aos condóminos, o Acórdão da Relação de Évora de 21-2-2013, no site www.dgsi.pt, relatado por Maria Alexandra Santos.
Se é duvidoso que, em geral, a legitimidade atribuída no referido artº 1405º, nº 2, do C.C., possa estender-se a outras ações relativas à coisa em compropriedade, para além da ação de reivindicação (*vide* sobre esta discussão, Pires de Lima e Antunes Varela, em *Código Civil anotado,* vol. III, pág. 355, e Rodrigues Bastos, em *Notas ao Código Civil,* vol. V, pág. 169-171), na propriedade horizontal, a lei estabelece especialmente quem tem competência para proceder à administração das partes comuns do edifício e quem tem legitimidade para propor as respetivas ações (artº 1430º e seg. do C.C.), pelo que sempre estas regras especiais afastarão o regime geral da compropriedade. O facto de terem sido os condóminos a intervir nos contratos de compra e venda, que se mostram defeituosamente cumpridos, apenas lhes deve permitir o exercício dos direitos de redução do preço e de resolução do contrato, caso os defeitos existentes não sejam elimináveis ou eliminados. E uma eventual omissão do administrador do condomínio, no exercício dos direitos para os quais tem legitimidade, apenas possibilita a sua responsabilização pelos prejuízos causados aos condóminos e não uma substituição do sujeito dessa legitimidade substantiva.
Caso se admitisse que qualquer condómino pudesse acionar o construtor por defeitos existentes nas partes comuns do edifício, podendo este requerer a intervenção dos demais condóminos, a fim de assegurar os efeitos do caso julgado relativamente a todos eles, a par-

dóminos sobre as partes comuns do edifício não segue rigorosamente o regime geral da compropriedade, assumindo especificidades impostas pelas características únicas da propriedade horizontal. E uma dessas especificidades situa-se precisamente no capítulo dos poderes de administração das partes comuns[547]. Dispõe o artº 1430º, nº 1, do C.C., que a administração das partes comuns compete à assembleia dos condóminos e a um administrador, o que afasta a possibilidade dos condóminos, isoladamente, exercerem os direitos inerentes a essa administração, onde se incluem os direitos à eliminação dos defeitos existentes nas partes comuns, ou à realização de nova obra, e, consequentemente, o direito de indemnização em dinheiro pelo custo dos trabalhos de eliminação dos defeitos ou de reconstrução realizados pelos órgãos de administração do condomínio ou por terceiro contratado por eles.

Na propriedade horizontal o legislador instituiu uma forma de organização do grupo constituído pelos condóminos, de modo a assegurar a formação duma vontade própria e única, e um sistema de gestão de funcionamento eficaz. O administrador, eleito e exonerado pela assembleia de condóminos (artº 1435º, nº 1, do C.C.), é o órgão executivo e representativo do condomínio, competindo-lhe a gestão dos assuntos correntes relativos às partes comuns do edifício, conforme resulta da enumeração das suas funções, constantes das diferentes alíneas do artº 1436º do C.C. e a representação judicial do grupo de condóminos (artº 1437º do C.C.). A assembleia de condóminos é o órgão deliberativo do condomínio, onde se forma a vontade deste, através da tomada de deliberações vinculativas para todos os condóminos, podendo estes recorrer para ela dos atos do administrador (artº 1438º do C.C.). Perante a enunciada divisão de poderes, competirá à assembleia de condóminos decidir, por maioria[548], sobre o exercício dos direitos previstos no artº 1221º do C.C. por defeitos existentes nas partes comuns do edifício, e competirá ao

ticipação judicial destes, com diferentes opiniões, redundaria num absurdo apuramento da vontade coletiva através da dedução de vários articulados processuais, em substituição da realização duma assembleia de condóminos.

[547] Henrique Mesquita, em *A propriedade horizontal no Código Civil português,* na R.D.E.S., Ano XXIII (1976), nº 1, 2, 3 e 4, pág. 149, Penha Gonçalves, em *Curso de direitos reais,* pág. 382-383, e Carvalho Fernandes, em *Lições de direitos reais,* pág. 393.

[548] Por maioria dos votos representativos do capital investido, em primeira convocação (artº 1432º, nº 3, do C.C.), e por maioria dos presentes, desde que estes representem pelo menos ¼ do valor total do prédio, em segunda convocação (artº 1432º, nº 4, do C.C.).

administrador, em execução da respetiva deliberação, acionar esses direitos, judicial ou extrajudicialmente, perante o construtor[549].

Em casos de urgência, motivada pela premência dos danos em curso, ou pela proximidade do decurso do prazo de caducidade, poderá o administrador exercitar esses direitos, sem prévia deliberação da assembleia de condóminos nesse sentido, ao abrigo do disposto no artº 1436º, f), do C.C.[550]. O mesmo poderá aliás suceder com qualquer condómino, nos casos de falta ou impedimento do administrador (artº 1427º do C.C.) ou mesmo um terceiro, no âmbito do instituto da gestão de negócios (artº 464º e seg. do C.C.), devendo, contudo, nesta última situação, tal conduta ser posteriormente aprovada e ratificada pela assembleia de condóminos (artº 471º e 268º do C.C.).

Não se vislumbra também qualquer impedimento a que esses direitos possam ser exercidos em conjunto pela totalidade dos condóminos, dispensando-se assim a existência de deliberação da assembleia nesse sentido e a intervenção do administrador[551]. Na verdade, nada impe-

[549] A necessidade de deliberação prévia da assembleia para o exercício destes direitos resulta do facto de não estarmos perante um ato de gestão corrente das partes comuns, pelo que o administrador, em regra, não tem poderes para, por sua iniciativa, praticar esse ato. Neste sentido decidiram os seguintes Acórdãos:

- ✓ da Relação de Lisboa, de 21-12-1979, na C.J., Ano IV, tomo 5, pág. 1627, relatado por ALMEIDA RIBEIRO.
- ✓ da Relação de Évora, de 17-3-2010, no site www.dgsi.pt, relatado por TAVARES PAIVA.
- ✓ da Relação do Porto, de 9-12-2010, no site www.dgsi.pt, relatado por DEOLINDA VARÃO.
- ✓ da Relação do Porto, de 13-7-2011, no site www.dgsi.pt, relatado por SOARES DE OLIVEIRA.
- ✓ da Relação de Coimbra, de 12-3-2019, no site www.dgsi.pt, relatado por BARATEIRO MARTINS.

Contudo, pronunciaram-se no sentido de não ser necessária a autorização da assembleia para o administrador do condomínio demandar o construtor pelos defeitos existentes nas partes comuns do edifício, os seguintes Acórdãos:

- ✓ da Relação do Porto, de 22-2-2005, na C.J., Ano XXX, tomo 1, pág. 195, relatado por LEMOS JORGE.
- ✓ da Relação do Porto, de 26-6-2006, no site www.dgsi.pt, relatado por PINTO FERREIRA.
- ✓ da Relação do Porto, de 24-10-2006, no site www.dgsi.pt, relatado por MARQUES CASTILHO.

[550] Neste sentido, pronunciou-se o Acórdão da Relação do Porto de 9-12-2010, no site www.dgsi.pt, relatado por DEOLINDA VARÃO.

[551] Neste sentido, *vide* os seguintes Acórdãos:

- ✓ da Relação do Porto, de 8-2-2005, no site www.dgsi.pt, relatado por MÁRIO CRUZ.
- ✓ da Relação do Porto, de 9-12-2010, no site www.dgsi.pt, relatado por DEOLINDA VARÃO.

de que se tomem deliberações que reúnam o acordo da totalidade dos condóminos, sem necessidade de reunião da assembleia, desde que esse acordo seja formalizado por escrito, o que dispensa a elaboração de ata[552], assim como podem os condóminos prescindir da intervenção do administrador em sua representação, dado que a mesma só foi prevista no artº 1437º, nº 1, do C.C., para facilitar a sua atuação jurídica.

Relativamente aos direitos de redução do preço e de resolução do contrato, previstos no artº 1222º do C.C., por defeitos existentes nas partes comuns, uma vez que não há um contrato autónomo e individualizado que corresponda à transmissão dessas partes, ocorrendo a mesma diluída na transmissão das diversas frações autónomas que integram um imóvel constituído em propriedade horizontal, só os condóminos os podem exercer individualmente.

Quanto ao direito de indemnização complementar ou residual previsto no artº 1223º do C.C., o mesmo poderá ser exercido pelo administrador do condomínio, mandatado pela assembleia, ou pelos condóminos, conforme os danos que visa ressarcir se traduzem em prejuízos do condomínio, ou dos condóminos individualmente considerados[553].

Esta divisão de sujeitos relativamente à legitimidade para o exercício dos direitos previstos nos artº 1221º e seg. do C.C., não afasta as regras de articulação entre os diferentes direitos[554]. Os condóminos só poderão solicitar a redução do preço que pagaram pela aquisição da sua fração, ou resolverem o contrato de compra e venda[555], desde que o defeito existente nas partes comuns não seja eliminável e as despesas de nova

[552] Aragão Seia, em *Propriedade horizontal*, pág. 174-175.
Em sentido contrário, Sandra Passinhas, em *A assembleia de condóminos e o administrador na propriedade horizontal*, pág. 190-191.

[553] Se, por exemplo, existe um defeito no sistema de rega dos jardins comuns, que impede o seu funcionamento, só o administrador do condomínio, após deliberação da assembleia, tem legitimidade para reclamar o pagamento de uma indemnização pela morte da vegetação desses jardins por falta de água, enquanto que o pedido de indemnização, pelo facto dos condóminos não poderem usufruir daquele espaço verde, já compete a estes.

[554] Cfr., *supra*, pág. 157 e seg.

[555] Recorda-se que este direito só pode ser exercido se a obra se revelar inadequada ao fim a que se destina (artº 1222º, nº 1, do C.C.), o que poderá suceder se, por exemplo, alguém adquire uma fração autónoma destinada à exposição e venda de veículos pesados e a entrada comum ao prédio constituído em propriedade horizontal, contrariamente ao previsto e anunciado, não tem largura que permita a entrada daqueles veículos.

obra sejam desproporcionadas em relação ao proveito, ou então que o defeito não tenha sido eliminado, nem realizada nova obra pelo construtor, ou pelos órgãos de administração do condomínio, com direito a reembolso sobre aquele.

O exercício dos direitos de eliminação dos defeitos nas partes comuns ou de reconstrução da obra pelo administrador do condomínio, aproveita aos condóminos, impedindo o funcionamento da caducidade dos seus direitos de redução do preço ou de resolução do contrato, quando estes se constituem devido ao defeito não ser reparável, à desproporção dos custos da eliminação do defeito ou da realização de nova construção, ou do incumprimento dessas obrigações[556].

Se os órgãos de administração do condomínio não solicitarem a eliminação do defeito ou a realização de nova obra ao construtor, mantendo-se a deficiência e impedindo assim os condóminos prejudicados de exercerem o direito à redução do preço ou à resolução do contrato, resta a estes um direito de indemnização sobre o condomínio pelos prejuízos sofridos com a sua omissão[557].

Quando o defeito se verifica numa parte comum do edifício, mas já causou danos em frações autónomas[558], relativamente ao defeito, apenas o administrador do condomínio, em regra, após prévia deliberação da assembleia de condóminos, poderá exercer os direitos descritos nos artº 1221º e seg. do C.C. Quanto aos danos causados nas frações autónomas, não só poderá o administrador do condomínio reclamar o pagamento de uma indemnização, nos termos do artº 1423º do C.C., pelas despesas que suportou ou que irá suportar (dano futuro previsível indemnizável, nos termos do artº 564º, nº 2, do C.C.), com as reparações das frações danificadas[559], como também os condóminos proprietários

[556] Cfr., *supra*, pág. 167 e seg.

[557] Neste sentido também se pronunciou o Acórdão da Relação de Lisboa de 1-3-2012, no site www.dgsi.pt, relatado por Ezaguy Martins.

[558] Como ocorrerá, por exemplo, com infiltrações de águas das chuvas em frações autónomas, resultantes de uma deficiente impermeabilização de um terraço comum.
Vide, a abordagem destas situações efetuadas nos Acórdãos:
- ✓ da Relação do Porto, de 26-6-2006, no site www.dgsi.pt, relatado por Pinto Ferreira.
- ✓ da Relação de Évora, de 14-2-2019, no site www.dgsi.pt, relatado por Tomé de Carvalho.

[559] Acórdão da Relação de Évora, de 14-2-2019, no site www.dgsi.pt, relatado por Tomé de Carvalho.

dessas frações, além de poderem reclamar do administrador do condomínio (artº 1437º, nº 2, do C.C.) a reparação dos estragos ocorridos nessas frações[560], podem também demandar diretamente o construtor do edifício, por responsabilidade extracontratual[561], nos termos do artº 483º do C.C.[562].

O segundo problema que a aplicação das regras que regem a responsabilidade contratual do empreiteiro por defeitos da obra suscita, quando esta respeita a um prédio constituído em propriedade horizontal, é a do momento em que se inicia o decurso do prazo de 5 anos, previsto no artº 1225º do C.C., para o exercício dos direitos de reação à existência desse defeito nas partes comuns.

Dispõe o artº 1225º, nº 1, do C.C., que esse prazo de caducidade se inicia com a entrega da obra.

A opção pelo momento da entrega, para início da contagem do prazo máximo para a responsabilização do construtor pelos defeitos da obra, teve como pensamento que essa seria a altura a partir da qual o dono da obra (ou neste caso o comprador) estaria em condições de conhecer os defeitos e decidir sobre a responsabilização do construtor pela existência dos mesmos, seguindo-se, assim, o princípio geral de que o prazo de

O Acórdão da Relação de Coimbra de 1-7-2014, no site www.dgsi.pt, relatado por FONTE RAMOS, admitiu não só essa possibilidade, como também a do administrador do condomínio exigir do empreiteiro a eliminação dos danos causados nas frações autónomas pelo defeito existente nas partes comuns.

[560] Dispondo o artº 1422º, nº 1, do C.C., que os condóminos, nas relações entre si, estão sujeitos, de um modo geral, quanto às frações que exclusivamente lhes pertencem e quanto às partes comuns, às limitações impostas aos proprietários e aos comproprietários de coisas imóveis, os danos causados nas frações autónomas por defeitos existentes nas partes comuns são indemnizáveis pelos comproprietários dessas partes, nos termos do artº 493º, nº 1, do C.C..

[561] Apesar do condómino, ser também comproprietário das partes comuns, enquanto titular do direito de propriedade singular sobre a fração danificada, deve ser considerado um terceiro relativamente à relação que tem por objeto as partes comuns do condomínio e por sujeitos o construtor-vendedor e o conjunto dos condóminos devidamente organizado, pelo que a responsabilidade pelos danos causados a esse terceiro, apesar de ser um dos condóminos, é extracontratual, como acima se sustentou (cfr., *supra*, pág. 81-84).

[562] Nestes casos, em ação judicial deduzida contra o construtor, é possível a coligação ativa do administrador e dos condóminos, cujas frações autónomas foram danificadas, nos termos do artº 36º, nº 2, do C.P.C., pedindo o primeiro, por exemplo, a reparação do defeito existente na parte comum, e os condóminos a reparação das suas frações.

caducidade deve começar a correr a partir do momento em que o direito puder ser legalmente exercido (artº 329º do C.C.).

Sendo normal que o construtor-vendedor proceda à alienação das diversas frações autónomas a terceiros em momentos diferentes, coloca-se o problema de saber quando se devem considerar entregues as partes comuns aos condóminos adquirentes, de modo a poderem ser exercidos os direitos previstos nos artº 1221º e seg. do C.C., relativamente aos defeitos existentes nessas partes do edifício.

Já se ouviram opiniões no sentido que esse prazo se iniciaria com a primeira entrega de fração autónoma a condómino adquirente, com a última entrega de fração autónoma a condómino adquirente[563] e ainda com a entrega da maioria das frações autónomas aos condóminos adquirentes[564].

Também aqui há que efetuar uma distinção entre as duas situações acima apontadas a propósito da questão da legitimidade para o exercício daqueles direitos.

Quanto aos direitos a serem exercidos pelo administrador do condomínio, em regra mandatado para esse efeito pela assembleia de condóminos (direitos de eliminação do defeito, de realização de nova obra e de indemnização por danos complementares ou residuais causados ao condomínio), apesar da entrega das frações autónomas corresponder também à entrega dos espaços comuns do edifício, como já se disse acima[565], há que ter presente que o direito dos condóminos sobre esses

[563] Assim decidiram os seguintes Acórdãos:
- ✓ do S.T.J., de 23-9-2003, no site www.dgsi.pt, relatado por Nuno Cameira.
- ✓ da Relação de Lisboa, de 2-2-2006, no site www.dgsi.pt, relatado por Manuel Gonçalves.
- ✓ do S.T.J., de 19-6-2007, no site www.dgsi.pt, relatado por Alves Velho.
- ✓ da Relação do Porto, de 22-10-2009, no site www.dgsi.pt, relatado por Ana Paula Lobo.

No Acórdão da Relação de Lisboa de 1-3-2007, no site www.dgsi.pt, relatado por Fátima Galante, admitiu-se que a data a partir da qual se possa contar o prazo de caducidade de 5 anos seja o da venda da última fração, quando os defeitos existentes nas partes comuns causaram estragos nas frações autónomas.

Jorge Morais Carvalho, em *Manual de direito do consumo,* pág. 333-334, defende esta posição nas relações de consumo.

[564] *Vide* o Acórdão do Tribunal da Relação do Porto, de 14-5-2009, no site www.dgsi.pt, relatado por Madeira Pinto.

[565] Cfr., *supra,* pág. 218.

espaços foge às regras gerais da compropriedade, assumindo uma configuração própria em que a vontade destes não é valorada individualmente, mas sim enquanto membros de uma organização dotada de órgãos próprios que exprimem a vontade coletiva do grupo, a manifestam e atuam em conformidade com ela. Competindo à assembleia de condóminos e não a estes, individualmente considerados, decidir sobre o exercício dos direitos previstos no artº 1221º e 1223º do C.C. (apenas quanto aos danos sofridos pelo condomínio), não releva, para o desfecho da questão colocada, o momento em que são entregues aos condóminos as diversas frações autónomas, mas sim o momento em que esses órgãos passam a estar em condições para poderem exercer os referidos direitos.

Decisiva deve ser, pois, a data em que o construtor fez a transmissão dos poderes de administração das partes comuns aos condóminos, o que só pode ter sucedido quando estes construíram a sua estrutura organizativa, reunindo em assembleia de condóminos e elegendo o seu administrador[566]. Não se tendo verificado um ato expresso datado de trans-

[566] Neste sentido decidiram os seguintes Acórdãos:
- ✓ do S.T.J., de 6-6-2002, no site www.dgsi.pt, relatado por Duarte Soares.
- ✓ da Relação de Lisboa, de 21-4-2005, no site www.dgsi.pt, relatado por Granja da Fonseca.
- ✓ da Relação de Lisboa, de 1-3-2007, no site www.dgsi.pt, relatado por Fátima Galante.
- ✓ da Relação do Porto, de 1-10-2009, no site www.dgsi.pt, relatado por Mário Fernandes.
- ✓ do S.T.J., de 1-6-2010, no site www.dgsi.pt, relatado por Azevedo Ramos.
- ✓ da Relação do Porto, de 25-3-2010, no site www.dgsi.pt, relatado por Marques Pereira.
- ✓ da Relação de Lisboa, de 8-6-2010, na C.J., Ano XXXV, tomo 3, pág. 85, relatado por Roque Nogueira.
- ✓ do S.T.J., de 29-6-2010, na C.J. (Ac. do S.T.J.), Ano XVIII, tomo 2, pág. 120, relatado por Helder Roque.
- ✓ da Relação de Lisboa, de 9-11-2010, no site www.dgsi.pt, relatado por João Aveiro.
- ✓ da Relação de Lisboa, de 18-1-2011, no site www.dgsi.pt, relatado por António Santos.
- ✓ da Relação de Lisboa, de 7-4-2011, no site www.dgsi.pt, relatado por Ezaguy Martins.
- ✓ da Relação de Lisboa, de 5-5-2011, no site www.dgsi.pt, relatado por Henrique Antunes.
- ✓ da Relação de Lisboa, de 6-10-2011, no site www.dgsi.pt, relatado por Teresa Albuquerque.
- ✓ do S.T.J., de 29-11-2011, no site www.dgsi.pt, relatado por Gabriel Catarino.
- ✓ da Relação de Lisboa, de 16-2-2012, no site www.dgsi.pt, relatado por Tomé Ramião.
- ✓ da Relação de Lisboa, de 20-3-2012, no site www.dgsi.pt, relatado por Cristina Coelho.
- ✓ da Relação de Lisboa, de 12-7-2012, no site www.dgsi.pt, relatado por Ezaguy Martins.
- ✓ da Relação do Porto, de 18-10-2012, no site www.dgsi.pt, relatado por Freitas Vieira.

missão dos poderes de administração das partes comuns do construtor para os órgãos de administração do condomínio, deve considerar-se como data em que tacitamente ocorreu essa transmissão, o dia em que a assembleia de condóminos elege o administrador do condomínio[567]. A partir dessa data passa a estar operacional a estrutura organizativa encarregada da administração das partes comuns do condomínio, a qual fica em condições de poder exercer os já referidos direitos perante o construtor, iniciando-se, pois, nesse momento, o decurso do prazo de caducidade de 5 anos, previsto no artº 1225º, nº 1, do C.C.

- ✓ do S.T.J., de 15-11-2012, no site www.dgsi.pt, relatado por Granja da Fonseca.
- ✓ da Relação de Lisboa, de 20-11-2012, no site www.dgsi.pt, relatado por Dina Monteiro.
- ✓ do S.T.J., de 29-10-2013, na C.J. (Ac. do S.T.J.), Ano XXI, tomo 3, pág. 117, relatado por Moreira Camilo.
- ✓ do S.T.J., de 14-1-2014, no site www.dgsi.pt, relatado por Moreira Alves.
- ✓ da Relação do Porto, de 13-3-2014, no site www.dgsi.pt, relatado por Pedro Martins.
- ✓ da Relação de Lisboa, de 30-4-2015, no site www.dgsi.pt, relatado por Ilídio Sacarrão Martins.
- ✓ do S.T.J., de 31-5-2016, no site www.dgsi.pt, relatado por Maria Clara Sottomayor.
- ✓ da Relação de Coimbra, de 13-9-2016, no site www.dgsi.pt, relatado por Moreira do Carmo.
- ✓ da Relação de Lisboa, de 17-1-2017, no site www.dgsi.pt, relatado por Rijo Ferreira.
- ✓ da Relação de Lisboa, de 8-2-2018, no site www.dgsi.pt, relatado por Ilídio Sacarrão.
- ✓ da Relação do Porto, de 25.10.2018, no site www.dgsi.pt, relatado por Teles de Menezes.
- ✓ da Relação de Coimbra, de 12-3-2019, no site www.dgsi.pt, relatado por Barateiro Martins.

[567] Neste sentido, pronunciaram-se os seguintes Acórdãos:

- ✓ da Relação de Lisboa, de 1-3-2007, no site www.dgsi.pt, relatado por Fátima Galante.
- ✓ da Relação de Lisboa, de 7-4-2011, no site www.dgsi.pt, relatado por Ezaguy Martins.
- ✓ da Relação do Porto, de 14-4-2011, no site www.dgsi.pt, relatado por Amaral Ferreira.
- ✓ da Relação do Porto, de 23-2-2012, no site www.dgsi.pt, relatado por Ramos Lopes.
- ✓ da Relação de Lisboa, de 29-3-2012, no site www.dgsi.pt, relatado por Pedro Martins.
- ✓ da Relação de Lisboa, de 12-7-2012, no site www.dgsi.pt, relatado por Ezaguy Martins.
- ✓ da Relação do Porto, de 18-10-2012, no site www.dgsi.pt, relatado por Freitas Vieira.
- ✓ da Relação do Porto, de 13-3-2014, no site www.dgsi.pt, relatado por Pedro Martins.
- ✓ do S.T.J., de 31-5-2016, no site www.dgsi.pt, relatado por Maria Clara Sottomayor.
- ✓ da Relação do Porto, de 20-6-2016, no site www.dgsi.pt, relatado por Manuel Domingos Fernandes.
- ✓ da Relação de Lisboa, de 8-2-2018, no site www.dgsi.pt, relatado por Ilídio Sacarrão.
- ✓ da Relação de Coimbra, de 12-3-2019, no site www.dgsi.pt, relatado por Barateiro Martins.

Quanto ao prazo para serem denunciados os defeitos existentes nas partes comuns (1 ano), o mesmo inicia-se, nos termos do artº 1225º, nº 2, do C.C., com o conhecimento daqueles pelo administrador do condomínio e não com o conhecimento que deles tiveram os condóminos[568].

Já relativamente aos direitos a serem exercidos pelos condóminos individualmente perante a existência de defeitos nas partes comuns (direitos de redução do preço, resolução do contrato e indemnização por danos por eles sofridos), quando não beneficiam da anterior interpelação efetuada pelo administrador do condomínio para a eliminação dos defeitos ou realização de nova obra[569], o momento da entrega para efeitos de início de contagem do prazo de caducidade de 5 anos, do artº 1225º, nº 1, do C.C., não é sempre o da entrega das frações autónomas a cada um dos condóminos.

As entregas das frações que ocorrerem antes da entrega das partes comuns aos órgãos de administração do condomínio, não podem ser relevadas, uma vez que quando as mesmas se verificaram, os condóminos não dispunham ainda do domínio efetivo das zonas comuns, incluindo a sua administração, pelo que não estavam ainda em condições de reagirem contra os defeitos aí existentes. Nestes casos o prazo de caducidade só começa a correr com a entrega das partes comuns aos órgãos de administração do condomínio, nos termos acima mencionados[570]. O mesmo sucede quando a eleição de uma administração do condomínio antecede a entrega das partes comuns a essa administração. Só com a entrega é que se inicia a contagem do prazo de caducidade[571].

Quanto aos condóminos a quem a sua fração lhes foi entregue após a transmissão da administração das partes comuns para os órgãos de administração do condomínio, é a data daquela entrega que determina o

[568] GIUSEPPE MUSOLINO, em *La responsabilità civile nell'appalto,* pág. 310-311, CARMELA MASCARELLO, em *Il contratto di appalto,* pág. 129, FRANCO BALLATI, em *La responsabilità dell'appaltatore e del directore del lavori per vizi e difformità delle opere,* pág. 69, FEDERICO CAPPAI, em *Códice dell' appalto,* pág. 568, MAURIZIO DE TILLA, em *L' appalto privato,* pág. 1026, LUIGI SALCIARINI, em *L' appalto nel condomínio,* pág. 173, MAURO RUBINO-SAMMARTANO, em *Appalto di opere e contratti di servizi (in diritto privato),* pág. 428, e o Acórdão da Relação de Lisboa de 6-10-2011, no site www.dgsi.pt, relatado por TERESA ALBUQUERQUE.

[569] Cfr., *supra*, pág. 219.

[570] Cfr., *supra*, pág. 222-223.

[571] Neste sentido, *vide* o Acórdão da Relação de Lisboa de 7-4-2011, no site www.dgsi.pt, relatado por EZAGUY MARTINS.

início do prazo de caducidade dos direitos dos respetivos condóminos perante o construtor, quer relativamente aos defeitos existentes nas suas frações, quer relativamente aos defeitos existentes nas partes comuns[572].

Para os referidos efeitos não releva a designação de um administrador provisório, que muitas vezes é feita pelo próprio construtor para exercer funções de gestão até que a assembleia de condóminos eleja um administrador, devendo ser considerada nula a cláusula que nos contratos de compra e venda ou num regulamento de condomínio, previamente elaborado pelo construtor, imponha um determinado administrador à assembleia de condóminos.

Além destas situações, também o funcionamento da assembleia, com o construtor numa posição dominante, dado ainda ser o proprietário da maioria das frações, que dolosamente permita o decurso dos prazos de caducidade do exercício dos direitos referidos no artº 1221º e seg. do C.C., com desrespeito do impedimento legal deste participar nas votações sobre esse tema, em resultado da existência de um conflito de interesses, pode permitir a invocação da figura do abuso de direito (artº 334º do C.C.), para impedir a produção dos efeitos da caducidade[573].

[572] Os direitos relativos aos defeitos nas partes comuns são apenas aqueles que não podem ser exercidos pela Administração do Condomínio, como o direito à redução do preço ou da resolução do contrato de compra e venda, os quais apenas podem ser exercidos pelos condóminos, como acima se explicou.

[573] Relativamente a esta última situação, o Acórdão do S.T.J. de 29-11-2011, no site www.dgsi.pt, relatado por Gabriel Catarino, defendeu que o prazo de caducidade só deveria iniciar a sua contagem quando o construtor deixasse de ter uma posição dominante na Assembleia. Igual posição é defendida no Acórdão da Relação do Porto de 15-10-2012, no site www.dgsi.pt, relatado por Anabela Luna.

IX. A responsabilidade pelos defeitos das obras em embarcações

1. Âmbito de aplicação

A realização de obras, tendo por objeto navios, suscitou desde tempos antigos uma especial atenção do legislador, pelas particularidades que os respetivos trabalhos revelam, além de normalmente, tal como sucede com os imóveis, são obras de grande dimensão, em que a execução do respetivo contrato exige especial atenção.

A existência duma regulamentação especial nos contratos de empreitada, tendo por objeto a construção ou reparação de embarcações, já ocorria no antigo Código de Hammurabi (§ 234 e 235)[574], assim como no direito romano (D.46.3.31)[575].

Entre nós o Código Comercial de 1888, no artº 489º, previa para os contratos de construção ou grande reparação de navios, que os mesmos fossem reduzidos a escrito e que o dono do navio podia "resilir" o contrato com o construtor ou empreiteiro, por imperícia ou fraude manifestadas na construção ou reparação do navio (§ 1º). Entendia-se que a existência de defeitos, dotados de um grau de gravidade considerável, permitia a resolução do contrato de empreitada, mesmo durante a execução da obra. Além destas regras especiais, aos contratos de construção e reparação de "navios", aplicava-se o regime geral do contrato de

[574] Cfr., *supra*, pág. 13.
[575] Cfr., *supra*, pág. 15.

empreitada, que primeiro constou do Código de Seabra e mais tarde do Código Civil de 1966.

O disposto no artº 489º do Código Comercial vigorou até à aprovação pelo D.L. nº 352/86, de 10 de Julho, do estatuto legal do navio que no seu artº 33º revogou aquele dispositivo, tendo inserido nos artº 12º a 32º um regime próprio para os contratos de construção e de reparação de embarcações, com especial incidência no capítulo do cumprimento defeituoso, o qual derroga as normas do regime geral do contrato de empreitada constantes do Código Civil que o contrariem (artº 13º).

Apesar de estarmos perante um regime algo extenso, muitas das regras consagradas limitaram-se a reproduzir a disciplina do contrato de empreitada do Código Civil, ou a interpretação que dela vinham fazendo a doutrina e a jurisprudência, pelo que aquelas, apesar de terem uma previsão específica, não se traduzem em normas especiais que derrogam aquele regime geral, no âmbito dos contratos de construção e reparação de embarcações.

O regime consagrado neste diploma aplica-se a todos os contratos que têm por objeto a construção ou reparação de navios (artº 12º e 32º do D.L. nº 201/98), entendendo-se por navio qualquer engenho flutuante destinado à navegação por água (artº 1º do D.L. nº 201/98). Adotou-se um conceito amplo que abrange as mais diversas embarcações, desde navios de grande porte até pequenos botes.

Não existindo qualquer razão para que os contratos de empreitada relativos à construção de embarcações escapem ao regime da empreitada de consumo, constante da Lei de Defesa do Consumidor (Lei nº 24/96) e do D.L. nº 67/2003, uma vez que este é aplicável à construção de bens móveis e imóveis. Encontrando-se verificados os pressupostos que determinam a aplicação das regras deste subtipo contratual[576], em que a posição do dono da obra se encontra melhor protegida, devem ser elas as aplicadas.

Já relativamente aos contratos de reparação de embarcações, mesmo quando o dono da obra é um consumidor e o empreiteiro um profissional dessa atividade, apenas são aplicáveis as regras da Lei nº 24/96, uma vez que o D.L. nº 67/2003 não inclui no seu âmbito de aplicação as empreitadas de reparação de bens já existentes.

[576] Cfr., *infra*, pág. 258-268.

2. As especialidades do regime

O regime legal específico do contrato de empreitada de navios dedica a sua maior atenção ao capítulo do cumprimento defeituoso, sem que, contudo, se afaste muito do regime geral do contrato de empreitada constante dos artº 1207º e seg., do Código Civil.

No artº 14º, nº 1, do D.L. nº 201/98, determina-se o cumprimento perfeito da prestação do empreiteiro, impondo-se que este execute a obra "em conformidade com o projeto aprovado pelo dono e sem vícios que excluam ou reduzam o seu valor ou a sua aptidão para o uso previsto no contrato ou, na falta desta indicação, para o uso comum do tipo de navio em causa". Segue-se de perto o disposto no artº 1208º do C.C., dali resultando que se considerem defeitos da obra, os vícios que excluam ou reduzam o valor desta, ou a sua aptidão para o uso ordinário ou previsto no contrato e as desconformidades com o plano convencionado[577].

No artº 17º do D.L. nº 201/98 prevê-se a hipótese de durante a construção entrarem em vigor regras técnicas, regulamentos, convenções internacionais ou quaisquer outras normas legais que imponham alterações na construção. Nestes casos, consagra-se solução idêntica à prevista no artº 1215º, nº 1, do C.C., fixando-se apenas os trâmites que visam a obtenção de um acordo complementar das partes, quanto às alterações a realizar e suas consequências no contrato – o empreiteiro deve, no prazo de 30 dias contados do início da vigência daquelas regras supervenientes, avisar o dono da obra e apresentar-lhe uma proposta do preço das alterações e, sendo caso disso, da nova data da entrega do navio (artº 17º, nº 1). No caso de as partes não chegarem a acordo, o empreiteiro deve proceder às alterações impostas, competindo ao tribunal fixar as correspondentes modificações no contrato quanto ao preço e prazo de execução (artº 17º, nº 2)[578].

Em matéria de culpa pela existência dos defeitos, no artº 24º, nº 1, do D.L. nº 201/98, consagra-se um prazo de garantia legal, estipulando-se que o construtor garante o navio, durante um ano, a contar da aceitação, relativamente aos defeitos da construção.

Estamos perante a previsão excecional de um caso de responsabilidade objetiva, em que o empreiteiro é considerado responsável pelos

[577] Valem aqui as considerações feitas *supra*, pág. 54-66, a propósito dos vícios e desconformidades no regime geral do contrato de empreitada.

[578] Valem aqui as considerações feitas *supra*, a pág. 60-62.

defeitos de construção da obra, independentemente de culpa, desde que aqueles se manifestem no prazo de um ano após a aceitação da obra[579].

Relativamente aos defeitos que se manifestem apenas após o decurso daquele prazo de 1 ano, a responsabilidade do empreiteiro já não prescindirá do requisito da culpa, valendo a presunção da sua existência, estabelecida no artº 799º, nº 1, do C.C.[580].

No artº 14º, nº 2 e 3, do D.L. nº 201/98, aborda-se a questão da imputabilidade dos vícios da obra, com origem no projeto elaborado pelo dono da obra ou por terceiro, com soluções idênticas às defendidas pela doutrina e pela jurisprudência no regime geral[581]. Nestas hipóteses, a responsabilidade do empreiteiro só se deverá considerar excluída quando o erro de conceção não for detetável por um profissional de competência suficiente (o bom profissional) na realização daquele tipo de obras ou, se tendo sido detetado, o empreiteiro informou o dono da obra das consequências nefastas da execução desta segundo o projeto, ou com os materiais fornecidos pelo dono da obra, ou de acordo com as suas instruções, tendo o dono da obra insistido pela realização da construção encomendada. Nesta última situação em que o dono da obra ordena que o empreiteiro execute a obra segundo as suas diretrizes e contra a opinião expressa deste, o empreiteiro atua como um simples *nudus minister.*

Tendo em consideração as características do objeto da obra realizada nestes casos, prevê-se que durante a sua execução a mesma seja sujeita às experiências previstas na lei e no contrato, bem como às que sejam impostas pelos órgãos da Administração encarregados da fiscalização das condições técnicas dos navios, devendo o empreiteiro avisar, com a antecedência de 30 dias, o dono da obra do programa das experiências a efetuar (artº 19º, nº 1 e 2, do D.L. nº 201/98). Estas experiências destinam-se a testar a aptidão da obra realizada até esse momento. As despesas com estas experiências correm por conta do empreiteiro, excetuadas as relativas à tripulação necessária para a sua realização,

[579] A aceitação da obra deve ocorrer num prazo razoável após a sua entrega, a efetuar nos termos dos artº 21º, nº 1, e 2, e 23º, do D.L. nº 201/98 (artº 21º, nº 3, deste diploma).

[580] Sobre este requisito, *supra*, pág. 67-81.

[581] Cfr, *supra*, pág. 73-74.

que são da responsabilidade do dono da obra (artº 19º, nº 3, do D.L. nº 201/98).

Dispõe o artº 20º do D.L. nº 201/98 que o empreiteiro deve corrigir os defeitos detetados durante a realização das experiências e proceder às desmontagens e verificações que forem consideradas necessárias. Apesar de estar expressamente consagrado este dever de eliminação dos defeitos verificados durante as experiências efetuadas no decurso da obra, isso não significa que o dono desta possa exercer esse direito antes da obra lhe ter sido entregue após estar terminada. Esse dever tem um tempo de cumprimento que se prolonga até à conclusão da obra, mantendo o empreiteiro a sua autonomia na execução da obra, uma vez que não existe qualquer relação de subordinação entre os sujeitos de um contrato de empreitada que permita interferências na atividade do empreiteiro no cumprimento da sua prestação.

Também aqui um dos interesses que o legislador procurou proteger foi o da definição rápida da existência de defeitos na obra realizada, de modo ao empreiteiro poder verificá-los e proceder à sua eliminação no mais curto espaço de tempo, evitando o seu agravamento e a ocorrência de danos subsequentes. Por isso, também exigiu que a denúncia dos defeitos ao empreiteiro devesse ser efetuada no prazo de 30 dias após o seu conhecimento (artº 26º, nº 1, do D.L. nº 201/98)[582]. Adotou-se o prazo previsto para a denúncia dos defeitos nos bens móveis, no regime geral do contrato de empreitada, (artº 1220º, nº 1, do C.C.) e não o prazo de 1 ano previsto para a denúncia dos defeitos nos imóveis (artº 1225º, nº 2, do C.C.), o que, no caso de embarcações de grande porte, não parece razoável.

Tal como sucede no regime geral (artº 1220º, nº 1, do C.C.), a omissão de denúncia dos defeitos naquele prazo determinará a caducidade dos direitos que assistem ao dono da obra (artº 26º, nº 1, do D.L. nº 201/98)[583]. Equivale à comunicação dos defeitos, o seu reconhecimento pelo empreiteiro (artº 26º, nº 2, do D.L. nº 201/98)[584].

[582] Nas empreitadas de consumo o prazo de denúncia dos defeitos é de 2 meses para os bens móveis, o que abrange os navios, atenta a classificação dos artº 204º e 205º do C.C. (artº 5º, nº 3, do D.L. nº 67/2003).

[583] Sobre o ato de denúncia dos defeitos, *supra*, pág. 101 e seg.

[584] Sobre o reconhecimento dos defeitos pelo empreiteiro, como causa impeditiva da caducidade, cfr., *supra*, pág. 105-106.

Os resultados das provas à aptidão da obra, a aprovação desta pelo seu dono e a sua aceitação sem reservas, não excluem a responsabilidade do empreiteiro, salvo se o dono da obra conhecia os defeitos quando a aceitou (artº 27º do D.L. nº 201/98). Esta regra corresponde à do regime geral (artº 1218º e 1219º, nº 1, do C.C.), na interpretação da doutrina e jurisprudência[585]. A responsabilidade do empreiteiro é afastada, relativamente aos defeitos conhecidos pelo dono da obra à data da sua aceitação, se este a aceitou sem reservas, verificando-se aqui um caso de renúncia abdicativa, legalmente presumida. O legislador presumiu de forma absoluta que o dono da obra que aceita esta, conhecendo os seus defeitos, sem os denunciar nesse ato, renuncia à responsabilização do empreiteiro pelo cumprimento defeituoso da sua prestação.

Presumem-se conhecidos os defeitos aparentes, tenha ou não havido verificação da obra (artº 27º, nº 2, do D.L. nº 201/98). Esta norma corresponde ao disposto no artº 1219º do C.C.[586].

Os direitos que assistem ao dono da obra, perante a existência de defeitos da responsabilidade do empreiteiro, e a sua hierarquização no exercício, correspondem, na quase totalidade, aos consagrados no regime geral do contrato de empreitada constante do Código Civil (artº 1221º a 1223º).

Assim, em primeiro lugar, assiste ao dono da obra o direito de exigir ao empreiteiro a eliminação dos defeitos (artº 27º, nº 1, do D.L. nº 201/98)[587]. Não sendo eliminados os defeitos, o dono da obra pode exigir a redução do preço[588], segundo juízos de equidade, ou a resolução do contrato (artº 28º, 1ª parte, do D.L. nº 201/98). Este último direito só pode ser exercido pelo empreiteiro se os defeitos tornarem inadequada a obra ao fim a que se destina (artº 28º, 2ª parte, do D.L. nº 201/98)[589].

Para ressarcimento dos danos complementares ou residuais assiste ao dono da obra um direito de indemnização nos termos gerais (artº 29º do D.L. nº 201/98)[590].

[585] Cfr., *supra*, pág. 88 e seg.
[586] Cfr., *supra*, pág. 92 e seg.
[587] Cfr., *supra*, pág. 113 e seg.
[588] Cfr., *supra*, pág. 123 e seg.
[589] Cfr., *supra*, pág. 130 e seg.
[590] Cfr., *supra*, pág. 136 e seg.

É também de considerar a existência de um direito de recusa da obra, e de um direito de indemnização em dinheiro pelo custo dos trabalhos de eliminação dos defeitos realizados pelo dono da obra ou por terceiro contratado por este, tal como se admitiu no regime geral do contrato de empreitada[591].

Ausente, neste tipo de obras, parece estar o direito à realização de nova obra, o qual não se encontra previsto no D.L. nº 201/98. Estando ele previsto, no regime geral[592], para as hipóteses em que a eliminação dos defeitos não é possível, ou os custos das obras de eliminação são desproporcionados face ao proveito que da obra retiraria o seu dono, nestas situações restará ao dono da obra o recurso à redução do preço ou à resolução do contrato, consoante a obra com defeito é ou não apta ao fim a que é destinada[593].

Relativamente à caducidade dos direitos do dono da obra estabeleceu-se um regime algo diferente do regime geral, distinguindo-se entre direitos relativos a defeitos aparentes e ocultos. São considerados defeitos aparentes aqueles que se revelam perante um exame diligente da obra, sendo o grau dessa diligência medido pelo critério objetivo do bom pai de família, sem conhecimentos especiais das regras técnicas de realização da obra em causa, e defeitos ocultos os que não sejam detetáveis em tal exame.

Os direitos conferidos ao dono da obra pelo D.L. nº 201/98 caducam se não forem exercidos dentro de dois anos a contar da entrega do navio, relativamente aos defeitos aparentes, e a contar da data do seu conhecimento pelo dono da obra, relativamente aos defeitos ocultos (artº 30º, nº 1, do D.L. nº 201/98).

Existindo uma pluralidade de empreiteiros encarregues, por instrumentos autónomos, da realização da obra, assumindo cada um deles o encargo de parte da construção, a responsabilidade pela existência de defeitos é individual, conforme resulta do disposto no artº 31º do D.L. nº 201/98.

[591] Cfr., *supra*, pág. 112 e seg. e *supra*, pág. 143 e seg.

[592] Cfr., *supra*, pág. 120 e seg.

[593] Note-se, contudo, que a ausência do direito de substituição da obra (construção de nova embarcação), não determina a ausência do direito à substituição de equipamentos defeituosos componentes da embarcação, conforme, aliás, resulta do disposto no artº 24º, nº 1, do D.L. nº 201/98.

X. A responsabilidade pelos defeitos das obras realizadas por subempreiteiro

1. O contrato de subempreitada

A subempreitada é um contrato através do qual alguém (subempreiteiro) assume a obrigação de realizar a obra ou parte da obra que o empreiteiro se comprometeu a executar pela celebração de contrato de empreitada com o dono da obra, mediante o recebimento de um preço a pagar pelo empreiteiro (artº 1213º, nº 1, do C.C.).

O empreiteiro tem liberdade para celebrar contratos de subempreitada, não necessitando de autorização do dono da obra, se tal faculdade resultar das características da relação jurídica existente entre eles (artº 264º, nº 1, aplicável *ex vi* do artº 1213º, nº 2, ambos do C.C.). E pode dizer-se que, em regra, essa liberdade existe, atenta a tendencial fungibilidade da prestação do empreiteiro[594]. Apenas nos casos excecionais em que a especial natureza da obra exija a sua realização pessoal pelo empreiteiro contratado ou em que as relações interpessoais imponham igual exigência, ou ainda quando tal pessoalidade tenha sido expressamente convencionada, nomeadamente pela proibição de subcontratar, é que a autorização do dono da obra é exigível[595]. O ónus de prova dessa situação de infungibilidade recai sobre o dono da obra[596].

[594] Cfr., *supra*, pág. 34-35.

[595] Sobre as consequências da falta de autorização, nas situações em que esta era exigível, Vaz Serra, em *Empreitada*, no B.M.J., nº 145, pág. 72, Pedro Romano Martinez, em *O con-*

O recurso à subempreitada, normalmente, procura dar resposta às especiais exigências de tarefas especializadas (vg. montagem de elevadores num edifício) ou à falta de capacidade do empreiteiro para realizar todo o volume de trabalho necessário à execução da obra.

Estamos perante um tipo específico de subcontrato[597], no qual, após a celebração de um primeiro contrato de empreitada, em que ficou definida a prestação a efetuar pelo empreiteiro, este celebra um segundo contrato de empreitada com um terceiro, que se vincula a executar o conteúdo daquela prestação ou de parte dela. O empreiteiro no primeiro contrato toma a posição de dono da obra no segundo, não existindo relações contratuais diretas entre o dono da obra do primeiro contrato e o subempreiteiro do segundo contrato.

Os dois contratos além de uma identidade subjetiva parcial – o sujeito que assume o papel de empreiteiro no primeiro contrato é o mesmo que assume o papel de dono da obra no segundo, revelam também uma identidade quanto ao objeto do negócio que pode ser total ou parcial – a obra cuja realização é acordada no segundo contrato integra a obra que constitui o objeto do primeiro contrato.

Desta última observação resulta que, apesar dos dois contratos serem distintos, eles prosseguem uma finalidade comum – a realização de uma determinada obra – estando ligados por um vínculo funcional. O contrato de subempreitada está necessariamente funcionalizado em relação ao contrato de empreitada, pelo que as vicissitudes ocorridas na execução deste contrato podem repercutir-se naquele.

Estamos, pois, perante um fenómeno de conexão internegocial[598], com reflexos no regime jurídico destes contratos[599].

trato de empreitada, pág. 122-124, e em *Direito das obrigações...*, pág. 410-411, Menezes Leitão, em *Direito das obrigações*, vol. III, pág. 533, Pedro de Albuquerque/Miguel Assis Raimundo, em *Contrato de empreitada*, pág. 339-340, Santos Justo, em *Manual de contratos civis*, pág. 487, Menezes Cordeiro, em *Tratado de direito civil*, vol. XII, pág. 915, Maria Cristina Cervale, em *La responsabilità dell' appaltatore*, pág. 345, e Manuela Anzani, em *Codice dell' appalto privato*, pág. 330-331.

[596] Pedro de Albuquerque/Miguel Assis Raimundo, em *Contrato de empreitada*, pág. 337.

[597] Sobre a figura do subcontrato, Pedro Romano Martinez, em *O subcontrato*.

[598] Conforme as diferentes classificações doutrinárias, este tipo de conexão pode ser classificado como uma coligação funcional, unilateral necessária de contratos, ou noutra perspetiva, uma união processual, hierárquica, em cascata e homogénea.

Importa, contudo, ter presente que, apesar do subempreiteiro se vincular à realização parcial ou total da prestação que o empreiteiro assumiu perante o dono da obra, ele apenas o substitui na execução material dessa prestação e não na posição jurídica que o empreiteiro ocupa no contrato de empreitada, não se vinculando negocialmente perante aquele. Caso se verificasse, por acordo das partes, uma alteração subjetiva na posição jurídica do empreiteiro, por substituição ou por ingresso de novo sujeito, já não estaríamos perante uma subempreitada, mas sim perante uma cessão da posição contratual[600], ou uma assunção de dívida, respetivamente, com implicações e efeitos jurídicos diversos.

Daí que se revele geradora de equívocos a remissão constante do artº 1213º, nº 2, para o regime previsto no artº 264º, ambos do C.C., uma vez que aí se consagram situações de substituição jurídica da pessoa do procurador, em que um novo representante passa a ficar vinculado perante o representado nas obrigações de representação, com exclusão ou não do primitivo procurador dessas obrigações. Atenta a diferença de situações, tem o intérprete de socorrer-se da possibilidade conferida

Podem consultar-se referências às situações de conexão internegocial em Vaz Serra, em *União de contratos. Contratos mistos,* B.M.J., nº 91, pág. 29-32, Inocêncio Galvão Telles, em *Manual dos contratos em geral,* pág. 475-478, Antunes Varela, em *Das obrigações em geral,* vol. I, pág. 288-291, Almeida Costa, em *Direito das obrigações,* pág. 377-379, Menezes Cordeiro, em *Tratado de direito civil,* vol. VII, pág. 273-280, e Francisco Brito Pereira Coelho, em *Coligação negocial e operações negociais complexas,* no B.F.D.U.C., volume comemorativo do 75º tomo do Boletim da Faculdade de Direito (2003), pág. 233 e seg., e em *Contratos complexos e complexos contratuais,* pág. 177 e seg.

[599] Encarando o contrato de subempreitada, como uma situação de coligação negocial, relativamente ao contrato de empreitada, Vaz Serra, em *Empreitada,* no B.M.J. nº 145, pág. 66, Pedro Romano Martinez, em *O subcontrato,* pág. 195-196, *Contrato de empreitada,* pág. 116, e em *Direito das obrigações...,* pág. 404, Carvalho Fernandes, em *Da subempreitada,* em "Direito e Justiça", vol. XII, tomo 1 (1998), pág. 85-86 e 90-91, Pedro de Albuquerque/ /Miguel Assis Raimundo, em *Contrato de empreitada,* pág. 334, Manuela Anzani, em *Codice dell' appalto privato,* pág. 326, e Paola Piroddi, em *Il contratto di subappalto,* em *I contratti di appalto privato,* pág. 380 e seg..

[600] Efetuando uma distinção clara entre subempreitada e cessão da posição contratual e a assunção de dívida, Vaz Serra, em *Empreitada,* no B.M.J. nº 145, pág. 65-68, Pedro Romano Martinez, em *O subcontrato,* pág. 82-83 e 86-94, em *Contrato de empreitada,* pág. 117-118, e em *Direito das obrigações...*pág. 405, Carvalho Fernandes, em *Da subempreitada,* em "Direito e Justiça", vol. XII, tomo 1 (1998), pág. 86, Menezes Cordeiro, em *Tratado de direito civil,* vol. XII, pág. 913, Maurizio de Tilla, em *L' appalto privato,* pág. 160-161, Manuela Anzani, em *Codice dell' appalto privato,* pág. 338-340, e Jean Néret, em *Le sous-contrat,* pág. 201-202.

pela parte final do referido nº 2, do artº 1213º, do C.C., efetuando esse reenvio com as necessárias adaptações, nomeadamente não aplicando o disposto no nº 3, do artº 264º, do C.C., nos casos de subempreitada, por aí se consagrar solução divergente da constante do artº 800º, nº 1, do C.C.[601], que acima se considerou abranger a intervenção de subempreiteiros[602].

Embora a diferenciação revele contornos algo imprecisos, deve distinguir-se as situações de subempreitada, das intervenções na realização da obra de meros auxiliares, tarefeiros ou colaboradores do empreiteiro, a que se refere incidentalmente o texto do artº 1213º, nº 2, do C.C., remetendo também o seu regime para o artº 264º do C.C., onde se dispõe, no nº 4, que, efetuadas as devidas adaptações, o empreiteiro, pode servir-se de auxiliares na execução da obra, se outra coisa não resultar do negócio ou da natureza da obra que haja de realizar.

Nestes casos, em que também não existe uma relação laboral entre estes terceiros e o empreiteiro, a prestação a que aqueles se vinculam e executam, não é a da realização de uma determinada obra, com total autonomia, mas a de mera colaboração com o empreiteiro na conclusão da obra que este se comprometeu a levar a cabo. Já não estamos perante um subcontrato, mas sim perante um contrato complementar, relativamente ao contrato de empreitada[603].

A distinção entre as situações de subempreitada e de mera colaboração deve, pois, residir na maior ou menor autonomia da prestação do terceiro, relativamente à prestação do empreiteiro, devendo essa qualificação ser efetuada casuisticamente, perante as particularidades do caso concreto[604].

As relações jurídicas estabelecidas entre o empreiteiro e estes colaboradores enquadram-se normalmente no contrato de prestação de serviço (artº 1154º do C.C.), ao qual são aplicáveis as disposições sobre o mandato (artº 1156º do C.C.).

601 Realçando a diferença de situações abrangidas pelo artº 264º e o artº 800º, nº 1, ambos do C.C., Ana Prata, em *Cláusulas de exclusão e limitação da responsabilidade contratual*, pág. 711-719.

602 Cfr, *supra*, pág. 67.

603 Pedro Romano Martinez, em *O subcontrato*, pág. 76, e Jean Néret, em *Le sous-contrat*, pág. 64-65.

604 Carvalho Fernandes, em *Da subempreitada*, em "Direito e Justiça", vol. XII, tomo 1 (1998), pág. 82, adianta alguns critérios abstratos, como a dimensão e o grau de especialização da tarefa a realizar.

2. As especialidades do regime

Sendo o contrato de subempreitada um contrato em que se acorda na realização de uma obra, mediante o pagamento de um preço, são-lhe aplicáveis, em princípio, as regras especialmente previstas para o contrato de empreitada, assumindo o empreiteiro a posição de dono da obra e o subempreiteiro a posição de empreiteiro[605].

Suscitam-se, porém, algumas particularidades, em matéria de responsabilidade civil contratual do subempreiteiro pela existência de defeitos na obra realizada, e que decorrem da circunstância do contrato de subempreitada se encontrar funcionalmente conexionado com o contrato de empreitada em que foi acordada a realização da obra que, no seu todo ou em parte, constitui o objeto da prestação do subempreiteiro.

Na verdade, a dependência da subempreitada relativamente ao contrato de empreitada verifica-se não só na sua formação, mas também durante a sua execução, pelo que as vicissitudes ocorridas num se refletirão necessariamente no outro. Daí que as consequências do cumprimento defeituoso da prestação do subempreiteiro não serão indiferentes às repercussões que esse tipo de incumprimento tiveram no contrato base, estando por isso, muitas vezes, condicionadas às reações do dono da obra face à existência de defeitos na parte executada pelo subempreiteiro.

Esta circunstância não coloca necessariamente em causa o princípio da relatividade das obrigações[606], uma vez que estes dois contratos não deixam de integrar um complexo negocial no qual participam dono da obra, empreiteiro e subempreiteiro, pelo que todos eles são partes dessa formação complexa[607].

2.1. As desconformidades

Como vimos os defeitos da obra que se traduzam numa falta de correspondência entre o projetado e o realizado, mais não são que alte-

[605] Para facilidade da exposição subsequente, identificam-se as pessoas envolvidas nos dois contratos como *dono da obra, empreiteiro e subempreiteiro.*

[606] Sobre este princípio, Almeida Costa, em *Direito das obrigações,* pág. 91-101, Antunes Varela, em *Das obrigações em geral,* vol. I, pág. 170-189, Menezes Cordeiro, em *Tratado de direito civil,* vol. VI, pág. 61-62, e Santos Júnior, em *Da responsabilidade civil de terceiro por lesão do direito de crédito,* pág. 162-177.

[607] Pedro Romano Martinez, em *O subcontrato,* pág. 154-159, e Francisco Brito Pereira Coelho, em *Contratos complexos e complexos contratuais,* pág. 237-244.

rações da obra, sem autorização do seu dono e que não se revelem necessárias, conforme resulta do disposto no artº 1214º, nº 2, 1ª parte, do C.C.[608]. Nestes casos, o empreiteiro é responsável pelas desconformidades existentes, podendo o dono da obra exercer os direitos que a lei lhe confere para reagir, face à realização de uma obra defeituosa, nos termos dos artº 1214º e 1215º do C.C.

A conexão funcional existente entre os contratos de empreitada e subempreitada pode, no entanto, determinar a exclusão do subempreiteiro desta responsabilidade perante o empreiteiro, quando as alterações por ele introduzidas ao plano da obra, cuja realização foi acordada com este último, visaram precisamente respeitar o plano da obra encomendada pelo seu dono ao empreiteiro, no respetivo contrato de empreitada, corrigindo o desvio resultante do convencionado no contrato de subempreitada.

A mesma desresponsabilização ocorrerá se o dono da obra autorizar diretamente o subempreiteiro a efetuar essa alteração ou aceitar a obra alterada, com conhecimento da modificação realizada.

Nestas situações, devido ao contrato de subempreitada ter como finalidade a execução parcial ou total da obra cuja realização foi acordada em contrato de empreitada, a definição do objeto deste contrato não deixa de assumir alguma relevância no apuramento da perfeição do cumprimento do contrato de subempreitada, assim como os comportamentos negociais do dono da obra poderão ter influência na definição da responsabilidade do subempreiteiro pela execução do subcontratado.

Também na circunstância de terem sido efetuadas alterações na obra, consideradas necessárias pelo subempreiteiro para a sua boa execução ou ditadas por fatores supervenientes, por iguais motivos, é suficiente para afastar a responsabilidade do subempreiteiro pela introdução dessas alterações a concordância do dono da obra.

Se não existir qualquer acordo sobre a concretização dessas obras, sendo necessário o recurso ao tribunal, prévia ou posteriormente à sua realização, nos termos do artº 1215º do C.C., deve procurar-se que nessa ação judicial sejam partes os outorgantes nos dois contratos, ou seja, dono da obra, empreiteiro e subempreiteiro, nomeadamente, se necessário, com utilização dos mecanismos processuais de intervenção de

[608] Cfr., *supra*, pág. 59.

terceiros, de modo a que a decisão a proferir nesse processo vincule todos os outorgantes dos dois contratos, evitando a prolação de uma pluralidade de decisões (ação subempreiteiro *versus* empreiteiro e ação empreiteiro *versus* dono da obra), eventualmente contraditórias[609].

2.2. A aceitação da obra

No artº 1219º do C.C. o legislador presumiu de forma absoluta que o dono da obra que, após a sua conclusão e entrega pelo empreiteiro, a aceita sem qualquer reserva, conhecendo os defeitos que a mesma padece, renuncia à responsabilização do empreiteiro pelo cumprimento defeituoso da sua prestação[610].

Nos contratos de subempreitada esse ato de aceitação pelo empreiteiro não tem a virtualidade de desresponsabilizar definitivamente o subempreiteiro pelo cumprimento defeituoso da sua prestação, apenas ocorrendo a exclusão dessa responsabilidade quando o dono da obra a aceita nas referidas condições.

Também aqui se deve refletir a funcionalização do contrato de subempreitada ao respetivo contrato de empreitada, pelo que a aceitação da obra pelo empreiteiro, para este efeito, deve considerar-se sempre condicionada à posterior aceitação do dono da obra, mesmo que aquele não tenha aposto esta condição no ato de aceitação. Reconhecendo o artº 1226º do C.C. ao empreiteiro um direito de regresso contra o subempreiteiro, quanto aos direitos exercidos pelo dono da obra pela realização de obra defeituosa, não pode a anterior aceitação da obra sem reservas pelo empreiteiro implicar qualquer renúncia a este direito, uma vez que só após o dono da obra expressar a sua posição face aos defeitos existentes é que ele sabe se terá que responder por eles.

Visando o cumprimento da prestação do subempreiteiro, como última finalidade, a satisfação do interesse do dono da obra, a posição deste não pode deixar de relevar decisivamente na avaliação da prestação realizada pelo subempreiteiro. Por isso a aceitação sem reservas por parte do empreiteiro da obra realizada pelo subempreiteiro não é suficiente, só por si, para determinar a exclusão da responsabilidade deste pelos defeitos

[609] É esta solução que também resulta das considerações feitas sobre esta questão por CARVALHO FERNANDES, em *Da subempreitada*, em "Direito e Justiça", vol. XII, tomo 1 (1998), pág. 97-98, e por MENEZES LEITÃO, em *Direito das obrigações*, vol. III, pág. 533-534.

[610] Cfr., *supra*, pág. 84 e seg.

nela existentes e que sejam conhecidos do empreiteiro, nos termos do artº 1219º do C.C., apenas ocorrendo essa exclusão se o dono da obra vier a aceitar esta, sem quaisquer reservas[611].

2.3. O direito de regresso do empreiteiro

O empreiteiro após a entrega da obra pelo subempreiteiro, caso verifique a existência de defeitos, pode, de imediato, proceder à sua denúncia e exercer os direitos que são atribuídos nos artº 1221º a 1225º do C.C., previamente à entrega da mesma ao seu dono[612]. O contrato de subempreitada integra o tipo legal do contrato de empreitada, no qual o empreiteiro assume a posição contratual do dono da obra, assistindo-lhe, por isso, os direitos conferidos a este último sujeito negocial. No exercício destes direitos pelo empreiteiro, são válidas todas as considerações acima feitas relativamente a esta matéria, designadamente quanto à sua caducidade e quanto à utilização da exceção do não cumprimento do contrato.

Mas se o empreiteiro não tomar esta atitude, entregando a obra defeituosa ao seu dono, nomeadamente por não se ter apercebido das deficiências, por estas só se terem manifestado posteriormente ou por ter preferido aguardar pela reação do dono da obra, isso não o impede de agir, relativamente ao subempreiteiro, invocando agora um direito de regresso, reportado aos direitos que, relativamente a ele, foram acionados pelo dono da obra.

O artº 1226º do C.C. dispõe que o direito de regresso do empreiteiro contra o subempreiteiro, quanto aos direitos consagrados nos artº 1221º a 1225º do C.C., caduca, se não lhe for comunicada a denúncia dos defeitos efetuada pelo dono da obra nos 30 dias seguintes à sua receção pelo empreiteiro[613].

[611] No sentido que a eficácia da aceitação da obra pelo empreiteiro está condicionada à sua aceitação pelo dono da obra, Maurizio de Tilla, em *L'appalto privato*, pág. 151 e 191, Antonio Piras, em *Codice dell' appalto privato*, pág. 670, e Mauro Rubino-Sammartano, em *Appalto di opere e contratti di servizi (in diritto privato)*, pág. 657.
Em sentido contrário opinam Pedro de Albuquerque/Miguel Assis Raimundo, em *Contrato de empreitada*, pág. 341-342.

[612] Carvalho Fernandes, em *Da subempreitada*, em "Direito e Justiça", vol. XII, tomo 1 (1998), pág. 92.

[613] Este prazo é também de 30 dias no caso de obras em imóveis de longa duração, apesar de nesse tipo de obras o prazo de denúncia dos defeitos pelo dono da obra ser de 1 ano (artº

Recaindo sobre o dono da obra o ónus de denunciar ao empreiteiro os defeitos cuja existência constatou, sob pena de não poder exercer os direitos que dispõe para reagir a esse cumprimento defeituoso da prestação do empreiteiro, este, para poder exercer um direito de regresso sobre o subempreiteiro, tem que lhe comunicar o teor dessa denúncia no prazo de 30 dias após a sua receção. Com o estabelecimento deste prazo pretende-se satisfazer o interesse do subempreiteiro na definição, no mais curto espaço de tempo, da sua responsabilidade pela existência de defeitos na obra, de modo a poder verificá-los e a proceder à sua rápida eliminação, evitando o seu agravamento e danos subsequentes.

Esta comunicação da denúncia dos defeitos efetuada pelo dono da obra funciona como condição de que depende o exercício do direito de regresso do empreiteiro.

O prazo de 30 dias para transmitir ao subempreiteiro o conteúdo daquela denúncia, é de caducidade do direito de regresso, pelo que não se suspende ou interrompe (artº 328º do C.C.) e conta-se desde o dia seguinte àquele em que o empreiteiro rececionou efetivamente a declaração de denúncia[614], devendo na sua contagem, tomarem-se em consideração as regras prescritas no artº 279º do C.C. (artº 296º do C.C.).

Essa comunicação só se torna eficaz[615] quando chega ao conhecimento do subempreiteiro (artº 224º, nº 1, do C.C.), ou quando não é recebida por este, por razões a ele imputáveis (artº 224º, nº 2, do C.C.), não obedecendo a qualquer formalismo especial e podendo ser efetuada de forma expressa ou tácita.

1225º, nº 2, do C.C.), uma vez que, neste caso, o empreiteiro tem apenas que transmitir uma comunicação de existência de defeitos que lhe foi remetida pelo dono da obra, pelo que a circunstância de se tratar de um imóvel de longa duração não justifica qualquer alongamento do prazo para o empreiteiro transmitir ao subempreiteiro a denúncia recebida.

[614] Apesar da denúncia enviada pelo dono da obra ser dotada de eficácia quando o empreiteiro a não recebe por razões a ele imputáveis, para o início da contagem do prazo de comunicação dessa denúncia ao subempreiteiro, como condição para o exercício do direito de regresso previsto no artº 1226º do C.C., é necessário que o empreiteiro tenha um efetivo conhecimento do teor da denúncia, não sendo suficiente a sua cognoscibilidade.

[615] Apesar de ela só ser eficaz quando chega ao conhecimento do subempreiteiro, para impedir que ocorra a caducidade do direito de regresso é suficiente que ela seja emitida dentro do prazo legalmente fixado no artº 1226º do C.C. Contudo, em sentido contrário, o Acórdão da Relação de Lisboa de 2-6-2009, no site www.dgsi.pt, relatado por Abrantes Geraldes.

Se o ónus da prova da efetivação da comunicação da denúncia compete ao empreiteiro, atenta a sua natureza de condição de exercício do direito deste (artº 342º, nº 1, do C.C.), já o ónus da prova do decurso do prazo para efetuar a comunicação compete ao subempreiteiro (artº 343º, nº 2, do C.C.), não sendo possível o tribunal conhecer oficiosamente da respetiva exceção de caducidade, uma vez que nos encontramos perante direitos disponíveis (artº 303º, aplicável ex vi do artº 333º, nº 2, do C.C.).

Equivale à comunicação da denúncia, a propositura de ação pelo empreiteiro, exercendo o direito de regresso, devendo essa ação encontrar-se proposta dentro do prazo estabelecido no artº 1226º do C.C.[616].

O reconhecimento pelo subempreiteiro da existência de defeitos na obra por si realizada, equivale à comunicação da sua denúncia pelo dono da obra, aplicando-se aqui, por identidade de situações, a doutrina do artº 1220º, nº 2, do C.C., que aliás coincide com a regra prevista para a caducidade de direitos, em geral, estabelecida no artº 331º, nº 2, do C.C.

Tenha-se em atenção que este reconhecimento apenas exige um ato demonstrativo do conhecimento pelo subempreiteiro dos defeitos da obra e não de assunção da responsabilidade pela sua verificação, o qual, a ter lugar, tem efeitos mais extensos, impedindo a própria caducidade do direito de regresso do empreiteiro[617].

Este reconhecimento pode ser tácito ou expresso, pode ser feito perante o empreiteiro, o dono da obra, ou mesmo perante terceiro, não tendo necessariamente de traduzir uma vontade de assumir a responsabilidade pela existência do defeito, uma vez que apenas liberta o empreiteiro do ónus de efetuar a comunicação da denúncia dos defeitos. Com efeito, deixa de ter sentido essa comunicação se o subempreiteiro já conhece a informação constante do seu texto.

Se o reconhecimento se verifica antes do decurso do prazo que o empreiteiro dispõe para efetuar a comunicação da denúncia, liberta-o desse ónus; caso se verifique depois de expirado esse prazo, traduz-se numa renúncia à invocação da caducidade do direito de regresso do empreiteiro, com fundamento na falta de comunicação da denúncia dos

[616] Caso o subempreiteiro demandado não conteste a ação, as custas desta serão da responsabilidade do demandante (artº 535º, nº 1 e nº 2, b), do C.P.C.).

[617] Cfr., *supra*, pág. 105.

defeitos no prazo legalmente estabelecido, o que é admissível dado estarmos em presença de direitos disponíveis.

Se o subempreiteiro dolosamente ocultou a existência dos defeitos, não se justifica que beneficie do facto do empreiteiro não lhe ter comunicado a sua denúncia pelo dono da obra, uma vez que os interesses do subempreiteiro que fundamentam a exigência dessa comunicação, neste caso, não se verificam, dado que este tem perfeito conhecimento da existência dos defeitos, não atuando com vista à sua eliminação apenas por má-fé. Assim, quando o subempreiteiro atue dolosamente, o decurso do prazo de comunicação da denúncia não deve conduzir à caducidade do direito de regresso do empreiteiro.

Sendo o direito reconhecido ao empreiteiro pelo artº 1226º do C.C., um direito de regresso, ele deve corresponder ao direito que o dono da obra exerceu perante o empreiteiro[618]. Assim, se por exemplo, aquele exigiu do empreiteiro a eliminação dos defeitos, este só poderá exigir, em regresso, do subempreiteiro, a eliminação desses defeitos e não a redução do preço ou o pagamento de uma indemnização, sem prejuízo de, perante o incumprimento definitivo pelo subempreiteiro do correspondente dever de eliminar os defeitos, o empreiteiro poder exercer os direitos subsidiários de redução do preço ou do pagamento de uma indemnização pelos custos das obras de eliminação dos defeitos realizadas pelo próprio empreiteiro ou por terceiro por si contratado.

Este direito de regresso não pressupõe uma prévia condenação do empreiteiro, mas está condicionado à existência de uma interpelação deste que pode ser extrajudicial, em que o dono da obra manifeste a sua vontade de exercer um dos direitos que a lei lhe confere perante a realização da obra com defeitos[619].

[618] Pires de Lima e Antunes Varela, em *Código Civil anotado,* vol. II, pág. 904, Carvalho Fernandes, em *Da subempreitada,* em "Direito e Justiça", vol. XII, tomo 1 (1998), pág. 92, Pedro Romano Martinez, em *Contrato de empreitada,* pág. 127, e em *Direito das obrigações...,* pág. 416, Antonio Piras, em *Codice dell' appalto privato,* pág. 671, e os seguintes Acórdãos:
- ✓ da Relação de Évora, de 20-10-2004, na C.J., Ano XIX, tomo 4, pág. 278, relatado por Ribeiro Luís.
- ✓ da Relação de Coimbra, de 19-12-2007, no site www.dgsi.pt, relatado por Costa Fernandes.
- ✓ da Relação de Lisboa, de 18-12-2012, no site www.dgsi.pt, relatado por Cristina Coelho.

[619] Pedro Romano Martinez, em *Contrato de empreitada,* pág. 127, e em *Direito das obrigações...,* pág. 416, e Antonio Piras, em *Codice dell' appalto privato,* pág. 671.

Respeitando o direito de regresso aos direitos conferidos ao dono da obra por defeitos desta, são-lhe aplicáveis todas as considerações acima expostas relativamente ao exercício destes direitos e ao seu modo de articulação[620].

Uma vez que também aqui são de considerar os interesses do subempreiteiro em ver definida a sua responsabilidade no mais curto espaço de tempo após a conclusão das obras, além do prazo especialmente estabelecido no artº 1226º do C.C. para a comunicação da denúncia dos defeitos efetuada pelo dono da obra, justifica-se a aplicação ao exercício do direito de regresso de alguns dos prazos de caducidade constantes dos artº 1224º e 1225º do C.C[621].

Assim, relativamente ao prazo de 1 ano previsto nos artº 1224º, nº 1, nº 2, 1.ª parte, e 1225º, nº 2, 2.ª parte, do C.C., para o exercício dos direitos atribuídos ao dono da obra, se o mesmo deve também limitar o exercício do direito de regresso, como proteção aos legítimos interesses do subempreiteiro, já a sua contagem deve apenas iniciar-se com a interpelação do empreiteiro pelo dono da obra, correspondente ao exercício do direito que se exerce em regresso, uma vez que só a partir desse momento é que o empreiteiro passa a estar em condições para o acionar. Já quanto aos prazos terminais de 2 anos e de 5 anos estipulados nos artº 1224º, nº 2, 2.ª parte, e 1225º, nº 1, do C.C., resultando eles do funcionamento de uma presunção *iuris et de iure* que esse é o tempo suficiente para todos os defeitos se evidenciarem, serem conhecidos, denunciados e exercidos os respetivos direitos, não tem sentido a sua aplicação, relativamente ao direito de regresso, uma vez que, estando este dependente do exercício daqueles, não pode estar também sujeito a tais prazos limites, sob pena de ser impossível a sua utilização quando o dono da obra reaja perto do termo desses prazos.

Assim sendo, pode concluir-se que o direito de regresso previsto no artº 1226º do C.C., além de estar condicionado ao cumprimento do prazo de 1 mês para a comunicação ao subempreiteiro da denúncia dos defeitos efetuada pelo dono da obra, entende-se que também o seu exercício está sujeito ao prazo de caducidade de 1 ano previsto nos artº

[620] Cfr., *supra*, pág. 111 e seg.

[621] *Vide*, neste sentido, os seguintes Acórdãos:

- ✓ da Relação de Coimbra, de 8-9-2009, no site www.dgsi.pt, relatado por Graça Santos Silva.
- ✓ da Relação de Lisboa, de 21-6-2011, no site www.dgsi.pt, relatado por Graça Araújo.

1224º, nº 1, nº 2, 1.ª parte, e 1225º, nº 2, 2.ª parte, do C.C., a contar da data da interpelação do empreiteiro pelo dono da obra, correspondente ao exercício do direito que se exerce em regresso.

O subempreiteiro pode opor ao exercício deste direito de regresso os meios de defesa resultantes da relação de subempreitada[622], como por exemplo, a falta de oportunidade para proceder à eliminação do defeito, quando o direito exercido é o de redução do preço, indemnização ou resolução do contrato, as desconformidades resultarem do plano da obra subcontratada apresentado pelo empreiteiro, ou o estipulado em cláusulas excluídoras do direito de indemnização, em casos de culpa leve.

2.4. A sub-rogação direta do dono da obra

Ao longo deste livro constatou-se que, quando uma obra dada de subempreitada tem defeitos na parte realizada pelo subempreiteiro, o dono da obra pode responsabilizar o empreiteiro pela existência desses defeitos, exercendo os direitos que legalmente lhe são conferidos, assim como o empreiteiro pode responsabilizar o subempreiteiro, autonomamente, ou em direito de regresso, no caso de já ter sido interpelado pelo dono da obra.

E será que o dono da obra, nestas situações, poderá demandar diretamente o subempreiteiro, exercendo *per saltum* aqueles direitos perante este?

Parece desde logo evidente que, relativamente aos direitos de resolução do contrato[623] e de redução do preço acordado na subempreitada, assim como o recurso à exceção de não cumprimento, essa possibilidade está afastada, uma vez que, não sendo o dono da obra outorgante do contrato de subempreitada, não pode resolvê-lo, nem provocar a sua modificação quanto à cláusula do preço, nem suspender a prestação de pagamento do preço da subempreitada, estando tais direitos reservados à contraparte negocial do subempreiteiro, ou seja o empreiteiro, cuja vontade quanto à manutenção e cumprimento desse contrato não pode ser ultrapassada[624].

[622] Com exceção da aceitação da obra sem reservas pelo empreiteiro, como acima se explicou (pág. 221).

[623] Carmela Mascarello, em *Il contratto di appalto*, pág. 166-167.

[624] João Serras de Sousa, em *Código Civil Anotado*, vol. I, pág. 1504, e Tânia de Freitas Andrade, em *Da possibilidade de o dono da obra responsabilizar diretamente o subempreiteiro*

Mas já quanto aos direitos à eliminação dos defeitos, realização de nova obra ou ao pagamento de uma indemnização, uma vez que o seu exercício não interfere com a manutenção dos termos contratuais acordados entre empreiteiro e subempreiteiro, nem com o cumprimento da prestação devida pelo empreiteiro, essa via direta não deve ser liminarmente excluída, com fundamento no princípio da relatividade dos contratos, até porque, como acima se disse, os contratos de empreitada e de subempreitada não deixam de integrar um complexo negocial no qual participam dono da obra, empreiteiro e subempreiteiro, pelo que todos estes sujeitos são partes dessa formação complexa[625].

Na verdade, visando apenas esses direitos uma reconstituição natural ou por equivalente da prestação devida pelo subempreiteiro, a qual satisfaz em última instância o interesse contratual do dono da obra, não se vislumbra que existam obstáculos intransponíveis a que tais direitos possam ser exercidos diretamente pelo titular desse interesse junto do devedor da respetiva prestação[626].

Tal possibilidade revela a maior utilidade operacional, uma vez que, além de ganhos temporais, confere uma maior garantia de eficácia ao exercício de tais direitos, evitando-se a intervenção de um intermediário entre o credor final e o devedor da prestação deficientemente cumprida. Com efeito, a intermediação do empreiteiro no exercício daqueles direitos, não só conduz inevitavelmente a um prolongamento do tempo da realização perfeita da obra ou da compensação dos prejuízos sofridos pelo seu dono, como pode dificultar ou mesmo inviabilizar essas finalidades, nos casos de ausência ou de insolvência do empreiteiro.

Apesar disso, esta solução tem vindo a ser recusada pela doutrina dominante e pela jurisprudência[627], apenas se admitindo que o dono da

pelos defeitos da obra no âmbito da subempreitada, O Direito, Ano 146 (2014), III, pág. 805-806, quanto aos direitos de resolução e de redução do preço.

[625] Cfr., *supra*, pág. 236.

[626] Um dos inconvenientes que costuma ser apontado a esta solução é a de atribuir injustificadamente uma preferência oculta ao dono da obra, na cobrança do seu crédito, relativamente aos demais credores do empreiteiro.

Além de tal preferência apenas adquirir alguma relevância no caso do direito a uma indemnização, não parece que isso possa constituir um obstáculo decisivo à admissão desta ação direta, face às vantagens que a mesma encerra.

[627] *Vide* as opiniões de Vaz Serra, em *Empreitada*, no B.M.J. nº 145, pág. 66, Pires de Lima e Antunes Varela, em *Código Civil anotado*, vol. II, pág. 881, Pereira de Almeida, em *Direito*

obra se possa sub-rogar (sub-rogação indireta ou oblíqua[628]) ao empreiteiro, nos termos facultados pelo artº 606º do C.C.[629].

A figura da sub-rogação indireta prevista no artº 606º do C.C., está sujeita a requisitos e tem efeitos que não satisfazem plenamente os interesses do dono da obra acima referidos, uma vez que ela só é possível

privado II (contrato de empreitada), pág. 20, Carvalho Fernandes, em *Da subempreitada,* em "Direito e Justiça", vol. XII, tomo 1 (1998), pág. 92, Menezes Leitão, em *Direito das obrigações,* vol. III, pág. 533-534, Carneiro da Frada, em *Teoria da confiança e responsabilidade civil,* pág. 600, nota 703, Santos Justo, em *Manual de contratos civis,* pág. 488, Domenico Rubino/Giovanni Iudica, em *Dell' appalto,* pág. 215, Giuseppe Musolino, em *La responsabilità civile nell' appalto,* pág. 289, Maria Cristina Cervale, em *La responsabilità dell' appaltatore,* e os seguintes Acórdãos:

- ✓ do S.T.J., de 28-4-2009, no site www.dgsi.pt, relatado por Santos Bernardino.
- ✓ da Relação de Lisboa, de 2-7-2009, no site www.dgsi.pt, relatado por Ferreira Lopes.
- ✓ da Relação de Lisboa, de 2-7-2009, no site www.dgsi.pt, relatado por Granja da Fonseca.
- ✓ do S.T.J., de 5-11-2013, no site www.dgsi.pt, relatado por Azevedo Ramos.

Em sentido contrário, defendendo a possibilidade de uma ação direta do dono da obra, responsabilizando o subempreiteiro pela deficiente execução da sua prestação, pronunciou-se Pedro Romano Martinez, em *O subcontrato,* pág. 173, *Contrato de empreitada,* pág. 127-128, e *Direito das obrigações...,* pág. 417-418, Francisco Brito Pereira Coelho, em *Contratos complexos e complexos contratuais,* pág. 179, nota 353, Pedro de Albuquerque/Miguel Assis Raimundo, em *Contrato de empreitada,* pág. 346-347, Menezes Cordeiro, em *Tratado de direito civil,* vol. XII, pág. 917-920, Mário Baccigalupi, em *Apunti per uma teoria del subcontratto,* na R.D.Comm., vol. 41 (1943), pág. 196, Biagio Grasso, em *Il subcontratto,* pág. 112, Francesco Messineo, em *Manuale di diritto civile e commerciale,* vol. III, pág. 669, Massimo Bianca, em *Diritto civile,* vol. 3, pág. 692, Manuela Anzani, em *Codice dell' appalto privato,* pág. 336, e Jean Néret, em *Le sous-contrat,* pág. 252-253.

Tânia de Freitas Andrade, em *Da possibilidade de o dono da obra responsabilizar diretamente o subempreiteiro pelos defeitos da obra no âmbito da subempreitada,* O Direito, Ano 146 (2014), III, pág. 789 e seg., admite a ação direta do dono da obra nas situações em que do contrato de subempreitada resulta que a prestação do subempreiteiro visa beneficiar o dono da obra, devendo cumprir perante ele e para ele, ou quando o empreiteiro visa através da outorga do contrato de subempreitada, fazer-se substituir no cumprimento da sua prestação, de modo a exonerar-se dela.

[628] Fazendo a distinção entre a sub-rogação direta e a sub-rogação indireta ou oblíqua, Almeida Costa, em *Direito das obrigações,* pág. 852, Menezes Cordeiro, em *Tratado de direito civil,* vol. X, pág. 292-293, Menezes Leitão, em *Garantias das obrigações,* pág. 64, e Pedro Romano Martinez, em *O subcontrato,* pág. 168-169.

[629] Admitem essa possibilidade, Vaz Serra, em *Empreitada,* no B.M.J. nº 145, pág. 66, Pires de Lima e Antunes Varela, em *Código Civil anotado,* vol. II, pág. 881, Pereira de Almeida, em *Direito privado II (contrato de empreitada),* pág. 20, Carvalho Fernandes, em *Da subempreitada,* em "Direito e Justiça", vol. XII, tomo 1 (1998), pág. 92, Menezes Leitão, em *Direito das obrigações,* vol. III, pág. 533, e Santos Justo, em *Manual de contratos civis,* pág. 488.

nos casos de inação grosseiramente negligente do devedor intermédio e a sua utilização aproveita a todos os credores, ingressando os bens obtidos pela ação do credor no património desse devedor[630]. Se este último resultado não afeta a posição do dono da obra, quanto ao exercício dos direitos de eliminação dos defeitos ou da realização de nova obra, já no que respeita ao direito a uma indemnização tal efeito é suscetível de comprometer a sua eficácia reparadora.

Não estando prevista expressamente na lei uma sub-rogação direta do dono da obra ao empreiteiro, para exercício dos direitos à eliminação dos defeitos, realização de nova obra, ou de indemnização, relativamente ao subempreiteiro, quando a parte da obra levada a cabo por este seja defeituosa, como sucede noutras situações[631], impõe-se encontrar um fundamento jurídico que, para além das fortes razões de ordem prática, justifiquem a sua admissão.

A possibilidade de uma ação direta do credor sobre o devedor do devedor começou por ser acolhida em tempos recuados pela jurisprudência francesa, em diferentes situações, incluindo nos subcontratos, o que originou uma prolongada controvérsia doutrinal sobre a sua admissibilidade e os seus fundamentos[632].

Na nossa ordem jurídica esta ação tem necessariamente uma natureza excecional, sob pena de inutilização do meio conservatório da garantia patrimonial que é a sub-rogação indireta, consagrado em termos genéricos para todos os direitos de crédito no artº 606º e seg. do C.C. Mas isso não significa que a sua admissibilidade esteja dependente de uma previsão legal específica. A especial configuração de determinadas relações negociais pode permitir esse tipo de ação direta, nomeadamente nos casos de contratos conexos. É o que sucede, nas situações subcontratuais.

Em virtude das relações de estreita dependência entre os dois negócios jurídicos, é defensável que determinados direitos possam ser exercidos diretamente entre sujeitos não outorgantes do mesmo contrato.

630 Almeida Costa, em *Direito das obrigações*, pág. 853-854, e Menezes Leitão, em *Garantia das obrigações*, pág. 65-67.

631 Vg. artº 794º, 803º e 1063º do C.C.

632 Indicam extensa bibliografia sobre a ação direta na doutrina francesa, Calvão da Silva, em *Responsabilidade civil do produtor*, pág. 316, nota 3, ou Jacques Ghestin, em *Traité de droit civil. Les effets du contrat*, pág. 771, nota 2.

A interligação entre o contrato base e o subcontrato é suficiente para fundamentar a existência de uma relação direta entre os sujeitos que se situam nos extremos da cadeia negocial.

Na subempreitada, a identidade total ou parcial do objeto contratual, determina que o subempreiteiro possa também ser encarado como devedor da prestação de que o dono da obra é o credor – a realização total ou parcial da obra em causa – pelo que, no caso de cumprimento defeituoso desta prestação pelo subempreiteiro, o dono da obra pode exigir deste a eliminação dos defeitos, a realização de nova obra, ou o pagamento de uma indemnização compensatória dos prejuízos que para ele resultaram desse cumprimento defeituoso[633]. Atenta a conexão funcional entre os dois contratos é possível considerar-se que dono da obra e subempreiteiro não deixam de ser sujeitos da mesma relação creditória, pelo que é possível ao primeiro exigir do segundo o pontual cumprimento da prestação a que aquele se obrigou, assim como o pagamento de uma indemnização pelo prejuízo que resultou do seu cumprimento defeituoso. É apenas necessário assegurar que o dono da obra não obtenha mais do que aquilo que tinha direito a obter do empreiteiro e que o subempreiteiro não preste mais do que aquilo que era devedor do empreiteiro.

Sendo também sujeito passivo destes direitos, o empreiteiro que se vinculou diretamente perante o dono da obra, podem os mesmos serem exercidos simultaneamente sobre o empreiteiro e o subempreiteiro, reforçando-se assim a garantia do direito do dono da obra à satisfação da sua prestação. E, no caso de exercício judicial, deve ser obrigatória a citação do empreiteiro para os termos da respetiva ação, de modo a estender a este os efeitos do caso julgado, aplicando-se, por analogia, o disposto no artº 608º do C.C.

Empreiteiro e subempreiteiro são solidariamente responsáveis perante o dono da obra pela realização defeituosa da obra. Tal como se explicou, relativamente à responsabilidade dos diversos intervenientes na obra, apesar da regra na responsabilidade contratual ser a responsabilidade conjunta (artº 513º do C.C.), não respeitando a responsabili-

[633] Sustentando idêntica posição, com fundamento no disposto no artigo 1226º do C.C., Pedro de Albuquerque/Assis Raimundo, em *Contrato de empreitada*, pág. 346-347, e João Serras de Sousa, em *Código Civil Anotado*, vol. I, pág. 1503-1504.

dade de cada um à mesma vinculação contratual (a do empreiteiro tem origem no contrato de empreitada e a do subempreiteiro no contrato de subempreitada), as suas posições equivalem-se à dos responsáveis extracontratuais por danos, os quais respondem em regime de solidariedade perante o lesado, nos termos do artº 497º, nº 1, do C.C. Assim, por recurso à analogia (artº 10º, nº 1, do C.C.), apoiado numa situação de identidade de razões, deve ser esse também o regime da responsabilidade do empreiteiro e do subempreiteiro perante o dono da obra, face a defeitos que a ambos responsabilizam.

O exercício pelo dono da obra dos direitos à eliminação dos defeitos, realização de nova obra, ou de indemnização, diretamente perante o subempreiteiro, segue as regras previstas para o cumprimento defeituoso no contrato de empreitada, estando esse exercício também sujeito à prévia denúncia dos defeitos e aos prazos de caducidade impostos nos artº 1224º e 1225º do C.C., relevando para a contagem dos prazos terminais referidos no nº 2, do artº 1224º, e no nº 1, do artº 1225º, não a entrega da obra pelo subempreiteiro ao empreiteiro, mas sim a entrega feita por este ao dono da obra.

Na hipótese de o subempreiteiro incumprir definitivamente a obrigação de eliminação dos defeitos ou a de realização de nova obra, também assistirá ao dono da obra um direito de indemnização sobre aquele, relativo ao custo dos trabalhos de reparação por si efetuados ou contratados a terceiro[634].

O subempreiteiro poderá opor a esta sub-rogação direta, quer os meios de defesa que poderia opor ao empreiteiro, resultantes da relação de subempreitada, quer os que o empreiteiro poderia opor ao dono da obra, resultantes da relação de empreitada.

[634] Cfr, *supra*, pág. 143 e seg.

XI. A responsabilidade pelos defeitos das obras nos contratos de empreitada de consumo

1. Origens do subtipo contratual de empreitada de consumo

O triunfo da sociedade de consumo acentuou a necessidade de proteção dos consumidores perante as relações caracterizadas pela desigualdade de forças dos seus sujeitos, em matéria de poder económico, experiência, organização e informação.

Essa proteção que começou a conhecer os primeiros passos, a nível mundial, nos E.U.A., nos finais da década de cinquenta, princípios da década de sessenta, do século XX, tendo transitado para os países europeus mais desenvolvidos, iniciou o seu percurso em Portugal, na segunda metade da década de setenta, tendo honras de consagração constitucional, no texto de 1976 (artº 60º).

Podemos falar da existência de um contrato de empreitada de consumo, como subtipo do contrato de empreitada, previsto e regulado no Código Civil, como uma das modalidades específicas dos contratos de prestação de serviço, a partir da entrada em vigor da Lei de Defesa do Consumidor de 31 de Julho de 1996 – Lei nº 24/96 – que veio substituir a anterior Lei de Defesa do Consumidor de 22 de Janeiro de 1981 – Lei nº 29/81. Este último diploma, ao não prever qualquer norma que derrogasse o regime geral do contrato de empreitada previsto no Código Civil, não permitia que se falasse ainda na existência de um contrato de empreitada de consumo.

Já a Lei nº 24/96, de 31 de Julho, ao introduzir normas mais favoráveis à posição contratual do dono da obra do que aquelas que se encontravam previstas no Código Civil, permitiu que a partir desse momento se pudesse falar da existência de um subtipo contratual, denominado contrato de empreitada de consumo.

Este subtipo veio posteriormente a ser enriquecido, com a ampliação do seu regime específico, pelo Decreto-Lei nº 67/2003, de 8 de Abril, que transpôs para o direito português a famosa diretiva comunitária nº 1999/44/CE, do Parlamento e do Conselho Europeu de 25 de Maio de 1999[635], e que subtraiu à Lei de Defesa do Consumidor grande parte daquela regulamentação específica[636].

Este diploma foi alterado pelo Decreto-Lei nº 84/2008, de 21 de Maio, que, nas suas palavras, visou ajustar o regime à realidade do mercado e colmatar as deficiências que a aplicação do D.L. nº 67/2003 havia revelado.

Atualmente as relações de consumo, no domínio do contrato de empreitada, têm previsões normativas na Lei de Defesa dos Consumidores (Lei nº 24/96)[637], que enuncia as regras básicas nesta matéria, e

[635] Sobre esta Diretiva e sua transposição para o direito interno português, cfr, *supra*, pág. 32 e seg.

[636] Na redação atual apenas sobreviveram duas normas que se podem classificar como integrando o regime específico da responsabilidade contratual do empreiteiro pelos defeitos da obra numa empreitada de consumo: a que permite considerar como defeito uma desconformidade entre a obra realizada e uma mensagem publicitária do empreiteiro anterior ao contrato (artº 7º, nº 5, da L.D.C.) e a que confere ao dono da obra um direito de indemnização autónomo pelos prejuízos patrimoniais e não patrimoniais resultantes da existência de um defeito na obra (artº 12º, nº 1, da L.D.C.).
Na redação primitiva impunha-se ainda um período mínimo de garantia de 1 ano, para os bens móveis, e de 5 anos, para os imóveis, após a entrega (artº 4º, nº 2 e 3), o que significava que o empreiteiro respondia, independentemente de culpa, pelos defeitos que se verificassem nesses períodos, devendo também a denúncia desses defeitos ocorrer nos mesmos espaços temporais (artº 12º, nº 2), e concedia-se ao consumidor os direitos de reparação ou substituição da coisa, de redução do preço e de resolução do contrato, sem qualquer ordem hierárquica de exercício (artº 12º, nº 1). O D.L. nº 67/2003, de 8 de Abril (artº 13º), retirou a regulamentação destas matérias da L.D.C., passando ele a prevê-las.

[637] Esta lei considera consumidor todo aquele a quem sejam fornecidos bens, prestados serviços, ou transmitidos quaisquer direitos, destinados a uso não profissional, por pessoa que exerça, com carácter profissional, uma atividade económica que vise a obtenção de benefícios (artº 2º, nº 1), e reconhece-lhe o direito à qualidade dos bens e serviços recebidos (artº 3º, a)) e à reparação dos danos patrimoniais e não patrimoniais que resultem da ofensa dos seus direitos individuais (artº 3º f)).

no D.L. nº 67/2003[638] que transpôs para o direito português a Diretiva nº 1999/44/CE[639].

As referências na Lei nº 24/96 (artº 2º) à prestação de serviços (artº 2º, nº 1), e no D.L. nº 67/2003, expressamente, aos contratos de empreitada (artº 1º-A, nº 2, aditado pelo artº 2º, do D.L. nº 84/2008) abrange, em ambos os diplomas, este último tipo contratual[640], uma vez que esta é uma das modalidades dos contratos de prestação de serviço (artº 1154º, do C.C.)[641]. Na redação original do D.L. nº 67/2003, o nº 2, do artigo 1º, que foi revogado pelo artº 3º, do D.L. nº 84/2008, dizia que o regime daquele diploma era aplicável aos contratos de fornecimento de bens de consumo a fabricar ou a produzir, entendendo-se que esta designação abrangia os contratos de empreitada, cuja prestação se traduzisse na

638 Este diploma apresentou-se como regulando certos aspetos da venda de bens de consumo e das garantias a ela relativas, com vista a assegurar a proteção dos interesses dos consumidores (artº 1º, nº 1), tal como são definidos na alínea a), do seu artº 1º-A, que coincide com o conceito de consumidor do nº 1, do artº 2º, da Lei 24/96, sendo também aplicável, com as necessárias adaptações, aos contratos de empreitada, de outra prestação de serviço e de locação de bens de consumo (artº 1º-A, nº 2).

639 Na interpretação do D.L. nº 67/2003 deve tomar-se em consideração o texto da Diretiva que aquele visou transpor.

640 O Anteprojeto do Código do Consumidor, estranhamente, não contém qualquer referência que permita estender aos contratos de empreitada a disciplina especialmente prevista para a compra e venda de bens de consumo (artº 254º e seg., do Anteprojeto), pelo que, a não se verificar uma retificação desta redação, o subtipo contratual da empreitada de consumo poderá desaparecer com a aprovação do Código do Consumidor, o que constituirá um retrocesso na política de proteção aos consumidores.

641 Carlos Ferreira de Almeida, em *Negócio jurídico de consumo,* no B.M.J. nº 347, pág. 11, Calvão da Silva, em *Compra e venda de coisas defeituosas,* pág. 122, e em *Venda de bens de consumo,* pág. 64-65, Paulo Duarte, em *O conceito jurídico de consumidor...,* no B.F.D.U.C., Ano LXXV (1999), pág. 650, nota 5, e 673, Paulo Mota Pinto, em *Conformidade e garantias na venda de bens de consumo,* em "Estudos de direito do consumidor", nº 2 (2000), pág. 221, Pedro Romano Martinez, em *Compra e venda e empreitada,* em "Comemorações dos 35 anos do Código Civil e dos 25 anos da reforma de 1977", vol. III, pág. 254-255, Menezes Leitão, em *Direito das obrigações,* vol. III, pág. 137-138, e 549, e em *Novo regime da venda de bens de consumo,* em "Estudos do Instituto de Direito do Consumo", II vol., pág. 40-41, e Januário Gomes, em *Ser ou não ser conforme, eis a questão,* em Cadernos de direito privado, nº 21, pág. 6.
A proposta original da Comissão do texto da Diretiva nº 1999/44/CE apenas abrangia os contratos de compra e venda, tendo sido uma proposta do Parlamento Europeu quem estendeu a sua aplicação aos contratos de empreitada.

realização de uma obra de criação de coisa nova[642], deixando de fora os contratos de empreitada que tivessem por objeto a simples reparação, limpeza, modificação, manutenção ou destruição de uma coisa já existente[643], sendo aplicáveis a estes contratos as regras do Código Civil, independentemente das qualidades dos seus sujeitos, e da L.D.C., quando estivéssemos perante um contrato de consumo.

A redação do nº 2, do novo artº 1º-A, introduzido pelo D.L. nº 84/2008, passou a referir expressamente a aplicação do regime do D.L. nº 67/2003 aos contratos de empreitada que tivessem por objeto o fornecimento de bens de consumo.

Face à redação primitiva do D.L. nº 67/2003 sustentámos que não era possível aplicar o regime deste diploma aos contratos de empreitada cujo objeto não fosse a produção de um bem novo. Após o aditamento do artigo 1º-A a este diploma, pelo D.L. nº 84/2008, passámos a referir que "esta formulação parece continuar a excluir os contratos de empreitada em que não é fornecido, produzido ou criado um bem, incidindo as obras de reparação, limpeza, manutenção ou destruição sobre um bem pré-existente, até porque o regime do referido diploma está construído intencionalmente para situações em que existe a entrega de um bem a um consumidor por um profissional, sendo indiferente a preponderância do *dare*, ou do *facere* nessa prestação", mantendo a conclusão-que "esses contratos de empreitada estão excluídos do regime do D.L. nº 67/2003[644], sendo regulados pelas regras do C. Civil previstas para o

[642] Calvão da Silva, em *Venda de bens de consumo,* pág. 53, da 3ª ed., Paulo Mota Pinto, em *Cumprimento defeituoso do contrato de compra e venda...,* pág. 44 e 87, Pedro Romano Martinez, em *Empreitada de bens de consumo...,* em "Estudos do Instituto de Direito do Consumo", vol. II, pág. 14, e Gravato de Morais, em *União de contratos de crédito e de venda para o consumo,* pág. 423.

[643] Carlos Ferreira de Almeida, em *Orientações de política legislativa adotadas pela directiva 1999/44/CE sobre venda de bens de consumo...,* em "Themis", Ano II, nº 4, pág. 118, Calvão da Silva, em *Venda de bens de consumo,* pág. 53, e Menezes Leitão, em *Direito das obrigações,* vol. III, pág. 556, nota 1142, da 5.ª ed.

No direito italiano, Rossela Fada, em *Códice dell' appalto,* pág. 608, e Giuseppe Musolino, em *L' applicazione della disciplina sui beni mobili di consumo ai contrati di appalto e d' opera,* em N.G.C.C., 2003, nº 6, pág. 541.

[644] Nesse mesmo sentido, Calvão da Silva, em *Venda de bens de consumo,* pág. 66, Gravato Morais, em *União de contratos de crédito e de venda para consumo,* pág. 423, Hernani Cambinda, em *Empreitada de consumo,* pág. 61-65, Jorge Morais Carvalho, em *Manual de direito do consumo,* pág. 267-268, e os seguintes Acórdãos:

contrato de empreitada e pelas normas da L.D.C., quando se tratem de contratos de consumo".

Contudo, a constatação de que não há razões que justifiquem a aplicação de diferentes regimes aos contratos de empreitada em que se fabrica uma coisa nova dos restantes, aliada à alteração da redação promovida pelo D.L. nº 84/2008 que retira certeza à existência de uma opção legislativa no sentido de restringir a aplicação do regime do D.L. nº 67/2003, leva-nos a abandonar esta posição, aceitando que o âmbito deste último diploma, com as alterações introduzidas em 2008 passou a abranger todos os contratos de empreitada de consumo, independentemente do tipo de obra que tenham por objeto, corrigindo-se, assim, a opinião manifestada em anteriores edições deste livro.

Atento o disposto no artº 2º, nº 4, do D.L. nº 67/2003[645], o regime deste diploma também é aplicável àqueles contratos que têm como prestação o fornecimento de um bem com trabalhos de instalação, que se possam qualificar como contratos de empreitada[646-647].

✓ da Relação de Coimbra, de 5-12-2012, no site www.dgsi.pt, relatado por Barateiro Martins.
✓ da Relação de Lisboa, de 21-2-2013, no site www.dgsi.pt, relatado por Eduardo Azevedo.
✓ da Relação do Porto, de 18-12-2018, no site www.dgsi.pt, relatado por Anabela Tenreiro.

Em sentido oposto, defendendo que a redação introduzida pelo D.L. nº 84/2008 passou a incluir nos contratos de empreitada de consumo aqueles que têm por objeto a reparação ou a manutenção de bens ou mesmo a sua destruição ou limpeza, Pedro de Albuquerque/ /Miguel Assis Raimundo, em *Contrato de empreitada*, pág. 483-484, Menezes Leitão, em *Direito das obrigações*, vol. III, pág. 550, nota 1142, e os seguintes Acórdãos:
✓ da Relação do Porto, de 8-5-2014, no site www.dgsi.pt, relatado por Leonel Serôdio.
✓ da Relação do Porto, de 16-5-2016, no site www.dgsi.pt, relatado por Manuel Domingos Fernandes.
✓ da Relação de Guimarães, de 12-7-2016, no site www.dgsi.pt, relatado por Jorge Seabra.
✓ da Relação do Porto, de 12-10-2017, no site www.dgsi.pt, relatado por Judite Pires.
✓ da Relação de Guimarães, de 6-12-2018, no site www.dgsi.pt, relatado por Maria dos Anjos.
✓ da Relação de Guimarães, de 14-2-2019, no site www.dgsi.pt, relatado por Alcides Rodrigues.

[645] Reproduz o artº 2, nº 5, da Diretiva nº 1999/44/CE.

[646] Sobre a qualificação destes contratos como de empreitada, cfr., *supra*, pág. 40-41.

[647] Pedro Romano Martinez, em *Empreitada de bens de consumo...*, em "Estudos do Instituto do Direito ao Consumo", vol. II, pág. 14, e Jorge Morais Carvalho, em *Manual de direito do consumo*, pág. 267.

2. Âmbito de aplicação

A relação de empreitada de consumo é aquela que é estabelecida entre alguém que destina a obra encomendada a um uso não profissional e outrem que exerce com carácter profissional uma determinada atividade económica, a qual abrange a realização da obra em causa, mediante remuneração (artº 2º, nº 1, da L.D.C, e artº 1º – B, a), do D.L. nº 67/2003)[648].

O critério de definição legal de uma relação de consumo, no domínio dos contratos de empreitada, encontra-se, pois, na identificação dos dois polos de uma relação contratual subjetivamente desequilibrada. Num lado, posiciona-se o dono da obra consumidor, como a parte contratual mais débil, identificado pela intenção a que destina a obra encomendada, e, no outro, o empreiteiro empresário, identificado pela veste profissional que assume. Apesar de muitas vezes uma interpretação teleológica nos poder conduzir à integração no conceito de consumidor de pessoas que destinam a obra encomendada a um uso profissional, entendemos dever respeitar a vontade do legislador de não alargar em demasia a amplitude desse conceito, sob pena do mesmo abranger a quase totalidade dos que recebem bens ou serviços, o que retiraria utilidade ao estabelecimento de regras específicas de proteção ao consumidor, ou prejudicaria o seu alcance[649].

Quando o contrato é celebrado através de representante, a qualidade do sujeito que define a relação de consumo deve verificar-se na pessoa do representado e não do representante[650]. O mesmo não sucede nos casos em que o contraente atua no exercício de um mandato sem repre-

[648] No artº 10º, nº 1, do Anteprojeto do Código do Consumidor, referido na nota 39, dá-se a seguinte definição de consumidor:
"Considera-se consumidor a pessoa singular que atue para a prossecução de fins alheios ao âmbito da sua atividade profissional através do estabelecimento de relações jurídicas com quem, pessoa singular ou coletiva, se apresenta como profissional".

[649] Na proposta da Comissão Europeia as regras da Diretiva deviam aplicar-se a qualquer alienação efetuada por um profissional a quem destinasse o bem adquirido a uma utilização final, apesar dessa utilização poder ser profissional. Esta extensão do âmbito de aplicação foi, contudo, rejeitada pelo Conselho e Parlamento Europeu.

[650] José Engrácia Antunes, *Direito do Consumo*, pág. 55-56, e Jorge Morais Carvalho, em *Manual de direito do consumo*, pág. 31.

sentação, sendo as suas caraterísticas que determinam a qualificação da relação como de consumo[651].

De fora do campo de aplicação do regime da empreitada de consumo ficam os contratos celebrados entre o empreiteiro profissional e o dono da obra profissional, entre o empreiteiro não-profissional e o dono da obra não-profissional e entre o empreiteiro não-profissional e o dono da obra profissional.

O dono da obra que é consumidor pode ser qualquer pessoa física [652] que contrate a realização de uma obra com a intenção de não a destinar a uma utilização profissional. Este elemento subjetivo tem de existir numa relação de consumo. Não importa qual o uso normal ou corrente que é dado àquele tipo de obras, nem a utilização concreta que lhe é dada posteriormente[653], mas sim o destino que o dono da obra tem em mente quando contrata a sua realização[654].

Esta formulação pela negativa do destino subjetivo da obra ampliou o conceito de consumidor, relativamente à redação da Lei nº 29/81, que exigia que aquela se destinasse a uma utilização privada. Agora, apenas não será consumidor aquele que tem a intenção de utilizar a obra no exercício da sua profissão ou na atividade profissional de terceiro[655], o que permite a inclusão no conceito de consumidores não só dos que destinam a obra a um uso privado ou familiar, mas também de outros que projetem destino diverso, desde que este não se relacione com uma atividade profissional[656], como sejam aqueles que, visando a obtenção de rendimentos com a sua cedência a terceiros, não façam dessa atividade profissão[657].

[651] José Engrácia Antunes, *Direito do Consumo*, pág. 56, nota 105, e Jorge Morais Carvalho, em *Manual de direito do consumo*, pág. 31.

[652] John F. Kennedy, na célebre mensagem de 15-3-1962 ao Congresso dos E.U.A., referiu que *"consumers, by definition, include us all"*.

[653] A qual pode, contudo, ter a virtualidade de permitir um raciocínio presuntivo sobre a intenção do dono da obra quando contratou a sua realização, nos termos do artº 349º do C.C.

[654] Neste sentido, Jorge Morais Carvalho, em *Os contratos de consumo*, pág. 30, e *Manual de direito do consumidor*, pág. 30-31, e José Engrácia Antunes, *Direito do Consumo*, pág. 50. Fernando Baptista de Oliveira, em *O conceito de consumidor*, pág. 88-89, também exige que o destino efetivo do bem não se insira numa atividade profissional.

[655] Vide, neste sentido, o Acórdão da Relação de Lisboa de 8-6-2006, no site www.dgsi.pt, relatado por Salazar Casanova.

[656] Teresa Almeida, em *Lei de defesa do consumidor anotada*, pág. 11, e Paulo Duarte, em *O conceito jurídico de consumidor...*, no B.F.D.U.C., Ano LXXV (1999), pág. 675-676.

Há quem defenda que também deve ser considerado consumidor aquele que, apesar de destinar a obra encomendada a uma utilização profissional, a mesma se situa fora do domínio da sua especialidade[658]. Invoca-se que o dono da obra continua a ser a parte menos experiente e menos preparada tecnicamente, no que respeita à contratação daquele tipo de obra, justificando-se plenamente a proteção concedida ao consumidor[659]. Apesar desta argumentação ter algum fundamento, o seu acolhimento redundaria na adoção de um critério para a definição de consumidor, diferente do adotado na lei[660]. O consumidor já não seria o que destina a obra a uma finalidade alheia à sua atividadeprofissional, mas sim aquele que contrata a realização de uma obra estranha ao objeto da sua especialidade profissional. Esse critério já não faria apelo a um elemento subjetivo – a intenção do dono da obra – mas sim a um elemento objetivo – o tipo de obra contratado. Além disso, a adoção deste critério conduziria ao alargamento desmesurado da noção de consumidor, com os efeitos perniciosos acima apontados. A proteção dos chamados "pequenos profissionais", que apesar de destinarem a obra contratada ao exercício da sua profissão, esta é estranha à sua especialidade, deve ser antes encontrada em figuras do direito civil comum, como a do princípio da boa fé na formação e execução dos contratos[661]. Deve entender-se que, apesar da obra contratada se situar fora do âmbito da especialidade profissional do seu dono, este, ao contratar, não

[657] Como sucede com o médico que celebra um contrato de construção de uma casa com a intenção de a arrendar a terceiros.

[658] O encadernador que celebra um contrato de construção de um edifício para instalação da sua oficina.

[659] Paulo Duarte, em *O conceito jurídico de consumidor...*, no B.F.D.U.C., Ano LXXV (1999), pág. 682-685, Sandrina Laurentino, em *Os destinatários da legislação do consumidor*, em "Estudos de direito do consumidor", nº 2 (2000), pág. 426-429, Sara Larcher, em *Contratos celebrados através da Internet...*, em "Estudos do Instituto de Direito do Consumo", vol. II, pág. 156-159, Elionora Cardoso, *Lei de Defesa do Consumidor Comentada e Anotada*, pág. 26, Fernando Baptista Oliveira, em *O conceito de consumidor...*, pág. 70-71 e 91, e Pedro de Albuquerque/Miguel Assis Raimundo, em *Contrato de empreitada*, pág. 478-483.

[660] Calvão da Silva, em *Responsabilidade civil do produtor*, pág. 63-64, nota 2, e em *Compra e venda de coisas defeituosas*, pág. 121-122, Menezes Leitão, em *Direito das obrigações*, vol. III, pág. 139, e em *Novo regime da venda de bens de consumo*, em "Estudos do Instituto de Direito do Consumo", II vol., pág. 42, e Jorge Morais Carvalho, em *Os contratos de consumo*, pág. 30, embora este último autor sustente posição diversa *de iure constituendo*.

[661] Calvão da Silva, em *Compra e venda de coisas defeituosas...*, pág. 126.

deixa de agir na sua veste profissional, tendo como apoio toda uma organização empresarial que lhe retira a posição de debilidade própria do consumidor[662].

Afastada está também a possibilidade de o consumidor poder ser uma pessoa coletiva[663], uma vez que esta só existe em função da prossecução de um determinado objetivo, seja ele económico, político, social, filantrópico ou recreativo, que é a sua "profissão", não tendo outra vida para além da prossecução da finalidade que é a razão da sua existência. Apesar da neutralidade dos nossos textos legais (artº 2º, nº 1, da L.D.C. e artº 1º-A, a), do D.L. nº 67/2003) nesta questão, não tendo sido acolhida a redação constante do Projeto da L.D.C., que previa expressamente a referência exclusiva às pessoas singulares[664], deve manter-se a ideia

[662] Contudo, o Anteprojeto do Código do Consumidor, no artº 11º, nº 2, prevê que nestes casos se possa aplicar o regime de proteção ao consumidor quando se prove que o profissional não dispõe, nem deve dispor, de competência específica para a transação em causa e a solução se mostre de acordo com a equidade.

[663] Calvão da Silva, em *Compra e venda de coisas defeituosas,* pág. 122, e em *Venda de bens de consumo,* pág. 44, Teresa Almeida, em *Lei de defesa do consumidor anotada,* pág. 11 e 25-27, José Engrácia Antunes, *Direito do Consumo,* pág. 53-54 e 69-70, e os seguintes Acórdãos:
- ✓ da Relação de Lisboa, de 31-5-2007, no site www.dgsi.pt, relatado por Granja da Fonseca.
- ✓ do S.T.J., de 14-10-2010, no site www.dgsi.pt, relatado por Álvaro Rodrigues.
- ✓ da Relação de Lisboa, de 5-4-2011, no site www.dgsi.pt, relatado por Torres Vouga.
- ✓ da Relação de Lisboa, de 21-2-2013, no site www.dgsi.pt, relatado por Eduardo Azevedo.

Em sentido contrário, Paulo Duarte, em *O conceito jurídico de consumidor...,* no B.F.D.U.C., Ano LXXV (1999), pág. 661-665, Sara Larcher, em *Contratos celebrados através da Internet...,* em "Estudos do Instituto de Direito do Consumo", vol. II, pág. 154-156, Fernando Baptista de Oliveira, em *O conceito de consumidor...,* pág. 72-85 e 101-105, Nuno Aureliano, em *O risco nos contratos de alienação,* pág. 377, e Pedro de Albuquerque/Miguel Assis Raimundo, em *Contrato de empreitada,* pág. 471-474.

O Anteprojeto do Código do Consumidor, referido na nota 43, na definição contida no seu artº 10º, nº 1, restringe os consumidores às pessoas singulares, embora no artº 11º, nº 1, permite a extensão do regime que beneficia os consumidores a pessoas coletivas, caso se prove que estas não dispõem nem devem dispor de competência específica para o objeto do contrato em causa e desde que a solução se mostre de acordo com a equidade.

[664] O Projeto-lei nº 581/VI, constante do D.A.R., I Série-A, nº 47, de 6-6-1995, pág. 755 e seg., propunha a seguinte definição de consumidor: "*...a pessoa singular a quem sejam fornecidos produtos ou serviços destinados ao seu uso privado por quem exerça com carácter profissional uma atividade económica*". Tendo-se registado no debate na generalidade uma intervenção do deputado Luís Sá, defendendo a extensão do conceito de consumidor às pessoas coletivas (D.A.R., I Série, nº 84, de 7-7-1995, pág. 2683), o texto final acabou por adotar uma redação neutral, aberta ao labor interpretativo da doutrina e da jurisprudência.

constante da respetiva nota justificativa de que é importante consagrar uma noção de consumidor semelhante à dos textos comunitários[665]. Num rápido sobrevoo pelas Diretivas existentes nesta matéria, verificamos o seguinte:

- a Diretiva 87/102CEE, modificada pela Diretiva 90/88CEE, de 22-2-1990, ambas do Conselho, relativa à aproximação das disposições legais, regulamentares e administrativas dos Estados-membros, em matéria de crédito ao consumo, define consumidor como a *"pessoa física que nas operações reguladas pela presente Diretiva, atua com fins que podem considerar-se à margem do seu ofício ou profissão"*(artº 1º, nº 2, a)).
- a Diretiva 93/13CEE do Conselho de 5 de Abril de 1993, sobre as cláusulas abusivas nos contratos celebrados com os consumidores, define consumidor como *"toda a pessoa física que, nos contratos regulados pela presente diretivaatue com um propósito alheio à sua atividade profissional"* (artº 2º, b)).
- a Diretiva 2000/31CE, do Parlamento e do Conselho, de 8 de Junho de 2000, relativa a certos aspetos legais dos serviços da sociedade de informação, em especial do comércio eletrónico, no mercado interno, define consumidor como *"qualquer pessoa singular que atue para fins alheios à sua atividade comercial, empresarial ou profissional"* (artº 2º, e)).
- a Diretiva 97/7/CE, do Parlamento e do Conselho, de 20 de Maio de 1997, relativa à proteção dos consumidores em matéria de contratos à distância, define consumidor como *"qualquer pessoa singular que, nos contratos abrangidos pela presente Diretiva, atue com fins que não pertençam ao âmbito da sua atividade profissional"* (artº 2º, nº 2).
- a Diretiva 1999/44/CE, do Parlamento e do Conselho, de 25 de Maio de 1999, relativa a certos aspetos da venda de bens de consumo e das garantias a ela relativas, define consumidor como *"qualquer pessoa singular que, nos contratos abrangidos pela presente Diretiva, atue com objetivos alheios à sua atividade comercial ou profissional"* (artº 1º, nº 2, a)).

[665] A noção de consumidor constante do § 13º, do BGB, e do artº 1519-bis, do C.C. Italiano, também é restrita às pessoas singulares.

Parece inequívoca a orientação comunitária de apenas considerar consumidores as pessoas singulares[666], devendo ser essa também a leitura da nossa lei, de modo a que esta coincida inteiramente com o conceito comunitário, uma vez que a atuação finalista não-profissional já ficou claramente expressa no artº 2º, da L.D.C. e na definição constante do artº 1º-A, a), do D.L. nº 67/2003. Aliás, foi este conceito restritivo que o nosso legislador adotou expressamente na definição de consumidor, constante do D.L. nº 359/91, de 21 de Setembro (artº 2º, nº 1, b)), que estabeleceu o regime jurídico dos contratos de concessão de crédito ao consumo, e do D.L. nº 143/2001, de 26 de Abril (artº 1º, nº 3), sobre contratos celebrados à distância e fora do estabelecimento, e que também constava do artº 2º, a), do Anteprojeto do D.L. nº 67/2003[667].

Essa pessoa singular, porém, apesar de não destinar o uso da obra encomendada à satisfação de necessidades profissionais, não deve ser considerada consumidora, se tiver experiência técnica e negocial na área em que se situa o contrato de empreitada por si celebrado como dono da obra[668], o que sucederá, se ela exercer ou tiver exercido recentemente a mesma atividade económica que a sua contraparte[669].

Se a obra se destinar simultaneamente ao uso pessoal e profissional do seu dono (uso misto), este também não pode ser considerado um consumidor, exigindo-se para esse efeito que a obra se destine exclusivamente a uso pessoal ou familiar, uma vez que essa destinação

[666] Apesar da Carta do Consumidor do Conselho da Europa de 1973 definir consumidor como *"a pessoa física ou jurídica a quem são fornecidos bens e prestados serviços para uso privado"*. Todavia, verifica-se que esta formulação programática inicial, na sua concretização, conheceu correções, quer quanto à sua redução às pessoas físicas, quer quanto à adoção duma formulação negativa da finalidade do negócio de consumo.

[667] Este Anteprojeto consta do livro de Paulo Mota Pinto, *Cumprimento defeituoso do contrato de compra e venda...*, pág. 90.

[668] Calvão da Silva, em *Responsabilidade civil do produtor*, pág. 62-63 e em *Compra e venda de coisas defeituosas*, pág. 124, Paulo Duarte, em *O conceito jurídico de consumidor...*, no B.F.D.U.C., Ano LXXV (1999), pág. 685, e Fernando Baptista de Oliveira, em *O conceito de consumidor...*, pág. 90 e 100.

Em sentido contrário, Jorge Morais Carvalho, em *Manual de Direito do Consumo*, pág. 29.

[669] O caso do empresário de construção civil que, como dono da obra, celebra contrato de empreitada com terceiro, seu colega de profissão, tendo como objeto a construção de uma casa de férias, para si, em local distante da sua área de atividade.

profissional, apesar de parcial, afasta qualquer debilidade na relação contratual[670].

A colocação de um condomínio na posição de dono da obra (v.g. a contratação de obras nas partes comuns, por parte do administrador do condomínio, mandatado pela assembleia de condóminos), suscita algumas hesitações quanto à possibilidade do respetivo contrato ser qualificado como de empreitada de consumo.

O instituto da propriedade horizontal encerra um modelo de técnica jurídica de tratamento de interesses coletivos, sem recurso à criação de uma pessoa jurídica de ficção, atribuindo-se a determinados órgãos do coletivo competência para assegurar a realização de direitos e a satisfação de vinculações do grupo[671].

Se um condomínio não tem "profissão", por não visar a prossecução de um objetivo económico, político, social, filantrópico ou recreativo, pelo que não pode ser equiparado às pessoas coletivas para se afastar liminarmente a sua classificação como consumidor[672], é tarefa complicada descodificar-lhe a intenção no destino não profissional das obras contratadas.

Sendo estas realizadas obrigatoriamente nas partes comuns de um edifício em propriedade horizontal, atento os poderes limitados de administração dos órgãos do condomínio (artº 1430º, nº 1, do C.C.), a

[670] Calvão da Silva, em *Compra e venda de coisas defeituosas*, pág. 124-125, e Menezes Leitão, em *Direito das obrigações*, vol. III, pág. 139, e em *Novo regime da venda de bens de consumo*, em "Estudos do Instituto de Direito do Consumo", II vol., pág. 42.
Defendendo a utilização do critério da destinação predominante, Paulo Duarte, em *O conceito jurídico de consumidor...*, no B.F.D.U.C., Ano LXXV (1999), pág. 678-680, Sandrina Laurentino, em *Os destinatários da legislação do consumidor*, em "Estudos de direito do consumidor", nº 2 (2000), pág. 424, Carlos Ferreira de Almeida, em *Direito do consumo*, pág. 35, Fernando Baptista de Oliveira, em *O conceito de consumidor...*, pág. 88-91, Pedro de Albuquerque/Miguel Assis Raimundo, em *Contrato de empreitada*, pág. 477-478, e Jorge Morais Carvalho, em *Os contratos de consumo*, pág. 29, e em *Manual de direito do consumo*, pág. 31.
Sustentando que basta que o bem em causa tenha um destino privado, mesmo que ele não seja predominante, para estarmos perante uma relação de consumo, Sara Larcher, em *Contratos celebrados através da Internet...*, em "Estudos do Instituto de Direito do Consumo", vol. II, pág. 160-161.

[671] Carvalho Fernandes, em *Teoria geral do direito civil*, vol. I, pág. 538.

[672] José Engrácia Antunes, *Direito do Consumo*, pág. 54.

finalidade das mesmas deve ser determinada pelo tipo de utilização a que se destinam as frações que compõem esse edifício.

Se estas têm maioritariamente, em razão da sua permilagem, um destino de utilização profissional (v.g. o exercício do comércio ou indústria ou escritórios), o contrato relativo à realização de obras nas partes comuns, outorgado pelo administrador do condomínio, não pode ser qualificado como uma empreitada de consumo. Mas, se as frações que integram o condomínio têm um destino maioritário não profissional (v.g. a habitação), já aquele contrato deve ser qualificado como de empreitada para consumo[673].

Apesar de, aparentemente, tal solução revelar falta de coerência com a posição acima defendida para as situações em que uma obra se destina simultaneamente ao uso pessoal e profissional do seu dono, no caso particular do condomínio temos de ter presente que o mesmo atua através do seu administrador, pressupondo-se que as características da sua intervenção refletirão o tipo de utilização predominante das frações que compõem o condomínio, não se reunindo na mesma pessoa as características típicas do profissional e do não-profissional, que não permite ignorar a existência das qualidades pessoais que afastam a possibilidade da qualificação como consumidor.

Na posição de empreiteiro, tem de se encontrar uma pessoa coletiva ou singular que exerça com carácter profissional uma atividade económica

[673] *Vide*, neste sentido, os seguintes Acórdãos:
✓ da Relação do Porto, de 26-6-2006, no site www.dgsi.pt, relatado por Ana Paula Lobo.
✓ do S.T.J., de 29-10-2013, na C.J. (Ac. do S.T.J.), Ano XXI, tomo 3, pág. 117, relatado por Moreira Camilo.
✓ da Relação do Porto, de 8-5-2014, no site www.dgsi.pt, relatado por Leonel Serôdio.
✓ da Relação de Lisboa, de 19-6-2014, no site www.dgsi.pt, relatado por Isoleta Costa.
✓ do S.T.J., de 31-5-2016, no site www.dgsi.pt, relatado por Maria Clara Sottomayor.
✓ da Relação de Lisboa, de 17-1-2017, no site www.dgsi.pt, relatado por Rijo Ferreira.
✓ da Relação de Lisboa, de 10-10-2017, no site www.dgsi.pt, relatado por Pedro Brighton.
✓ da Relação do Porto, de 12-10-2017, no site www.dgsi.pt, relatado por Judite Pires.
✓ da Relação do Porto, de 25.10.2018, no site www.dgsi.pt, relatado por Teles de Menezes.
✓ da Relação do Porto, de 27-6-2019, no site www.dgsi.pt, relatado por Judite Pires.

Jorge Morais Carvalho, em *Os contratos de consumo*, pág. 26-27, e em *Manual de direito de consumo*, pág. 26, defende que para que um condomínio seja considerado consumidor basta que, numa perspetiva objetiva, a obra em causa possa ser considerado como de consumo relativamente a um dos condóminos.

mica, onde se inclua a realização onerosa da obra contratada, o que lhe confere uma posição de superioridade perante o consumidor, circunstância que o legislador pretendeu contrabalançar com medidas de proteção ao dono da obra consumidor. Não basta a prática de um ato isolado de realização duma obra[674], mas também não é necessário que essa seja a única ou a principal atividade profissional desenvolvida pelo empreiteiro[675].

À venda de imóvel efetuada pela própria pessoa que o construiu (o construtor/vendedor), hipótese em que o artº 1225º, nº 4, do C.C., determina a aplicação do regime da empreitada, relativamente à existência de defeitos, desde que o vendedor tenha atuado no exercício da sua atividade profissional e o comprador não destine o imóvel à satisfação de necessidades profissionais, é óbvia a aplicação do regime constante do D.L. nº 67/2003, o qual visou, em primeira linha, regular precisamente os contratos de compra e venda[676].

São estes os sujeitos cuja intervenção simultânea transforma um contrato de empreitada, num contrato de empreitada de consumo, e que pela sua presumida desigual experiência, organização e informação, justifica a aplicação de um regime especial, visando a proteção da parte considerada mais débil – o dono da obra.

Uma vez que estamos perante um regime especial que se afasta das regras do regime geral, estas qualidades das partes que permitem a sujeição do contrato de empreitada àquele regime tem de se encontrar demonstrada no processo, pelo que, desconhecendo-se a intenção do dono da obra relativamente ao destino desta ou se o empreiteiro atuou no exercício duma atividade profissional, não é possível qualificar o contrato celebrado como de empreitada de consumo e aplicar-lhe as normas previstas no D.L. nº 67/2003[677]. Embora não se possa formular uma

[674] Contudo, se a obra em causa tiver uma dimensão tal que absorva toda a atividade do empreiteiro durante um longo período de tempo, é de admitir a sua qualificação como profissional.

[675] Fernando Baptista de Oliveira, em *O conceito de consumidor...*, pág. 93, nota 100, e José Engrácia Antunes, *Direito do Consumo*, pág. 60.

[676] Pedro de Albuquerque/Miguel Assis Raimundo, em *Contrato de empreitada*, pág. 484-485, e o Acórdão da Relação de Guimarães de 3-2-2011, no site www.dgsi.pt, relatado por Manuel Bargado.

[677] No mesmo sentido, Carlos Ferreira de Almeida, em *Direito do consumo*, pág. 95. Defendendo que incide sobre quem realiza a obra o ónus da prova destes elementos, Fernando Baptista de Oliveira, em *O conceito de consumidor*, pág. 89.

regra abstrata sobre qual das partes se encontra onerada com a prova dessas qualidades, tendo em consideração que, em circunstâncias normais, será o dono da obra o beneficiado com a aplicação deste regime, é sobre ele que incidirá esse ónus.

Apesar da Diretiva transposta se destinar apenas aos contratos que tiverem por objeto bens móveis corpóreos, o regime do D.L. nº 67/2003, tal como o da L.D.C., é aplicável às empreitadas de bens móveis ou imóveis, conforma se extrai da definição legal de "bem de consumo", introduzida pelo D.L. nº 84/2008 no artº 1º-B, b). Este entendimento já resultava do texto primitivo do D.L. nº 67/2003, uma vez que já não era aí estabelecida qualquer restrição relativamente ao tipo de bens objeto dos contratos regulados por esse diploma, referindo expressamente os artº 3º, nº 2, e 5º, nº 3, do citado diploma, os dois tipos de bens.

Mas os bens devem ser corpóreos, não se aplicando este regime especial, tal como não se aplicam as regras do contrato de empreitada do C.C.[678], à criação de bens imateriais, ou incorpóreos, nomeadamente obras intelectuais. Se anteriormente às alterações introduzidas pelo D.L. nº 84/2008 já se entendia que quer a definição de bens de consumo que constava dos artº 2º, b), da Diretiva e do Anteprojeto do D.L. nº 67/2003, elaborado por Paulo Mota Pinto[679], quer a referência a coisa móvel corpórea constante do artº 3º, nº 2, do D.L. nº 67/2003, eram suficientes para afastar a aplicabilidade deste regime especial à criação de bens incorpóreos, a alínea b), do artº 1º-B, introduzido pelo D.L. nº 84/2008, veio dispor expressamente que apenas era considerado bem de consumo, para efeitos de aplicação do D.L. nº 67/2003, qualquer bem imóvel ou móvel corpóreo.

O facto de os materiais para a realização da obra serem fornecidos pelo seu dono não obsta à aplicação do D.L. nº 67/2003, sendo indiferente se estes são fornecidos pelo empreiteiro, ou pelo dono da obra, conforme resulta do disposto do nº 3, do artº 2º, deste diploma[680]. Esta norma apenas exclui a aplicabilidade do regime especial constante do D.L. nº 67/2003, quando a falta de conformidade tem origem em

[678] Cfr, *supra*, pág. 47-50.

[679] Pode consultar-se esse Anteprojeto, na obra de PAULO MOTA PINTO, *Cumprimento defeituoso do contrato de compra e venda...*, pág. 87-97.

[680] CALVÃO DA SILVA, em *Venda de bens de consumo*, pág. 64-65.

material fornecido pelo dono da obra, mas mantém a sua aplicação quando, apesar dos materiais terem sido fornecidos por este, a falta de conformidade não resulta dos materiais aplicados.

3. As especialidades do regime

As normas contidas, quer na L.D.C., quer no D.L. nº 67/2003, aplicáveis aos contratos de empreitada numa relação de consumo, revelam-se normas especiais relativamente às regras gerais do C.C. previstas para o contrato de empreitada, derrogando aquelas com as quais se revelem incompatíveis no seu campo de aplicação – o da relação de consumo.

Assim, a responsabilidade contratual do empreiteiro pelos defeitos existentes na obra de criação de coisa nova e de fornecimento de bem com instalação do mesmo, nos contratos de empreitada de consumo, rege-se pelas regras gerais previstas no C.C. para o contrato de empreitada e pelas regras especiais previstas na L.D.C. e no D.L. nº 67/2003, adaptáveis a este tipo contratual, não sendo aplicáveis as normas do C.C. que sejam incompatíveis com as normas constantes destes dois diplomas.

3.1. As faltas de conformidade

O regime do D.L. nº 67/2003, relativamente às empreitadas de consumo, dispõe sobre as consequências da existência na obra realizada de situações que apelida de “faltas de conformidade”[681].

O artº 2º, nº 2, do D.L. nº 67/2003, para facilitar a concretização do princípio da conformidade entre o realizado e o contratado[682], fixa as seguintes situações donde presume que existe uma situação de não conformidade com o contrato, podendo essa presunção ser ilidida pelo empreiteiro, mediante prova do contrário[683]:

[681] Sobre os antecedentes legislativos da utilização desta terminologia, Carlos Ferreira de Almeida, em *Direito do consumo*, pág. 155-160.

[682] “O objetivo a prosseguir apresenta-se claro: harmonizar minimamente os critérios, parâmetros e soluções para determinar a coisa contratualmente devida, na falta de cláusulas específicas”, afirma Calvão da Silva, em *Venda de bens de consumo*, pág. 83.

[683] Na Diretiva transposta o raciocínio é inverso. Estabelecem-se presunções de conformidade que, a provarem-se cumulativamente, teriam que ser ilididas pelo dono da obra consumidor para existir uma responsabilidade do empreiteiro (artº 2º, nº 2). Sobre esta inversão, as observações de João Calvão da Silva, em *Venda de bens de consumo*, pág. 59-61, e Jorge Morais Carvalho, em *Os contratos de consumo*, pág. 469, e em *Manual de direito do consumo*, pág. 275.

a) Não serem conformes com a descrição que deles é feita pelo empreiteiro ou não possuírem as qualidades do bem que o empreiteiro tenha apresentado ao consumidor como amostra ou modelo;
b) Não serem adequados ao uso específico para o qual o consumidor os destine e do qual tenha informado o empreiteiro quando celebrou o contrato e que o mesmo tenha aceitado;
c) Não serem adequados às utilizações habitualmente dadas aos bens do mesmo tipo;
d) Não apresentarem as qualidades e o desempenho habituais nos bens do mesmo tipo e que o consumidor pode razoavelmente esperar, atendendo à natureza do bem e, eventualmente, às declarações públicas sobre as suas características concretas feitas pelo empreiteiro, nomeadamente na publicidade ou na rotulagem.

Basta a verificação de uma destas situações para se presumir a falta de conformidade da obra realizada[684].

O nº 3 do mesmo artigo afasta a existência de falta de conformidade e, consequentemente, a aplicação do regime específico previsto neste diploma, quando no momento em que for celebrado o contrato o consumidor tiver conhecimento da falta de conformidade, ou não puder razoavelmente ignorá-la, ou se esta decorrer dos materiais por si fornecidos[685]. Note-se que a primeira destas causas de exclusão do regime de proteção do consumidor deve verificar-se no momento da celebração do contrato, sendo irrelevante a sua ocorrência no momento da entrega da obra.

Do conteúdo das transcritas presunções de não conformidade e das exclusões acima referidas resulta que o conceito de "falta de conformidade" abrange genericamente os casos de "vícios" e "desconformidades" da obra, referidos nos artº 1208º e 1218º, nº 1, do C.C., nos quais

Este último autor questiona, com pertinência, se estaremos perante verdadeiras presunções, afirmando que o nº 2, do artigo 2º do D.L. nº 67/2003, apenas enuncia alguns critérios para ajudar a determinar quais os elementos que integram um contrato de fornecimento de bens para consumo e que, portanto, são utilizados para aferir a existência de uma situação de desconformidade.

684 Menezes Leitão, em *Novo regime da venda de bens de consumo*, em "Estudos do Instituto de Direito do Consumo", II vol., pág. 46, Jorge Morais Carvalho, em *Os contratos de consumo*, pág. 469 e em *Manual de direito do consumo*, pág. 275, e o Acórdão da Relação do Porto de 7-3-2005, no site www.dgsi.pt, relatado por Santos Carvalho.

685 Corresponde ao artº 2º, nº 3, da Diretiva 1999/44/CE.

se subdivide o conceito mais amplo de "defeito", incluindo os vícios de direito[686]. Na verdade, as faltas de conformidade não resultam apenas de uma divergência entre o contratado e o realizado, mas também entre as características objetivas da categoria a que a obra pertence e as características da obra efetuada, pelo que se identificam com o conceito subjetivo-objetivo de defeito adotado pelo regime do contrato de empreitada do Código Civil[687].

Contudo, apesar desta coincidência genérica de conteúdos terminológicos, o conceito jurídico de "falta de conformidade", para efeitos de aplicação do regime do D.L. nº 67/2003, abrange algumas realidades que escapam ao regime geral dos defeitos da obra previsto no C.C., e este aplica-se a situações que aquele decreto exclui do seu campo de aplicação.

Atenta a formulação ampla dos indícios de falta de conformidade, constante das alíneas do nº 2, do artº 2º, do D.L. nº 67/2003, o regime desde diploma aplica-se também aos casos de incumprimento parcial e de prestação de coisa diversa (*aliud pro alio*)[688], ao contrário do que sucede com o regime da responsabilidade do empreiteiro por defeitos da obra no Código Civil[689].

[686] Pedro de Albuquerque/Miguel Assis Raimundo, em *Contrato de empreitada*, pág. 486-487, Paulo Mota Pinto, *Conformidade e Garantias na venda de bens de consumo*, pág. 234, Menezes Leitão, em *Onovo regime da venda de bens de consumo*, em "Estudos do Instituto de Direito do Consumo", vol. II, pág. 45, e Jorge Morais Carvalho, em *Os contratos de consumo*, pág. 473, e em *Manual de direito do consumo*, pág. 272.
Em sentido contrário, pronunciou-se Sara Larcher, em *Contratos celebrados através da Internet...*, em "Estudos do Instituto de Direito do Consumo", vol. II, pág. 180-181.

[687] Pedro Romano Martinez, em *Empreitada de bens de consumo...*, em "Estudos do Instituto de Direito do Consumo", vol. II, pág. 28.

[688] Calvão da Silva, em *Venda de bens de consumo*, pág. 97-98, Menezes Leitão, em *Direito das obrigações*, vol. III, pág. 141-142, e em *Novo regime da venda de bens de consumo*, em "Estudos do Instituto de Direito do Consumo", vol. II, pág. 44, Sara Larcher, em *Contratos celebrados através da Internet...*, em "Estudos do Instituto de Direito do Consumo", vol. II, pág. 179-180, Pedro de Albuquerque/Miguel Assis Raimundo, em *Contrato de empreitada*, pág. 486-487, e Jorge Morais Carvalho, em *Manual de direito do consumo*, pág. 272.
O § 434 (3) do BGB, inserido no título relativo ao contrato de compra e venda, e aplicável ao contrato de empreitada de consumo, por força do disposto no § 651 do BGB, passou a dispor que aos defeitos equivalem as situações em que o fornecedor entrega coisa diversa ou uma quantidade inferior à contratada.
Carlos Ferreira de Almeida, em *Direito do consumo*, pág. 162, estende ainda a sua aplicação às situações de incumprimento total definitivo e temporário.

[689] Cfr. *supra*, pág. 51-52 e pág. 66.

As situações previstas nas alíneas b) (insatisfação de uso específico acordado entre as partes), c) (insatisfação do uso habitual dado às obras do mesmo tipo) e primeira parte da alínea d) (falta de qualidades ou insuficiente desempenho relativamente a obras do mesmo tipo), integram o conceito de defeitos no regime da responsabilidade civil do empreiteiro do Código Civil[690], não resultando em qualquer especificidade das empreitadas de consumo.

O mesmo não sucede com as hipóteses previstas nas alíneas a) e d), segunda parte.

A presunção estabelecida na alínea a), do nº 2, do artº 2º, do D.L. nº 67/2003, releva como falta de conformidade a divergência entre a obra realizada e eventuais descrições que dela fez o empreiteiro ou qualidades de amostras ou modelos que foram exibidos por este ao dono da obra. Assim, além das descrições e qualidades da obra constantes do texto contratual, também serão consideradas, para apuramento da existência de faltas de conformidade, meras declarações de ciência do empreiteiro ou comportamentos fácticos, sem as características das declarações negociais, expressas ou tácitas, efetuados perante o dono da obra consumidor, eventualmente numa fase pré-contratual[691].

Alguma dificuldade poderão suscitar declarações ambíguas ou contraditórias, devendo nesses casos fazer-se usodas regras de interpretação das declarações negociais constantes do artigo 236º e seg. do C.C.

A presunção estabelecida na parte final da alínea d), do nº 2, do artº 2º, do D.L. nº 67/2003[692], releva também, como falta de conformidade, a divergência entre a obra realizada e as declarações públicas sobre as suas características concretas, nomeadamente na publicidade ou na rotulagem, determinando a aplicação das consequências previstas naquele diploma a estas situações. Essa relevância era já conferida pelo artº 7º,

[690] Sobre este conceito, cfr., *supra*, pág. 54 e seg.

[691] MENEZES LEITÃO, em *Direito das obrigações,* vol. III, pág. 144, e em *Novo regime da venda de bens de consumo,* em "Estudos do Instituto de Direito do Consumo", II vol., pág. 47-48, SARA LARCHER, em *Contratos celebrados através da Internet...,* em "Estudos do Instituto de Direito do Consumo", vol. II, pág. 185-189, e JORGE MORAIS CARVALHO, em *Os contratos de consumo,* pág. 474-475.

[692] Corresponde à presunção em sentido inverso do artº 2º, nº 2, d), da Diretiva 1999/44/CE.

nº 5, da L.D.C., que integra no conteúdo contratual as informações contidas nas mensagens publicitárias relativas à obra a realizar[693].

As informações a que se referem as alíneas a) e d), do nº 2, do artº 2º, do D.L. nº 67/2003, são consideradas relevantes no sentido de caracterizarem presuntivamente uma desconformidade entre a obra que deveria ter sido efetuada e a que efetivamente foi realizada. Apesar de abranger declarações que não integram o enunciado negocial[694], a lei confere-lhes relevância na definição do objeto do contrato de empreitada de consumo, vinculando os emitentes ao seu conteúdo.

As declarações com essa relevância, em princípio, devem ser concretas, precisas e objetivas, mas as descrições genéricas, vagas ou subjetivas não deixam de, por vezes, poder ser um importante critério para determinar a qualidade do objeto do contrato[695].

Não é válida, devendo considerar-se não escrita, nos termos do artº 10º, nº 1, do D.L. nº 67/2003, qualquer cláusula contratual que genericamente exclua a relevância destas declarações. Uma estipulação com este conteúdo faria com que o conteúdo promocional, associado à descrição enunciada ou publicitada pelo empreiteiro perdesse toda a sua eficácia, o que violaria o conteúdo imperativo das referidas presunções[696].

No caso de serem exibidas amostras de materiais a utilizar na realização da obra ou modelos desta, só serão eficazes declarações do empreiteiro no sentido de não se comprometer a realizar a obra segundo as caraterísticas dessas amostras ou modelos, desde que indique com pre-

[693] Sobre o fundamento jurídico desta integração, *vide* CARLOS FERREIRA DE ALMEIDA, em *Direito do consumo*, pág. 141-145.

[694] CALVÃO DA SILVA em *Venda de bens de consumo*, pág. 61-62, e JORGE MORAIS CARVALHO, em *Os contratos de consumo*, pág. 475, nota 1208, entendem que estas declarações têm valor negocial, integrando o respetivo contrato.

[695] Sobre este requisito da eficácia das declarações, CALVÃO DA SILVA, em *Venda de bens de consumo*, pág. 62-63, SARA LARCHER, em *Contratos celebrados através da Internet...*, em "Estudos do Instituto de Direito do Consumo", vol. II, pág. 187, e JORGE MORAIS CARVALHO, em *Os contratos de consumo*, pág. 475-476, e em *Manual de direito do consumo*, pág. 279-280.
CARLOS FERREIRA DE ALMEIDA, em *Direito do consumo*, pág. 140, vê na previsão do D.L nº 67/2003 uma menor exigência quanto à relevância nas mensagens publicitárias, relativamente ao disposto no nº 5, do artº 7º, da L.D.C., por não impor que a mensagem seja objetiva, o que permite considerar as mensagens com discurso difuso e impressivo, e por omitir qualquer referência a informações, o que possibilita relevar a publicidade persuasiva.

[696] JORGE MORAIS CARVALHO, em *Os contratos de consumo*, pág. 474, e em *Manual de direito do consumo*, pág. 279-280.

cisão ao dono da obra quais são as concretas caraterísticas que não irão corresponder à amostra ou modelo exibido, sendo inócua uma declaração genérica no sentido de que a obra a realizar não corresponde integralmente à amostra ou modelo exibido[697].

O artº 2º, nº 4, da Diretiva 1999/44/CE, porém, exclui a relevância das declarações públicas quando o empreiteiro demonstrar que não tinha conhecimento, nem podia ter razoavelmente conhecimento deste tipo de declarações, quando a declaração em causa foi corrigida antes da celebração do contrato e quando a decisão de contratar tomada pelo dono da obra consumidor não pudesse ter sido influenciada por essas declarações[698]. Uma vez que o D.L. nº 67/2003 deve ser interpretado, tendo em consideração o conteúdo daquela Diretiva, em regra, estas três situações determinam a irrelevância das referidas declarações[699], devendo a mencionada retificação da declaração ser efetuada com uma publicidade equivalente à da declaração inicial.

No caso das declarações particulares a que se refere a alínea a), do nº 2, do artº 2º, do D.L. nº 67/2003, a retificação da declaração efetuada antes da celebração do contrato deve também determinar a irrelevância da primitiva declaração.

Ora, no regime geral do contrato de empreitada constante do C.C., essas informações só serão relevantes para configurar uma situação de desconformidade entre a obra realizada e a acordada se assumirem as características de uma declaração negocial tácita que não se mostre afastada pelo teor do texto contratual[700].

Do exposto conclui-se que o regime especial das empreitadas de consumo, para além das situações de existência de defeitos na obra abrangidas pelo regime geral do C.C., no seu âmbito de aplicação, se estende também aos casos de incumprimento parcial, de prestação de coisa diversa e de desconformidade entre a obra realizada e as ante-

[697] Jorge Morais Carvalho, em *Manual de direito do consumo,* pág. 283.

[698] Estas restrições à relevância das declarações públicas constavam também do artº 3º, nº 4, do Anteprojeto do D.L. nº 67/2003, as quais acabaram por não constar da redação final deste diploma, deixando-se à doutrina e à jurisprudência o labor de relevar ou não as referidas situações como casos em que as declarações públicas não devem ser consideradas para efeitos de verificação de uma falta de conformidade com o contratado.

[699] No sentido oposto, Calvãoda Silva, em *Venda de bens de consumo,* pág. 91-92.

[700] Cfr, *supra,* pág. 58.

riores declarações particulares e públicas sobre as suas características concretas feitas pelo empreiteiro, nomeadamente na publicidade ou na rotulagem.

Ao contrário, quando os defeitos têm origem em materiais fornecidos pelo dono da obra já não se aplica o regime do D.L. nº 67/2003 (artº 2º, nº 3), mesmo que pelos mesmos possa ser responsabilizado o empreiteiro, por não ter cumprido o dever de informação sobre as consequências da execução da obra com esses materiais[701].

À hipótese do defeito, com causa nos materiais fornecidos pelo dono da obra consumidor, devem equiparar-se (artº 10º do C.C.) as situações em que o defeito tem origem em projetos, estudos, previsões, máquinas ou terrenos fornecidos pelo dono da obra, por identidade de razão, pelo que também a estes casos não é aplicável o regime do D.L. nº 67/2003, mesmo que se tratem de contratos qualificáveis como empreitadas de consumo.

Nestas situações aplica-se o regime especial da responsabilidade civil do empreiteiro constante dos artigos 1218º e seg. do C.C., a qual, como já vimos, só se deverá considerar excluída quando o erro de conceção não for detetável por um profissional de competência suficiente (o bom profissional) na realização daquele tipo de obras, ou, se tendo sido detetado, o empreiteiro informou o dono da obra das consequências nefastas da execução desta segundo o projeto, ou com os materiais fornecidos pelo dono da obra, ou de acordo com as suas instruções ou informações, tendo o dono da obra insistido pela realização da construção encomendada.

O mesmo sucede relativamente às faltas de conformidade que o dono da obra, num juízo de razoabilidade, atenta a natureza da obra e as características da falta de conformidade, deveria ter previsto que viriam a ocorrer no momento da celebração do contrato e não previu.

[701] Neste sentido, os Acórdãos:

✓ da Relação de Coimbra, de 18-2-2014, no site www.dgsi.pt, relatado por Sílvia Pires.

✓ da Relação de Coimbra, de 13-11-2018, no site www.dgsi.pt, relatado por Luís Cravo.

Jorge Morais Carvalho, em *Os contratos de consumo*, pág. 509, e em *Manual de direito do consumo*, pág. 304, entende, contudo, que nas situações em que era exigível que o empreiteiro advertisse o dono da obra das deficiências dos materiais fornecidos por este, à desconformidade da obra com origem nessas deficiências continua a aplicar-se o regime do D.L. nº 67/2003.

O artº 2º, nº 3, do D.L. nº 67/2003, conjuntamente com as faltas de conformidade conhecidas no momento da realização do contrato, exclui-as do conceito de falta de conformidade, recusando-lhes a aplicação do seu regime específico. Estamos perante uma daquelas situações em que a lei equipara o conhecimento ao "dever de conhecimento"[702]. Entendeu-se que não era justificado estender o regime protecionista concedido aos consumidores, a quem revelou negligência grave na contratação, devendo os riscos deste desconhecimento culposo recair sobre o contraente que revelou uma ignorância censurável.

Nestas duas últimas situações, caso se demonstre a responsabilidade do empreiteiro, apesar do defeito ter a sua origem em coisa fornecida pelo dono da obra consumidor, ou fosse previsível no momento da celebração do contrato, por recair sobre aquele um dever de advertir o dono da obra da probabilidade da obra ser defeituosa, as suas consequências são definidas pelo regime geral dos defeitos da obra do C.C. e pelas regras da L.D.C., aplicáveis aos contratos de consumo de empreitada (sobretudo artº 4º, 7º, nº 5, e 12º, nº 1), estando excluída a aplicação do D.L. nº 67/2003.

3.2. A responsabilidade objetiva

Nas empreitadas de consumo a responsabilidade do empreiteiro pela falta de conformidade da obra realizada é objetiva, dispensando a existência de um nexo de imputação das faltas de conformidade a um comportamento censurável daquele.

A L.D.C., na redação original da Lei nº 24/96, havia consagrado expressamente, na zona de contratos em que é aplicável, a responsabilidade objetiva do empreiteiro ("independentemente de culpa") pelos defeitos da obra, relativamente aos direitos de eliminação das deficiências, de realização de nova obra, de redução do preço e de resolução do contrato (artº 12º, nº 1). O artº 13º do D.L. nº 67/2003 alterou, porém, a redação deste normativo, que deixou de prever aqueles direitos, tendo essa previsão passado a integrar este último diploma, mas sem uma referência expressa a que a responsabilidade do empreiteiro exista "independentemente de culpa", relativamente ao exercício dos referidos

[702] Sobre estas situações, RAÚL GUICHARD, em *Da relevância jurídica do conhecimento no direito civil*, pág. 31 e seg.

direitos. Contudo, o desaparecimento desta expressão não se deveu a uma exigência do requisito da culpa, mas sim por se ter entendido que o exercício dos direitos de eliminação dos defeitos, de realização de nova obra, de redução do preço e de resolução do contrato, ao contrário do que sucede com o direito de indemnização, prescinde desse nexo de imputação[703], não sendo necessária por isso uma certificação legal expressa da ausência desse requisito.

Apesar de não existir agora uma clara referência expressa a que os direitos mencionados no artº 4º do D.L. nº 67/2003 se constituem independentemente da falta de conformidade da obra ser ou não imputável ao empreiteiro, a redação do artº 3º, nº 1, do mesmo diploma, ao dizer que o empreiteiro "responde perante o consumidor por qualquer falta de conformidade que exista no momento em que o bem lhe é entregue", revela que é indiferente que essa falta seja ou não imputável àquele, tal como se lia na antiga redação do artº 12º, nº 1, da L.D.C.[704].

Já o direito de indemnização, atualmente previsto na nova redação desse artº 12º, nº 1, tal como sucedia anteriormente à aprovação do D.L. nº 67/2003, tem como um dos seus requisitos o juízo de imputação do defeito ao empreiteiro, beneficiando a respetiva demonstração da presunção estabelecida nesse sentido pelo artº 799º, nº 1, do C.C.[705].

Todavia, esta diferença do regime legal da empreitada comum e da empreitada de consumo, quanto à exigência do requisito da culpa, não tem consequências práticas significativas, se verificarmos o funcionamento das situações comummente apontadas como capazes de ilidir a

[703] *Vide* a defesa desta opinião feita por Calvão da Silva, em *Compra e venda de coisas defeituosas,* pág. 101-102.

[704] Calvão da Silva, em *Venda de bens de consumo,* pág. 104, Pedro de Albuquerque/ /Miguel Assis Raimundo, em *Contrato de empreitada,* pág. 489-490, Henrique Sousa Antunes, em *A responsabilidade civil dos intervenientes no processo de construção,* em Cadernos de Direito Privado, nº 51, pág. 11, Hernani Cambinda, em *Empreitada de consumo,* pág. 78, e os Acórdãos:

✓ da Relação do Porto, de 7-3-2005, no site www.dgsi.pt, relatado por Santos Carvalho.

✓ da Relação de Coimbra, de 13-11-2018, no site www.dgsi.pt, relatado por Luís Cravo.

Pedro Romano Martinez, em *Compra e venda e empreitada,* em "Comemorações dos 35 anos do Código Civil e dos 25 anos da reforma de 1977", vol. III, pág. 255, enuncia a questão, sem tomar posição.

[705] Hernani Cambinda, em *Empreitada de consumo,* pág. 78.

presunção de culpa que recai sobre o empreiteiro no regime da empreitada do C.C.[706].

Quando o defeito tem origem em materiais, projetos, previsões, estudos, máquinas ou terrenos fornecidos pelo dono da obra, como já acima referimos[707], nunca se lhes aplica o regime da empreitada de consumo (artº 2º, nº 3, do D.L. nº 67/2003), pelo que não haverá uma responsabilidade do empreiteiro que prescinda de um juízo sobre a culpa deste.

Relativamente aos casos fortuitos, ou de força maior, abrangendo quer os fatores naturais, quer as ações de terceiros, regem as regras de repartição de risco contidas no artº 1228º do C.C., independentemente de a empreitada ser ou não de consumo. Na verdade, o facto do artº 3º, nº 1, do D.L. nº 67/2003, dispor que o empreiteiro "responde perante o consumidor por qualquer falta de conformidade que exista no momento em que o bem lhe é entregue", não determinou uma alteração das regras de repartição do risco contidas no artº 1228º, do C.C., as quais se mantiveram aplicáveis mesmo nos contratos de empreitada de consumo[708]. Conforme constou do considerando (14) da Diretiva 1999/44//CE as referências nesta à data da entrega não implicam que os Estados-Membros devam alterar as suas normas sobre transferência do risco, e Portugal não criou qualquer norma especial sobre a repartição do risco aplicável às empreitadas de consumo.

Quando a existência do defeito foi tácita ou expressamente prevista no contrato de empreitada, também não se lhe aplica o regime da empreitada de consumo (artº 2º, nº 3, do D.L. nº 67/2003), pelo que também nesta situação não haverá uma responsabilidade do empreiteiro que prescinda de um juízo sobre a culpa deste.

E relativamente às obras em que se verifica uma intervenção autónoma de múltiplos sujeitos na sua realização, a possibilidade do empreiteiro poder exonerar-se da sua responsabilidade pela demonstração que a causa da não conformidade é imputável a outro dos intervenientes, também existe nos contratos de empreitada de consumo, pois a responsabilidade objetiva, consignada no artº 3º do D.L. nº 67/2003, apenas se refere às desconformidades que se verifiquem no trabalho realizado

[706] Estas situações encontram-se descritas *supra*, pág. 73 e seg.

[707] Cfr, *supra*, pág. 274.

[708] Relativamente à compra e venda, Calvão da Silva, em *Venda de bens de consumo*, pág. 99-101.

pelo empreiteiro em causa e não às que resultem das intervenções dos outros sujeitos.

Verifica-se, assim, que os casos que na empreitada comum têm permitido que o empreiteiro ilida a presunção de culpa que sobre ele recai, exonerando-o de qualquer responsabilidade, também na empreitada de consumo não responsabilizam o empreiteiro, pelo que, conforme se afirmou, a diferença de regime neste domínio não traz consequências práticas significativas.

O artº 3º, nº 2, do D.L. nº 67/2003, consagrou a presunção que as faltas de conformidade verificadas na obra já existiam no momento em que a mesma foi entregue ao seu dono, podendo o empreiteiro ilidir essa presunção pela demonstração que essa falta de conformidade resultou de ato posterior à entrega, nomeadamente o uso incorreto da obra pelo consumidor[709]. Esta presunção abrange todo o período em que a verificação da falta de conformidade permite a utilização dos direitos do dono da obra (2 anos nos bens móveis e 5 nos imóveis), correspondendo, pois, ao prazo de garantia legal estabelecido no artigo 5º, do mesmo diploma.

Do estabelecimento desta presunção resulta que, tal como sucede nos contratos de empreitada comuns, o momento relevante para se determinar se a obra se encontra em conformidade com o contratado é o da entrega da obra, presumindo-se, face à verificação posterior de qualquer deficiência, que a mesma já existia nesse momento.

Mas a presunção, porém, não funciona se o raciocínio presuntivo se revelar incompatível com a natureza da coisa (por exemplo bens de desgaste rápido ou com prazo de validade curto), ou com as características da falta de conformidade (por exemplo desconformidades necessariamente causadas por uma utilização indevida do bem) e a data em que

[709] O Anteprojeto do D.L. nº 67/2003 apenas estabelecia esta presunção relativamente às faltas de conformidade que se manifestassem no prazo de 1 ano após a entrega do bem móvel, sendo certo que o artº 5º, nº 3, da Diretiva 1999/44 CE, restringia ainda mais o funcionamento dessa presunção, estabelecendo-a apenas para as faltas de conformidade manifestadas nos 6 meses seguintes à entrega da obra. Este último período temporal da manifestação do defeito para funcionamento da presunção foi seguido pelas legislações italiana (artº 1519-sexies, do C.C. Italiano), alemã (§ 476 do BGB), francesa (art. L 211-7, do Code de la Consommation), espanhola (artº 9, da Lei 23/2003, de 10-7-2003) e austríaca (§ 924 do ABGB), entre outras.

a falta de conformidade foi constatada[710]. Na empreitada comum também funciona esta mesma presunção integrada na presunção de culpa do empreiteiro pelos defeitos existentes na obra[711].

3.3. A proibição da exclusão ou limitação convencionais da responsabilidade do empreiteiro

O artº 10º, nº 2, do D.L. 67/2003[712], determina a nulidade dos pactos excluídores ou limitativos do exercício dos direitos do dono da obra consumidor concedidos por este diploma (direito de eliminação das desconformidades, substituição da coisa, redução do preço e resolução do contrato), celebrados antes da denúncia das faltas de conformidade existentes[713].

O mesmo dispõe o artº 16º, nº 1, da L.D.C., aplicável ao direito de indemnização do dono da obra consumidor, nas empreitadas de consumo, previsto no seu artº 12º, nº 1.

Confere-se, assim, uma natureza imperativa e irrenunciável ao regime de proteção ao consumidor constante dos citados diplomas, em nome dos interesses públicos que presidem à respetiva opção política. Como lembra Calvão da Silva, "entre o forte e o fraco é a liberdade que oprime"[714], pelo que neste domínio importava impedir que a liberdade de modelação dos contratos (artº 405º do C.C.) frustrasse os objetivos perseguidos pela legislação de defesa do consumidor.

Esta limitação à liberdade negocial não existe apenas no momento da celebração do contrato, prolongando-se por todo o período que antecede a denúncia das faltas de conformidade da obra. Assim, mesmo quando o dono da obra as constata ou se encontrava em condições de as verificar, não é admissível que possa renunciar ao exercício dos seus direitos antes de ter procedido à denúncia das desconformidades. Só após esse momento é que tal renúncia, desde que livre, é eficaz.

São nulas não só as estipulações convencionais que impliquem uma renúncia aos direitos concedidos ao dono da obra consumidor, perante

[710] Jorge Morais Carvalho, em *Os contratos de consumo*, pág. 565, e em *Manual de direito do consumo*, pág. 310-311.

[711] Cfr., *supra*, pág. 72.

[712] Corresponde ao artº 7º, nº 1, da Diretiva 1999/44/CE.

[713] Sobre a admissibilidade destes pactos nas empreitadas comuns, cfr. *supra*, pág. 95-99.

[714] Em *Venda de bens de consumo*, pág. 155.

a existência de faltas de conformidade desta, mas também aquelas que apenas limitem o seu exercício, como sejam as que estabelecem *plafonds* indemnizatórios, ónus de prova diferentes dos legalmente fixados, ou prazos de caducidade mais curtos.

A nulidade aqui prevista apenas é invocável pelo dono da obra, o qual pode optar pela invalidade de todo o contrato, ou pela sua manutenção desprovido dessa cláusula (artº 16º, nº 2 e 3, da L.D.C., também aplicável por remissão do nº 2, do referido artº 10º do D.L. nº 67/2003). Consagra-se, assim, uma nulidade atípica, que não pode ser conhecida oficiosamente pelo tribunal e que só pode ser invocada pela parte protegida[715].

A possibilidade de o dono da obra poder optar pela manutenção do contrato desprovido da cláusula restritiva ou limitadora dos direitos que lhe são atribuídos pelo D.L. nº 67/2003, inviabiliza a admissibilidade de contratos que contenham cláusulas, com este conteúdo, apesar de globalmente poderem ser mais favoráveis ao dono da obra que o imposto por aquele diploma[716].

Esta nulidade apenas atinge as estipulações contratuais ou pós-contratuais anteriores ao ato de denúncia das faltas de conformidade. Após a denúncia dos defeitos nada impede as partes de livremente transacionarem sobre a situação de incumprimento verificada. O que se impede é uma renúncia ou uma limitação antecipada dos direitos conferidos ao dono da obra por leis de proteção à posição dos consumidores.

Se as cláusulas de um contrato de empreitada de consumo manifestarem as características previstas no D.L. nº 446/85, de 25 de Outubro (cláusulas contratuais gerais), é-lhes também aplicável o disposto neste diploma, conforme resulta do artº 10º, nº 1, do D.L. nº 67/2003.

3.4. A irrelevância do ato de aceitação da obra com defeitos conhecidos

O artº 1219º, nº 1, do C.C., consagra um caso de exclusão legal da responsabilidade do empreiteiro, relativamente aos defeitos conhecidos pelo dono da obra se este a aceitou sem reservas[717]. O legislador presu-

[715] Calvão da Silva, em *Venda de bens de consumo*, pág. 156.

[716] Pronunciando-se pela admissibilidade duma negociação desse tipo, Jorge Morais Carvalho, em *Os contratos de consumo*, pág. 601-602.

[717] Sobre esta causa de exclusão da responsabilidade do empreiteiro, cfr., *supra*, pág. 84 e seg.

miu de forma absoluta que o dono da obra que a aceita, conhecendo os seus defeitos, sem os denunciar nesse ato, renuncia à responsabilização do empreiteiro pelo cumprimento defeituoso.

O estabelecimento desta presunção absoluta contraria o regime especial imperativo do D.L. nº 67/2003 e da L.D.C., pelo que deve ter-se como afastada nas empreitadas de consumo, atento o princípio da derrogação da lei geral pela lei especial.

Na verdade, os artº 10º, nº 2, do D.L. nº 67/2003, e 16º, nº 1, da L.D.C., cominam com a nulidade os pactos excluídores ou limitativos do exercício dos direitos do dono da obra consumidor celebrados antes da denúncia dos defeitos, o que contraria que o ato de aceitação da obra sem denúncia dos defeitos verificados possa determinar a exclusão da responsabilidade do empreiteiro. Se não se reconhece relevância à renúncia expressa aos direitos do dono da obra consumidor pela existência de defeitos antes da denúncia destes, também não se pode relevar um ato tácito revelador dessa renúncia ocorrido antes desse momento.

Não é, pois, aplicável às empreitadas de consumo o disposto no artº 1219º, nº 1, do C.C., e, em consequência, perde interesse o estabelecimento da presunção relativa do artº 1219º, nº 1, do C.C. (presunção de conhecimento dos defeitos aparentes)[718].

Mas já são aplicáveis às empreitadas de consumo as regras de verificação da obra e de comunicação dos seus resultados, contidas no artº 1218º do C.C., através das quais resulta a definição do momento em que se considera a obra aceite. Se a aceitação da obra não releva para efeitos de responsabilização do empreiteiro pelas faltas de conformidade, continua a ter interesse para outros efeitos, como a definição do momento da transferência da propriedade da obra (artº 1212º do C.C.), ou do vencimento da obrigação de pagamento do preço (artº 1221º do C.C.), ou das regras de repartição do risco (artº 1228º do C.C.).

[718] Vide, neste sentido Hernani Cambinda, em *Empreitada de consumo*, pág. 68, e os seguintes Acórdãos:

- ✓ da Relação do Porto, de 6-9-2010, no site www.dgsi.pt, relatado por António Eleutério.
- ✓ da Relação de Coimbra, de 6-12-2011, no site www.dgsi.pt, relatado por Sílvia Pires.
- ✓ da Relação de Coimbra, de 18-2-2014, no site www.dgsi.pt, relatado por Sílvia Pires.
- ✓ da Relação do Porto, de 15-12-2016, no site www.dgsi.pt, relatado por Jorge Seabra.

Discordando desta posição, Pedro de Albuquerque/Miguel Assis Raimundo, em *Contrato de empreitada*, pág. 488, nota 1805.

3.5. A denúncia dos defeitos

Nas empreitadas de consumo também recai sobre o dono da obra consumidor o ónus de denúncia das faltas de conformidade da obra. A denúncia funciona como condição de que depende o exercício dos direitos do dono da obra (artº 5º-A, nº 1 e 2, do D.L. nº 67/2003)[719].

Nas empreitadas de consumo, após o conhecimento da existência do defeito, o dono da obra consumidor dispõe do prazo de 2 meses[720] para o denunciar, relativamente a bens móveis, e de 1 ano[721], relativamente a imóveis, sob pena de caducidade dos seus direitos (artº 5º-A, nº 2, do D.L. nº 67/2003).

Este aumento do prazo da denúncia da falta de conformidade dos bens móveis só vale relativamente ao exercício dos direitos previstos no D.L. nº 67/2003 (eliminação dos defeitos, substituição da coisa, redução do preço e resolução do contrato). Para o exercício do direito de indemnização previsto no artº 12º, nº 1, da L.D.C., o prazo para a denúncia de faltas de conformidade em bens móveis é o constante do artº 1220º, nº 1, do C.C. (30 dias).

Nestes contratos não funciona a presunção legal de conhecimento dos defeitos aparentes, constante do artº 1219º, nº 2, do C.C. [722], uma vez que esta encontra-se estabelecida com vista à exclusão da responsabilidade do empreiteiro em resultado da aceitação da obra com defeitos

[719] A Diretiva 1999/44/CE, no seu artº 5º, nº 2, não impôs a fixação de um prazo de dois meses de denúncia das faltas de conformidade, tendo apenas permitido a sua consagração pelas legislações nacionais. Na Alemanha, na Áustria e em França, por exemplo, não foram fixados prazos para a denúncia das faltas de conformidade.

[720] Este prazo é o dobro do prazo de denúncia nas empreitadas fora das relações de consumo (artº 1220º, nº 1, do C.C.) e do que se encontrava previsto no artº 12º, nº 2, a L.D.C., revogado pelo artº 13º, do D.L. nº 67/2003, tendo esse alargamento resultado do disposto no artº 5º, nº 2, da Diretiva 1999/44/CE.

[721] Este prazo coincide com o prazo geral estabelecido para a denúncia de defeitos em imóveis pelo artº 1225º, nº 2, do C.C., o que já sucedia com o disposto no artº 12º, nº 2, da L.D.C., revogado pelo artº 13º, do D.L. nº 67/2003. Mas, o prazo de um ano estabelecido no artº 5º-A, nº 2, do D.L. nº 67/2003, aplica-se à denúncia de defeitos na construção de todos os bens imóveis, enquanto o prazo de um ano constante do artº 1225º, nº 2, do C.C., apenas se aplica à denúncia de defeitos em imóveis de longa duração. Quanto às empreitadas comuns de imóveis que não sejam de longa duração vigora o prazo de um mês para a denúncia dos defeitos, estabelecido no artº 1220º, nº 1, do C.C.

[722] Pedro Romano Martinez, em *Empreitada de consumo*, em "Themis", Ano II, nº 4, pág. 167-168 e Jorge Morais Carvalho, *Manual de direito do consumo*, pág. 338.

conhecidos (artº 1219º, nº 2, do C.C.), a qual não tem aplicação nos contratos de empreitada de consumo. Assim, recai sobre o empreiteiro o ónus de provar que aquele efetivamente se apercebeu deles, nada impedindo, contudo, o funcionamento de presunções judiciais para apurar esse conhecimento, retiradas da evidente aparência dos defeitos.

Relativamente à denúncia nas empreitadas de consumo, para além das especialidades acima referidas, valem todas as considerações feitas relativamente à denúncia dos defeitos nas empreitadas comuns[723].

3.6. Os direitos do dono da obra consumidor

O artº 4º, nº 1, do D.L. nº 67/2003, reconheceu ao dono da obra consumidor os seguintes direitos perante a realização da obra desconforme com o contratado: direito de reparação das faltas de conformidade, direito de substituição da obra, direito à redução adequada do preço e direito à resolução do contrato.

Estes direitos são os mesmos que também se encontram previstos nos artº 1221º e 1222º do C.C. para as empreitadas comuns, correspondendo o direito de reparação ao direito à eliminação dos defeitos e o direito de substituição ao direito à realização de nova obra.

O seu conteúdo também é coincidente, valendo aqui a quase totalidade das considerações que acima se efetuaram no regime da empreitada comum na análise individualizada de cada um desses direitos[724].

A imposição da reparação ou substituição da obra deverem ser realizadas num prazo razoável, tendo em conta a natureza do defeito, sem graves inconvenientes e sem encargos (incluindo as despesas de transporte, mão de obra e material, ou peritagens) para o dono da obra consumidor (artº 4º, nº 1, 2 e 3, do D.L. nº 67/2003[725]), também vigora no regime da empreitada comum[726]. Contudo, o D.L. nº 84/2008 veio alterar a redação original do nº 2, do artº 4º, do D.L. 67/2003, fixando um prazo máximo de 30 dias para a reparação ou substituição de qualquer bem móvel, evitando, nestes casos, alguma incerteza no juízo de razoabilidade do prazo necessário para uma reparação ou substituição, o que

[723] Cfr., *supra*, pág. 101 e seg.

[724] Cfr., *supra*, pág. 111 e seg.

[725] Corresponde ao artº 3º, nº 2, 3 e 4, da Diretiva 1999/44/CE.

[726] Cfr., *supra*, pág. 117.

permitia o prolongamento, por um tempo excessivo, de trabalhos ou operações pouco complexas. Note-se, contudo, que o prazo de 30 dias para a reparação ou substituição de bens móveis é um prazo máximo, pelo que, em pequenas reparações ou obras de rápida execução, o mesmo pode revelar-se excessivo, violando a exigência de razoabilidade[727].

Prazo conta-se a partir da data em que o bem é disponibilizado pelo dono da obra para ser efetuada a sua reparação[728].

A ultrapassagem do prazo de 30 dias também poderá ser justificada por razões alheias ao empreiteiro e que excluam a sua responsabilidade pela demora verificada[729].

Caso seja necessário efetuar qualquer peritagem, o tempo despendido nesta operação está incluído no referido prazo de 30 dias[730].

Estando em causa imóveis, o prazo para a sua reparação é o que se mostrar razoável, em função do tipo de obras que é necessário realizar.

A demora na realização dos trabalhos de reparação, com ultrapassagem de um prazo razoável, para além das sanções contraordenacionais previstas nos artº 12º-A e 12º-B, do D.L. nº 67/2003, permite ao dono da obra optar pelo exercício de outro direito[731] e/ou pela indemnização dos prejuízos causados pela mora.

O artº 4º, nº 4, do D.L. nº 67/2003, admite a possibilidade dos direitos de redução do preço e de resolução do contrato poderem ser exercidos, mesmo que a obra se tenha deteriorado ou perecido, por razões não imputáveis ao dono da obra consumidor.

Esta disposição não deve ser encarada como consagrando uma especialidade relativamente às regras de repartição do risco, constantes do artº 1228º, do C.C., visando antes evitar obstáculos ao exercício daqueles direitos resultantes da obra se ter entretanto deteriorado ou perecido, por razões não imputáveis ao dono da obra consumidor, após a transferência do risco para este.

[727] MARIA OLINDA GARCIA, em *O consumidor mais protegido – o alcance do Decreto-Lei nº 84/2008, de 21 de Maio*, em Julgar, nº 6, pág. 37.

[728] JORGE MORAIS CARVALHO, em *Manual de direito do consumo*, pág. 319.

[729] MARIA OLINDA GARCIA, em *O consumidor mais protegido – o alcance do Decreto-Lei nº 84/2008, de 21 de Maio*, em Julgar, nº 6, pág. 37.

[730] JORGE MORAIS CARVALHO, em *Os contratos de consumo*, pág. 572, e em *Manual de direito do consumo*, pág. 319.

[731] JORGE MORAIS CARVALHO, em *Os contratos de consumo*, pág. 572-573, e em *Manual de direito do consumo*, pág. 319-320.

Se, quanto ao direito de redução do preço, tal disposição não se apresenta como uma especialidade, relativamente ao regime da empreitada comum, já quanto ao direito de resolução ela apresenta-se como um espaço de inovação.

Na verdade, na empreitada comum, o disposto no artº 432º, nº 2, do C.C., impede o exercício do direito de resolução quando o dono da obra já não se encontrar em condições de restituir a obra recebida, salvo se essa situação de impossibilidade for imputável ao empreiteiro. Na empreitada de consumo, o dono da obra consumidor também poderá resolver o contrato, mesmo que não possa restituir a obra recebida, quando a sua deterioração ou perecimento é imputável a terceiro ou a causa natural, nos termos do artº 4º, nº 4, do D.L. nº 67/2003[732].

Se, relativamente ao conteúdo dos direitos do dono da obra, o regime da empreitada de consumo não apresenta significativas especialidades, já quanto ao modo de articulação dos diferentes direitos no seu exercício existe uma diferença substancial. Enquanto no regime do C.C. vigoram regras rígidas que estabelecem várias relações de precedência e subsidiariedades entre aqueles direitos, que condicionam severamente o seu exercício[733], no âmbito do D.L. nº 67/2003 os direitos do dono da obra consumidor são independentes uns dos outros, estando a sua utilização apenas restringida pelos limites impostos pela proibição geral do abuso do direito (artº 4º, nº 5, do D.L. nº 67/2003)[734]. Em princípio,

[732] É esta a intenção que resulta claramente dos trabalhos preparatórios do D.L. nº 67/2003 (Cfr. Paulo Mota Pinto, em *Cumprimento defeituoso do contrato de compra e venda*...pág. 54-55). Neste sentido, Jorge Morais Carvalho, em *Os contratos de consumo,* pág. 577-579, e em *Manual do direito do consumo,* pág. 324-325, e Hernani Cambinda, em *Empreitada de consumo,* pág. 74.
Calvão da Silva, em *Venda de bens de consumo,* pág. 109-110, sustentando que não estamos perante uma alteração das regras de transferência do risco, propõe injustificadamente uma interpretação corretiva do disposto no artº 4º, nº 4, do D.L nº 67/2003, lendo "por motivo não imputável ao vendedor", onde se escreveu "por motivo não imputável ao comprador".
Discorda-se desta leitura, uma vez que não estamos perante uma intenção de reafirmação do disposto no artº 432º, nº 2, do C.C., mas sim perante uma exceção a esta regra, destinada a beneficiar o consumidor, mantendo este a possibilidade de resolver o contrato, mesmo que o bem tenha perecido devido a caso fortuito. *Vide,* neste mesmo sentido, Paulo Mota Pinto, em *Interesse contratual negativo e interesse contratual positivo,* pág. 994, nota 2778.

[733] Cfr., *supra,* pág. 157 e seg.

[734] Foi esta também a leitura efetuada no âmbito da L.D.C. pelos seguintes Acórdãos:
✓ do S.T.J., de 6-7-2004, no site www.dgsi.pt, relatado por Noronha Nascimento.

perante a existência de faltas de conformidade na obra realizada, o dono desta pode exercer livremente qualquer um dos direitos conferidos pelo artº 4º, nº 1, do D.L. nº 67/2003[735]. Essa liberdade de opção pelo direito que melhor satisfaça os seus interesses deve, contudo, respeitar os princípios da boa fé, dos bons costumes e a finalidade económico-social do direito escolhido (artº 334º do C.C.)[736], assim como tem como limite natural os casos de impossibilidade de efetivação do direito[737].

É certo que o respeito por esses princípios conduzirá muitas vezes à observância das regras de articulação dos diferentes direitos do dono da obra impostas no C.C.[738], até porque algumas delas também constavam do texto da Diretiva transposta pelo D.L. nº 67/2003[739], constituindo

✓ da Relação de Évora, de 15-3-2007, no site www.dgsi.pt, relatado por Gaito das Neves.
✓ da Relação de Coimbra, de 18-1-2011, no site www.dgsi.pt, relatado por Pedro Martins.

[735] O Acórdão da Relação de Lisboa de 10-10-2017, no site www.dgsi.pt, relatado por Pedro Brighton defendeu a possibilidade do pedido de eliminação de defeitos ser deduzido conjuntamente com o pedido de indemnização que permitisse a eliminação de defeitos por terceiro, como pedidos alternativos, ao abrigo do disposto no artigo 553º do C.P.C.

[736] Sara Larcher, em *Contratos celebrados através da Internet...*, em "Estudos do Instituto de Direito do Consumo", vol. II, pág. 207, Jorge Morais Carvalho, em *Os contratos de consumo*, pág. 570, e *Manual de direito do consumo*, pág. 314-315, e os Acórdãos:
✓ da Relação de Coimbra de 5-12-2012, no site www.dgsi.pt, relatado por Barateiro Martins.
✓ da Relação de Évora, de 8-3-2018, no site www.dgsi.pt, relatado por Isabel Imaginário.

[737] Pedro Romano Martinez, em *Empreitada de consumo*, em "Themis", Ano II, nº 4, pág. 169-170, e Jorge Morais Carvalho, em *Os contratos de consumo*, pág. 569-56, e *Manual de direito do consumo*, pág. 316.

[738] Pedro Romano Martinez, em *Empreitada de consumo*, em "Themis", Ano II, nº 4, pág. 169-170, e Calvão da Silva, em *Venda de bens de consumo*, pág. 107-108 e 110-112.
No Acórdão da Relação de Lisboa de 28-1-2014, no site www.dgsi.pt, relatado por Luís Espírito Santo, defendeu-se que o D.L. nº 67/2003 não afastou a prevalência da reparação/eliminação dos defeitos a realizar pelo empreiteiro em favor da obtenção pelo dono da obra da importância pecuniária correspondente ao respetivo custo.

[739] Dispõe o artº 3º da Diretiva 1999/44/CE:
"...
3. Em primeiro lugar, o consumidor pode exigir do vendedor a reparação ou a substituição do bem, em qualquer dos casos sem encargos, a menos que isso seja impossível ou desproporcionado.
Presume-se que uma solução é desproporcionada se implicar para o vendedor custos, que, em comparação com a outra solução, não sejam razoáveis, tendo em conta:
- o valor que o bem teria se não existisse falta de conformidade;
- a importância da falta de conformidade;

esse texto um importante elemento interpretativo deste diploma. Princípios, como o da razoabilidade, da proporcionalidade e da prioridade da restauração natural, poderão muitas vezes impor soluções coincidentes com o cumprimento daquelas regras, mas no âmbito das empreitadas de consumo não existe uma obrigatoriedade cega do seu respeito. Serão as particularidades do caso concreto que definirão as possibilidades de exercício dos diferentes direitos colocados ao dispor do dono da obra consumidor, de modo a serem respeitados os princípios que presidiram à sua atribuição.

Apesar das soluções serem necessariamente casuísticas, podemos dizer que, na generalidade, o regime dos direitos do dono da obra nas empreitadas de consumo permite uma maior maleabilidade na escolha do direito que melhor satisfaça os interesses deste em obter um resultado conforme com o contratado. Aqui não se pode falar na existência de um direito do empreiteiro a proceder à reparação das faltas de conformidade da obra. O direito de substituição da obra pode ser exercido mesmo em situações em que a reparação das faltas de conformidade é possível. Os direitos de redução do preço e de resolução do contrato não estão apenas reservados para as hipóteses de incumprimento definitivo ou impossibilidade de cumprimento dos deveres de reparação ou substituição da obra, podendo outras circunstâncias justificarem o recurso prioritário ao exercício destes direitos. E o direito de resolução do contrato não está dependente da obra se revelar inadequada ao fim a que destina, bastando apenas que a desconformidade verificada não seja insignificante, perante a dimensão da obra.

- a possibilidade de a solução alternativa ser concretizada sem grave inconveniente para o consumidor...

5. O consumidor pode exigir uma redução adequada do preço, ou a rescisão do contrato:
   - se o consumidor não tiver direito a reparação, nem a substituição, ou
   - se o vendedor não tiver encontrado uma solução num prazo razoável, ou
   - se o vendedor não tiver encontrado uma solução sem grave inconveniente para o consumidor
6. O consumidor não tem direito à rescisão do contrato se a falta de conformidade for insignificante".

Estas regras de hierarquia no exercício dos direitos foram transpostas, com pequenas alterações, para o artº 1519-quartier do C.C. Italiano, §§ 437, 439, 440 e 441, do BGB, na Alemanha, artº 6 e 7, da Ley 23/2003, em Espanha, § 932 do ABGB, na Áustria, e artº L. 211-9 e 211-10, do Code de la Consommation, em França.

Apesar do D.L. nº 67/2003 não incluir no seu regime o direito de indemnização, isso não impede a sua utilização pelo dono da obra consumidor[740].

O direito de indemnização dos danos patrimoniais e não patrimoniais resultantes da realização de obras defeituosas, nas relações de consumo, continua a ter a sua previsão no artº 12º, nº 1, da L.D.C.[741]. Este direito de indemnização não deve ser encarado com a configuração meramente subsidiária ou residual do direito de indemnização previsto no artº 1223º do C.C., podendo ser livremente exercido pelo dono da obra consumidor, tendo apenas os limites impostos pela figura geral do abuso de direito (artº 334º do C.C.)[742]. Na verdade, a sua consagração

[740] Calvão da Silva, em *Venda de bens de consumo,* pág. 113-114, Menezes Leitão, em *Direito das obrigações,* vol. III, pág. 155, e em *Novo regime da venda de bens de consumo,* em "Estudos do Instituto de Direito do Consumo", II vol., pág. 58, Pedro de Albuquerque/Miguel Assis Raimundo, em *Contrato de empreitada,* pág. 490, Jorge Morais Carvalho, em *Os contratos de consumo,* pág. 582-585, e em *Manual de direito do consumo,* pág. 328 e seg., e os seguintes Acórdãos:

- ✓ da Relação de Lisboa, de 31-5-2007, no site www.dgsi.pt, relatado por Granja da Fonseca.
- ✓ da Relação de Coimbra, de 13-4-2010, no site www.dgsi.pt, relatado por Freitas Neto.
- ✓ da Relação de Coimbra, de 6-12-2011, no site www.dgsi.pt, relatado por Sílvia Pires.

[741] A expressão utilizada neste normativo de "fornecimento de bens ou prestações de serviços" abrange a realização de obras.

[742] Neste sentido, Henrique Sousa Antunes, em *A responsabilidade civil dos intervenientes no processo de construção,* em Cadernos de Direito Privado, nº 51, pág. 11, e os seguintes Acórdãos:

- ✓ da Relação de Coimbra, de 16-2-2016, no site www.dgsi.pt, relatado por Arlindo Oliveira.
- ✓ da Relação de Guimarães, de 14-4-2016, no site www.dgsi.pt, relatado por Maria Purificação Carvalho.
- ✓ da Relação de Guimarães, de 18-5-2017, no site www.dgsi.pt, relatado por Helena Melo.
- ✓ da Relação de Lisboa, de 10-10-2017, no site www.dgsi.pt, relatado por Pedro Brighton.
- ✓ do S.T.J., de 7-3-2019, no site www.dgsi.pt, relatado por Rosa Ribeiro Coelho.
- ✓ da Relação de Guimarães, de 16-11-2017, no site www.dgsi.pt, relatado por Maria Luísa Ramos.

Em sentido contrário, os Acórdãos:

- ✓ da Relação do Porto, de 16-5-2016, no site www.dgsi.pt, relatado por Manuel Domingos Fernandes.
- ✓ da Relação de Guimarães de 12-7-2016, no site www.dgsi.pt, relatado por Jorge Seabra.

Essa parece ser também a posição dos Acórdãos da Relação de Guimarães, de 12-10-2017, no site www.dgsi.pt, relatado por Anabela Tenreiro, e de 6-12-2018, no mesmo site, relatado por Maria dos Anjos, em que se sustenta que só um incumprimento definitivo da obrigação de eliminação de defeitos por parte do empreiteiro permitirá ao dono da obra optar pelo

especial na L.D.C. permite que ele escape ao rigor das regras de articulação dos direitos conferidos ao dono da obra pelo C.C.[743], devendo o seu exercício respeitar, tal como qualquer outro direito, as exigências da boa fé, dos bons costumes e a sua finalidade económico-social. Desde que as circunstâncias em que este direito de indemnização é exercido não revelem uma ofensa àqueles princípios, pode o dono da obra consumidor utilizá-lo sem que primeiro tenha esgotado os outros meios de satisfazer os seus interesses. Todavia, apesar de se encontrar autonomamente previsto na L.D.C., como direito colocado à disposição do dono da obra consumidor, o seu exercício não deixa de estar sujeito aos requisitos gerais previstos no C.C. para as consequências da realização de uma obra defeituosa, nomeadamente a exigência de culpa do empreiteiro[744], a necessidade da denúncia atempada dos defeitos (artº 1220º do C.C.) e a aplicação dos prazos de caducidade dos artº 1224º e 1225º do C.C., quando o mesmo visa ressarcir o prejuízo da existência da desconformidade[745].

pedido de pagamento de uma indemnização que permita a contratação de terceira pessoa para proceder à eliminação dos defeitos.

Já no Acórdão da Relação do Porto de 31-5-2012, no site www.dgsi.pt, relatado por Leonel Serôdio, se admite, neste tipo de empreitadas, o direito do dono da obra em reclamar o pagamento dos custos da reparação do defeito por terceiro, nos casos de urgência, recusa ou demora do empreiteiro em efetuar a reparação, conferindo maior maleabilidade à utilização do direito de indemnização nos casos de mora do empreiteiro em efetuar a reparação dos defeitos.

Sobre o funcionamento destes limites relativamente aos restantes direitos do dono da obra previstos no D.L. nº 67/2003, cfr., *supra*, pág. 286.

[743] Cfr., *supra*, pág. 157 e seg.

[744] Sara Larcher, em *Contratos celebrados através da Internet...*, em "Estudos do Instituto de Direito do Consumo", vol. II, pág. 221-222, Jorge Morais Carvalho, em *Os contratos de consumo*, pág. 583, e em *Manual de direito do consumo*, pág. 329, e o Acórdão da Relação de Coimbra de 6-12-2011, no site www.dgsi.pt, relatado por Sílvia Pires.

[745] Henrique Sousa Antunes, em *A responsabilidade civil dos intervenientes no processo de construção*, em Cadernos de Direito Privado, nº 51, pág. 12, defende que o direito de indemnização previsto no artigo 12º, nº 1, da L.D.C., não está sujeito a qualquer prazo de caducidade, aplicando-se-lhe apenas o prazo de prescrição ordinário.

O Acórdão da Relação de Lisboa, de 2-5-2017, no site www.dgsi.pt, relatado por Luís Espírito Santo, decidiu aplicar os prazos de caducidade previstos no artigo 5º do D.L. 67/2003. Assim seria se o legislador tivesse previsto esse direito no âmbito de aplicação do D.L. 67/2003, o que deliberadamente não fez.

Já quanto à indemnização pelos danos colaterais causados ao dono da obra pela desconformidade, designadamente os danos não patrimoniais, também abrangida pela previsão do artigo 12º, nº 1, da L.D.C., a mesma obedecerá às regras gerais da responsabilidade civil contratual previstas no C.C.[746].

Apesar de não terem regras específicas nas empreitadas de consumo, também podem ser exercidos, no seu âmbito, outros direitos reconhecidos no regime geral, como o direito de recusa da obra[747], o direito de indemnização em dinheiro pelo não cumprimento definitivo do dever de reparação da obra ou da sua substituição[748] e a invocação da exceção do cumprimento defeituoso do contrato como fundamento para a suspensão do cumprimento da obrigação de pagar o preço[749]. O exercício destes direitos estará sujeito aos requisitos e prazos definidos pelo regime geral do contrato de empreitada do C.C.

Note-se que o reconhecimento do direito de indemnização em dinheiro pelo não cumprimento definitivo do dever de reparação da obra ou da sua substituição coexiste com a possibilidade do dono da obra consumidor, ao abrigo do artº 12º, nº 1, da L.D.C., pedir, em primeira via, uma indemnização que lhe permita ser ele próprio a eliminar os defeitos ou contratar terceiro que o faça, desde que, conforme acima se referiu, essa opção não infrinja os imperativos da boa fé.

Exercido um dos direitos colocados à disposição do dono da obra, esta opção é irrevogável, apenas podendo ser alterada quando o empreiteiro não cumpre voluntariamente a prestação correspondente ao direito inicialmente exercido[750].

[746] O mesmo Acórdão referido na nota anterior também decidiu aplicar a estes danos os mesmos prazos de caducidade do artigo 5º do D.L. 67/2003, solução que além da dificuldade apontada na nota anterior tem os inconvenientes supra referidos a pág.

[747] Cfr., *supra*, pág. 112 e seg.
Neste sentido, Jorge Morais Carvalho, em *Manual de direito do consumo*, pág. 327-328.

[748] Cfr., *supra*, pág. 143 e seg.
Neste sentido, Jorge Morais Carvalho, em *Os contratos de consumo*, pág. 573-575, e em *Manual de direito do consumo*, pág. 320-321.

[749] Cfr., *supra*, pág. 175 e seg.
Neste sentido, Jorge Morais Carvalho, em *Os contratos de consumo*, pág. 581-582, e em *Manual de direito do consumo*, pág. 328.

[750] Jorge Morais Carvalho, em *Manual de direito do consumo*, pág. 315.

O D.L. nº 84/2008 introduziu um nº 6, no artº 4º, do D.L. nº 67/2003, admitindo a transmissão dos direitos conferidos ao dono da obra consumidor por este diploma para um terceiro adquirente, tal como o artº 1225º, nº 1, do C.C., já o admitia no regime da empreitada comum de bens imóveis. É indiferente o número de alienações do bem defeituoso, continuando o empreiteiro a responder sempre perante o último adquirente.

Como se disse acima, a propósito deste regime[751], não estamos perante um caso de responsabilidade extracontratual por danos causados a terceiros, mas sim perante uma cessão de créditos resultantes da responsabilidade contratual, imposta por lei. Daí que, para a contagem dos prazos de caducidade, com início no conhecimento do defeito, na data da denúncia, ou na entrega da obra, o que importa é o primeiro conhecimento, a primeira denúncia ou a primeira entrega, não se renovando esses prazos com futuras transmissões, sendo irrelevante o desconhecimento dos defeitos pelos proprietários posteriores[752].

Note-se que, verificando-se uma cessão de créditos que acompanha a transmissão de bem, o facto do terceiro adquirente destinar o bem adquirido a um uso profissional é irrelevante, uma vez que, não só a relação de consumo é definida pelo destino que o dono da obra visa dar a esta, no momento da celebração do contrato de empreitada, como os direitos que esse terceiro poderá, eventualmente, exercer, correspondem aos direitos daquele, os seja os direitos de um consumidor[753].

O terceiro adquirente não pode, porém, utilizar todos os direitos conferidos pelo artº 4º, nº 1, do D.L. nº 67/2003, ao dono da obra consumidor para reagir perante a existência de defeitos. O direito de redução do preço e de resolução só podem ser exercidos pelo dono da obra, uma vez que esse exercício tem repercussões no contrato de empreitada (modificação e extinção), pelo que só os seus intervenientes podem utilizá-los. Ao terceiro adquirente ficam reservados apenas os direitos de reparação dos defeitos, de realização de nova obra e de indemnização.

[751] Cfr., *supra*, pág. 198.

[752] Jorge Morais Carvalho, em *Manual de direito do consumo*, pág. 270.

[753] Em sentido contrário, Fernando Baptista Oliveira, em *O conceito de consumidor*, pág. 93-94, e Jorge Morais Carvalho, em *Manual de direito do consumo*, pág. 270.

Note-se que terceiros adquirentes não devem ser considerados apenas aqueles que adquiriram o direito de propriedade sobre o imóvel onde decorreu a obra, mas também os adquirentes de um direito real limitado que lhes proporcione a sua fruição e administração, como sucede com o direito de usufruto (artº 1446º do C.C.), mas já não outros titulares de direitos reais que não incluam estes poderes, como o credor hipotecário, ou meros titulares de direitos de gozo, como o locatário.

3.7. Os prazos de caducidade

O empreiteiro é apenas responsável pelos defeitos que se verifiquem na obra no prazo de 2 anos para os bens móveis e no prazo de 5 anos para os imóveis, após a entrega da obra (artº 5º, nº 1, do D.L. nº 67/2003 [754]). Note-se que estes prazos fixam o período em que a falta de conformidade se deve manifestar e não a data limite para o exercício dos direitos do dono da obra consumidor, como sucede com iguais prazos consagrados no regime geral do contrato de empreitada (artº 1224º, nº 2, e 1225º, nº 1, do C.C.)[755]. Enquanto neste último regime os prazos de 2 e 5 anos são prazos de caducidade, cujo termo determina a extinção dos direitos do dono da obra, os prazos de igual duração consignados no artº 5º, nº 1, do D.L. nº 67/2003, são prazos de garantia, que fixam o lapso de tempo durante o qual a manifestação de uma falta de conformidade faz surgir na esfera jurídica do dono da obra consumidor os respetivos direitos[756]. Esta diferença da natureza dos prazos de 2 e 5 anos após a entrega da obra, nas empreitadas comuns e nas empreitadas de consumo, é a principal responsável pela maior duração do período durante o qual os direitos do dono da obra podem ser exercidos nas empreitadas de consumo. Mas, para além destes prazos, ainda podem correr os prazos para a

[754] Corresponde, relativamente aos bens móveis, ao artº 5º, nº 1, da Diretiva 1999/44/CE.

[755] Era este também o sentido dos prazos de garantia de 1 e 5 anos anteriormente fixados nos nº 2 e 3, do artº 4º, da L.D.C., revogados pelo artº 13º, do D.L. nº 67/2003, nos quais, todavia, além da manifestação dos defeitos, também deveria ocorrer a sua denúncia (artº 12º, nº 2, da redação original da Lei nº 24/96).

O prazo de manifestação do defeito, relativamente aos bens móveis, subiu de 1 para 2 anos, por força do teor do artº 5º, nº 1, da Diretiva 1999/44/CE, que se inspirou no artº 39º, nº 2, da Convenção de Viena de 1980.

[756] Paulo Mota Pinto, em *Cumprimento defeituoso do contrato de compra e venda*...pág. 43, Menezes Leitão, em *Direito das obrigações*, vol. III, pág. 159, e o Acórdão da Relação de Lisboa de 17-2-2011, acessível no site www.dgsi.pt, relatado por Amélia Ameixoeira.

denúncia das faltas de conformidade já detetadas e para o exercício dos direitos do dono da obra consumidor após essa denúncia.

O artº 5º-A, nº 3, do D.L. nº 67/2003, impõe que os direitos de reparação ou substituição da coisa, redução do preço, ou resolução do contrato, devam ser exercidos no prazo de 2 anos, relativamente aos bens móveis, e no prazo de 3 anos, quando se trata de imóveis[757], após a denúncia das faltas de conformidade.

Daqui resulta que nas relações de consumo, após o dia da entrega da obra, o prazo máximo para o exercício dos direitos do dono da obra consumidor mencionados no artº 4º, nº 1, do D.L. nº 67/2003 (reparação e substituição da coisa, redução do preço e resolução do contrato), é de 4 anos e 2 meses (2 anos + 2 meses + 2 anos) para os bens móveis e de 9 anos (5 anos + 1 ano + 3 anos) para os bens imóveis[758].

[757] Na redação original do D.L. nº 67/2003 (artº 5º, nº 4), existia um prazo único de 6 meses, após a denúncia dos defeitos para exercício dos direitos do dono da obra, o qual já constava do artº 12º, nº 3, do D.L. nº 24/96, revogado pelo artº 13º, do D.L. nº 67/2003.

Foi o D.L. nº 84/2008 que alterou o conteúdo daquele diploma quem veio ampliar esse prazo de modo a melhor proteger o consumidor e a evitar as incongruências sistemáticas que da curta duração desse prazo resultavam.

Na verdade, esse prazo, era inferior ao prazo para o exercício dos direitos do dono da obra no regime geral do C.C., que é de 1 ano após a denúncia dos defeitos, independentemente de a obra ser um bem móvel ou imóvel (artº 1224º e 1225º do C.C.). A consagração do prazo de caducidade com esta duração resultava do D.L. nº 67/2003 visar, numa primeira linha, regular o contrato de compra e venda de bens de consumo, e ser de 6 meses o prazo previsto para o exercício daqueles direitos no regime geral do contrato de compra e venda no C.C. (artº 921º, nº 4). Contudo, considerando que o regime especial aplicável aos contratos de empreitada de consumo tem por finalidade favorecer a posição do consumidor face ao regime geral do C.C., não podia aquele prazo de caducidade de 6 meses, estabelecido no anterior artº 5º, nº 4, do D.L. nº 67/2003, aplicar-se a este subtipo contratual. Assim, como o D.L. nº 67/2003 permite que, relativamente aos contratos de empreitada de consumo, o seu regime seja aplicado, com as necessárias alterações, entendia-se dever considerar-se aplicável a estes contratos o prazo do regime geral para o exercício dos direitos do dono da obra no contrato de empreitada, que é de 1 ano (artº 1224º e 1225º do C.C.). Nesse sentido, opinaram os seguintes Acórdãos:

✓ da Relação de Guimarães, de 3-2-2011, no site www.dgsi.pt, relatado por MANUEL BARGADO.

✓ da Relação de Lisboa, de 21-2-2013, no site www.dgsi.pt, relatado por EDUARDO AZEVEDO.

Discordando desta posição, Hernani Cambinda, em *Empreitada de consumo*, pág. 76-77.

[758] Estes prazos máximos não contemplam a possibilidade de se terem verificado trabalhos de reparação dos defeitos, hipótese em que pode ocorrer a suspensão da contagem desses

O artº 5º, nº 1, 2ª parte, da Diretiva 1999/44/CE, determinou o seguinte:

> *"Se, por força da legislação nacional, os direitos previstos no nº 2, do artº 3º* (direito à reparação, direito à substituição, direito à redução do preço e direito de resolução) *estiverem sujeitos a um prazo de caducidade, esse prazo não poderá ser inferior a dois anos, a contar da data da entrega".*

Anteriormente à ampliação dos prazos para o exercício dos direitos do dono da obra, após a denúncia dos defeitos, operada pelo D.L. nº 84/2008, atento o sistema de múltiplos prazos de caducidade (prazo para a deteção do defeito, prazo para a denúncia da desconformidade, e prazo para o exercício dos direitos) adotado pelo D.L. nº 67/2003, na prática, podia suceder que os direitos do dono da obra consumidor caducassem num prazo inferior a 2 anos após a entrega da obra. Na verdade, se a falta de conformidade fosse conhecida pelo dono da obra em data anterior aos 10 meses imediatos à entrega, ele dispunha de 2 meses para a denunciar ao empreiteiro e 1 ano, após essa denúncia, para exercer o respetivo direito, pelo que este último prazo terminava antes de se completarem 2 anos depois da entrega da obra. De igual modo, se a denúncia da falta de conformidade ocorresse antes de se ter completado 1 ano após a entrega, o dono da obra consumidor dispunha do prazo de 1 ano, após a denúncia, para exercer o respetivo direito, pelo que este prazo também terminava necessariamente antes de se completarem os 2 anos decorridos após a entrega da obra. Nestas situações, de verificação frequente, o texto do D.L. nº 67/2003 não garantia ao dono da obra consumidor um prazo mínimo de 2 anos para ele exercer os seus direitos, tal como exige o artº 5º, nº 1, 2ª parte, da Diretiva 1999/44/CE.

Daí que, devendo o conteúdo do D.L. nº 67/2003 ser interpretado de acordo com o imposto na Diretiva 1999/44/CE, justificava-se uma interpretação corretiva do disposto no nº 4, do artº 5º, da versão original daquele diploma, de modo a que o prazo aí previsto para o exercício dos direitos após a denúncia das faltas de conformidade (1 ano nos contratos de empreitada de consumo, após operação de adaptação desta norma a

prazos durante o período de realização dos trabalhos que impliquem para o dono da obra a privação do uso da coisa (artº 5º, nº 7, do D.L. nº 67/2003).

este subtipo contratual[759]), só se aplicasse quando o seu termo excedesse o prazo de 2 anos após a entrega da obra. Quando o prazo de 1 ano para o exercício dos direitos terminasse antes de se completarem 2 anos após a entrega do bem, estes só caducavam quando tivessem decorrido esses 2 anos[760].

E embora a Diretiva 1999/44/CE não se aplique a bens imóveis, para harmonia do sistema de prazos de caducidade consagrado no D.L. nº 67/2003, também se defendia igual interpretação nas empreitadas de consumo de bens imóveis. Assim, o prazo de 1 ano, para o exercício dos direitos do dono da obra consumidor, só se aplicava quando o seu termo excedesse o prazo de 5 anos após a entrega do imóvel. Quando aquele prazo de 1 ano terminasse antes de se completarem os 5 anos após a entrega, os direitos do dono da obra consumidor só caducavam quando tivessem decorrido esses 5 anos.

Com a alteração do prazo para o exercício dos direitos do dono da obra consumidor para 2 anos, relativamente aos defeitos em bens móveis, e para 3 anos, quando os defeitos se situam em bem imóvel, deixou de existir a possibilidade de se verificarem situações de caducidade desses direitos que não garantiam o cumprimento do prazo mínimo imposto pelo artº 5º, nº 1, 2ª parte, da Diretiva 1999/44/CE, deixando de ser necessário efetuar as referidas interpretações corretivas[761].

O artº 5º, nº 7, do D.L. nº 67/2003, determina que o decurso dos prazos de caducidade previstos no nº 1, do mesmo artigo, para o dono da obra consumidor se aperceber da existência de defeitos (2 anos nos bens móveis e 5 anos nos imóveis) se suspende durante o período de tempo em que este, após a sua denúncia, se achar privado do uso do respetivo bem. Esta privação não pode ser imputável ao próprio dono da obra consumidor, tendo de ser consequência da existência dos defeitos,

[759] Cfr, *supra*, nota 757.

[760] Esta interpretação estava, aliás, de acordo com os trabalhos preparatórios do D.L. nº 67/2003, conforme resultava da leitura de Paulo Mota Pinto, em *Cumprimento defeituoso do contrato de compra e venda...*, pág. 44, e do preâmbulo do Anteprojeto daquele diploma, na ob. cit., pág. 88.

[761] O artº 1519-sixies, do C.C. Italiano, fixou um prazo de 26 meses após a entrega do bem para o exercício dos direitos do dono da obra, o que equivale à soma do prazo de 2 anos para a manifestação das faltas de conformidade, com o prazo de 2 meses após esta manifestação para a sua denúncia. O artº 9, da Ley 23/2003, de 10-7-2003, em Espanha, fixa um prazo de 3 anos, após a entrega do bem, para o exercício dos direitos do dono da obra.

designadamente da necessidade de efetuar as respetivas obras de reparação. Note-se que esta exceção à regra geral de que os prazos de caducidade não se suspendem (artº 328º do C.C.), apenas é aplicável às faltas de conformidade que não tenham exigido a realização das operações de reparação ou aos casos em que as desconformidades sejam circunscritas a parte da obra. Nestas últimas situações, enquanto, relativamente às partes não reparadas, os prazos iniciais se suspendem durante o tempo de privação, quanto às partes que foram objeto de obras de reparação inicia-se nova contagem de todos os prazos de caducidade com a nova entrega da obra, após a realização desses trabalhos[762].

Ocorrendo uma substituição do bem defeituoso, inicia-se também nova contagem não só dos prazos de caducidade de 2 e 5 anos previstos no nº 1, do artigo 5º, do D.L. nº 67/2003, como determina o nº 6, do mesmo artigo 5º, mas também dos restantes prazos de caducidade, relativamente aos direitos do dono da obra consumidor por defeitos que o bem sucedâneo padeça, uma vez que estamos perante a realização de nova obra[763].

Os prazos para o exercício dos direitos do dono da obra consumidor, após a denúncia dos defeitos, previstos no nº 3, do artº 5º-A, do D.L. nº 67/2003 (2 anos relativamente a bens móveis, e 3 anos quando os defeitos respeitam a imóveis), também se suspendem durante o período em que o dono da obra consumidor estiver privado do uso dos bens com o objetivo de realização das operações de reparação ou substituição, bem como durante o período em que durar a tentativa de resolução extrajudicial do conflito de consumo que opõe o dono da obra consumidor ao empreiteiro, com exceção da arbitragem (artº 5º-A, nº 4, do D.L. nº 67/2003). Esta exceção é compreensível, embora a sua referência se revele desnecessária, uma vez que no processo arbitral o dono da obra não deixará de exercer o seu direito ao formular a sua pretensão, o que impedirá a caducidade, não se justificando, pois, o estabelecimento de qualquer suspensão do respetivo prazo[764].

[762] Cfr., *supra*, pág. 166.

[763] Cfr., *supra*, pág. 166.
JORGE MORAIS CARVALHO, em *Manual de direito do consumo*, pág. 335.

[764] MARIA OLINDA GARCIA, em *O consumidor mais protegido – o alcance do Decreto-Lei nº 84/2008, de 21 de Maio*, em Julgar, nº 6, pág. 38, nota 2.

O nº 5, do artigo 5º-A, do D.L. nº 67/2003, determina que a tentativa de resolução extrajudicial do litígio inicia-se com a ocorrência de um dos seguintes factos:

a) As partes acordem no sentido de submeter o conflito a mediação ou conciliação;
b) a mediação ou conciliação seja determinada no âmbito de processo judicial;
c) se constitua a obrigação de recorrer à mediação ou conciliação.

A mediação e conciliação são formas de resolução autocompositiva dos conflitos através de uma solução negociada ou intermediada por um terceiro[765]. Enquanto que na mediação, o mediador apenas assume o encargo de aproximar as partes, de as ajudar a negociar, sendo estas que vão procurando, com o auxílio do mediador, encontrar um quadro mutuamente aceitável para a resolução do seu litígio, já na conciliação as partes atribuem ao conciliador o poder de averiguar os factos e de procurar uma solução para o litígio, recomendando-a à aceitação das partes. Ambos são processos negociais com a intervenção de um terceiro, mas em que o papel deste difere substancialmente.

Estas formas de resolução do conflito podem ocorrer, extrajudicialmente, por acordo das partes prévio ou posterior ao litígio, ou integrada em processo judicial[766].

Na mediação ou conciliação extrajudicial, os prazos de caducidade do exercício dos direitos do dono da obra consumidor, estabelecidos no artº 5º-A, nº 3, do D.L. nº 67/2003, suspendem-se logo que as partes acordem em submeter a decisão do conflito a uma destas formas de resolução de litígios, ou quando se constitua a obrigação de recurso a um destes meios, legal ou contratualmente prevista.

Já não se compreende a previsão de suspensão destes prazos de caducidade de exercício dos direitos por determinação de recurso à mediação ou conciliação em processo judicial, uma vez que nessas situações o direito já terá sido exercido, pela propositura do respetivo processo judicial.

[765] Sobre os meios de resolução alternativa de litígios de consumo *vide* a bibliografia citada por Jorge Morais Carvalho, em *Os contratos de consumo*, pág. 598, nota 1548.

[766] V.g. o artigo 591º, nº 1, do C.P.C., e artº 49º e seg., da Lei nº 78/2001, de 13 de Julho.

Este regime mais favorável ao consumidor dos prazos de caducidade é aplicável aos direitos à reparação, ou substituição da coisa, redução do preço, ou resolução do contrato (artº 5º e 5º-A, do D.L. nº 67/2003). Quanto ao direito de indemnização, que não está excluído nos contratos de empreitada de consumo, encontrando-se previsto no artº 12º, nº 1, da L.D.C., continua a aplicar-se o regime geral dos prazos de caducidade previsto no C.C.[767].

3.8. As cláusulas de garantia

Outra das especialidades do regime dos contratos de empreitada de consumo é a da regulamentação das cláusulas contratuais de garantia da boa execução da obra, constante do artº 9º, do D.L. nº 67/2003[768].

As regras estabelecidas neste normativo aplicam-se a todas as garantias, voluntariamente dadas pelo empreiteiro, que confiram ao dono da obra consumidor a possibilidade de assegurar o exato cumprimento da prestação a que aquele se obrigou ou a correspondente compensação pelo seu incumprimento. É aquilo a que se tem chamado a garantia comercial, como complemento da garantia legal.

Apesar da definição de garantia constante do artº 1º, nº 2, e), da Diretiva transposta, referir que o respetivo compromisso não tinha encargos adicionais, mesmo que a prestação dessa garantia envolva um acréscimo de contrapartidas pelo dono da obra consumidor, a mesma continua a ser regulada pelo disposto no artº 9º, do D.L. nº 67/2003, conforme resulta da definição de garantia voluntária inserida no novo artº 1º-B, g), introduzido pelo D.L. nº 84/2008[769].

[767] Calvão da Silva, em *Venda de bens de consumo*, pág. 113-114, Jorge Morais Carvalho, em *Os contratos de consumo*, pág. 591, e o Acórdão da Relação de Lisboa de 17-2-2011, acessível no site www.dgsi.pt, relatado por Amélia Ameixoeira.

[768] Esta regulamentação apenas é aplicável às garantias voluntárias concedidas ou publicitadas após 7/7/2003 (artº 14º, nº 2, do D.L. nº 67/2003) e corresponde à prevista no artº 6º da Diretiva 1999/44/CE.

[769] Paulo Mota Pinto, em *Cumprimento defeituoso do contrato de compra e venda...*, pág. 50, nota 85, Menezes Leitão, em *Direito das obrigações*, vol. III, pág. 165, e Calvão da Silva, em *Venda de bens de consumo*, pág. 150.

Integram essa garantia convencional não só os compromissos assumidos diretamente com o dono da obra consumidor, mas também os publicitados ao público (artº 1º-B, g), do D.L. nº 67/2003)[770].

Os termos dessa garantia contratual devem ser entregues ao dono da obra consumidor, por escrito, ou em suporte duradouro a que este tenha acesso[771], conforme exige o nº 2, do artº 9º, do D.L. nº 67/2003.

O conteúdo da garantia deve ter uma redação clara e concisa, em língua portuguesa, sendo necessário que contenha as seguintes menções, constantes das alíneas do nº 3, do artº 9º, do D.L. nº 67/2003:

- a declaração que a garantia voluntária não afasta a aplicação das garantias legais concedidas aos consumidores (alínea a);
- as condições para atribuição dos especiais benefícios previstos, nomeadamente sobre o carácter gratuito ou oneroso da garantia adicional prestada e, neste último caso, a indicação dos encargos a suportar pelo consumidor (alínea b);
- a especificação desses especiais benefícios, bem como as condições para a atribuição desses benefícios, incluindo a enumeração de todos os encargos, nomeadamente aqueles relativos às despesas de transporte, mão de obra e material e ainda os prazos e forma de exercício da mesma (alínea c);
- a duração temporal e o âmbito espacial da garantia (alínea d);
- a firma ou nome e endereço postal ou eletrónico do autor da garantia que pode ser utilizado para o exercício desta (alínea e).

Procura-se com estas exigências de forma e conteúdo alcançar um grau elevado de transparência e certeza sobre o âmbito destas garantias convencionais, de forma a obter-se um correto esclarecimento do consumidor.

O incumprimento destes requisitos formais e substanciais da garantia voluntária não determina a sua nulidade, podendo o dono da obra continuar a exercer os direitos por ela conferidos (artº 9º, nº 5, do D.L. nº 67/2003). As consequências da inobservância destes requisitos são

[770] Esta conclusão também já resultava do artº 7º, nº 5, da L.D.C., sendo aplicável muitas vezes a estas garantias convencionais o regime das cláusulas contratuais gerais.

[771] Não parece satisfazer esta exigência a mera publicidade em site da Internet, uma vez que se exige a entrega do suporte donde constam os termos dessa garantia voluntária.

antes a eventual responsabilidade civil pelos prejuízos que poderá causar ao consumidor essa inobservância, a instauração duma ação inibitória, intentada por associações de defesa do consumidor, Instituto do Consumidor ou M.P., e as eventuais sanções contra um ato de concorrência desleal[772].

As garantias comerciais que restrinjam os direitos já conferidos pela lei ao dono da obra consumidor serão nulas, nos termos do artº 10º do D.L. nº 67/2003. Conforme já se referiu anteriormente, neste artigo determina-se a nulidade dos pactos excluidores ou limitativos do exercício dos direitos do dono da obra consumidor, antes da denúncia dos defeitos. Esta nulidade apenas é invocável pelo dono da obra consumidor, o qual pode optar pela manutenção do contrato desprovido dessa cláusula (artº 16º, nº 2 e 3, da L.D.C., por remissão do nº 2, do referido artº 10º do D.L. nº 67/2003). Consagra-se, assim, uma nulidade atípica, que não pode ser conhecida oficiosamente pelo tribunal[773].

Salvo estipulação em contrário, os direitos conferidos pelas garantias comerciais transmitem-se aos posteriores adquirentes do bem fabricado por encomenda do dono da obra (artº 9º, nº 4, do D.L. nº 67/2003). Estamos perante uma norma supletiva, que pode ser afastada pela vontade das partes, quer no contrato de empreitada, quer no contrato que envolva a transmissão do bem.

3.9. A limitação à convenção de lei estrangeira

O artº 11º, do D.L. nº 67/2003[774], prevê a hipótese de ter sido convencionada lei de Estado não membro da Comunidade Europeia, quando o contrato apresenta uma ligação estreita ao território dos Estados membros. Neste caso, não é aplicável o regime da lei pactuada, na parte em que diminua os direitos do dono da obra consumidor consagrados no D.L. nº 67/2003, sendo aplicável, nessa parte, o regime deste diploma.

É uma aplicação do princípio da proibição da exclusão ou limitação convencionais da responsabilidade do empreiteiro consagrado no artº 10º deste diploma.

[772] Calvão da Silva, em *Venda de bens de consumo*, pág. 152, e Jorge Morais Carvalho, em *Manual de direito do consumo*, pág. 352.

[773] Calvão da Silva, em *Venda de bens de consumo*, pág. 156.

O artº 1519-octies, do C.C. Italiano permite o seu conhecimento oficioso pelo tribunal.

[774] Corresponde ao artº 7, nº 2, da Diretiva 1999/44/CE.

3.10. Aplicação no tempo do regime do D.L. nº 67/2003

Como o início da vigência do D.L. nº 67/2003 ocorreu em data relativamente recente (9-4-2003), importa abordar alguns problemas que se podem suscitar relativos à sua aplicação a contratos celebrados em data anterior à sua vigência.

Não tendo o D.L. nº 67/2003 incluído qualquer norma especial relativa à sua aplicação no tempo[775], devem as questões suscitadas neste domínio serem resolvidas de acordo com as regras gerais sobre a aplicação das leis no tempo contidas no C.C.

Nos termos do disposto no artº 12º do C.C., a lei que regule um determinado contrato, em princípio, só se aplica aos negócios jurídicos celebrados posteriormente à sua entrada em vigor, mas quando dispuser diretamente sobre o conteúdo das relações jurídicas resultantes da outorga desse tipo de contratos, abstraindo do respetivoato constitutivo, deve entender-se que a lei nova se aplica às relações já constituídas que ainda subsistam à data da sua entrada em vigor.

Assim, quanto à relevância das mensagens publicitárias (artº 2º, nº 2, d), do D.L. nº 67/2003)[776], à proibição das cláusulas excluidoras ou limitativas dos direitos do dono da obra (artº 10º do D.L. nº 67/2003), à regulamentação das cláusulas de garantia (artº 9º do D.L. nº 67/2003), e à limitação à convenção de lei estrangeira (artº 11º do D.L. nº 67/2003), tais disposições só são aplicáveis aos contratos de empreitada celebrados após a entrada em vigor do D.L. nº 67/2003, devendo ter-se presente que relativamente à regulamentação das cláusulas de garantia este diploma só iniciou a sua vigência 90 dias após a sua publicação (artº 14º,

[775] O artº 2º do Decreto nº 24, de 2-2-2002, que transpôs para o direito interno italiano a Diretiva 1999/44/CE, determinou que as novas regras não se aplicassem aos contratos em que a entrega da coisa tivesse ocorrido antes da entrada em vigor das alterações introduzidas no C.C. Italiano.

O artº 5 da Ordonnance n. 2005-136, de 17-2-2005, que transpôs para o direito interno francês a referida Direciva, determinou que as alterações introduzidas só se aplicavam aos contratos celebrados após a sua entrada em vigor.

A GewRÄG, de 5 de Agosto de 2001, que transpôs para o direito interno austríaco a referida Diretiva, determinou a aplicação das alterações introduzidas no ABGB apenas aos contratos celebrados após 31-12-2001, sendo certo que essas alterações entraram em vigor em 1-1-2002.

[776] Recorde-se que essa relevância já era, contudo, conferida anteriormente pelo artº 7º, nº 5, da L.D.C.

nº 2, do D.L. nº 67/2003). Estas são normas que dispõem sobre a validade ou relevância jurídica de estipulações integrantes do ato constitutivo da relação jurídica da empreitada de consumo, pelo que apenas se devem aplicar aos contratos que se venham a celebrar no futuro.

No que respeita à aplicação do regime deste diploma aos casos de incumprimento parcial e de prestação de coisa diversa, da responsabilidade objetiva do empreiteiro, da irrelevância do ato de aceitação da obra como causa de exclusão da responsabilidade do empreiteiro e do cariz autónomo dos diferentes direitos atribuídos ao dono da obra consumidor, estamos perante regras que, em princípio, regulam as relações jurídicas resultantes da celebração de contratos de empreitada de consumo, sem que se possa esquecer a previsão negocial nessa matéria. As partes quando outorgam um contrato têm em mente a legislação que na altura regula o respetivo tipo contratual, nomeadamente quanto às consequências do cumprimento defeituoso das prestações, clausulando ou silenciando em função do conteúdo dessas regras, pelo que a alteração da lei posteriormente ocorrida, salvo disposição em contrário, não é aplicável aos contratos já celebrados[777]. Contudo, neste caso particular, o legislador do D.L. nº 67/2003, visou a proteção de interesses de ordem pública, alheios aos interesses particulares que presidiram à formação do contrato, pelo que tais regras também devem aplicar-se aos contratos celebrados em data anterior a 9-4-2003, cuja prestação do empreiteiro se encontre em execução, ou já tenha sido executada[778].

Relativamente às regras que estabeleceram prazos de caducidade do exercício dos direitos do dono da obra consumidor mais longos que os prazos constantes do C.C., funciona o disposto no nº 2, do artº 297º, do C.C.: *"a lei que fixa um prazo mais longo é igualmente aplicável aos prazos que estejam em curso, mas computar-se-á neles todo o tempo decorrido desde o momento inicial"*.

Desta disposição resulta que os prazos estabelecidos no D.L. nº 67/2003 se aplicam aos contratos já existentes à data da entrada em vigor deste diploma, desde que os prazos de caducidade anterior-

[777] Baptista Machado, em *Sobre a aplicação no tempo do novo Código Civil*, pág. 114-115.

[778] Pedro Romano Martinez, em *Empreitada de bens de consumo...*, em "Estudos do Instituto de Direito do Consumo", vol. II, pág. 23-24.

mente vigentes não se tivessem ainda completado[779]. Se ainda não tinham começado a correr, aplicam-se inteiramente os prazos do D.L. nº 67/2003 com a sua nova fisionomia; se já tinham iniciado a contagem funciona a regra do nº 2, do artº 297º, do C.C., acima transcrita.

As regras acima enunciadas são também aplicáveis às alterações introduzidas pelo D.L. nº 84/2008[780].

[779] *Vide*, neste sentido, o Acórdão da Relação de Guimarães de 3-2-2011, no site www.dgsi.pt, relatado por Manuel Bargado.

[780] *Vide*, relativamente à aplicação das alterações introduzidas por este diploma aos prazos de caducidade, os seguintes Acórdãos:

- ✓ do S.T.J., de 24-5-2012, no site www.dgsi.pt, relatado por Serra Baptista.
- ✓ da Relação do Porto, de 18-9-2012, no site www.dgsi.pt, relatado por Rodrigues Pires.
- ✓ da Relação do Porto, de 24-2-2014, no site www.dgsi.pt, relatado por Augusto Carvalho.
- ✓ da Relação de Lisboa, de 3-3-2015, no site www.dgsi.pt, relatado por Orlando Nascimento.
- ✓ do S.T.J., de 31-5-2016, no site www.dgsi.pt, relatado por Maria Clara Sottomayor.
- ✓ da Relação do Porto, de 3-5-2016, no site www.dgsi.pt, relatado por Luís Cravo.
- ✓ da Relação de Lisboa, de 1-2-2018, no site www.dgsi.pt, relatado por Vaz Gomes.

BIBLIOGRAFIA

Abrantes, José João

— *A excepção de não cumprimento do contrato. Conceito e fundamento,* 2ª ed., Almedina, Coimbra, 2012.

— *Contrato de empreitada e excepção de não cumprimento do contrato,* em "Cadernos de direito privado", nº 18, pág. 46-58.

Alarcão, Rui de

— *Direito das obrigações,* ed. policopiada, Coimbra, 1983.

Albuquerque, Pedro de / Raimundo, Miguel Assis

— *Direito das obrigações. Contratos em especial.* Vol. II *Contrato de empreitada,* Almedina, Coimbra, 2012.

Alessi, Rosalba

— *L'attuazione della directiva nel diritto italiano: il dibattito e le sue impasse,* em *La vendita di beni di consumo,* coordenado por Rosalba Alessi, pág. 3-37, Giuffrè Editore, Milano, 2005.

Almeida, António Pereira de

— *Direito privado II (Contrato de empreitada),* A.A.F.D.L., Lisboa, 1983.

Almeida, Carlos Ferreira de

— *Negócio jurídico de consumo,* no "Boletim do Ministério da Justiça", nº 347, pág. 11-38.

— *Texto e enunciado na teoria do negócio jurídico,* vol. II, Livraria Almedina, Coimbra, 1992.

— *Orientações de política legislativa adoptadas pela directiva 1999/44/CE sobre venda de bens de consumo. Comparação com o direito português vigente,* em "Themis", Ano II (2001), nº 4, pág. 109-120.

— *Questões a resolver na transposição da directiva e respostas dadas no colóquio,* em "Themis", Ano II (2001), nº 4, pág. 219-222.

— *Direito do consumo,* Almedina, Coimbra, 2005.
— *Contratos II. Conteúdo. Contratos de troca,* Almedina, 2007.

ALMEIDA, José Carlos Moitinho de
— *A responsabilidade civil do projectista e o seu seguro,* no "Boletim do Ministério da Justiça", nº 228, pág. 5-58.

ALMEIDA, Teresa
— *Lei de defesa do consumidor anotada,* Instituto do Consumidor, Lisboa, 2001.

ANDRADE, Manuel Augusto Domingues de
— *Teoria geral das obrigações* (com a colaboração de Rui de Alarcão), Livraria Almedina, Coimbra, 1958.
— *Teoria geral da relação jurídica,* vol. II, reimpressão, Almedina, Coimbra, 1998.

ANDRADE, Tânia de Freitas
— *Da possibilidade de o dono da obra responsabilizar diretamente o subempreiteiro pelos defeitos da obra no âmbito da subempreitada,* O Direito, Ano 146 (2014), III, pág. 789-806.

ANTUNES, Henrique Sousa
— *A responsabilidade civil dos intervenientes no processo de construção,* Cadernos de Direito Privado, nº 51, pág. 4-25.

ANTUNES, José Engrácia
— *Direito do Consumo,* Almedina, 2019.

ANZANI, Manuela
— *Codice dell' appalto privato,* a cura di Angelo Luminoso, Giuffrè Editore, Milano, 2010.

ASCENSÃO, J. Oliveira
— *Direito Civil. Direitos de Autor e direitos conexos,* Coimbra Editora, Coimbra, 1992.
— *Direitos do utilizador de bens informáticos,* em *Comunicação e defesa do consumidor,* Almedina, Coimbra, 1996.

AURELIANO, Nuno
— *O risco nos contratos de alienação. Contributo para o estudo do direito privado português,* Almedina, Coimbra, 2009.

BACCIAGALUPI, Mário
— *Apunti per uma teoria del subcontratto,* na Rivista di Diritto Commerciale, vol. 41 (1943), pág. 181-200.

BALLATI, Franco
— *La responsabilità dell'appaltatore e del directore del lavore per vizi e difformità delle opere,* Halley Editrice, Camerino, 2006.

BARROS, Henrique da Gama
— *História da administração pública em Portugal nos séculos XII a XV,* tomo I, 2ª ed., Livraria Sá da Costa, Lisboa, 1945, e tomo VII, 2ª ed., Livraria Sá da Costa, Lisboa, 1949.

Barros, José Manuel de Araújo
— *Cláusulas contratuais gerais, DL nº 446/85 - Anotado, Recolha jurisprudencial,* Wolters Kluver/Coimbra Editora, Coimbra, 2010.
Bastos, Jacinto Fernandes Rodrigues
— *Notas ao Código Civil,* vol. II, Lisboa, 1988, vol. IV, Rei dos Livros, Lisboa, 1995, e vol. V, Rei dos Livros, Lisboa, 1997.
Bellanova, Lorenzo
— *Difformità, vizi e difetti nell'appalto: a propósito del I comma dell'art. 1667 c.c.,* em *Contratto e impresa,* 10º ano, pág. 588-659, Cedam, Padova, 1994.
Bernardeau, Ludovic
— *L'attuazione della directiva sulla vendita in Francia,* em *La vendita di beni di consumo,* coordenado por Rosalba Alessi, pág. 215-270, Giuffrè Editore, Milano, 2005.
Betti, Emilio
— *Istituzioni di diritto romano,* vol. 2º, 1ª parte, Cedam, Padova, 1960.
Bianca, C. Massimo
— *Diritto civile,* vol. 3 - *Il contratto,* ristampa, Giuffrè Editore, Milano, 1987, e vol. 5 - *La responsabilità,* Giuffrè Editore, Milan, 1994.
Borges, José Ferreira
— *Diccionário jurídico-commercial,* 2ª ed., Porto, 1856.
Bouzon, Emanuel
— *O Código de Hammurabi,* 4ª ed., Vozes, Petrópolis, 1987.
Brutau, Puig
— *Fundamentos de derecho civil,* tomo 2, vol. 2º, 2ª ed., Bosch, Barcelona, 1982.
Caetano, Marcello
— *História do direito português,* 4ª ed., Editorial Verbo, Lisboa, 2000.
Cambinda, Hernani Lúcio André
— *Empreitada para consumo,* Universidade Católica Editora, Lisboa, 2015.
Canaris, Claus-Wilhelm
— *A transposição da directiva sobre compra de bens de consumo para o direito alemão,* em "Estudos de direito do consumidor", nº 3 (2001), pág. 49-67.
Cappai, Federico
— *Codice dell' appalto privato,* a cura di Angelo Luminoso, Giuffrè Editore, Milano 2010.
Cardoso, Elionora
— *Lei de defesa do consumidor comentada e anotada,* Wolters Kluver, sob a marca Coimbra Editora, Coimbra, 2012.
Carvalho, Jorge Morais
— *Os contratos de consumo. Reflexão sobre a autonomia privada no Direito do Consumo,* Almedina, Coimbra, 2012.

— *Manual de direito do consumo,* 5ª ed., Almedina, Coimbra, 2018.

Cerdeira, Ângela Cristina da Silva

— *Da responsabilidade civil dos cônjuges entre si,* Coimbra Editora, Coimbra, 2000.

Cervale, Maria Cristina

— *La responsabilità dell' appaltatore,* Giuffrè Editore, Milano, 1999.

Chabas, François

— *Obligations – théorie générale,* em *Leçons de droit civil,* de Henri, Léon e Jean Mazeaud e François Chabas, tomo 2, 1º vol., 9ª ed., Montchrestien, 1998.

Coelho, Francisco Manuel de Brito Pereira Coelho

— *Coligação negocial e operações negociais complexas: tendências fundamentais da doutrina e necessidade de uma reconstrução unitária,* "Boletim da Faculdade de Direito da Universidade de Coimbra", volume comemorativo do 75º tomo do Boletim da Faculdade de Direito (2003), pág. 233-268.

— *Contratos complexos e complexos contratuais,* tese de doutoramento inédita, disponível na Biblioteca da Faculdade de Direito da Universidade de Coimbra, 2008.

— *Operação complexa de "crédito de consumo" e exceção de não cumprimento,* comentário ao Acórdão da Relação de Coimbra de 3.6.2008, Proc. 39/07, em Cadernos de Direito Privado, nº 28, Outubro/Dezembro de 2009, pág. 233 e seg.

Cordeiro, António Manuel da Rocha e Menezes

— *A violação positiva do contrato,* em *Estudos de direito civil,* vol. I, pág. 115-142, Livraria Almedina, Coimbra, 1987.

— *Da boa-fé no direito civil,* vol. I, Livraria Almedina, Coimbra 1984.

— *Tratado de direito civil,* vol. I, 4ª ed., Almedina, Coimbra, 2012, vol. II, 4ª ed., Almedina, Coimbra, 2014, vol. VI, 2ª ed., Almedina, Coimbra, 2012, vol. VII, Almedina, Coimbra, 2014, vol. IX, 3ª ed., Almedina, Coimbra, 2017, vol. X, Almedina, Coimbra, 2015, vol. XII, Almedina, Coimbra, 2018.

— *Direito das obrigações,* vol. I e II, A.A.F.D.L., Lisboa, 1980.

— *Direitos Reais,* Reimpressão, Lex, Lisboa, 1979.

— *Da modernização do direito civil,* vol. I, Aspectos gerais, Livraria Almedina, Coimbra, 2004.

Correia, A. Ferrer / Mesquita, Manuel Henrique

— Anotação ao Acórdão do S.T.J. de 3-11-1983, na "Revista da Ordem dos Advogados", Ano 45 (1985), tomo I, pág. 127-158.

Costa, Mário Júlio de Almeida

— *Direito das obrigações,* 12ª ed., Livraria Almedina, Coimbra, 2009.

— *Noções fundamentais do direito civil,* 4ª ed, com a colaboração de Henrique Sousa Antunes, Livraria Almedina, Coimbra, 2001.

— *História do direito português*, 3ª ed. (reimpressão), Livraria Almedina, Coimbra, 2002.

— *O concurso da responsabilidade contratual e extracontratual*, em "Ab vno ad omnes - 75 anos da Coimbra Editora", pág. 555-565, Coimbra Editora, Coimbra, 1998.

— *Anotação ao Acórdão do S.T.J. de 11 de dezembro de 1984*, na "Revista de Legislação e de Jurisprudência", Ano 105, pág. 137 e seg.

Cruz, Guilherme Braga da

— *O direito subsidiário na história do direito português*, em "Obras esparsas", vol. II, 2ª parte, pág. 245-436, Universidade de Coimbra, Coimbra, 1981.

Dias, Pedro Branquinho Ferreira

— *O dano moral na doutrina e na jurisprudência*, Livraria Almedina, Coimbra, 2001.

Dore Jr, Carlo

— *Codice dell' appalto privato*, a cura di Angelo Luminoso, Giuffrè Editore, Milano, 2010.

Duarte, Paulo

— *O conceito jurídico de consumidor segundo o artº 2º, 1, da Lei de defesa do consumidor*, no "Boletim da Faculdade de Direito da Universidade de Coimbra", Ano LXXV, 1991, pág. 649-703.

Duarte, Rui Pinto

— *Tipicidade e atipicidade dos contratos*, Livraria Almedina, Coimbra, 2000.

— *Direitos Reais*, 3ª ed., Principia, Cascais, 2013.

Duranton, M.

— *Cours de droit français suivant le Code Civil*, Tomo 17, 3ª ed., Librairie Alex-Gobelet, Paris, 1834.

Ennecerus, Ludwig

— *Derecho de obligaciones*, com revisão de Heinrich Lehmann e tradução de Blas Perez Gonzalez e Jose Alguer, vol. II, 1ª parte, 3ª ed., Bosch, Barcelona, 1966.

Fadda, Rossela

— *Codice dell' appalto privato*, a cura di Angelo Luminoso, Giuffrè Editore, Milano, 2010.

Faria, Jorge Leite Areias Ribeiro de

— *Direito das obrigações*, vol. II, Livraria Almedina, Coimbra, 1990.

Faure-Abbad, Marianne

— *Droit de la construction*, Gualino Lextenso Éditions, Paris, 2013.

Fernandes, Luís A. Carvalho

— *Lições de direitos reais*, 6ª ed., Quid iuris, Lisboa, 2010.

— *Teoria Geral do Direito Civil,* vol. I, 3ª ed., da Universidade Católica Editora, Lisboa, 2001.
— *Da subempreitada,* em "Direito e Justiça", vol. XII, tomo 1 (1998), pág. 79-102.
Ferreira, José Dias
— *Código Civil Portuguez Anottado,* vol. III, Imprensa da Universidade, Coimbra, 1902.
Fonseca, Ana Taveira da
— *Da recusa de cumprimento da obrigação para tutela do direito de crédito. Em especial na exceção de não cumprimento, no direito de retenção e na compensação,* Almedina, Coimbra, 2015.
Frada, Manuel António de Castro Portugal Carneiro da
— *Contrato e deveres de protecção,* separata do volume XXXVIII, do "Boletim da Faculdade de Direito da Universidade de Coimbra", Coimbra, 1994.
— *Teoria da confiança e responsabilidade civil,* Almedina, Coimbra, 2001.
FREIRE, Pascoal José de Melo
— *Instituições de direito civil português tanto público como particular,* Livro IV, tradução de Miguel Pinto de Menezes, no "Boletim do Ministério da Justiça", nº 168, pág. 27-165.
Freitas, José Lebre de
— *O ónus da denúncia do defeito da empreitada no artº 1225º, do Código Civil. O facto e o direito na interpretação dos documentos,* em "O Direito", Ano 131 (1999), vol. I e II, pág. 231-281.
Galgano, Francesco
— *Diritto civile e commerciale,* vol. II, *Le obligazioni e i contratti,* tomos 1 e 2, 4ª ed., Cedam, Padova, 2004.
Gambini, Marialuisa
— *L´esecuzione del contratto,* em *I contratti di appalto privato,* a cura di Vincenzo Cuffaro, UTET, 2011.
Garcia, Maria Olinda
— *O consumidor mais protegido – O alcance do Decreto-Lei nº 84/2008,* em "Julgar", nº 6, 2008, pág. 35-40.
Geraldes, António Santos Abrantes
— *Temas da reforma do processo civil. 1. Princípios fundamentais. 2. Fase inicial do processo declarativo,* Livraria Almedina, Coimbra, 1997.
Ghestin, Jacques
— *Traité de droit civil. Les effets du contrat,* 2ª ed., L.G.D.G., Paris, 1994.
Ghironi, Andrea
— *Codice dell' appalto privato,* a cura di Angelo Luminoso, Giuffrè Editore, Milano, 2010.

Giannattasio, Carlo
— *L' appalto*, Giuffrè Editore, Milano, 1967.
Gilissen, John
— *Introdução histórica ao direito*, tradução de A. M. Hespanha e L. M. Macaísta Malheiros, 2ª ed., Fundação Calouste Gulbenkian, Lisboa, 1995.
Gomes, Júlio Manual Vieira
— *Da exceção de não cumprimento parcial e da sua invocação de acordo com a boa fé*, em "Cadernos de Direito Privado", nº 25, Janeiro/Março de 2009, pág. 51 e seg.
Gomes, Manuel Januário da Costa
— *Ser ou não ser conforme, eis a questão. Em tema de garantia legal de Conformidade na venda de bens de consumo*, em "Cadernos de direito privado", nº 21, Janeiro/ /Março de 2008, pág. 3 a 20.
GOMES, Rui José Simões Bayão de Sá
— *Breves notas sobre o cumprimento defeituoso no contrato de empreitada*, em "Ab vno ad omnes - 75 anos da Coimbra Editora", pág. 587-639, Coimbra Editora, Coimbra, 1998.
Gonçalves, Augusto da Penha
— *Curso de direitos reais*, 2ª ed., SPB, Lisboa, 1993.
Gonçalves, Luiz da Cunha
— *Da compra e venda no direito comercial portuguêz*, vol. I, Imprensa da Universidade, Coimbra, 1909.
— *Tratado de direito civil em comentário ao Código Civil Português*, vol. VII, Coimbra Editora, Coimbra, 1933.
Grasso, Biagio
— *Il subcontratto*, Publicazioni della Scuola di Perfezionamento in Diritto Civile dell' Università di Camerino, 1977.
Guastalla, Emanuele Lucchini
— *La risoluzioni di diritto per inadempimento dell'appaltatore*, Giuffrè Editore, Milano, 2002.
Guedes, Agostinho Cardoso
— *A responsabilidade do construtor no contrato de empreitada*, em "Contratos: actualidade e evolução", pág. 315-330, Universidade Católica Portuguesa, Porto, 1997.
Guichard, Raúl
— *Da relevância jurídica do conhecimento no direito civil*, Universidade Católica Portuguesa, Porto, 1996.
Hofstötter, Michael
— *L'attuazione della directiva 1994/44/CE con riferimento a determinatti aspetti della compravendita al consumatore e garanzie associate in Austria*, em *La vendita*

di beni di consumo, coordenado por Rosalba Alessi, pág. 215-270, Giuffrè Editore, Milano, 2005.

Howells, Geraint / Twigg-Flesner, Christian

— Molto rumore per nulla? L'attuazione della direttiva 99/44/CE *nell'ordinamento inglese,* em *La vendita di beni di consumo,* coordenado por Rosalba Alessi, pág. 215-270, Giuffrè Editore, Milano, 2005.

Huet, Jérôme

— *Les principaux contrats spéciaux,* em *Traité de droit civil,* sob a direcção de Jacques Ghestin, L.G.D.J., Paris, 1996.

Iudica, Giovanni

— *Il contratto di appalto,* em Diritto civile, coordenado por Lipari e Rescigno, vol. III, pág. 287-352, Giuffrè Editore, Milano, 2009.

Jorge, Fernando Pessoa

— *Direito das obrigações,* ed. policopiada da A.A.F.D.L., Lisboa, 1975-1976.

— *Ensaio sobre os pressupostos da responsabilidade civil,* reimpressão, Livraria Almedina, Coimbra, 1995.

José, Rosendo Dias

— *Responsabilidade civil do construtor e do vendedor pelos defeitos,* Livraria Petrony, Lisboa, 1984.

Josserand, Louis

— *Cours de droit divil positif français conforme aux programmes officiels des Facultés de Droit,* Tomo 2, Librairie de Recueil Sirey, Paris, 1930.

Júnior, E. Santos

— *Da responsabilidade civil de terceiro por lesão do direito de crédito,* Almedina, Coimbra, 2003.

Justo, A. Santos

— *Direito privado romano II (Direito das obrigações),* Coimbra Editora, Coimbra, 2003.

— *Manual de contratos civis. Vertentes romana e portuguesa,* Petrony Editora, Lisboa, 2017.

Kaser, Max

— *Direito privado romano,* tradução de Samuel Rodrigues e Ferdinand Hämmerle, Fundação Calouste Gulbenkian, Lisboa, 1999.

Lamanuzzi, A.A.

— *La responsabilitá dell'appaltatore,* anotação da sentença da *Corte di Cassazione,* de 16-10-1985, em *Contratti I,* 1996, pág. 126-132.

Larcher, Sara

— *Contratos celebrados através da Internet: garantias dos consumidores contra vícios na compra e venda de bens de consumo,* em "Estudos do Instituto de Direito do Consumo", vol. II (2005), pág. 141-253.

Larenz, Karl

— *Derecho de obligaciones,* tomo 2, tradução de Jaime Santos Briz, Editorial Revista de Derecho Privado, Madrid, 1959.

Laurentino, Sandrina

— *Os destinatários da legislação do consumidor,* em "Estudos de direito do consumidor", nº 2 (2000), pág. 415-434.

Leitão, Luís Manuel Teles de Menezes

— *Direito das obrigações,* vol. II, 8ª ed., Edições Almedina, Coimbra, 2011, e vol. III, 12ª ed, Livraria Almedina, Coimbra, 2018.

— *O ensino do direito das obrigações. Relatório sobre o programa, conteúdo e métodos de ensino da disciplina,* Livraria Almedina, Coimbra, 2001.

— *Novo regime da venda de bens de consumo,* em "Estudos do Instituto de Direito do Consumo", vol. II, Almedina, Coimbra, 2005, pág. 37-73.

— *Garantia das obrigações,* 6ª ed., Livraria Almedina, Coimbra, 2018.

Lima, Fernando Andrade Pires de / Varela, João de Matos Antunes

— *Código Civil anotado,* vol. I, 4ª ed., Coimbra Editora, Coimbra, 1987, vol. II, 4ª ed, Coimbra Editora, Coimbra, 1997, e vol. III, 2ª ed., Coimbra Editora, Coimbra, 1984.

Lopes, Manuel Baptista

— *Do contrato de compra e venda no direito civil, comercial e fiscal,* Livraria Almedina, Coimbra, 1971.

Lorizio, Ulrico

— *Il contratto di appalto,* Cedam, Padova, 1939.

Luminoso, Angelo

— *Riparazione o sustituzione della cosa e garanzia per vizi nella vendita dal codice civile alla directiva 1994/44/CE,* na "Rivista di diritto civile" - Ano XLVII (2001), nº 6, pág. 837-862.

Machado, João Baptista

— *Sobre a aplicação no tempo do novo Código Civil,* Livraria Almedina, Coimbra, 1968.

— *Pressupostos da resolução por incumprimento,* em "Obra dispersa", vol. I, pág. 125-193, Scientia Ivridica, Braga, 1991.

— *A cláusula do razoável,* em "Obra dispersa", vol. I, pág. 457-621, Scientia Iuridica, Braga, 1991.

— *Introdução ao direito e ao discurso legitimador,* Livraria Almedina, Coimbra, 2002

— Anotação ao Acórdão do S.T.J. de 8-11-1983, na "Revista de Legislação e de Jurisprudência", Ano 118, pág. 274-282, 317-320 e 328-332.

Malinvaud, Philippe / Jestaz, Philippe/ Jourdain, Patrice / Tournafond, Olivier

— *Droit de la promotion immobilière,* 8ª edição, Dalloz, 2009, Paris.

Marcadé, V.

— *Explication théorique et pratique du Code Napoléon,* Tomo 16, 5ª ed., Librairie de Jurisprudence de Cotillon, Paris, 1852.

Marinelli, Fabrizio

— *La responsabilità dell'appaltatore,* em *I contratti di appalto privato,* a cura di Vincenzo Cuffaro, UTET, 2011, Torino.

Martin, Susan Dunbar

— *The roman jurists and the organization of private building in the last Republic and early Empire,* Latomus, Bruxelas, 1989.

Martinez, Pedro Nuno Tavares Romano e Soares

— *Cumprimento defeituoso. Em especial na compra e venda e na empreitada,* reimpressão, Livraria Almedina, Coimbra, 2001.

— *Direito das obrigações (Parte Especial). Contratos. Compra e venda. Locação. Empreitada,* 2ª ed., Livraria Almedina, Coimbra, 2001.

— *Contrato de empreitada,* Livraria Almedina, Coimbra, 1994.

— *O contrato de empreitada no direito romano e no antigo direito português,* na "Revista Direito e Justiça", vol 7 (1993), pág. 17-33.

— *O subcontrato,* Livraria Almedina, Coimbra, 1989.

— *A garantia contra os vícios da coisa na compra e venda e na empreitada,* na "Tribuna da Justiça", nº 4-5 (1990), pág. 173-192.

— *Empreitada de consumo,* em "Themis", Ano II (2001), nº 4, pág. 155-218.

— *Empreitada de bens de consumo. A transposição da Directiva nº 1999/44/CE, pelo Decreto nº 67/2003,* em "Estudos do Instituto de Direito do Consumo", vol. II (2005), pág. 11-35.

— *Compra e venda e empreitada,* em "Comemorações dos 35 anos do Código Civil e dos 25 anos da reforma de 1977", vol. III, Coimbra Editora, Coimbra, 2007.

— *Autonomia privada no contrato de empreitada,* em "Nos 20 anos do Código das Sociedades Comerciais. Homenagem aos Profs. Doutores A. Ferrer Correia, Orlando de Carvalho e Vasco Lobo Xavier", vol. III, Coimbra Editora, Coimbra, 2007.

Mascarello, Carmela

— *Il contratto di appalto,* Giuffrè Editore, Milano, 2002.

Medicus, Dieter

— *Tratado de las relaciones obligacionales,* vol. I, tradução de Ángel Martinez Sarrión, Bosch, Barcelona, 1995.

Mesquita, Manuel Henrique
— Anotação ao Acórdão da Relação de Coimbra de 10-12-1996, na "Revista de Legislação e de Jurisprudência", Ano 131, pág. 122-128.
— *A propriedade horizontal no Código Civil português,* na "Revista de Direito e de Estudos Sociais", Ano XXIII (Janeiro-Dezembro, 1976), nº 1, 2, 3 e 4, pág. 79-152.

Messineo, Franceso
— *Manuale di diritto civile e commerciale,* vol. III, 9ª ed., Giuffrè Editore, Milano, 1959.

Miller, Rui Vieira
— *A propriedade horizontal no Código Civil,* 3ª edição, Livraria Almedina, Coimbra, 1998.

Monteiro, António Pinto
— *Cláusulas limitativas e de exclusão de responsabilidade civil,* Separata do volume XXVIII, do "Boletim da Faculdade de Direito da Universidade de Coimbra", Coimbra, 1985.
— *Cláusula penal e indemnização,* Livraria Almedina, Coimbra, 1980.

Morais, Fernando de Gravato
— *União de contratos de crédito e de venda para o consumo,* Livraria Almedina, Coimbra, 2004.

Musolino, Giuseppe
— *La responsabilità civile nell'appalto. Responsabilità contrattuale ed extracontrattuale, concorso di culpa, garanzia,* 2ª edição, Cedam, Padova, 2003.
— *L' applicazione della disciplina sui beni mobili di consumo ai contrati di appalto e d' opera,* na "La Nuova Giurisprudenza Civile Commentata", 2003, nº 6, pág. 539-554.

Néret, Jean
— *Le sous-contrat,* L.G.D.J., Paris, 1979.

Nogueira, José Artur Anes Duarte
— *As instituições e o direito,* em "História de Portugal", dirigida por José Hermano Saraiva, vol. 1, pág. 773-809, Publicações Alfa, Lisboa, 1983.

Oliveira, Fernando Baptista de
— *O conceito de consumidor. Perspectivas nacional e comunitária,* Almedina, Lisboa, 2009.

Oliveira, Nuno Manuel Pinto
— *Cláusulas acessórias ao contrato. Cláusulas de exclusão e de limitação do dever de indemnizar. Cláusulas penais,* Edições Almedina, Coimbra, 2005.
— *Estudos sobre o não cumprimento das obrigações,* Almedina, Coimbra, 2007.
— *Princípios de direito dos contratos,* Coimbra Editora, Coimbra, 2011.

Pardal, Francisco Rodrigues / Fonseca, Manuel Baptista Dias da

— *Da propriedade horizontal no Código Civil e legislação complementar,* 3ª edição, Coimbra Editora, Coimbra, 1983.

Passinhas, Sandra

— *A assembleia de condóminos e o administrador na propriedade horizontal,* 2ª ed., Livraria Almedina, Coimbra, 2004.

Pereira, Jorge de Brito

— *Do conceito de obra no contrato de empreitada,* na "Revista da Ordem dos Advogados", Ano 54 (1994), vol. II, pág. 569-622.

Pereira, Maria de Lurdes / Múrias, Pedro

— *Os direitos de retenção e o sentido da exceção de não cumprimento,* Revista de Direito e de Estudos Sociais, Ano XLIX, Janeiro- Dezembro de 2008, pág. 187 e seg.

PEREIRA, Rui Soares

— *A responsabilidade por danos não patrimoniais do incumprimento das obrigações no direito civil português,* Coimbra Editora, Coimbra, 2009.

Pinto, Carlos Alberto da Mota

— *Cessão da posição contratual,* reimpressão, Livraria Almedina, Coimbra, 1982.

— *Teoria geral do direito civil,* 3ª ed., Coimbra Editora, Coimbra, 1996.

Pinto, Eduardo Vera-Cruz

— *O direito das obrigações em Roma,* A.A.F.D.L., Lisboa, 1997.

Pinto, Paulo Cardoso Correia da Mota

— *Declaração tácita e comportamento concludente no negócio jurídico,* Livraria Almedina, Coimbra, 1995.

— *Conformidade e garantias na venda de bens de consumo,* em "Estudos de direito do consumidor", nº 2 (2000), pág. 197-331.

— *Cumprimento defeituoso do contrato de compra e venda. Anteprojecto de diploma de transposição da Directiva 1994/44/CE para o direito português,* Instituto do Consumidor, Lisboa, 2002.

— *Interesse contratual negativo e interesse contratual positivo,* Coimbra Editora, Coimbra, 2008.

Piras, António

— *Codice dell' appalto privato,* a cura di Angelo Luminoso, Giuffrè Editore, Milano, 2010.

Pires, Catarina Monteiro

— *Impossibilidade da prestação,* Almedina, Coimbra, 2017.

PIRODDI, Paola

— *Il contratto di subappalto,* em *I contratti di appalto privato,* a cura di Vincenzo Cuffaro, UTET, Torino, 2011.

Pitão, José António de França Pitão
— *Contrato de empreitada*, 2ª edição, Almedina, Coimbra, 2011.
Prata, Ana
— *Cláusulas de exclusão e limitação da responsabilidade contratual*, Livraria Almedina, Coimbra, 1985.
— *O contrato-promessa e o seu regime civil*, Livraria Almedina, Coimbra, 1999.
Proença, José Carlos Brandão
— *A resolução do contrato no direito civil. Do enquadramento e do regime*, Separata do "Boletim da Faculdade de Direito da Universidade de Coimbra", nº XXII, Coimbra, 1982.
— *Do incumprimento do contrato-promessa bilateral. A dualidade execução específica--resolução*, Separata do número especial do "Boletim da Faculdade de Direito da Universidade de Coimbra", *Estudos em homenagem ao Prof. António de Arruda Ferrer Correia*, Coimbra, 1987.
— *A conduta do lesado como pressuposto e critério de imputação do dano extracontratual*, Livraria Almedina, Coimbra, 1997.
— *Lições de cumprimento e não cumprimento das obrigações*, Coimbra Editora, Coimbra, 2011.
Quintana, Ignacio
— *L'attuazione della directiva 1999/44 nell'ordenamento spagnolo*, em *La vendita di beni di consumo*, coordenado por Rosalba Alessi, pág. 215-270, Giuffrè Editore, Milano, 2005.
Ramos, José Luís Bonifácio
— *Responsabilidade civil dos intervenientes no processo de construção*, em "Estudos em Homenagem a Miguel Galvão Teles", vol. II, pág. 723-745.
Ribeiro, Joaquim de Sousa
— *Direito dos contratos*, Coimbra Editora, Coimbra, 2007.
Rocha, Manuel António Coelho da
— *Instituições do direito civil portuguez*, tomo II, 6ª ed., Coimbra, 1886.
Rocha, Maria Victória R. F. da
— *A imputação objectiva na responsabilidade contratual. Algumas considerações*, na "Revista Direito e Economia", Ano XV (1989), pág. 31-103.
Roman, José Ignacio Rubio
— *La responsabilidad civil en la construccion*, Colex, Madrid, 1987.
Roppo, Vincenzo
— *Contratto di appalto e garanzie per il consumatore finale*, em "Convegni di Studio Madonna di Campiglio, Quaderno nº 4, "Sicurezza delle contrattazioni. Dalle opportunità alle regole nel mercato immobiliare", pág. 147-157, Giuffrè Editore, Milano, 1996.

ROTT, Peter

— *La disciplina tedesca della compravendita dopo l'attuazione della directiva 1999/44/CE,* em "La vendita di beni di consumo", coordenado por Rosalba Alessi, pág. 215-270, Giuffrè Editore, Milano, 2005.

RUBINO, Domenico

— *L' appalto,* com notas de Enrico Moscati, em *Trattato di diritto civile italiano,* sob a direcção de Filippo Vassali, vol. 7º, tomo 3, 4ª ed., UTET, Torino, 1980.

RUBINO, Domenico / IUDICA, Giovanni

— *Dell' appalto,* em *Commentario del Codice Civile Scialoja-Branca, Libro Quarto. Delle Obligazioni,* 4ª ed., Zanichelli Editore, Bologna, 2007.

RUBINO-SAMMARTANO, Mauro

— *Appalto di opera e contratti di servizi (in diritto privato),* 2ª ed., Cedam, Padova, 2006.

SÁ, Almeno de

— *Cláusulas contratuais gerais e directiva sobre cláusulas abusivas,* 2ª ed., Almedina, Coimbra, 2005.

SÁ, Fernando Augusto Cunha de

— *Direito ao cumprimento e direito a cumprir,* Livraria Almedina, Coimbra, 1997.

SALCIARINI, Luigi

— *L' appalto nel condomínio,* Il sole 24 ore, Milano, 2008.

SANTO, João Espírito

— *O contrato de empreitada – alterações ao objecto do contrato e trabalhos extracontratuais,* na "Revista Jurídica da Associação Académica da Faculdade de Direito", 1997, nº 21, pág. 223-245.

SAVANNA, Lídia

— *La responsabilità dell'appaltatore,* G. Giappichelli Editore, Torino, 2004.

SEIA, Jorge Alberto Aragão

— *Propriedade horizontal. Condóminos e condomínios,* Livraria Almedina, Coimbra, 2001.

SERRA, Adriano Paes da Silva Vaz

— *Impossibilidade superveniente e cumprimento imperfeito imputáveis ao devedor,* no "Boletim do Ministério da Justiça", nº 47, pág. 5-126.

— *Empreitada,* no "Boletim do Ministério da Justiça", nº 145, pág. 19-190, e nº 146, pág. 33-247.

— *União de contratos. Contratos mistos,* no "Boletim do Ministério da Justiça", nº 91, pág. 11-145.

— *Responsabilidade do devedor pelos factos dos auxiliares, dos representantes legais ou substitutos,* no "Boletim do Ministério da Justiça", nº 72, pág. 259-305.

— *Responsabilidade contratual e extracontratual,* no "Boletim do Ministério da Justiça", nº 85, pág. 115-238.

— *Reparação do dano não patrimonial,* no "Boletim do Ministério da Justiça", nº 83, pág. 69-111.
— *Prescrição extintiva e caducidade,* no "Boletim do Ministério da Justiça", nº 105, pág. 5-248, nº 106, pág. 45-278, e nº 107, pág. 159-306.
— *Excepção de contrato não cumprido,* no "Boletim do Ministério da Justiça", nº 67, pág. 17-181.
— Anotação ao Acórdão do S.T.J. de 19-11-1971, na "Revista de Legislação e de Jurisprudência", Ano 105, pág. 282-288.
— Anotação ao Acórdão do S.T.J. de 14-6-1972, na "Revista de Legislação e de Jurisprudência", Ano 106, pág. 190-192 e 197-200.
— Anotação ao Acórdão do S.T.J. de 16-3-1973, na "Revista de Legislação e de Jurisprudência", Ano 107, pág. 107-120.
— Anotação ao Acórdão do S.T.J. de 2-4-1974, na "Revista de Legislação e de Jurisprudência", Ano 108, pág. 141-151.
— Anotação ao Acórdão do S.T.J. de 18-12-1979, na "Revista de Legislação e de Jurisprudência", Ano 113, pág. 252-254.

Silva, João Calvão da
— *Cumprimento e sanção pecuniária compulsória,* Separata do vol. XXX, do Suplemento do Boletim da Faculdade de Direito da Universidade de Coimbra, Coimbra, 1987.
— *Sinal e contrato-promessa,* Reimpressão da separata do número especial do "Boletim da Faculdade de Direito da Universidade de Coimbra", Estudos em Homenagem ao Prof. Dr. Eduardo Correia", Coimbra, 1988.
— *Responsabilidade civil do produtor,* Livraria Almedina, Coimbra, 1990.
— *Compra e venda de coisas defeituosas (Conformidade e segurança),* 5ª ed., Livraria Almedina, Coimbra, 2008.
— *Venda de bens ao consumidor,* 4ª ed., Livraria Almedina, Coimbra, 2010.
— Anotação ao Acórdão do S.T.J. de 3-11-1983, na "Revista da Ordem dos Advogados", Ano 47 (1987), tomo I, pág. 127-156.

Silva, Nuno Espinosa Gomes da
— *História do direito português,* 3ª ed., Fundação Calouste Gulbenkian, Lisboa, 2000.

Sobrinho, Rita
— *Contrato de empreitada,* na "Revista Jurídica da Universidade Portucalense Infante D. Henrique", nº 9, 2002, pág. 63-84.

Sollai, Claudia
— *Codice dell' appalto privato,* a cura di Angelo Luminoso, Giuffrè Editore, Milano, 2010.

Sousa, João Serras de
— *Código Civil Anotado,* vol. I, coord. por Ana Prata, Almedina, Coimbra, 2017.

Sousa (Lobão), Manuel de Almeida e

— *Tratado practico das avaliações e dos damnos*, Impressão Régia, 1830.

Tavares, José

— *Os princípios fundamentais do direito civil*, vol. I, Coimbra Editora, Coimbra, 1922.

Telles, Inocêncio Galvão

— *Direito das obrigações*, 7ª ed., Coimbra Editora, Coimbra, 1997.

— *Aspectos comuns aos vários contratos*, no "Boletim do Ministério da Justiça", nº 23, pág. 19-91.

— *Manual dos contratos em geral*, reimpressão, Lex, Lisboa, 1995.

Telles, José Homem Correia

— *Digesto Português ou tratado dos modos de adquirir a propriedade, de a gozar e administrar, e de a transferir por derradeira vontade; para servir de subsídio ao novo Código Civil"*, Tomo III, Coimbra, 1836.

Tercier, Pierre

— *La partie spéciale du Code des Obligations*, Schulthess, 1988.

Tilla, Maurizio de

— *L' appalto privato*, 2ª ed., Giuffrè Editore, Milano, 2007.

Ugas, Anna Paola

— *Codice dell' appalto privato*, a cura di Angelo Luminoso, Giuffrè Editore, Milano, 2010.

Varela, João de Matos Antunes

— *Das obrigações em geral*, I vol. 10ª ed., Livraria Almedina, Coimbra 2000, e II vol. 7ª ed. (reimpressão), Livraria Almedina, Coimbra, 2001.

— Parecer publicado na "Revista da Ordem dos Advogados", Ano 45 (1985), tomo I, pág. 159-197.

— Parecer publicado sob o título *Cumprimento imperfeito do contrato de compra e venda. A excepção do contrato não cumprido*, na "Colectânea de Jurisprudência", Ano XII, tomo 4, pág. 23-35.

— Anotação ao Acórdão do S.T.J. de 5-11-1983, na "Revista de Legislação e de Jurisprudência", Ano 121, pág. 183-200 e 216-224.

— Anotação ao Acórdão do S.T.J. de 7-11-1985, na "Revista de Legislação e de Jurisprudência", Ano 124, pág. 55-63, 86-91 e 101-106.

— Anotação ao Acórdão do S.T.J. de 17-6-1982, na "Revista de Legislação e de Jurisprudência", Ano 119, pág. 120-128.

Vasconcelos, Pedro Leitão Pais de

— *A autorização*, Coimbra Editora, Coimbra, 2012.

Vasconcelos, Pedro Pais de

— *Contratos atípicos*, Livraria Almedina, Coimbra, 1995.

Vilalonga, José Manuel
— *Compra e venda e empreitada – contributo para a distinção entre os dois contratos,* na "Revista da Ordem dos Advogados", Ano 57 (1997), vol. I, pág. 183-228.
Viney, Geneviève
— *Les obligations – La responsabilité: conditions,* em *Traité de droit civil,* sob a direcção de Jacques Ghestin, vol. IV, L.G.D.J., Paris, 1982.
Vitorino, A. Macedo
— *A eficácia dos contratos de direito de autor,* Almedina, Coimbra, 1995.
Zuddas, Goffredo
— *Codice dell' appalto privato,* a cura di Angelo Luminoso, Giuffrè Editore, Milano, 2010.

JURISPRUDÊNCIA

Acórdão do Tribunal Constitucional

- de 12-1-2000, em A.T.C., 46º vol., pág. 313, relatado por MARIA DOS PRAZERES BELEZA.

Acórdãos do Supremo Tribunal de Justiça:

- de 19-11-1971, no B.M.J. nº 211, pág. 297, relatado por CAMPOS DE CARVALHO.
- de 16-3-1973, no B.M.J. nº 225, pág. 210, relatado por JOSÉ ANTÓNIO FERNANDES.
- de 15-3-1974, no B.M.J. nº 235, pág. 269, relatado por LUDOVICO DA COSTA.
- de 26-3-1974, no B.M.J. nº 235, pág. 280, relatado por ARALA CHAVES.
- de 11-11-1976, no B.M.J. nº 261, pág. 137, relatado por JOÃO MOURA.
- de 15-10-1980, no B.M.J. nº 300, pág. 364, relatado por CAMPOS COSTA.
- de 21-5-1981, no B.M.J. nº 307, pág. 250, relatado por CAMPOS COSTA.
- de 17-6-1982, no B.M.J. nº 318, pág. 437, relatado por LIMA CLUNY.
- de 3-11-1983, no B.M.J. nº 331, pág. 489, relatado por SANTOS SILVEIRA.
- de 8-11-1983, no B.M.J. nº 331, pág. 515, relatado por JOAQUIM FIGUEIREDO.
- de 6-11-1986, no B.M.J. nº 361, pág. 506, relatado por LIMA CLUNY.
- de 22-10-1987, no B.M.J. nº 370, pág. 529, relatado por LIMA CLUNY.
- de 2-2-1988, no B.M.J. nº 371, pág. 449, relatado por ALMEIDA RIBEIRO.
- de 11-5-1993, na C.J., Ano I, tomo 2, pág. 97, relatado por RAMIRO VIDIGAL.
- de 8-6-1993, na C.J., Ano I, tomo 2, pág. 144, relatado por MÁRIO CURA MARIANO.
- de 6-7-1993, na C.J., Ano I, tomo 2, pág. 181, relatado por MACHADO SOARES.
- de 5-7-1994, C.J., Ano II, tomo 2, pág. 174, relatado por CARLOS CALDAS.
- de 18-10-1994, na C.J., Ano II, tomo 3, pág. 93, relatado por TORRES PAULO.
- de 14-2-1995, na C.J., Ano III, tomo 1, pág. 88, relatado por FERNANDO FABIÃO.

- de 14-3-1995, no B.M.J. nº 445, pág. 464, relatado por FERNANDO FABIÃO.
- de 6-4-1995, na C.J., Ano III, tomo 2, pág. 33, relatado por JOAQUIM DE MATOS.
- de 23-5-1995, na C.J., Ano III, tomo 2, pág. 103, relatado por RAMIRO VIDIGAL.
- de 31-1-1996, no D.R., II série, de 7-6-1996, relatado por CARDONA FERREIRA.
- de 17-6-1998, no B.M.J. nº 478, pág. 351, relatado por TORRES PAULO.
- de 30-11-2000, na C.J., Ano VIII, tomo 2, pág. 150, relatado por MIRANDA GUSMÃO.
- de 8-3-2001, na C.J., Ano IX, tomo 1, pág. 147, relatado por OLIVEIRA BARROS.
- de 13-3-2001, na C.J., Ano IX, tomo 1, pág. 159, relatado por NORONHA NASCIMENTO.
- de 6-6-2002, no site www.dgsi.pt, relatado por DUARTE SOARES.
- de 18-2-2003, na C.J., Ano XI, tomo 1, pág. 103, relatado por AZEVEDO RAMOS.
- de 25-3-2003, na C.J., Ano XI, tomo 1, pág. 140, relatado por AFONSO CORREIA.
- de 23-9-2003, no site www.dgsi.pt, relatado por NUNO CAMEIRA.
- de 25-9-2003, no site www.dgsi.pt, relatado por PIRES DA ROSA.
- de 16-10-2003, no site www.dgsi.pt, relatado por LUÍS FONSECA.
- de 11-11-2003, no site www.dgsi.pt, relatado por SILVA SALAZAR.
- de 18-12-2003, no site www.dgsi.pt, relatado por LUÍS FONSECA.
- de 19-1-2004, na C.J., Ano XII, tomo 1, pág. 29, relatado por AFONSO CORREIA.
- de 9-3-2004, no site www.dgsi.pt, relatado por NEVES RIBEIRO.
- de 25-3-2004, no site www.dgsi.pt, relatado por SILVA SALAZAR.
- de 25-3-2004, no site www.dgsi.pt, relatado por AZEVEDO RAMOS.
- de 15-4-2004, no site www.dgsi.pt, relatado por QUIRINO SOARES.
- de 27-5-2004, na C.J., Ano XII, tomo 2, pág. 74, relatado por QUIRINO SOARES.
- de 28-5-2004, no site www.dgsi.pt, relatado por FERREIRA GIRÃO.
- de 3-6-2004, no site www.dgsi.pt, relatado por NORONHA NASCIMENTO.
- de 30-9-2004, no site www.dgsi.pt, relatado por FARIA ANTUNES.
- de 23-11-2004, no site www.dgsi.pt, relatado por NUNO CAMEIRA.
- de 25-11-2004, no site www.dgsi.pt, relatado por OLIVEIRA BARROS.
- de 30-11-2004, no site www.dgsi.pt, relatado por FARIA ANTUNES.
- de 14-12-2004, no site www.dgsi.pt, relatado por NUNO CAMEIRA.
- de 11-1-2005, no site www.dgsi.pt, relatado por LOPES PINTO.

- de 13-1-2005, no site www.dgsi.pt, relatado por FERREIRA DE ALMEIDA.
- de 25-1-2005, no site www.dgsi.pt, relatado por AZEVEDO RAMOS.
- de 15-2-2005, no site www.dgsi.pt, relatado por AZEVEDO RAMOS.
- de 10-3-2005, no site www.dgsi.pt, relatado por NEVES RIBEIRO.
- de 7-6-2005, no site www.dgsi.pt, relatado por AZEVEDO RAMOS.
- de 9-6-2005, no site www.dgsi.pt, relatado por OLIVEIRA BARROS.
- de 22-6-2005, na C.J., Ano XIII, tomo 2, pág. 122, relatado por MOREIRA CAMILO.
- de 12-7-2005, no site www.dgsi.pt, relatado por SALVADOR DA COSTA.
- de 12-7-2005, no site www.dgsi.pt, relatado por ARAÚJO DE BARROS.
- de 22-9-2005, no site www.dgsi.pt, relatado por LUCAS COELHO.
- de 25-10-2005, no site www.dgsi.pt, relatado por LOPES PINTO.
- de 22-11-2005, no site www.dgsi.pt, relatado por FERNANDES MAGALHÃES.
- de 7-12-2005, no site www.dgsi.pt, relatado por AZEVEDO RAMOS.
- de 13-12-2005, no site www.dgsi.pt, relatado por FARIA ANTUNES.
- de 8-3-2006, no site www.dgsi.pt, relatado por ALBERTO SOBRINHO.
- de 18-5-2006, no site www.dgsi.pt, relatado por NUNO CAMEIRA.
- de 8-6-2006, no site www.dgsi.pt, relatado por FERNANDES MAGALHÃES.
- de 8-6-2006, no site www.dgsi.pt, relatado por MOREIRA CAMILO.
- de 29-6-2006, no site www.dgsi.pt, relatado por SALVADOR DA COSTA.
- de 12-9-2006, no site www.dgsi.pt, relatado por SILVA SALAZAR.
- de 28-9-2006, no site www.dgsi.pt, relatado por SILVA SALAZAR.
- de 28-9-2006, no site www.dgsi.pt, relatado por MOTA MIRANDA.
- de 3-10-2006, no site www.dgsi.pt, relatado por URBANO DIAS.
- de 2-11-2006, no site www.dgsi.pt, relatado por CUSTÓDIO MONTES.
- de 14-11-2006, no site www.dgsi.pt, relatado por SALRETA PEREIRA.
- de 23-11-2006, no site www.dgsi.pt, relatado por SALVADOR DA COSTA.
- de 11-1-2007, no site www.dgsi.pt, relatado por CUSTÓDIO MONTES.
- de 23-1-2007, no site www.dgsi.pt, relatado por SEBASTIÃO PÓVOAS.
- de 31-1-2007, no site www.dgsi.pt, relatado por MOREIRA CAMILO.
- de 6-3-2007, no site www.dgsi.pt, relatado por AZEVEDO RAMOS.
- de 29-3-2007, no site www.dgsi.pt, relatado por GIL ROQUE.
- de 5-6-2007, no site www.dgsi.pt, relatado por FONSECA RAMOS.
- de 19-6-2007, no site www.dgsi.pt, relatado por ALVES VELHO.
- de 19-7-2007, no site www.dgsi.pt, relatado por FONSECA RAMOS.
- de 2-10-2007, na C.J., Ano XV, tomo 3, pág. 71, relatado por FONSECA RAMOS.
- de 13-12-2007, no site www.dgsi.pt, relatado por ALVES VELHO.
- de 27-5-2008, na C.J., Ano XVI, tomo 2, pág. 78, relatado por MOREIRA CAMILO.

- de 19-6-2008, no site www.dgsi.pt, relatado por SERRA BAPTISTA.
- de 10-7-2008, no site www.dgsi.pt, relatado por FONSECA RAMOS.
- de 10-7-2008, no site www.dgsi.pt, relatado por SALVADOR DA COSTA.
- de 9-9-2008, na C.J., Ano XVI, tomo 3, pág. 23, relatado por Alves Velho.
- de 5-3-2009, na C.J., Ano XVII, tomo 1, pág. 128, relatado por OLIVEIRA ROCHA.
- de 28-4-2009, no site www.dgsi.pt, relatado por SANTOS BERNARDINO.
- de 26-5-2009, no site www.dgsi.pt, relatado por HELDER ROQUE.
- de 24-9-2009, no site www.dgsi.pt, relatado por PIRES DA ROSA.
- de 3-11-2009, no site www.dgsi.pt, relatado por SALAZAR CASANOVA.
- de 15-11-2009, no site www.dgsi.pt, relatado por GRANJA DA FONSECA.
- de 19-11-2009, na C.J., Ano XVII, tomo 3, pág. 145, relatado por URBANO DIAS.
- de 26-11-2009, no site www.dgsi.pt, relatado por SANTOS BERNARDINO.
- de 27-1-2010, no site www.dgsi.pt, relatado por SILVA SALAZAR.
- de 16-3-2010, no site www.dgsi.pt, relatado por URBANO DIAS.
- de 1-6-2010, no site www.dgsi.pt, relatado por AZEVEDO RAMOS.
- de 8-6-2010, no site www.dgsi.pt, relatado por OLIVEIRA VASCONCELOS.
- de 29-6-2010, na C.J., Ano XVIII, tomo 2, pág. 120, relatado por HELDER ROQUE.
- de 29-6-2010, no site www.dgsi.pt, relatado por GARCIA CALEJO.
- de 1-7-2010, na C.J., Ano XVIII, tomo 2, pág. 141, relatado por PRAZERES BELEZA.
- de 7-7-2010, no site www.dgsi.pt, relatado por FERREIRA DE ALMEIDA.
- de 14-10-2010, no site www.dgsi.pt, relatado por ÁLVARO RODRIGUES.
- de 26-10-2010, no site www.dgsi.pt, relatado por URBANO DIAS.
- de 18-1-2011, no site www.dgsi.pt, relatado por FONSECA RAMOS
- de 14-6-2011, na C.J., Ano XIX, tomo 2, pág. 104, relatado por FONSECA RAMOS.
- de 29-11-2011, no site www.dgsi.pt, relatado por GABRIEL CATARINO.
- de 24-1-2012, no site www.dgsi.pt, relatado por MARTINS DE SOUSA.
- de 19-4-2012, no site www.dgsi.pt, relatado por ANA PAULA BOULAROT.
- de 24-4-2012, no site www.dgsi.pt, relatado por MOREIRA ALVES.
- de 22-5-2012, no site www.colectaneadejurisprudência.com, relatado por GREGÓRIO JESUS.
- de 24-5-2012, no site www.dgsi.pt, relatado por SERRA BAPTISTA.
- de 29-5-2012, no site www.dgsi.pt, relatado por ALVES VELHO.
- de 5-7-2012, no site www.dgsi.pt, relatado por SALAZAR CASANOVA.
- de 15-11-2012, no site www.dgsi.pt, relatado por GRANJA DA FONSECA.

- de 20-11-2012, no site www.dgsi.pt, relatado por Fonseca Ramos.
- de 22-1-2013, no site www.dgsi.pt, relatado por Granja da Fonseca.
- de 12-9-2013, no site www.dgsi.pt, relatado por Garcia Calejo.
- de 29-10-2013, na C.J., Ano XXI, tomo 3, pág. 117, relatado por Moreira Camilo.
- de 5-11-2013, no site www.dgsi.pt, relatado por Azevedo Ramos.
- de 28-11-2013, no site www.dgsi.pt, relatado por Oliveira Vasconcelos.
- de 2-12-2013, no site www.dgsi.pt, relatado por Maria dos Prazeres Beleza.
- de 10-12-2013, no site www.dgsi.pt, relatado por Gregório de Jesus.
- de 14-1-2014, no site www.dgsi.pt, relatado por Moreira Alves.
- de 13-5-2014, no site www.dgsi.pt, relatado por Alves Velho.
- de 13-5-2014, no site www.dgsi.pt, relatado por Maria Clara Sottomayor.
- de 9-7-2015, no site www.dgsi.pt, relatado por Paulo Sá.
- de 8-9-2015, no site www.dgsi.pt, relatado por Helder Roque.
- de 31-5-2016, no site www.dgsi.pt, relatado por Maria Clara Sottomayor.
- de 14-12-2016, no site www.dgsi.pt, relatado por Tomé Gomes.
- de 24-5-2018, no site www.dgsi.pt, relatado por Maria do Rosário Morgado.
- de 19-12-2018, no site www.dgsi.pt, relatado por Abrantes Geraldes.
- de 21-2-2019, no site www.dgsi.pt, relatado por Nuno Pinto Oliveira.
- de 7-3-2019, no site www.dgsi.pt, relatado por Rosa Ribeiro Coelho.
- de 4-6-2019, no site www.dgsi.pt, relatado por José Raínho.
- de 16-5-2019, no site www.dgsi.pt, relatado por Catarina Serra.
- de 11-7-2019, no site www.dgsi.pt, relatado por Rosa Ribeiro Coelho.

Acórdãos da Relação de Lisboa:

- de 21-1-1976, na C.J., Ano I, tomo 1, pág. 203, relatado por Alves Branco.
- de 6-7-1977, na C.J., Ano II, tomo 4, pág. 925, relatado por Sequeira de Carvalho.
- de 15-6-1979, na C.J., Ano IV, tomo 3, pág. 815, relatado por Sequeira de Carvalho.
- de 21-12-1979, na C.J., Ano IV, tomo 5, pág. 1627, relatado por Almeida Ribeiro.
- de 27-11-1981, na C.J., Ano VI, tomo 5, pág. 164, relatado por Ianquel Milhano.
- de 12-5-1988, na C.J., Ano XIII, tomo 3, pág. 141, relatado por Carvalho Pinheiro.
- de 27-10-1988, na C.J., Ano XIII, tomo 4, pág. 137, relatado por José de Magalhães.

- de 18-1-1990, na C.J., Ano XV, tomo 1, pág. 146, relatado por Ribeiro Coelho.
- de 8-5-1990, na T.J., nº 4/5 (1990), pág. 244, relatado por Afonso de Melo.
- de 7-2-1991, na C.J., Ano XVI, tomo 1, pág. 296, relatado por Ramos dos Santos.
- de 7-12-1993, na C.J., Ano XVIII, tomo 5, pág. 137, relatado por Afonso de Melo.
- de 18-1-1994, na C.J., Ano XIX, tomo 1, pág. 97, relatado por Bettencourt Faria.
- de 17-3-1994, na C.J., Ano XIX, tomo 2, pág. 86, relatado por Pires Salpico.
- de 15-12-1994, na C.J., Ano XIX, tomo 5, pág. 137, relatado por Joaquim Dias.
- de 23-2-1995, na C.J., Ano XX, tomo 1, pág. 143, relatado por Santos Bernardino.
- de 21-11-1996, na C.J., Ano XXI, tomo 5, pág.109, relatado por Marco Rodrigues.
- de 29-11-2001, na C.J., Ano XXVI, tomo 5, pág. 95, relatado por Salvador da Costa.
- de 5-2-2002, , na C.J., Ano XXVII , tomo 1 , pág. 101, relatado por Abrantes Geraldes.
- de 9-7-2003, no site www.dgsi.pt, relatado por Tibério Silva.
- de 4-12-2003, no site www.dgsi.pt, relatado por Fernanda Pereira.
- de 16-12-2003, no site www.dgsi.pt, relatado por Fátima Galante.
- de 15-1-2004, no site www.dgsi.pt, relatado por Fernanda Pereira.
- de 11-3-2004, no site www.dgsi.pt, relatado por Carlos Valverde.
- de 21-4-2005, no site www.dgsi.pt, relatado por Granja da Fonseca.
- de 5-5-2005, no site www.dgsi.pt, relatado por Fátima Galante.
- de 22-9-2005, no site www.dgsi.pt, relatado por Manuel Gonçalves.
- de 10-11-2005, no site www.dgsi.pt, relatado por Silva Santos.
- de 2-2-2006, no site www.dgsi.pt, relatado por Manuel Gonçalves.
- de 8-6-2006, no site www.dgsi.pt, relatado por Salazar Casanova.
- de 12-7-2006, no site www.dgsi.pt, relatado por Maria José Mouro.
- de 19-10-2006, no site www.dgsi.pt, relatado por Ana Paula Boularot.
- de 1-3-2007, no site www.dgsi.pt, relatado por Fátima Galante.
- de 1-3-2007, no site www.dgsi.pt, relatado por Pereira Rodrigues.
- de 8-3-2007, no site www.dgsi.pt, relatado por Eduardo Sapateiro.
- de 10-5-2007, no site www.dgsi.pt, relatado por Fátima Galante.
- de 31-5-2007, no site www.dgsi.pt, relatado por Granja da Fonseca.
- de 12-6-2007, no site www.dgsi.pt, relatado por Maria José Simões.

- de 14-6-2007, no site www.dgsi.pt, relatado por Fátima Galante.
- de 14-6-2007, no site www.dgsi.pt, relatado por Fernanda Pereira.
- de 28-6-2007, no site www.dgsi.pt, relatado por Pereira Rodrigues.
- de 16-10-2007, no site www.dgsi.pt, relatado por João Aveiro.
- de 8-11-2007, no site www.dgsi.pt, relatado por Fátima Galante.
- de 6-12-2007, no site www.dgsi.pt, relatado por Olindo Geraldes.
- de 12-2-2008, no site www.dgsi.pt, relatado por Maria José Simões.
- de 28-2-2008, no site www.dgsi.pt, relatado por Neto Neves.
- de 10-4-2008, no site www.dgsi.pt, relatado por Fátima Galante.
- de 5-6-2008, no site www.dgsi.pt, relatado por Maria José Mouro.
- de 18-9-2008, no site www.dgsi.pt, relatado por Farinha Alves.
- de 30-9-2008, no site www.dgsi.pt, relatado por João Aveiro.
- de 4-11-2008, no site www.dgsi.pt, relatado por Torres Vouga.
- de 6-11-2008, no site www.dgsi.pt, relatado por Rui da Ponte Gomes.
- de 11-11-2008, no site www.dgsi.pt, relatado por Torres Vouga.
- de 4-12-2008, no site www.dgsi.pt, relatado por Granja da Fonseca.
- de 21-4-2009, no site www.dgsi.pt, relatado por Isabel Salgado.
- de 19-5-2009, no site www.dgsi.pt, relatado por Anabela Calafate.
- de 28-5-2009, no site www.dgsi.pt, relatado por Teresa Soares.
- de 2-6-2009, no site www.dgsi.pt, relatado por Abrantes Geraldes.
- de 2-7-2009, no site www.dgsi.pt, relatado por Nelson Borges Carneiro.
- de 2-7-2009, no site www.dgsi.pt, relatado por Granja da Fonseca.
- de 2-7-2009, no site www.dgsi.pt, relatado por Ferreira Lopes.
- de 1-10-2009, no site www.dgsi.pt, relatado por Fátima Galante.
- de 29-10-2009, no site www.dgsi.pt, relatado por Catarina Arêlo Manso.
- de 26-11-2009, no site www.dgsi.pt, relatado por Isabel Canadas.
- de 28-1-2010, na C.J., Ano XXXV, tomo 1, pág. 86, relatado por Manuel Gonçalves.
- de 9-2-2010, no site www.dgsi.pt, relatado por Maria do Rosário Morgado.
- de 8-6-2010, na C.J., Ano XXXV, tomo 3, pág. 85, relatado por Roque Nogueira.
- de 26-10-2010, no site www.dgsi.pt, relatado por António Santos.
- de 2-11-2010, no site www,dgsi.pt, relatado por João Aveiro.
- de 9-11-2010, no site www.dgsi.pt, relatado por João Aveiro.
- de 23-11-2010, no site www.dgsi.pt, relatado por Luís Filipe Lameiras.
- de 18-1-2011, no site www.dgsi.pt, relatado por António Santos.
- de 27-1-2011, no site www.dgsi.pt, relatado por Jorge Leal.
- de 17-2-2011, no site www.dgsi.pt, relatado por Amélia Ameixoeira.
- de 17-2-2011, no site www.dgsi.pt, relatado por Henrique Antunes.

- de 5-4-2011, no site www.dgsi.pt, relatado por Torres Vouga.
- de 7-4-2011, no site www.dgsi.pt, relatado por Ezaguy Martins.
- de 14-4-2011, no site www.dgsi.pt, relatado por Ondina Alves.
- de 5-5-2011, no site www.dgsi.pt, relatado por Henrique Antunes.
- de 24-5-2011, no site www.dgsi.pt, relatado por Luís Lameiras.
- de 21-6-2011, no site www.dgsi.pt, relatado por Graça Araújo.
- de 6-10-2011, no site www.dgsi.pt, relatado por Teresa Albuquerque.
- de 3-11-2011, no site www.dgsi.pt, relatado por Amélia Ameixoeira.
- de 8-11-2011, no site www.dgsi.pt, relatado por Maria Amélia Ribeiro.
- de 6-12-2011, no site www.dgsi.pt, relatado por Manuel Marques.
- de 14-2-2012, no site www.dgsi.pt, relatado por Pimentel Marcos.
- de 16-2-2012, no site www.dgsi.pt, relatado por Tomé Ramião.
- de 23-2-2012, no site www.dgsi.pt, relatado por Teresa Albuquerque.
- de 28-2-2012, no site www.dgsi.pt, relatado por Isabel Fonseca.
- de 1-3-2012, no site www.dgsi.pt, relatado por Ezaguy Martins.
- de 13-3-2012, no site www.dgsi.pt, relatado por Manuel Marques.
- de 20-3-2012, no site www.dgsi.pt, relatado por Cristina Coelho.
- de 21-3-2012, no site www.dgsi.pt, relatado por Sérgio Almeida.
- de 21-3-2012, no site www.dgsi.pt, relatado por Maria José Mouro.
- de 29-3-2012, no site www.dgsi.pt, relatado por Pedro Martins.
- de 5-7-2012, no site www.dgsi.pt, relatado por Carla Mendes.
- de 12-7-2012, no site www.dgsi.pt, relatado por Ezaguy Martins.
- de 20-11-2012, no site www.dgsi.pt, relatado por Dina Monteiro.
- de 18-12-2012, no site www.dgsi.pt, relatado por Cristina Coelho.
- de 7-2-2013, no site www.dgsi.pt, relatado por Jorge Vilaça.
- de 21-2-2013, no site www.dgsi.pt, relatado por Eduardo Azevedo.
- de 11-4-2013, na C.J., Ano XXXVIII, tomo 2, pág. 116, relatado por Luís Mendonça.
- de 2-5-2013, no site www.dgsi.pt, relatado por Carla Mendes.
- de 22-10-2013, no site www.dgsi.pt, relatado por Cristina Coelho.
- de 28-1-2014, no site www.dgsi.pt, relatado por Luís Espírito Santo.
- de 25-2-2014, no site www.dgsi.pt, relatado por Isabel Fonseca.
- de 11-3-2014, no site www.dgsi.pt, relatado por Graça Amaral.
- de 3-6-2014, no site www.dgsi.pt, relatado por Eurico Reis.
- de 19-6-2014, no site www.dgsi.pt, relatado por Isoleta Costa.
- de 1-7-2014, no site www.dgsi.pt, relatado por Pedro Brighton.
- de 16-9-2014, no site www.dgsi.pt, relatado por Roque Nogueira.
- de 25-9-2014, no site www.dgsi.pt, relatado por António Martins.
- de 24-2-2015, no site www.dgsi.pt, relatado por João Ramos de Sousa.

- de 27-1-2015, no site www.dgsi.pt, relatado por PEDRO BRIGHTON.
- de 3-3-2015, no site www.dgsi.pt, relatado por ORLANDO NASCIMENTO.
- de 5-3-2015, no site www.dgsi.pt, relatado por EZAGUY MARTINS.
- de 5-3-2015, no site www.dgsi.pt, relatado por ONDINA ALVES.
- de 1-10-2015, no site www.dgsi.pt, relatado por ABRANTES GERALDES.
- de 13-10-2015, no site www.dgsi.pt, relatado por MARIA ADELAIDE DOMINGOS.
- de 6-10-2015, no site www.dgsi.pt, relatado por TERESA HENRIQUES.
- de 30-4-2015, no site www.dgsi.pt relatado por ILÍDIO SACARRÃO MARTINS.
- de 7-5-2015, no site www.dgsi.pt, relatado por SACARRÃO MARTINS.
- de 25-2-2016, no site colectaneadejurisprudência.com, relatado por TERESA PARDAL.
- de 15-3-2016, no site www.dgsi.pt, relatado por RUI VOUGA.
- de 2-6-2016, no site www.dgsi.pt, relatado por MAGDA GERALDES.
- de 14-12-2016, no site www.dgsi.pt, relatado por TOMÉ GOMES.
- de 17-1-2017, no site www.dgsi.pt, relatado por RIJO FERREIRA.
- de 2-5-2017, no site www.dgsi.pt, relatado por LUÍS ESPÍRITO SANTO.
- de 30-5-2017, no site www.dgsi.pt, relatado por PEDRO BRIGHTON.
- de 13-7-2017, no site www.dgsi.pt, relatado por VAZ GOMES.
- de 10-10-2017, no site www.dgsi.pt, relatado por PEDRO BRIGHTON.
- de 1-2-2018, no site www.dgsi.pt, relatado por VAZ GOMES.
- de 8-2-2018, no site www.dgsi.pt, relatado por ILÍDIO SACARRÃO.
- de 19-4-2018, no site www.dgsi.pt, relatado por ANTÓNIO SANTOS.
- de 11-12-2018, no site www.dgsi.pt, relatado por LUÍS ESPÍRITO SANTO.
- de 10-1-2019, no site www.dgsi.pt, relatado por ARLINDO CRUA.
- de 29-1-2019, no site www.dgsi.pt, relatado por MARIA DO ROSÁRIO GONÇALVES.
- de 2-7-2019, no site www.dgsi.pt, relatado por, LUÍS ESPÍRITO SANTO.
- de 4-7-2019, no site www.dgsi.pt, relatado por ANTÓNIO SANTOS.

Acórdãos da Relação do Porto:
- de 4-12-1980, na C.J., Ano V, tomo 5, pág. 143, relatado por MÁRIO AFONSO.
- de 9-2-1984, na C.J., Ano IX, tomo 1, pág. 235, relatado por JÚLIO SANTOS.
- de 23-1-1986, na C.J., Ano XI, tomo 1, pág. 170, relatado por JORGE VASCONCELOS.
- de 25-6-1987, na C.J., Ano XII, tomo 3, pág. 212, relatado por JORGE VASCONCELOS.
- de 14-7-1988, na C.J., Ano XIII, tomo 4, pág. 169, relatado por GELÁSIO ROCHA.

- de 11-4-1989, na C.J., Ano XIV, tomo 2, pág. 217, relatado por Matos Fernandes.
- de 7-1-1992, na C.J., Ano XVII, tomo 1, pág. 222, relatado por Almeida e Silva.
- de 12-1-1993, na C.J., Ano XVIII, tomo 2, pág. 175, relatado por Paz Dias.
- de 22-1-1996, na C.J., Ano XXI, tomo 1, pág. 202, relatado por Reis Figueira.
- de 9-5-1996, na C.J., Ano XXI, tomo 3, pág. 185, relatado por Mário Cruz.
- de 31-10-1996, na C.J., Ano XXI, tomo 4, pág. 291, relatado por Pita de Vasconcelos.
- de 21-11-1996, na C.J., Ano XXI, tomo 5, pág. 192, relatado por Custódio Montes.
- de 12-6-2003, no site www.dgsi.pt, relatado por Saleiro de Abreu.
- de 7-7-2003, no site www.dgsi.pt, relatado por Caimoto Jácome.
- de 27-11-2003, no site www.dgsi.pt, relatado por Saleiro Abreu.
- de 9-2-2004, no site www.dgsi.pt, relatado por Marques Pereira.
- de 25-3-2004, no site www.dgsi.pt, relatado por Fernando Baptista.
- de 18-5-2004, no site www.dgsi.pt, relatado por Alberto Sobrinho.
- de 28-10-2004, no site www.dgsi.pt, relatado por Saleiro de Abreu.
- de 18-11-2004, no site www.dgsi.pt, relatado por João Bernardo.
- de 6-1-2005, no site www.dgsi.pt, relatado por Carvalho Ferraz.
- de 8-2-2005, no site www.dgsi.pt, relatado por Mário Cruz.
- de 14-2-2005, no site www.dgsi.pt, relatado por Sousa Lameira.
- de 22-2-2005, na C.J., Ano XXX, tomo 1, pág. 195, relatado por Lemos Jorge.
- de 7-3-2005, no site www.dgsi.pt, relatado por Santos Carvalho.
- de 12-4-2005, no site www.dgsi.pt, relatado por Emídio Costa.
- de 2-6-2005, no site www.dgsi.pt, relatado por Fernando Baptista.
- de 7-7-2005, no site www.dgsi.pt, relatado por João Bernardo.
- de 20-10-2005, no site www.dgsi.pt, relatado por José Ferraz.
- de 3-11-2005, no site www.dgsi.pt, relatado por Oliveira Vasconcelos.
- de 17-11-2005, no site www.dgsi.pt, relatado por Ataíde das Neves.
- de 28-11-2005, no site www.dgsi.pt, relatado por Caimoto Jácome.
- de 20-4-2006, no site www.dgsi.pt, relatado por Amaral Ferreira.
- de 27-4-2006, no site www.dgsi.pt, relatado por Pinto de Almeida.
- de 26-6-2006, no site www.dgsi.pt, relatado por Pinto Ferreira.
- de 29-6-2006, no site www.dgsi.pt, relatado por Fernando Baptista.
- de 14-9-2006, no site www.dgsi.pt, relatado por Deolinda Varão.
- de 19-9-2006, no site www.dgsi.pt, relatado por Henrique Araújo.
- de 24-10-2006, no site www.dgsi.pt, relatado por Marques Castilho.
- de 29-11-2006, no site www.dgsi.pt, relatado por Emídio Costa.

- de 4-12-2006, no site www.dgsi.pt, relatado por ANABELA LUNA.
- de 22-2-2007, no site www.dgsi.pt, relatado por PINTO DE ALMEIDA.
- de 19-3-2007, no site www.dgsi.pt, relatado por CURA MARIANO.
- de 16-5-2007, no site www.dgsi.pt, relatado por MANUEL CAPELO.
- de 24-5-2007, no site www.dgsi.pt, relatado por FERNANDO BAPTISTA.
- de 4-7-2007, no site www.dgsi.pt, relatado por EMÍDIO COSTA.
- de 4-7-2007, no site www.dgsi.pt, relatado por PINTO DE ALMEIDA.
- de 2-10-2007, no site www.dgsi.pt, relatado por HENRIQUE ARAÚJO.
- de 15-10-2007, no site www.dgsi.pt, relatado por PINTO DE ALMEIDA.
- de 20-11-2007, no site www.dgsi.pt, relatado por CRISTINA COELHO.
- de 10-12-2007, no site www.dgsi.pt, relatado por FERNANDES DO VALE.
- de 11-12-2007, no site www.dgsi.pt, relatado por RODRIGUES PIRES.
- de 14-4-2008, no site www.dgsi.pt, relatado por ISOLETA COSTA.
- de 24-4-2008, no site www.dgsi.pt, relatado por PINTO DE ALMEIDA.
- de 13-5-2008, no site www.dgsi.pt, relatado por RODRIGUES PIRES.
- de 18-6-2008, no site www.dgsi.pt, relatado por ANABELA DIAS DA SILVA.
- de 26-6-2008, no site www.dgsi.pt, relatado por ANA PAULA LOBO.
- de 3-7-2008, no site www.dgsi.pt, relatado por AMARAL FERREIRA.
- de 21-10-2008, no site www.dgsi.pt, relatado por GUERRA BANHA.
- de 6-11-2008, no site www.dgsi.pt, relatado por PINTO DE ALMEIDA.
- de 27-1-2009, no site www.dgsi.pt, relatado por VIEIRA E CUNHA.
- de 9-2-2009, no site www.dgsi.pt, relatado por MARIA ADELAIDE DOMINGOS.
- de 3-3-2009, no site www.dgsi.pt, relatado por CÂNDIDO LEMOS.
- de 24-3-2009, no site www.dgsi.pt, relatado por CÂNDIDO LEMOS.
- de 20-4-2009, no site www.dgsi.pt, relatado por ISOLETA COSTA.
- de 14-5-2009, no site www.dgsi.pt, relatado por MADEIRA PINTO.
- de 23-6-2009, no site www.dgsi.pt, relatado por JOSÉ CARVALHO.
- de 1-10-2009, no site www.dgsi.pt, relatado por MÁRIO FERNANDES.
- de 22-10-2009, no site www.dgsi.pt, relatado por DEOLINDA VARÃO.
- de 22-10-2009, no site www.dgsi.pt, relatado por ANA PAULA LOBO.
- de 30-11-2009, no site www.dgsi.pt, relatado por MARIA ADELAIDE DOMINGOS.
- de 25-3-2010, no site www.dgsi.pt, relatado por MARQUES PEREIRA.
- de 20-4-2010, no site www.dgsi.pt, relatado por HENRIQUE ANTUNES.
- de 20-4-2010, no site www.dgsi.pt, relatado por SÍLVIA PIRES.
- de 19-5-2010, no site www.dgsi.pt, relatado por VIEIRA E CUNHA.
- de 9-6-2010, no site www.dgsi.pt, relatado por DEOLINDA VARÃO.
- de 29-6-2010, no site www.dgsi.pt, relatado por HENRIQUE ARAÚJO.

- de 6-9-2010, no site www.dgsi.pt, relatado por António Eleutério.
- de 7-10-2010, no site www.dgsi.pt, relatado por Maria Amália Santos.
- de 12-10-2010, no site www.dgsi.pt, relatado por Sílvia Pires.
- de 9-12-2010, no site www.dgsi.pt, relatado por Deolinda Varão.
- de 25-1-2011, no site www.dgsi.pt, relatado por Sílvia Pires.
- de 8-2-2011, no site www.dgsi.pt, relatado por Rodrigues Pires.
- de 10-2-2011, no site www.dgsi.pt, relatado por Teles de Menezes.
- de 21-2-2011, no site www.dgsi.pt, relatado por Cristina Coelho.
- de 3-3-2011, no site www.dgsi.pt, relatado por Leonel Serôdio.
- de 22-3-2011, no site www.dgsi.pt, relatado por Rodrigues Pires.
- de 28-3-2011, no site www.dgsi.pt, relatado por Soares de Oliveira.
- de 14-4-2011, no site www.dgsi.pt, relatado por Amaral Ferreira.
- de 10-5-2011, no site www.dgsi.pt, relatado por Rodrigues Pires.
- de 17-1-2012, no site www.dgsi.pt, relatado por Pinto dos Santos.
- de 31-1-2012, no site www.dgsi.pt, relatado por Cecília Agante.
- de 23-2-2012, no site www.dgsi.pt, relatado por Ramos Lopes.
- de 20-3-2012, no site www.dgsi.pt, relatado por Cecília Agante.
- de 28-3-2012, no site www.dgsi.pt, relatado por Amaral Ferreira.
- de 15-5-2012, no site www.dgsi.pt, relatado por Maria José Simões.
- de 22-5-2012, no site www.dgsi.pt, relatado por Ondina Alves.
- de 22-5-2012, no site www.dgsi.pt, relatado por Fernando Samões.
- de 31-5-2012, no site www.dgsi.pt, relatado por Leonel Serôdio.
- de 26-6-2012, no site www.dgsi.pt, relatado por Rodrigues Pires.
- de 26-6-2012, no site www.dgsi.pt, relatado por João Proença.
- de 13-9-2012, no site www.dgsi.pt, relatado por Filipe Caroço.
- de 18-9-2012, no site www.dgsi.pt, relatado por Rodrigues Pires.
- de 15-10-2012, no site www.dgsi.pt, relatado por Anabela Luna.
- de 18-10-2012, no site www.dgsi.pt, relatado por Freitas Vieira.
- de 11-12-2012, no site www.dgsi.pt, relatado por Márcia Portela.
- de 4-4-2013, no site www.dgsi.pt, relatado por Pedro Lima Costa.
- de 11-4-2013, no site www.dgsi.pt, relatado por Judite Pires.
- de 4-11-2013, no site www.dgsi.pt, relatado por Carlos Querido.
- de 7-11-2013, na C.J., Ano XXXVIII, tomo 5, pág. 182, relatado por Aristides Almeida.
- de 24-2-2014, no site www.dgsi.pt, relatado por Augusto Carvalho.
- de 24-2-2014, no site www.dgsi.pt, relatado por Ana Paula Amorim.
- de 13-3-2014, no site www.dgsi.pt, relatado por Pedro Martins.
- de 5-5-2014, no site www.dgsi.pt, relatado por Carlos Gil.
- de 8-5-2014, no site www.dgsi.pt, relatado por Leonel Serôdio.

- de 17-6-2014, no site www.dgsi.pt, relatado por FERNANDO SAMÕES.
- de 2-10-2014, no site www.dgsi.pt, relatado por ARISTIDES RODRIGUES DE ALMEIDA.
- de 2-3-2015, no site www.dgsi.pt, relatado por MANUEL DOMINGUES FERNANDES.
- de 26-5-2015, no site www.dgsi.pt, relatado por EUSÉBIO ALMEIDA.
- de 13-10-2015, no site www.dgsi.pt, relatado por FERNANDO SAMÕES.
- de 3-5-2016, no site www.dgsi.pt, relatado por LUÍS CRAVO.
- de 16-5-2016, no site www.dgsi.pt, relatado por MANUEL DOMINGUES FERNANDES.
- de 26-5-2015, no site www.dgsi.pt, relatado por SOARES DE OLIVEIRA.
- de 20-6-2016, no site www.dgsi.pt, relatado por MANUEL DOMINGUES FERNANDES.
- de 15-12-2016, no site www.dgsi.pt, relatado por JORGE SEABRA.
- de 20-2-2017, no site www.dgsi.pt, relatado por CARLOS GIL.
- de 28-3-2017, no site www.dgsi.pt, relatado por CECÍLIA AGANTE.
- de 3-4-2017, no site www.dgsi.pt, relatado por CARLOS GIL.
- de 16-5-2017, no site www.dgsi,pt, relatado por MÁRCIA PORTELA.
- de 14-9-2017, no site www.dgsi.pt, relatado por JUDITE PIRES.
- de 27-9-2017, no site www.dgsi.pt, relatado por FERNANDO SAMÕES.
- de 12-10-2017, no site www.dgsi.pt, relatado por JUDITE PIRES.
- de 26-10-2017, no site www.dgsi.pt, relatado por ANABELA DIAS DA SILVA.
- de 28-11-2017, no site www.dgsi.pt, relatado por GRAÇA MIRA.
- de 5-2-2018, no site www.dgsi.pt, relatado por JORGE SEABRA.
- de 5-3-2018, no site www.dgsi.pt, relatado por CARLOS GIL.
- de 13-6-2018, no site www.dgsi.pt, relatado por CECÍLIA AGANTE.
- de 25-10-2018, no site www.dgsi.pt, relatado por TELES DE MENEZES.
- de 18-12-2018, no site www.dgsi.pt, relatado por ANABELA TENREIRO.
- de 29-4-2019, no site www.dgsi.pt, relatado por CORREIA PINTO.
- de 27-6-2019, no site www.dgsi.pt, relatado por JUDITE PIRES.

Acórdãos da Relação de Coimbra:

- de 8-6-1993, na C.J., Ano XVIII, tomo 3, pág. 55, relatado por FRANCISCO LOURENÇO.
- de 6-1-1994, na C.J., Ano XIX, tomo 1, pág. 10, relatado por NUNES DA CRUZ.
- de 10-12-1996, na R.L.J., Ano 131, pág. 113, relatado por HERCULANO NAMORA.
- de 4-5-1999, na C.J., Ano XXIV, tomo 3, pág. 10, relatado por COELHO DE MATOS.

- de 16-5-2000, na C.J., Ano XXV, tomo 3, pág. 14, relatado por EMÍDIO RODRIGUES.
- de 2-10-2001, na C.J., Ano XXVI, tomo 4, pág. 24, relatado por HELDER ROQUE.
- de 24-9-2003, na C.J., Ano XXVIII, tomo 4, pág. 17, relatado por HELDER ROQUE.
- de 21-10-2003, no site www.dgsi.pt, relatado por JORGE ARCANJO.
- de 30-11-2004, no site www.dgsi.pt, relatado por ALEXANDRE REIS.
- de 15-2-2005, no site www.dgsi.pt, relatado por CARDOSO DE ALBUQUERQUE.
- de 1-3-2005, no site www.dgsi.pt, relatado por TÁVORA VITOR.
- de 19-4-2005, na C.J., Ano XXX, Tomo 2, pág. 31, relatado por NUNES RIBEIRO.
- de 18-10-2005, no site www.dgsi.pt, relatado por TÁVORA VITOR.
- de 27-10-2005, no site www.dgsi.pt, relatado por FERREIRA DE BARROS.
- de 15-11-2005, no site www.dgsi, relatado por MONTEIRO CASIMIRO.
- de 6-12-2005, no site www.dgsi.pt, relatado por ISAÍAS PÁDUA.
- de 6-6-2006, no site www.dgsi.pt, relatado por SOUSA PINTO.
- de 13-9-2006, na C.J., Ano XXXI, tomo IV, pág. 8, relatado por SOUSA PINTO.
- de 14-11-2006, na C.J., Ano XXI, tomo 5, pág. 21, relatado por HELDER ROQUE.
- de 16-1-2007, na C.J., Ano XXXII, tomo 1, pág. 5, relatado por ALEXANDRINA FERREIRA.
- de 6-2-2007, no site www.dgsi.pt, relatado por COELHO DE MATOS.
- de 6-3-2007, no site www.dgsi.pt, relatado por Silva Freitas.
- de 15-5-2007, na C.J., Ano XXXII, tomo 3, pág. 5, relatado por BARATEIRO MARTINS.
- de 25-9-2007, na C.J., Ano XXXII, tomo 4, pág. 17, relatado por JORGE ARCANJO.
- de 9-10-2007, na C.J., Ano XXXII, tomo 4, pág. 28, relatado por HENRIQUE ANTUNES.
- de 6-11-2007, no site www.dgsi.pt, relatado por TELES PEREIRA.
- de 19-12-2007, no site www.dgsi.pt, relatado por COSTA FERNANDES.
- de 4-3-2008, no site www.dgsi.pt, relatado por HELDER ROQUE.
- de 16-9-2008, no site www.dgsi.pt, relatado por SÍLVIA PIRES.
- de 24-3-2009, no site www.dgsi.pt, relatado por TÁVORA VITOR.
- de 26-5-2009, no site www.dgsi.pt, relatado por JAIME FERREIRA.
- de 2-6-2009, no site www.dgsi.pt, relatado por TÁVORA VITOR.
- de 30-6-2009, no site www.dgsi.pt, relatado por SÍLVIA PIRES.

- de 8-9-2009, no site www.dgsi.pt, relatado por GRAÇA SANTOS SILVA.
- de 16-3-2010, no site www.dgsi.pt, relatado por FRANCISCO CAETANO.
- de 13-4-2010, no site www.dgsi.pt, relatado por FREITAS NETO.
- de 4-5-2010, no site www.dgsi.pt, relatado por ANTÓNIO MAGALHÃES.
- de 6-7-2010, no site www.dgsi.pt, relatado por TERESA PARDAL.
- de 7-9-2010, no site www.dgsi.pt, relatado por TERESA PARDAL.
- de 18-1-2011, no site www.dgsi.pt, relatado por PEDRO MARTINS.
- de 1-2-2011, no site www.dgsi.pt, relatado por BARATEIRO MARTINS.
- de 22-3-2011, no site www.dgsi.pt, relatado por FONTE RAMOS.
- de 31-5-2011, no site www.dgsi.pt, relatado por TELES PEREIRA.
- de 5-7-2011, no site www.dgsi.pt, relatado por ALBERTO RUÇO.
- de 6-9-2011, no site www.dgsi.pt, relatado por MANUEL CAPELO.
- de 25-10-2011, no site www.dgsi.pt, relatado por CARLOS GIL.
- de 29-11-2011, no site www.dgsi.pt, relatado por CARLOS QUERIDO.
- de 6-12-2011, no site www.dgsi.pt, relatado por SÍLVIA PIRES.
- de 9-1-2012, no site www.dgsi.pt, relatado por JACINTO MECA.
- de 24-2-2012, no site www.dgsi.pt, relatado por FRANCISCO CAETANO.
- de 6-3-2012, no site www.dgsi.pt, relatado por FRANCISCO CAETANO.
- de 6-3-2012, no site www.dgsi.pt, relatado por ARLINDO OLIVEIRA.
- de 24-4-2012, no site www.dgsi.pt, relatado por ARLINDO OLIVEIRA.
- de 8-5-2012, no site www.dgsi.pt, relatado por FRANCISCO CAETANO.
- de 15-5-2012, no site www.dgsi.pt, relatado por JUDITE PIRES.
- de 26-6-2012, no site www.dgsi.pt, relatado por BEÇA PEREIRA.
- de 11-7-2012, no site www.dgsi.pt, relatado por CARLOS QUERIDO.
- de 20-11-2012, no site www.dgsi.pt, relatado por JORGE ARCANJO.
- de 5-12-2012, no site www.dgsi.pt, relatado por BARATEIRO MARTINS.
- de 11-12-2012, no site www.dgsi.pt, relatado por CARLOS MOREIRA.
- de 19-2-2013, no site www.dgsi.pt, relatado por ALBERTO RUÇO.
- de 5-11-2013, no site www.dgsi.pt, relatado por HENRIQUE ANTUNES.
- de 18-2-2014, no site www.dgsi.pt, relatado por SÍLVIA PIRES.
- de 25-2-2014, no site www.dgsi.pt, relatado por HENRIQUE ANTUNES.
- de 18-3-2014, no site www.dgsi.pt, relatado por HENRIQUE ANTUNES.
- de 20-5-2014, no site www.dgsi.pt, relatado por ARLINDO OLIVEIRA.
- de 1-7-2014, no site www.dgsi.pt, relatado por FONTE RAMOS.
- de 14-10-2104, no site www.dgsi.pt, relatado por HENRIQUE ANTUNES.
- de 24-2-2015, no site www.dgsi.pt, relatado por MARIA JOÃO AREIAS.
- de 10-3-2015, no site www.dgsi.pt, relatado por CARLOS MOREIRA.
- de 21-4-2015, no site www.dgsi.pt, relatado por BARATEIRO MARTINS.
- de 13-9-2016, no site www.dgsi.pt, relatado por MOREIRA DO CARMO.

- de 6-12-2016, no site www.dgsi.pt, relatado por MARIA JOÃO AREIAS.
- de 21-2-2017, no site www.dgsi.pt, relatado por CARLOS MOREIRA.
- de 14-3-2017, no site www.dgsi.pt, relatado por LUÍS CRAVO.
- de 21-2-2018, no site www.dgsi.pt, relatado por LUÍS CRAVO.
- de 13-11-2018, no site www.dgsi.pt, relatado por LUÍS CRAVO.
- de 29-1-2019, no site www.dgsi.pt, relatado por MOREIRA DO CARMO.
- de 12-3-2019, no site www.dgsi.pt, relatado por BARATEIRO MARTINS.

Acórdãos da Relação de Évora:
- de 5-5-1982, na C.J., Ano VII, tomo 3, pág. 279, relatado por FERRO RIBEIRO.
- de 15-10-1987, na C.J., Ano XII, tomo 4, pág. 293, relatado por FARIA SOUSA.
- de 14-2-1991, na C.J., Ano XVI, tomo 1, pág. 299, relatado por PEREIRA CARDIGOS.
- de 20-10-1994, na C.J., Ano XIX, tomo 4, pág. 278, relatado por RIBEIRO LUÍS.
- de 19-1-1995, na C.J., Ano XX, tomo 1, pág. 274, relatado por ABÍLIO PERES.
- de 26-9-1996, na C.J., Ano XXI, tomo 4, pág. 282, relatado por MÁRIO PEREIRA.
- de 13-1-2000, na C.J., Ano XXV, tomo 1, pág. 266, relatado por LAURA LEONARDO.
- de 23-11-2005, no site www.dgsi.pt, relatado por ALEXANDRA SANTOS.
- de 13-12-2005, no site www.dgsi.pt, relatado por ABRANTES MENDES.
- de 2-11-2006, no site www.dgsi.pt, relatado por ASSUNÇÃO RAIMUNDO.
- de 8-2-2007, no site www.dgsi.pt, relatado por ALEXANDRA SANTOS.
- de 15-3-2007, no site www.dgsi.pt, relatado por GAITO DAS NEVES.
- de 3-5-2007, no site www.dgsi.pt, relatado por ALEXANDRA SANTOS.
- de 20-9-2007, no site www.dgsi.pt, relatado por ACÁCIO NEVES.
- de 4-10-2007, na C.J, Ano XXXII, tomo 4, pág. 249, relatado por EDUARDA BRANQUINHO.
- de 18-6-2009, no site www.dgsi.pt, relatado por ALEXANDRA SANTOS.
- de 25-6-2009, no site www.dgsi.pt, relatado por SILVA RATO.
- de 3-3-2010, no site www.dgsi.pt, relatado por ALEXANDRA SANTOS.
- de 17-3-2010, no site www.dgsi.pt, relatado por ALMEIDA SIMÕES.
- de 17-3-2010, no site www.dgsi.pt, relatado por TAVARES PAIVA.
- de 8-7-2010, no site www.dgsi.pt, relatado por BERNARDO DOMINGOS.
- de 6-10-2010, no site www.dgsi.pt, relatado por MATA RIBEIRO.
- de 17-11-2011, no site www.dgsi.pt, relatado por FRANCISCO MATOS.
- de 5-7-2012, no site www.dgsi.pt, relatado por RIBEIRO CARDOSO.
- de 21-2-2013, no site www.dgsi.pt, relatado por ALEXANDRA SANTOS.

- de 28-11-2013, no site www.dgsi.pt, relatado por Cristina Cerdeira.
- de 11-6-2015, no site www.dgsi.pt, relatado por Maria Cristina Cerdeira.
- de 23-2-2016, no site www.dgsi.pt, relatado por Francisco Matos.
- de 11-5-2017, no site www.dgsi.pt, relatado por Bernardo Domingos.
- de 8-3-2018, no site www.dgsi.pt, relatado por Isabel Imaginário.
- de 14-2-2019, no site www.dgsi.pt, relatado por Tomé de Carvalho.

Acórdãos da Relação de Guimarães:
- de 29-10-2003, no site www.dgsi.pt, relatado por Rosa Tching.
- de 11-10-2007, no site www.dgsi.pt, relatado por Conceição Bucho.
- de 4-6-2009, no site www.dgsi.pt, relatado por Antero Veiga.
- de 18-2-2010, no site www.dgsi.pt, relatado por Conceição Saavedra.
- de 25-5-2010, no site www.dgsi.pt, relatado por Figueiredo de Almeida.
- de 3-2-2011, no site www.dgsi.pt, relatado por Manuel Bargado.
- de 6-4-2011, no site www.dgsi.pt, relatado por Conceição Saavedra.
- de 16-6-2011, no site www.dgsi.pt, relatado por Manso Raínho.
- de 12-7-2011, no site www.dgsi.pt, relatado por Manuel Bargado.
- de 3-11-2011, no site www.dgsi.pt, relatado por Antero Veiga.
- de 6-3-2012, na C.J., Ano XXXVII, tomo 2, pág. 273, relatado por Rosa Tching.
- de 8-5-2012, no site www.colectaneadejurisprudência.com, relatado por Rosa Tching.
- de 17-5-2012, no site www.dgsi.pt, relatado por Carvalho Guerra.
- de 31-5-2012, no site www.dgsi.pt, relatado por Amilcar Andrade.
- de 25-10-2012, no site www.dgsi.pt, relatado por Isabel Rocha.
- de 25-10-2012, no site www.dgsi.pt, relatado por António Sobrinho.
- de 9-1-2014, no site www.dgsi.pt, relatado por Estelita de Mendonça.
- de 9-10-2014, no site www.dgsi.pt, relatado por Raquel Rego.
- de 8-1-2015, no site www.dgsi.pt, relatado por Ana Cristina Duarte.
- de 21-1-2016, no site www,dgsi.pt, relatado por Jorge Teixeira.
- de 25-5-2016, no site www.dgsi.pt, relatado por Fernando Freitas.
- de 23-6-2016, no site www.dgsi.pt, relatado por João Diogo Rodrigues.
- de 12-7-2016, no site www.dgsi.pt, relatado por Jorge Seabra.
- de 12-1-2017, no site www.dgsi.pt, relatado por Maria dos Anjos.
- de 18-5-2017, no site www.dgsi.pt, relatado por Helena Melo.
- de 4-10-2017, no site www.dgsi.pt, relatado por António Penha.
- de 12-10-2017, no site www.dgsi.pt, relatado por Anabela Tenreiro.
- de 16-11-2017, no site www.dgsi.pt, relatado por Maria Luísa Ramos.
- de 18-12-2017, no site www.dgsi.pt, relatado por Fernando Freitas.

- de 18-12-2017, no site www.dgsi.pt, relatado por João Peres Coelho.
- de 20-3-2018, no site www.dgsi.pt, relatado por Maria dos Anjos.
- de 6-12-2018, no site www.dgsi.pt, relatado por Maria dos Anjos.
- de 14-2-2019, no site www.dgsi.pt, relatado por Alcides Rodrigues.
- de 4-4-2019, no site www.dgsi.pt, relatado por José Alberto Moreira.
- de 16-5-2019, no site www.dgsi.pt, relatado por Fernando Freitas.

ÍNDICE GERAL

Págs.